KUT-128 키트

▲
KUT-128 인터페이스 보드 + MCU 보드 장착

♣ 상품 구성 : 인터페이스 보드+MCU 보드(Full Set) 판매
인터페이스 보드 PCB 별도 판매
MCU 보드 별도 판매(완성품)

MCU 보드 ▶

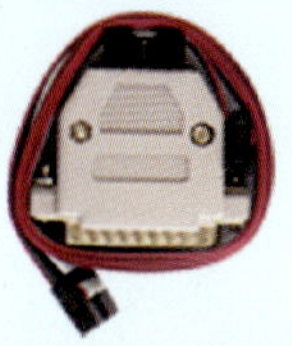

KUT-128 KIT의 주요 사양

항 목	사 양	비 고
MCU	ATmega128	16MHz 클럭 사용
내장 주변장치	• 포트 B, F : 7-Segment × 4 • 포트 C : LED × 8 • 포트 E : 스위치 × 4 • PWM 출력 • 아날로그 입력 비교 • A/D변환 2 입력	• 동적 구동 • 선택적 사용 • 인터럽트와 연동 사용 • LED로 확인 • 가변 저항 이용 • 가변저항 이용
전원	+5V	아답터 잭
외부 인터페이스	• 포트 A 커넥터 • 포트 C 커넥터 • 포트 G 커넥터 • RS-232 커넥터 • LCD 커넥터 • ISP 커넥터	• 5V, PA0-PA7, GND(10핀) • 5V, PC0-PC7, GND(10핀) • 메모리, I/O 확장 제어신호(10핀) • MAX232 내장(3핀) • 4비트 데이터 버스 방식 (16문자 × 2라인 LCD 사용) • ISP 케이블 제작 필요 (또는 Ohm사 별매품 이용 가능)
PCB 외형	KUT-128 MCU 보드 : 38mm × 40mm KUT-128 인터페이스 보드 : 142mm × 104mm	2층 에폭시 기판 2층 에폭시 기판

KUT-128 완성 보드는 Atmel사의 AVR 8비트 RISC 프로세서인 ATmega128 MCU 보드와 인터페이스 보드로 구성되며, ATmega128의 기본적인 기능을 익히고 실험하는데 필요한 최소한의 하드웨어로 구성된 **쉽고 간단하며, 저렴한 트레이닝 키트**이다. 기존의 트레이닝 키트와는 달리 많은 주변기기를 내장하고 있지 않기 때문에 크기가 작아서 PC 옆에 놓고 사용하기에도 편리하다. 그리고 어느 정도의 기본 학습이 끝나면, 단순한 교육용 키트가 아니라 독자 여러분이 제작하는 졸업작품 또는 응용 시스템의 메인 CPU 보드로도 손쉽게 이용할 수가 있다. 책에서 소개된 ISP 케이블과 *CodeVisionAVR C* 컴파일러를 이용하여 사용자가 작성한 프로그램을 PC로부터 다운로드 하여 즉시 실험해 볼 수 있기 때문에 롬라이터와 같은 별도의 장비가 필요하지 않다.

http://www.ohm.co.kr

Ohm사 · R&C사 홈페이지 안내

OHM사 홈페이지를 방문하시면 보다 많은 정보를 얻을 수 있습니다. 앞으로도 OHM사는 엔지니어들을 위한 학습교재와 최신 기술들을 보급하여 나가는데 최선을 다할 것이며 엔지니어들이 우대받는 세상이 되도록 선도하여 나가겠습니다.

▶ 도서상품

OHM사에서 발행되는 교재를 직접 구매할 수 있으며, 상품에 따라 정해진 마일리지를 적립하여 드리고, 일정 금액이 적립되면 현금과 동일하게 사용할 수 있습니다.

▶ 키트상품

교재와 관련하여, 부설기관인 R&C사에서 교육용 키트를 제작, 그와 관련된 장비 등의 기자재를 함께 판매하고 있습니다.

▶ 특판상품

교재와 함께 그에 관련된 학습용 키트를 한데 모아 특판 상품으로 구성하여 개별 구입시보다 저렴하게 구입할 수 있도록하여 판매하고 있습니다.

▶ 할인상품

교재 및 R&C사에서 제작되는 학습용 키트상품 중 일부 품목의 할인율을 높혀 매우 저렴한 가격에 판매하고 있습니다.

▶ 커뮤니티

교재 및 학습용 키트에 대한 의문점을 분야별로 세분화된 커뮤니티를 통해 저자들과 관련 분야의 전문가들에게 직접 질문하고 상담할 수 있습니다.

▶ 상품관련 자료실

교재 및 R&C사에서 제작되는 학습용 키트상품 관련 예제소스 등의 본사 상품에 관련된 자료를 열람하고 다운로드 하실 수 있습니다.

E-mail : ohm@ohm.co.kr

AVR ATmega128을 활용한 응용 실습편

졸업작품 만들기 (III)

신 동 욱 저

Ohm사

머리말

산업 현장 등에서 사용되고 있는 제어장치에는 마이크로프로세서가 널리 사용되고 있으며, 현재 여러 회사로부터 많은 종류의 마이크로프로세서가 생산되고 있다. 이들 마이크로프로세서에는 16비트 또는 32비트 고성능의 것도 있지만, 아직 8비트 마이크로프로세서가 많이 사용되고 있다. 지금까지는 인텔사의 MCS51 계열의 8비트 마이크로프로세서가 많이 사용되어 왔지만, 최근에는 플래시 프로그램 메모리와 ISP (In-System Programmable) 기능을 가지고 있는 Atmel사의 AVR 8 비트 RISC (Reduced Instruction Set Computer) 마이크로프로세서들이 많이 사용되고 있다.

이 책은 [쉬운 예제와 Kit로 배우는 AVR ATmega128]을 통해 ATmega128의 기능을 학습한 후에 이를 이용하여 응용작품을 만들고자 하는 독자들을 위해 쓰여진 책이라 할 수 있다.

이 책에 있는 작품들은 2007년도 한국기술교육대학교 전자전공 3학년 학생들이 약 10주 동안 ATmega128을 학습한 후에 6주에 걸쳐 작품계획부터 시작해서 작품 설계 및 제작까지의 과정을 거쳐 완성한 작품들을 선별하여 정리한 것이다.

이 책은 크게 2부분으로 구성되어 있다.

1부에서는 ATmega128를 이용하여 설계된 KUT-128 보드, 개발 툴 *CodeVisionAVR C* 컴파일러, ATmega128의 기본사항에 대해 기술하였다.

2부에서는 6장에 걸쳐 작품들에 대해 다루고 있으며, 각 장을 요약하면 다음과 같다.

1장에서는 캐릭터 LCD와 이를 이용한 2개의 작품이, 2장에서는 그래픽 LCD와 이를 이용한 1개의 작품이 각각 소개된다.

그리고, 3장에서는 Dot Matrix LED와 이를 이용한 1개의 작품이, 4장에서는 서보 모터와 스텝모터에 대한 간단한 설명과 함께 이를 이용한 2개의 작품이 각각 소개된다.

5장에서는 습도 센서와 온도센서의 사용법에 대해 설명하고, 이와 함께 이들 센서를 이용한 2개의 작품이 소개된다.

마지막으로 6장에서는 기타 작품으로서 연주기능을 갖는 건반과 5×7 Dot Matrix LED의 작품이 소개된다.

마지막으로 이 책이 만들어질 수 있도록 노력해 준 한국기술교육대학교 전자전공 3학년 학생들에게 고맙게 생각하며, 이와 함께 이 책의 출판을 위해 항상 물심양면으로 애써 주신 Ohm사의 곽종학 사장님과 편집부의 직원 여러분들에게 감사의 말씀을 드립니다.

2007년 12월 저자 신동욱 씀.

이 책의 내용이나 기술적인 문의사항은 Ohm사 홈페이지(http://www.ohm.co.kr) 해당 게시판에 공개적으로 질문하여 주시면 성실히 답변해 드리겠습니다.

차례

제1부 KUT-128 보드 및 개발 툴

제2부 응용 작품

부록

제 1 부

KUT-128 보드 및 개발 툴

Chapter 01

KUT-128 보드

이 장에서는 작품에 사용된 KUT-128 보드에 대해 설명한다. KUT-128 보드는 MCU 보드와 인터페이스 보드로 구성되며, ATmega128의 기능 학습과 응용작품 제작에 이용할 수 있다.

1.1 KUT-128 MCU 보드

MCU 보드를 키트로 사용할 때는 인터페이스 보드에 장착하여 사용하며, 학생들의 작품 제작이나 회사에서의 상품을 개발할 때는 MCU 보드만을 따로 이용할 수 있도록 설계되어 있다.

[사진 1-1] KUT-128 MCU 보드

(1) MCU 회로

MCU 회로는 [그림 1-1]과 같이 ATmega128 MCU, 리셋 회로, 클럭 발생 회로로 구성되어 있다. 클럭 발생 회로는 16MHz 크리스탈 발진기를 사용하였으며, ATmega128의

A, B, C, D, E, F, G 포트는 커넥터로 뽑아 인터페이스 보드 또는 사용자들의 개발 보드와 연결할 수 있도록 설계하였다. 리셋 회로는 리셋 스위치를 이용하여 MCU에 시스템 리셋을 발생시킬 수 있다.

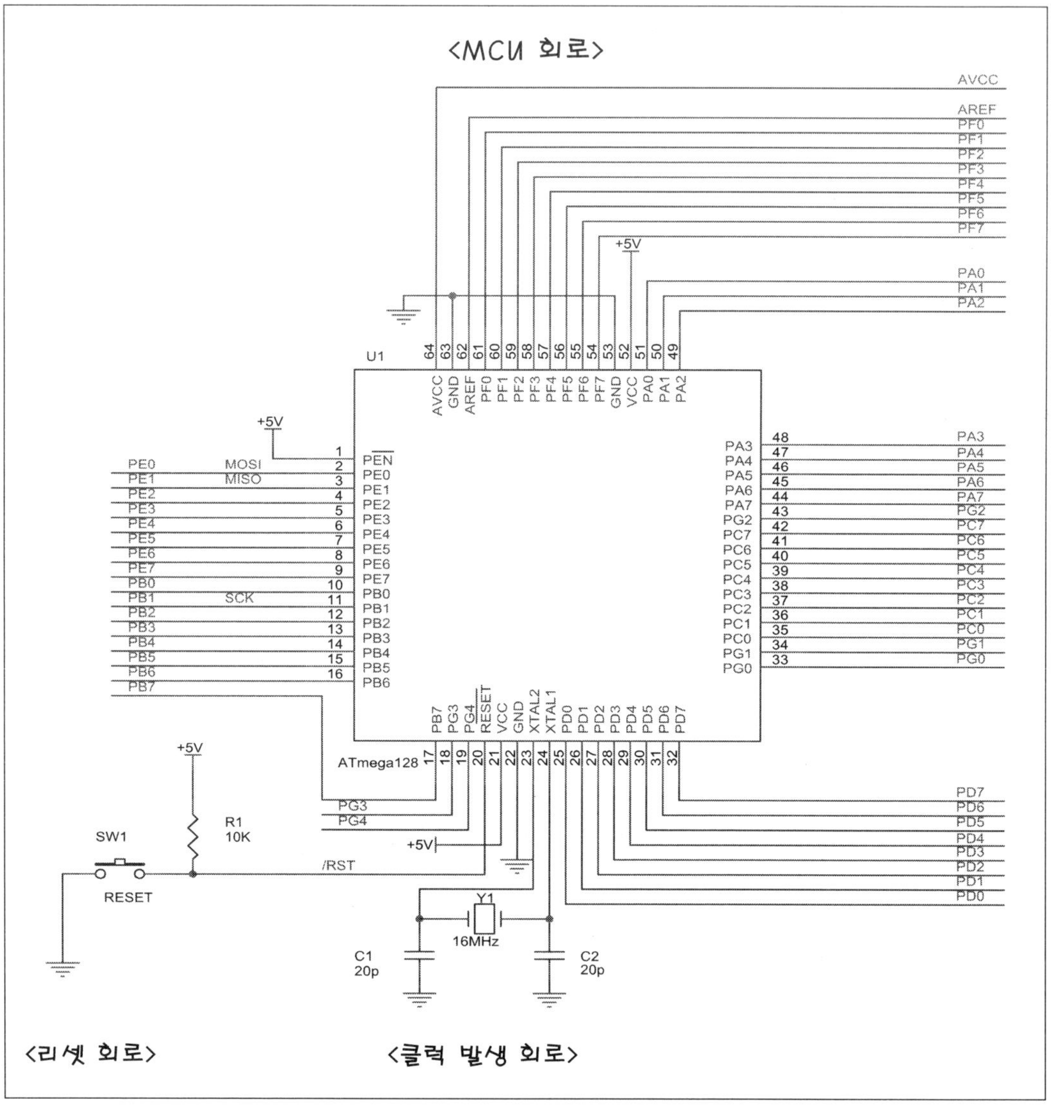

[그림 1-1] ATmega128 MCU 회로

(2) ISP 다운로더 커넥터

C 컴파일러에 내장된 프로그래머(Programmer)를 통해 KUT-128 보드에 사용자가 작

성한 프로그램을 다운로드 할 수 있도록 ISP(In-System Programming) 커넥터를 [그림 1-2]와 같이 구성하였다. KUT-128 보드에 PC를 연결하여 프로그램을 다운로드 하기 위해서는 ISP 케이블을 반드시 제작해야 하며, ISP 케이블은 부록의 <케이블 제작>을 참조하여 직접 제작하든지 또는 Ohm사에서 판매하는 케이블을 구입하여야 한다.

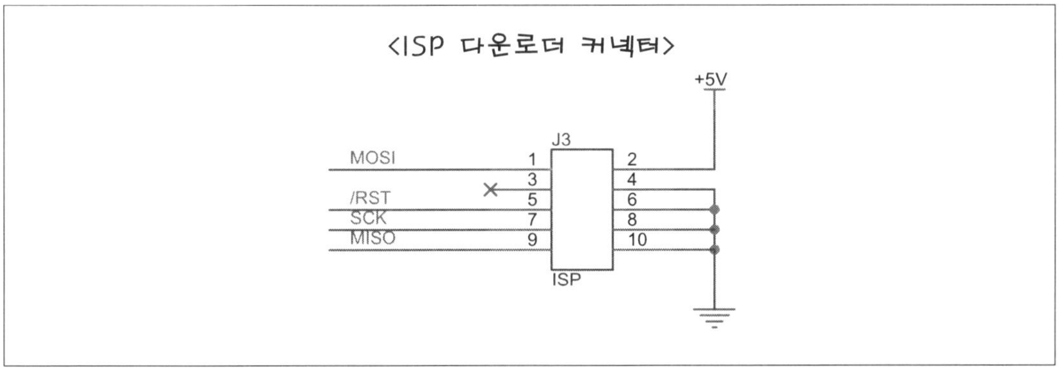

[그림 1-2] ISP 다운로더 커넥터

(3) 확장 커넥터

ATmega128의 모든 단자를 [그림 1-3]과 같이 커넥터로 뽑아 KUT-128 인터페이스 보드 또는 사용자가 설계하는 확장보드에 연결할 수 있다.

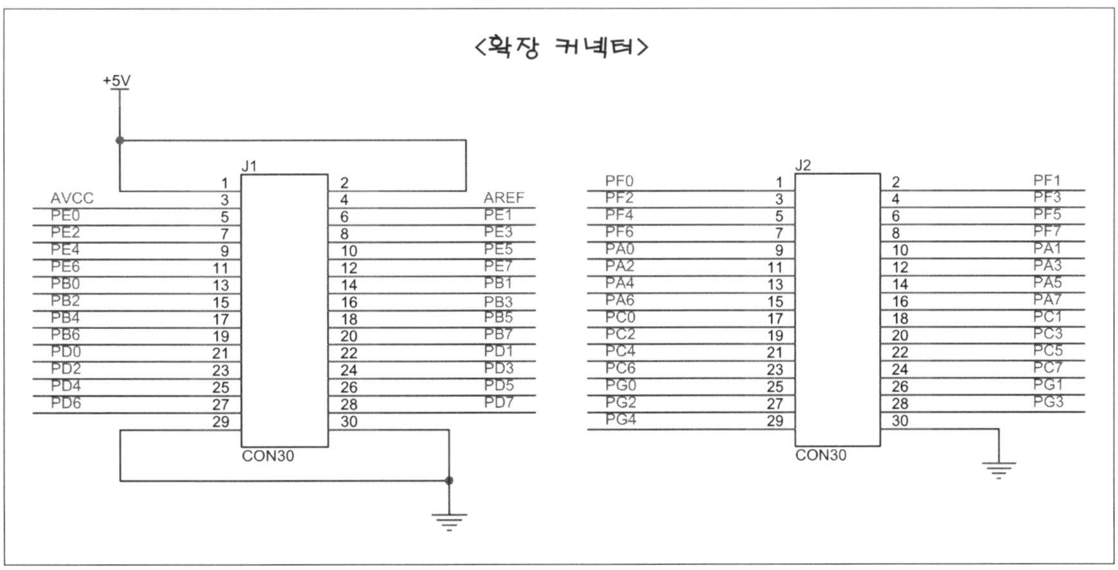

[그림 1-3] 확장 커넥터

(4) 전원 LED와 바이패스 콘덴서

[그림 1-4]는 전원 LED와 바이패스 콘덴서 회로를 보여준다.

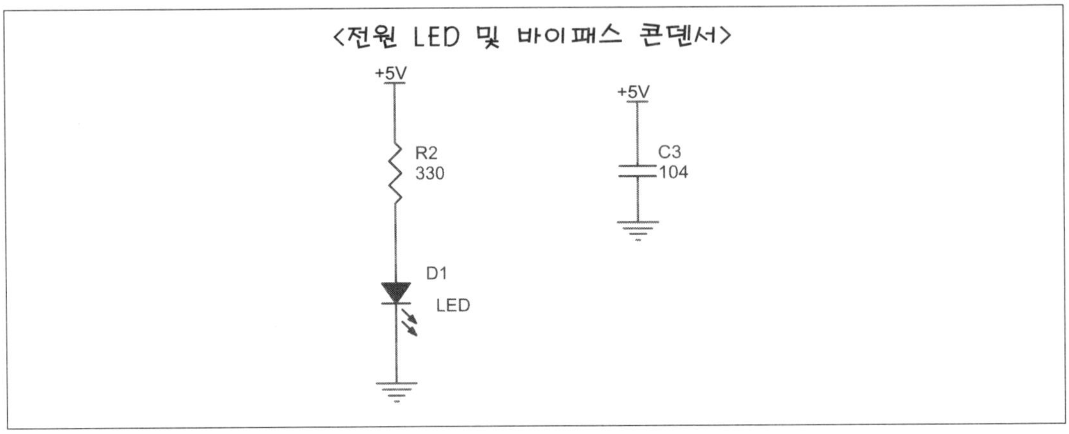

[그림 1-4] 전원 LED 및 바이패스 콘덴서

1.2 KUT-128 인터페이스 보드

인터페이스 보드는 ATmega128의 기능을 가능한 모두 학습할 수 있도록 다음과 같은 회로를 보드 상에 실장하거나 커넥터를 이용하여 추가로 연결할 수 있도록 구성하였다.

- LED 출력(포트 C) 회로
- 7-Segment(포트 B, F) 구동 회로
- 스위치 입력 회로(포트 E)
- 아날로그 입력 회로
- A/D 변환기 입력회로
- USART(RS-232 시리얼 통신) 회로
- LCD 커넥터
- 외부에 메모리 또는 I/O를 연결하기 위한 확장 포트 : 포트 A, 포트 C, 포트 G

[사진 1-2]는 KUT-128 인터페이스 보드를 보여주며, [사진 1-3]은 KUT-128 인터페이스 보드에 KUT-128 MCU 보드가 장착된 것을 보여준다.

[사진 1-2] KUT-128 인터페이스 보드

[사진 1-3] KUT-128 + KUT-128 인터페이스 보드

(1) LED 출력 회로

포트 출력에 대한 실험을 할 수 있으며, 출력값을 직접 확인할 수 있도록 [그림 1-5]와 같이 포트 C에 8개의 LED를 연결하여 구성하였다. 그리고, 포트 C를 확장 포트로 외부에서 사용할 때 LED가 동작하지 않도록 하기 위해 어레이 저항의 공통 단자를 점퍼 JP1에 의해 ON/OFF 할 수 있다.

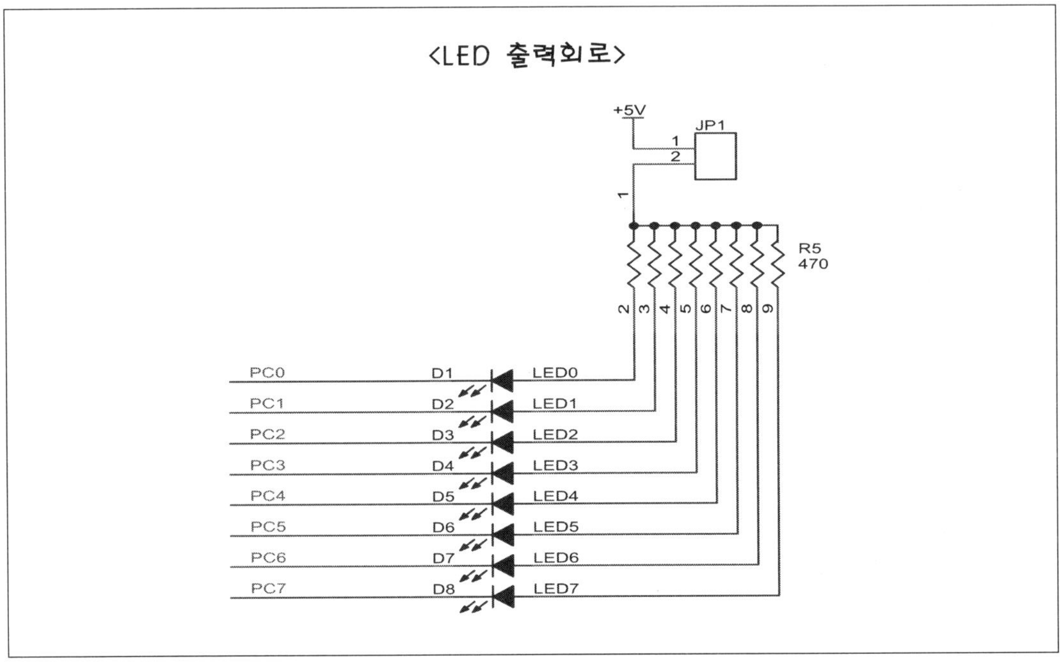

[그림 1-5] LED 출력 회로

(2) 7-Segment 구동회로

디지털 시계의 제작 또는 A/D 변환기의 변환값 등을 표시할 수 있도록 Common Anode 형의 7-Segment를 4개 장착하였다. [그림 1-6]과 같이 각 Segment의 LED는 ULN2803을 거쳐 포트 B에 연결되어 있으며, 각 Segment의 ON/OFF는 4개의 트랜지스터 2SA1015를 이용하여 동적 구동법에 의해 구동하도록 설계하였다. 각 Segment의 LED를 ON시키기 위해서는 포트 B의 해당비트에 1을 출력해야 하며, Segment를 ON시키기 위해서는 PF4~PF7에 0을 출력시켜 트랜지스터를 ON시켜야 한다. 점퍼 JP2는 좌측 2번째 Segment의 decimal point LED의 표시를 ON/OFF 시킨다.

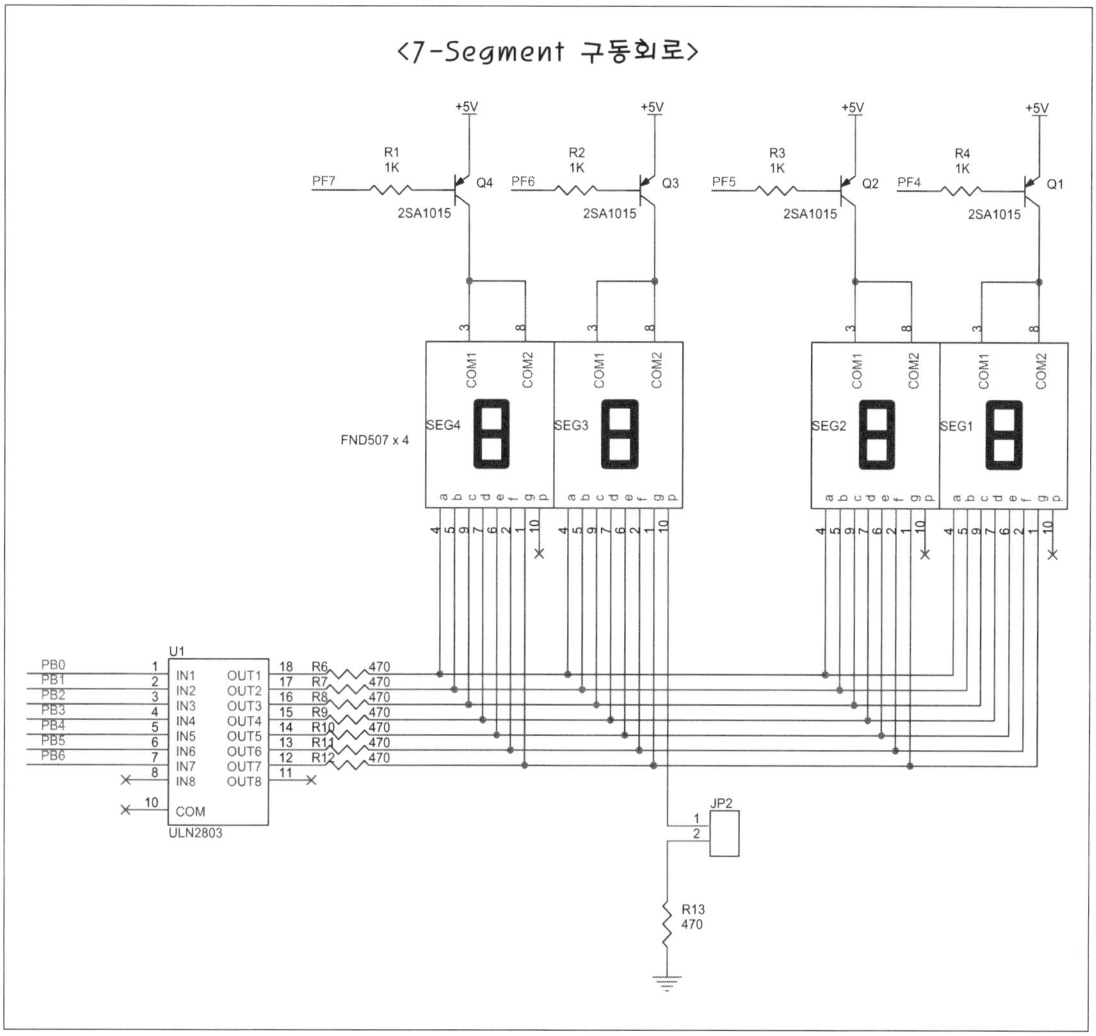

[그림 1-6] 7-Segment 구동회로

(3) 스위치 입력회로

포트 입력뿐 아니라 인터럽트 실험을 수행할 수 있도록 [그림 1-7]과 같이 4개의 스위치를 포트 E에 연결하여 설계하였다. 이들 스위치들은 일반 스위치 입력핀으로 사용할 수도 있고, 또한 외부 인터럽트 INT4-INT7의 입력핀으로도 사용이 가능하다.

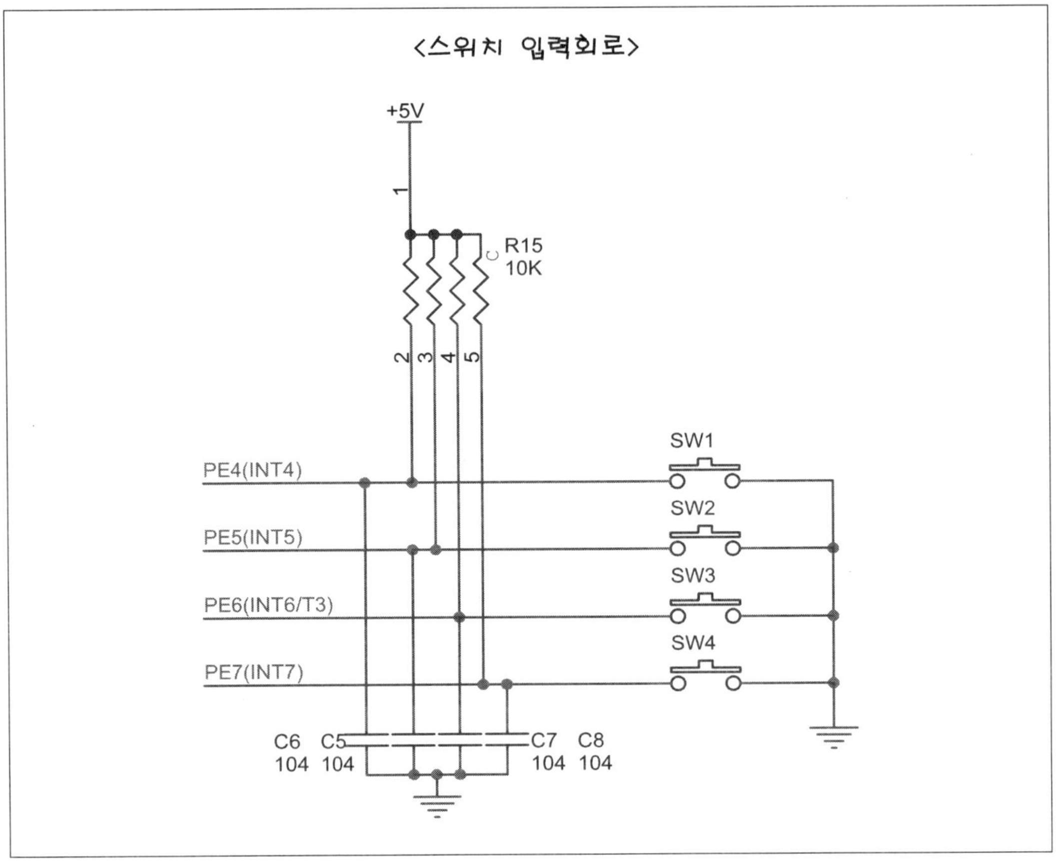

[그림 1-7] 스위치 입력회로

(4) USART 회로

ATmega128에 내장되어 있는 USART0 시리얼 통신 포트를 사용할 수 있도록 MAX232 드라이버 IC를 사용하여 [그림 1-8]과 같이 회로를 구성하였다. MAX232 드라이버 IC는 RS232C 통신에 적합하도록 전압 레벨을 ±10V로 변환하는 역할을 하며, RS-232C 통신을 위한 케이블 제작은 부록을 참조하기 바란다.

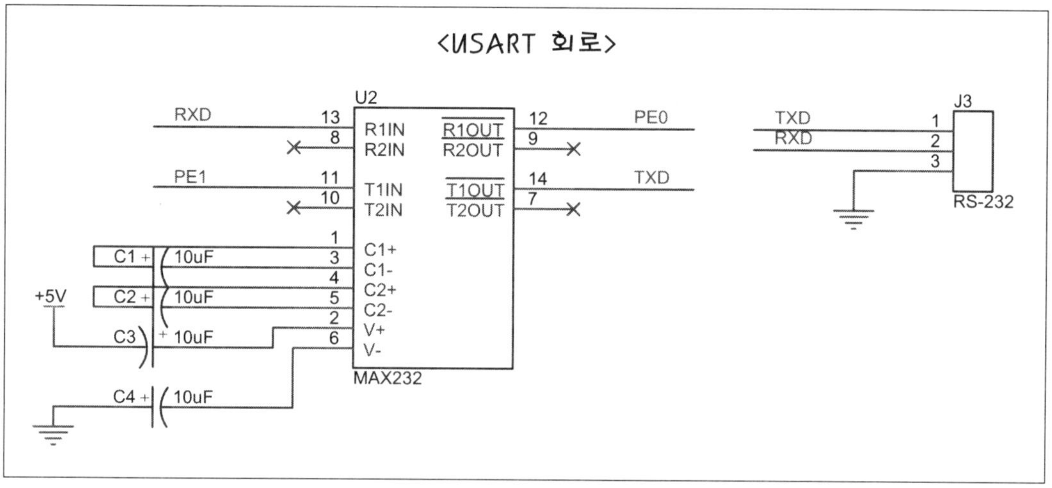

[그림 1-8] USART 회로

(5) LCD 커넥터

LCD 연결을 위한 커넥터는 [그림 1-9]와 같이 포트 D를 이용하여 구성하였다. LCD는 16문자×2라인을 가지고 있는 캐릭터(Character) LCD를 사용할 수 있으며, 4비트 데이터 버스 방식에 의해 제어된다. 가변저항은 LCD의 밝기 조정용으로 사용된다.

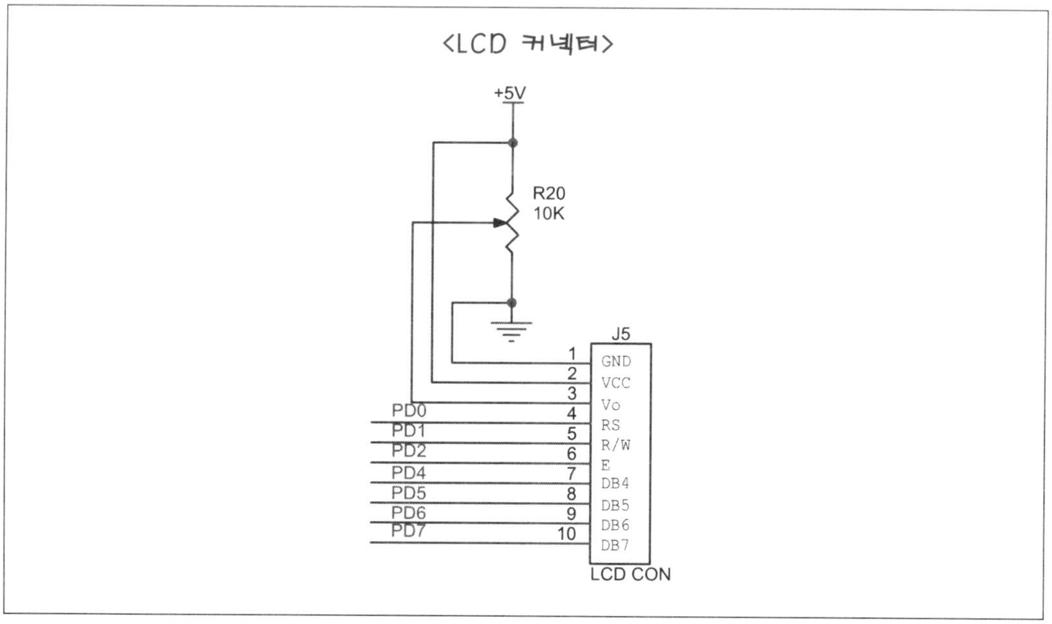

[그림 1-9] LCD 커넥터

(6) PWM 출력 및 아날로그 입력회로

ATmega128의 타이머/카운터를 이용하여 PWM 출력 실험을 할 수 있도록 [그림 1-10]과 같이 회로를 설계하였으며, 또한 아날로그 비교기와 A/D 변환기의 두 입력신호를 각각 공급한다.

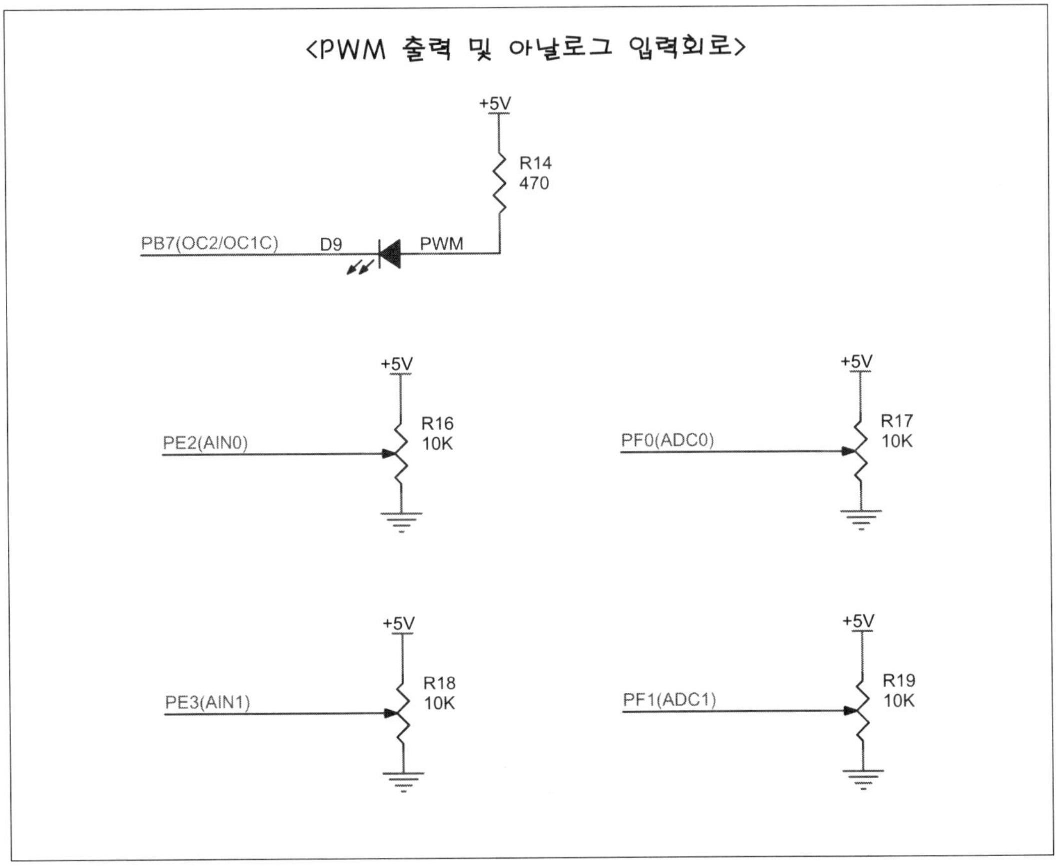

[그림 1-10] PWM 출력 및 아날로그 입력회로

(7) MCU 보드 연결 커넥터

[그림 1-11]은 KUT-128 MCU 보드와의 연결을 위한 커넥터를 보여준다.

<MCU 보드 연결 커넥터>

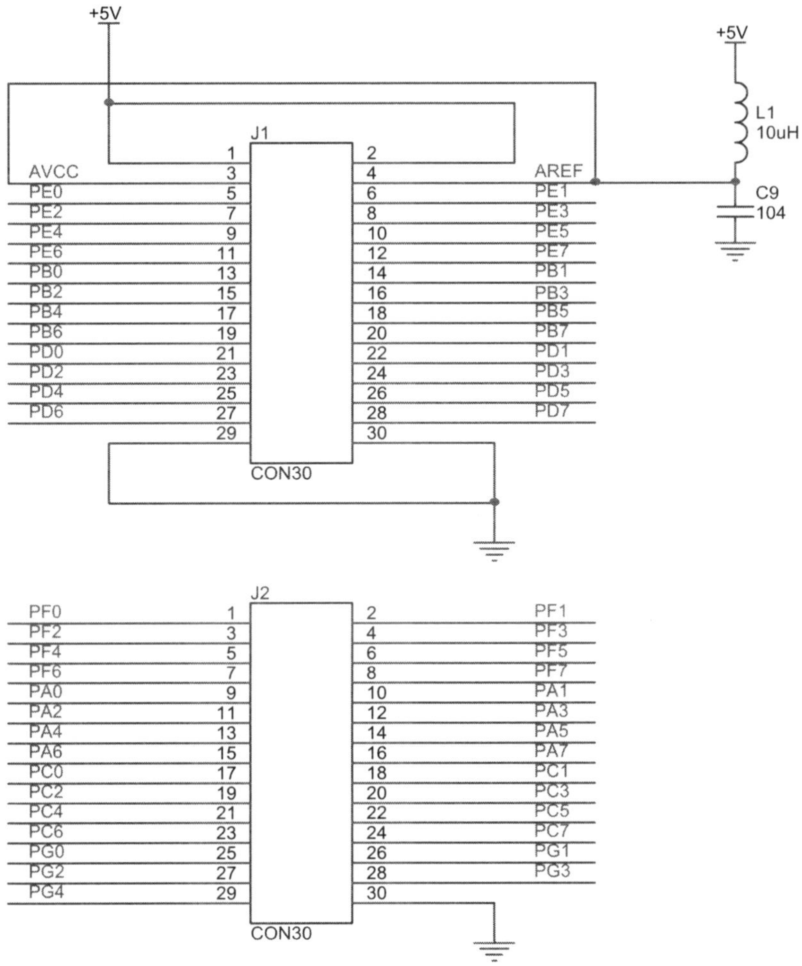

[그림 1-11] MCU 보드 연결 커넥터

(8) 외부 확장 커넥터

KUT-128 인터페이스 보드에 실장된 기능 이외의 실험을 할 수 있도록 [그림 1-12]와 같이 포트 A와 포트 C 그리고 제어 신호로 구성된 포트 G의 외부 확장 커넥터를 마련하였다.

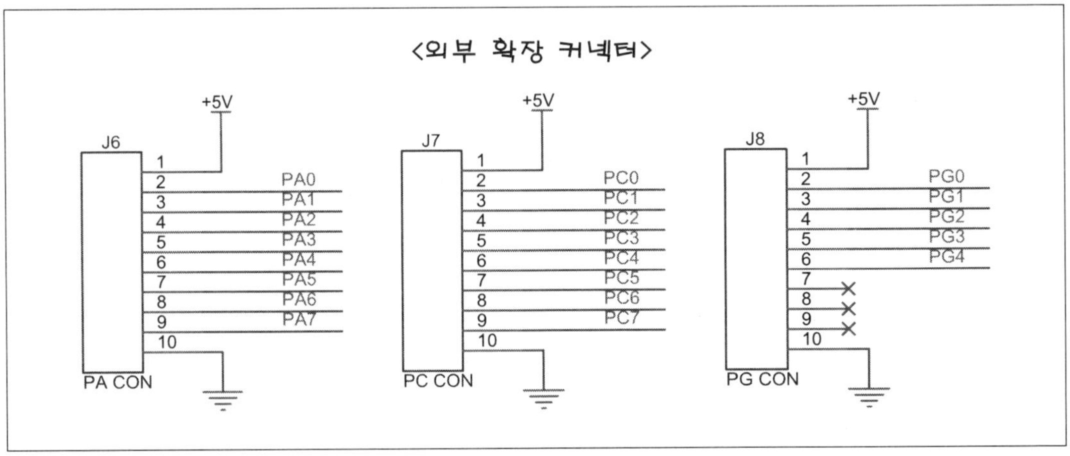

[그림 1-12] 외부 확장 커넥터

(9) 전원부

KUT-128 보드에는 [그림 1-13]과 같이 5V 단일 전원이 공급되고, 전원이 ON되면 전원 LED가 ON된다.

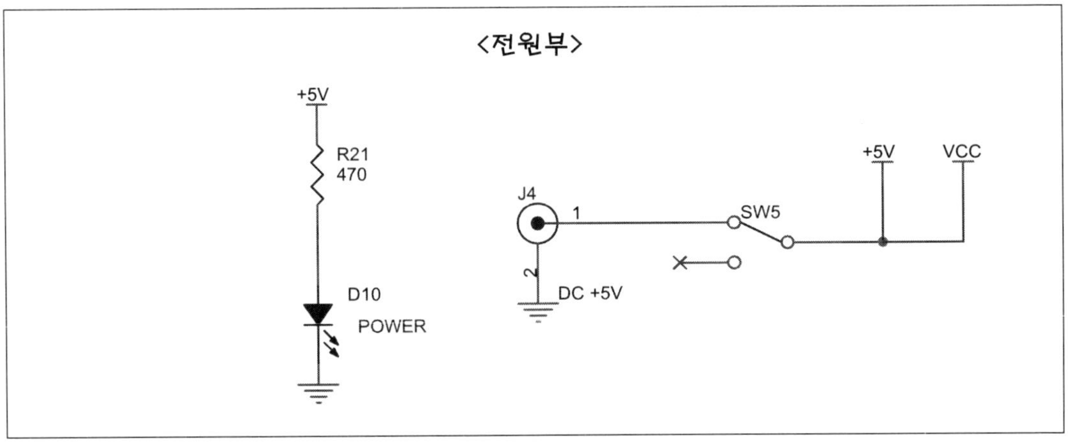

[그림 1-13] 전원부

Chapter 02

CodeVisionAVR C 컴파일러

2.1 CodeVisionAVR 특징

이 책에서 소개되는 작품들의 프로그램은 C언어로 작성되어 있으며, C 컴파일러는 사용하기 쉽고 편리한 통합 환경을 지원하는 *HP InfoTech*사의 *CodeVisionAVR*을 사용하였다. *CodeVisionAVR*은 Atmel사의 AVR 마이크로콘트롤러 패밀리를 위해 설계된 통합 개발 환경 및 자동 프로그램 생성기(*CodeWizardAVR*)를 내장한 C 컴파일러이다. 즉, *CodeVisionAVR*에는 에디터, 컴파일러, 프로그램 다운로드 기능을 모두 가지고 있기 때문에, 사용자가 작성한 프로그램을 컴파일한 후에 바로 ATmega128의 플래시 프로그램 메모리에 다운로드하여 실행시켜 볼 수가 있다.

또한, *CodeVisionAVR*은 윈도우즈에서 실행되는 32비트 어플리케이션 프로그램이며, AVR 구조와 임베디드(embeded) 시스템에 가장 적합하도록 ANSI C 언어의 모든 구성요소와 거의 가깝게 구현되었다.

특히, 표준 C 라이브러리뿐만 아니라 *CodeVisionAVR* C 컴파일러는 다음과 같은 인터페이싱(interfacing) 라이브러리를 가지고 있다.

① 캐릭터 LCD 모듈
② Philips I^2C 버스
③ National Semiconductor의 LM75 온도 센서
④ Philips PCF8563, PCF8583, Dallas Semiconductor DS1302와 DS1307 리얼-타임 클럭
⑤ Dallas Semiconductor 1-Wire 프로토콜
⑥ Dallas Semiconductor DS1820/DS1822 온도 센서
⑦ Dallas Semiconductor DS1621 온도계/온도조절장치
⑧ SPI

⑨ 전원 관리
⑩ 시간 지연 함수

또한, *CodeVisionAVR*은 다음과 같은 기능의 구현에 필요한 모든 코드를 생성하는 *CodeWizardAVR* 자동 프로그램 생성기를 내장하고 있다.

① 외부 메모리 액세스 설정
② 칩 리셋 소스 정의
③ 입·출력 포트 초기화
④ 외부 인터럽트 초기화
⑤ 타이머/카운터 초기화
⑥ 워치-독 타이머 초기화
⑦ UART 초기화
⑧ 아날로그 비교기 초기화
⑨ AD 컨버터 초기화
⑩ SPI 인터페이스 초기화
⑪ I^2C Bus, LM75 온도 센서, DS1621 온도계/온도조절장치 및 PCF8563, PCF8583, DS1302, DS1307 리얼-타임 클럭 초기화
⑫ 1-Wire 버스 및 DS1820/DS1822 온도 센서 초기화
⑬ LCD 모듈 초기화

2.2 *CodeVisionAVR* 구성

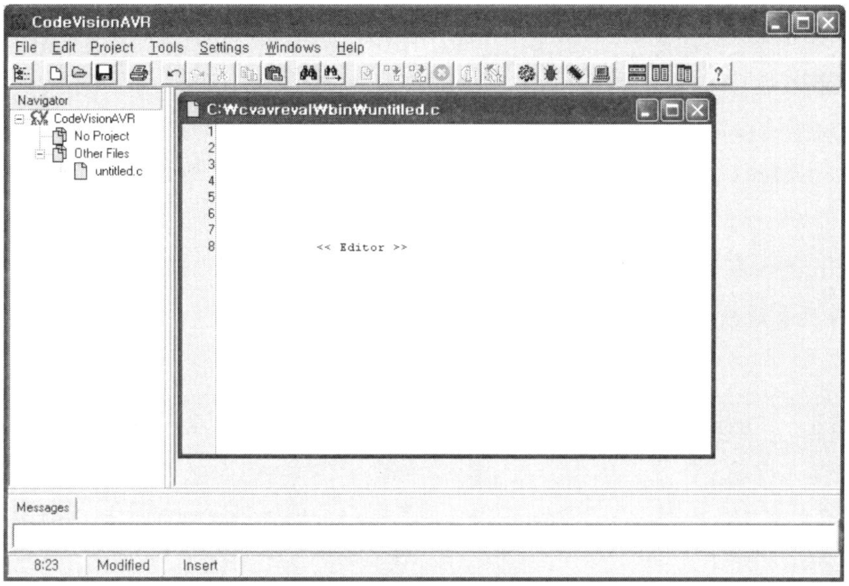

[그림 2-1] *CodeVisionAVR* 통합 개발 환경

CodeVisionAVR 통합 개발 환경의 구성은 [그림 2-1]과 같으며, 각 구성 요소에 대한 기능은 다음과 같다.

① Navigator 윈도우

소스 파일을 보다 쉽게 표시하거나 열 수 있게 하며, 파일 이름을 클릭하면 파일이 열리거나 최대화된다. 또한, 컴파일(Compile)이나 메이크(Make) 과정을 거친 후에 전역변수 리스트와 컴파일 된 C 소스 파일에서 선언된 함수를 보여준다. Project 밑에 있는 파일들은 컴파일 대상파일을 보여주며, 컴파일 과정에서 에러나 경고(Warning)가 발생하면 Navigator 윈도우에서 확인할 수 있다. Others File 밑에 있는 파일은 현재 편집창에 오픈 되어 있는 파일명을 보여줄 뿐이며, 컴파일과는 아무런 관계가 없다.

② Editor 윈도우

사용자가 C 소스 및 헤더 파일을 작성하거나 이미 존재하는 C 소스파일을 열면 화면상에 표시되는 곳이다. 맨 왼쪽에는 소스코드의 라인 수가 표시되고, 주석, 코드, 함수, 정의어 등에 따라 각각 다른 색으로 표시되어 사용자가 이를 쉽게 구별할 수 있다.

③ Message 윈도우

컴파일 과정에서 에러나 경고가 발생했을 경우에 메시지가 표시되는 부분으로 Navigator 윈도우에 표시되는 메시지와 같다.

④ Menu

*CodeVisionAVR*의 모든 기능을 사용할 수 있는 메뉴로 프로젝트 파일 및 소스 파일을 열거나 저장할 수 있으며, 컴파일이나 메이크 과정을 수행할 수도 있다.

⑤ Toolbar

자주 사용하는 메뉴를 모아 놓은 부분으로 각각의 기능은 다음과 같다.

Navigator 보이기/감추기	새 파일 만들기
파일 열기	파일 저장
파일 인쇄	되살리기
다시 하기	오려두기
복사	붙여 넣기
텍스트 찾기	텍스트 바꾸기
편집 파일 문법에러 체크	현재 파일 컴파일
프로젝트 파일 Make	컴파일 정지
컴파일/메이크 정보	프로젝트 구성
CodeWizardAVR 실행	디버거(Debugger) 실행
칩 프로그래머 실행	시리얼 터미널 실행
수평 타일 윈도우	수직 타일 윈도우
캐스케이드 윈도우	도움말

[그림 2-2] 툴바 기능

CodeVisionAVR 통합 개발 환경에 대한 구성은 이상과 같으며, 자세한 기능 및 설명은 많은 지면을 필요로 하기 때문에 생략하기로 한다. 데모용 소프트웨어 또는 컴파일러에 대한 자세한 정보를 얻기 위해서는 도움말을 참고하거나 아래의 홈페이지를 참조하기 바란다.

http://www.hpinfotech.ro/html/download.htm : 평가판 다운로드

http://www.roboblock.co.kr : 평가판 다운로드, *CodeVisionAVR* 국내 판매

http://www.ohm.co.kr : 평가판 다운로드

2.3 컴퓨터와 연결하기

KUT-128 보드와 컴퓨터는 [그림 2-3]과 같이 ISP 케이블로 연결되며, 이 케이블을 통해 C컴파일러에서 생성한 헥사파일이 KUT-128 MCU 보드의 플래시 프로그램 메모리에 쓰여지고 실행되어진다.

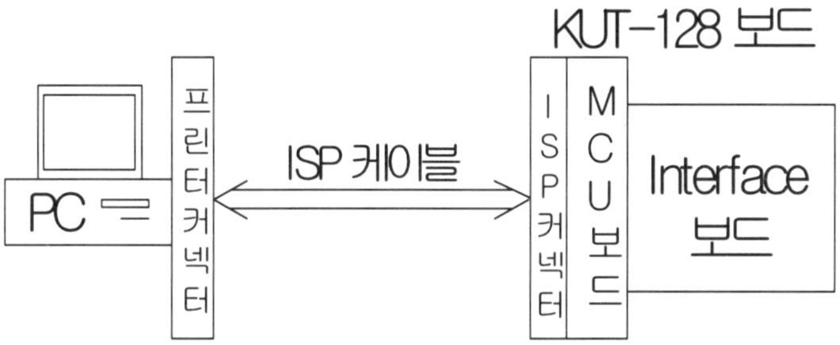

[그림 2-3] 직렬 프로그래밍을 위한 PC와 KUT-128 보드와의 연결

KUT-128 보드에 사용하는 ISP 케이블은 Kanda Systems STK200/300 규격의 ISP와 호환되도록 설계되어 있기 때문에, *CodeVisionAVR*에서 지원하는 프로그래머를 KUT-128 보드에서 사용할 수 있도록 [그림 2-1]에서 'Settings' 메뉴의 'Programmer' 항목을 선택하여 [그림 2-4]와 같이 <Kanda Systems STK200/300>를 선택하고, 프린터 포트는 사용자 컴퓨터에서 사용하고 있는 주소를 선택하면 된다. 참고로 프린터 포트의 주소는 윈도우즈의 제어판에서 시스템에 관한 항목을 열어보면 알 수 있다.

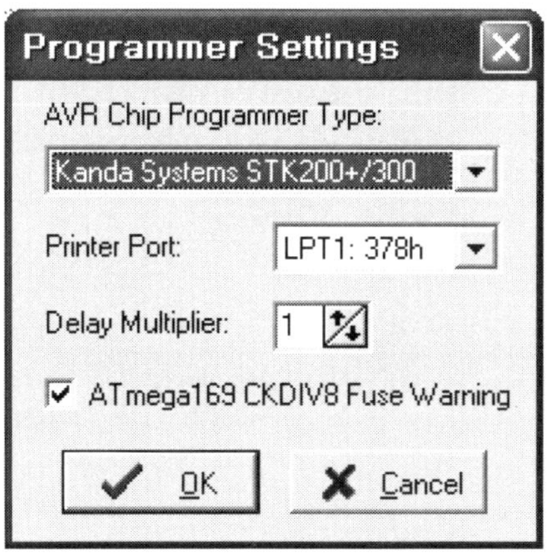

[그림 2-4] 프로그래머 설정

2.4 프로그래밍

프로그래밍이란 *CodeVisionAVR*을 이용하여 KUT-128 보드에 ISP 케이블을 통해 사용자가 작성한 프로그램을 ATmega128에 다운로드하여 실행시키는 일련의 과정으로 정의한다. 실질적인 프로그래밍은 *CodeVisionAVR*의 프로그래머에 의해서 자동으로 수행되며, 사용자는 약간의 설정으로 쉽게 프로그래밍을 할 수 있다.

2.4.1 프로젝트 파일 생성

① 메뉴의 File-New 항목을 클릭하거나 툴바의 [아이콘] 버튼을 클릭하고, [그림 2-5]의 대화상자에서 'Project'를 선택한다.

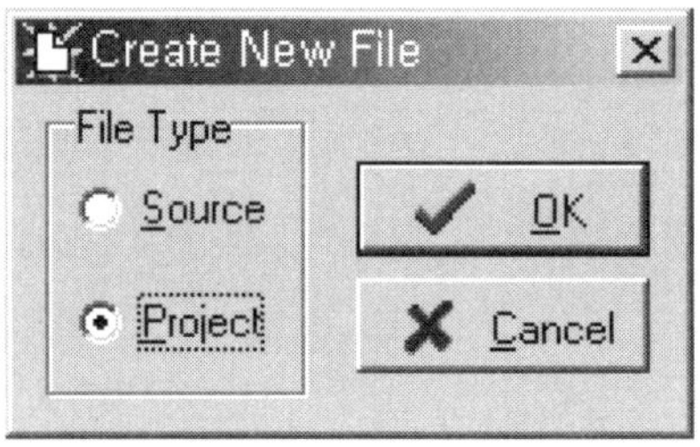

[그림 2-5] 프로젝트 파일 선택

② [그림 2-6]과 같은 *CodeWizardAVR*의 사용 여부를 묻는 대화상자가 나타나면 'No' 버튼을 클릭한다.

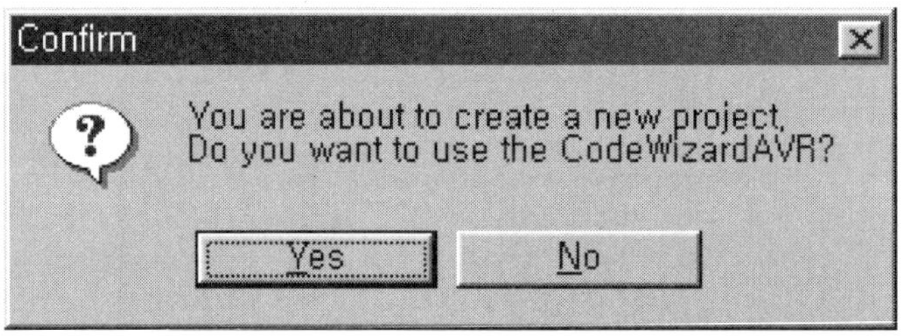

[그림 2-6] *CodeWizardAVR* 사용 대화상자

③ [그림 2-7]와 같은 대화상자가 표시되면, 생성하고자 하는 프로젝트명을 입력한다.

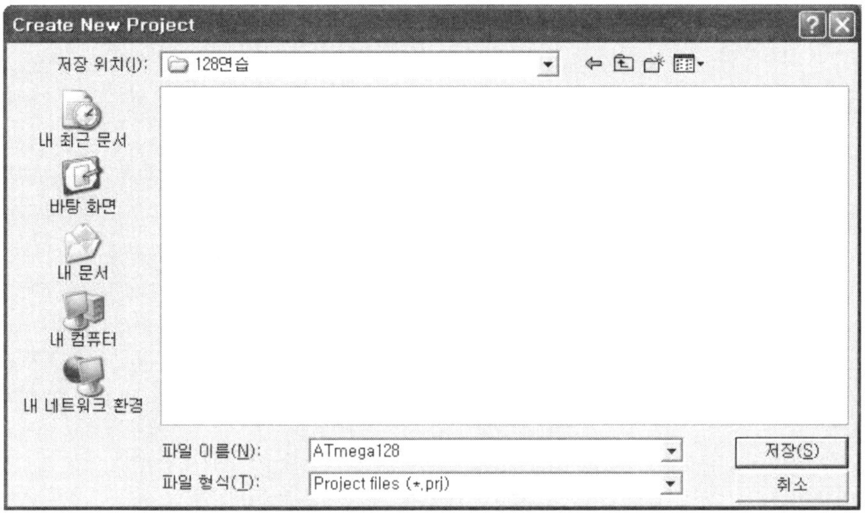

[그림 2-7] 프로젝트 파일명 입력

⑤ 'C Compiler' 항목을 열어 [그림 2-8]의 중간 화면과 같이 'Chip'을 선택하는 곳에서 ATmega128를 선택하고, Clock을 16MHz로 설정한다.

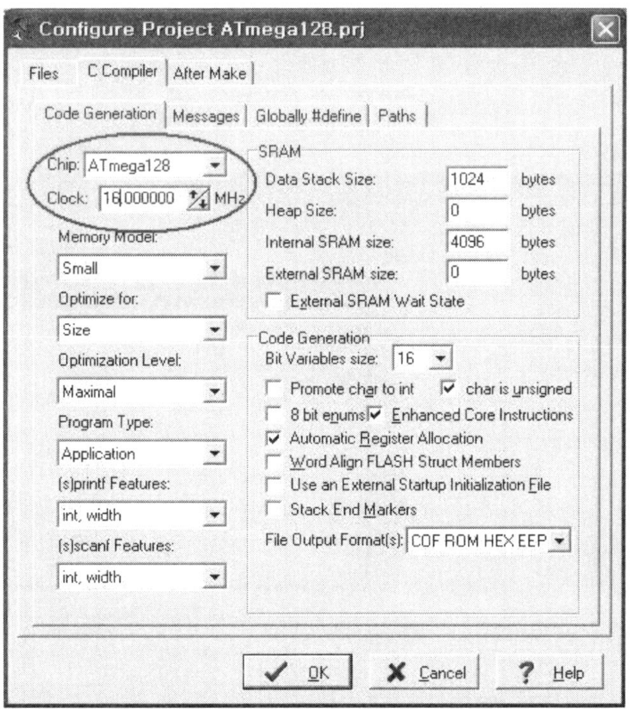

[그림 2-8] 프로젝트 구성 - C Compiler

⑥ [그림 2-9]와 같이 'After Make' 항목을 열어 'Program the Chip'의 체크 박스를 활성화시킨다.

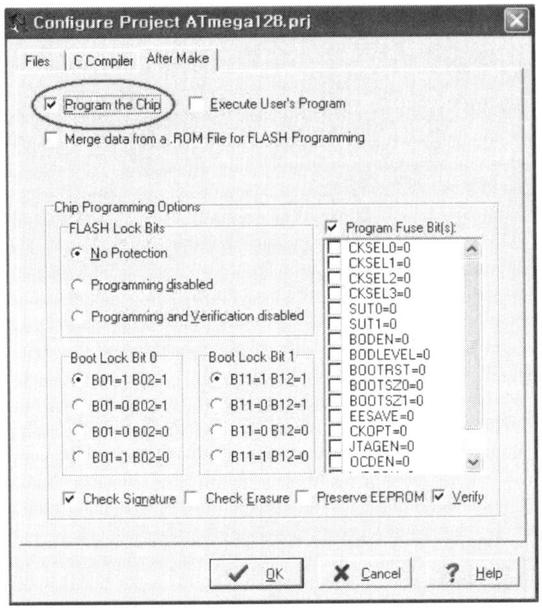

[그림 2-9] 프로젝트 구성 - After Make

⑦ [그림 2-9]에서 OK 버튼을 클릭하면 [그림 2-10]에서와 같이 Navigatotr 윈도우 화면에 프로젝트명 "ATmega128"이 표시되는 것을 확인할 수 있다.

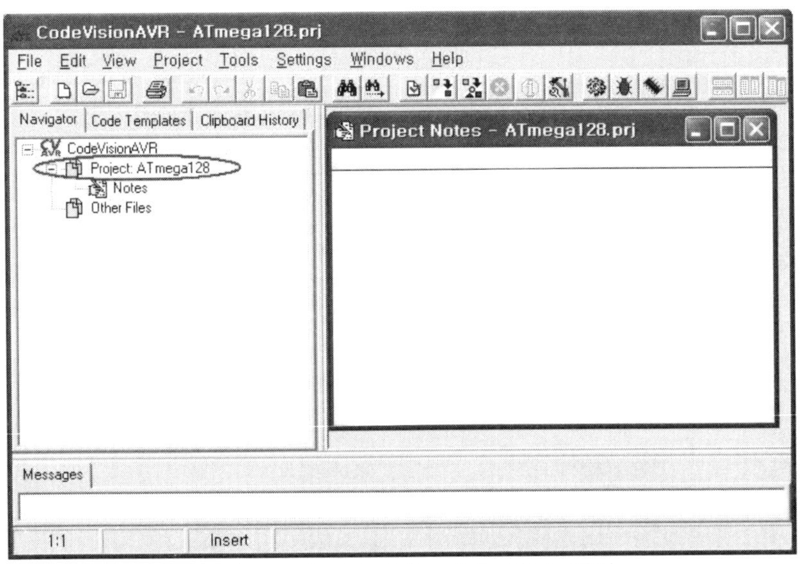

[그림 2-10] 프로젝트 생성 결과 화면

2.4.2 소스 파일 작성

File 메뉴의 New 항목이나 툴바의 [D] 버튼을 클릭하면 [그림 2-11]과 같은 선택 창이 나타난다. 이 창의 File Type에서 'Source' 항목을 선택한 후에 OK 버튼을 클릭하면 [그림 2-12]와 같은 새로운 에디터 창이 생성되고 [그림 2-13]과 같이 여기에 소스 코드를 작성하면 된다. 편집창에서는 여러 개의 파일을 동시에 열어 작업할 수가 있다.

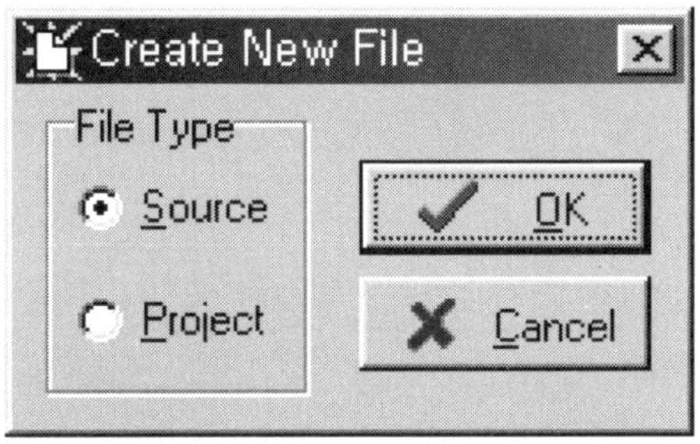

[그림 2-11] 새 파일 선택 창

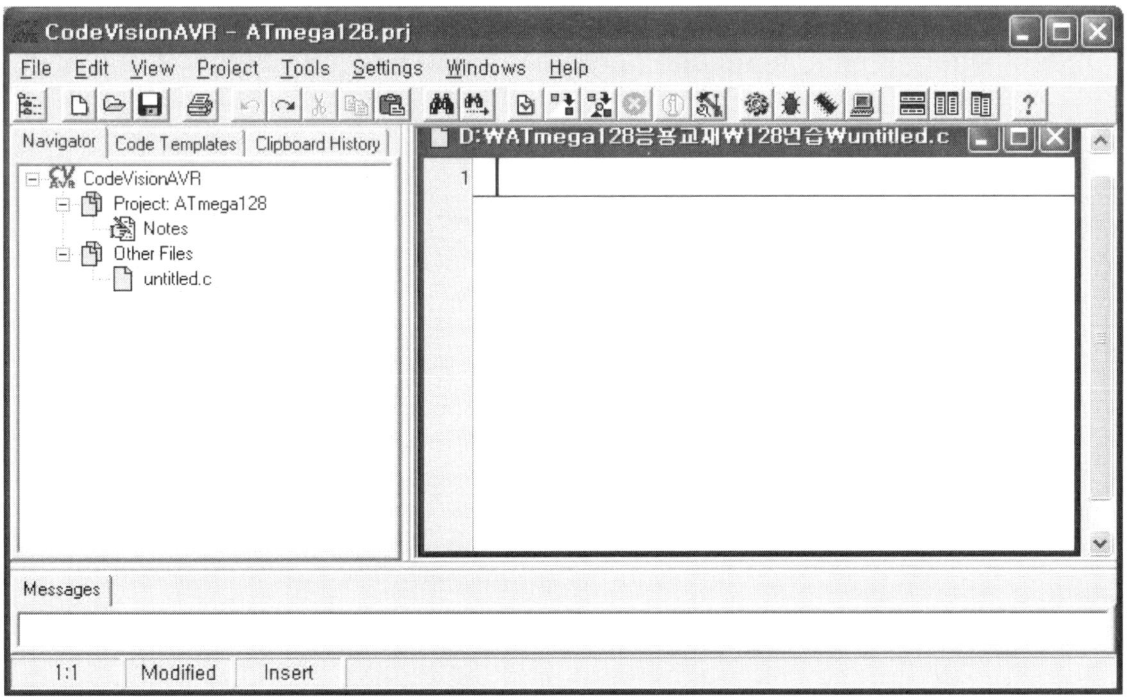

[그림 2-12] 새 파일 생성

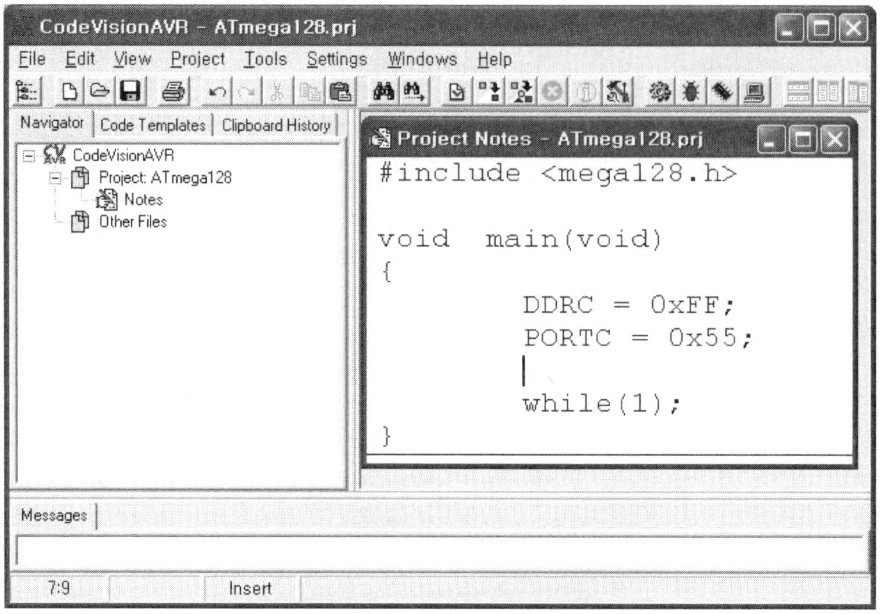

[그림 2-13] 소스 코드 작성

사용자가 작성한 프로그램을 저장하기 위해 File 메뉴의 'Save As' 항목을 클릭하면 [그림 2-14]와 같은 파일 저장 대화상자가 나타난다. 저장하고자 하는 폴더를 지정한 후에 '파일 이름(N)'에 원하는 파일명으로 저장하면 된다.

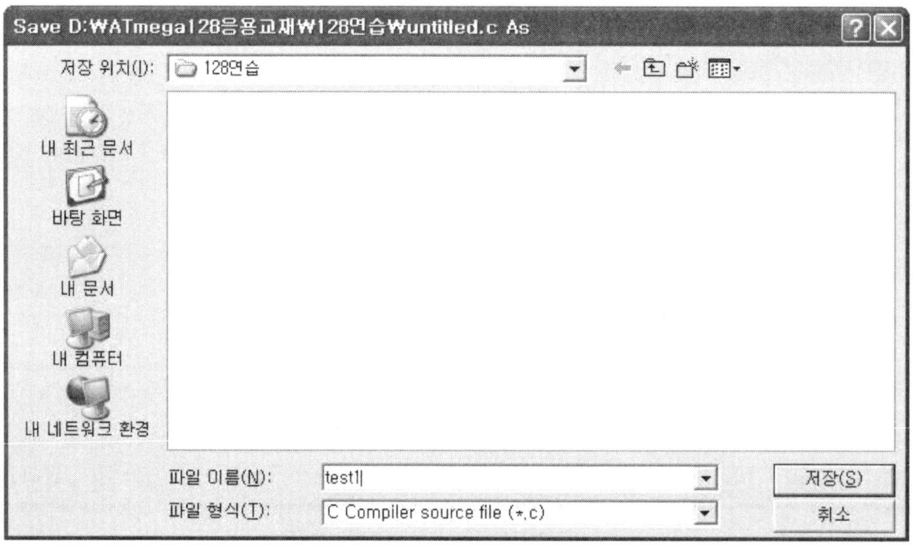

[그림 2-14] 파일 저장하기

2.4.3 컴파일 및 프로그래밍

메뉴의 <프로젝트 구성> 버튼 을 클릭하여 [그림 2-15]와 같은 대화 상자가 나타나면 'Files' 항목의 'Add' 버튼을 클릭하여 [그림 2-16]의 대화상자를 통해 방금 작성한 test1.c 파일을 프로젝트에 추가한다.

[그림 2-15] 프로젝트 구성

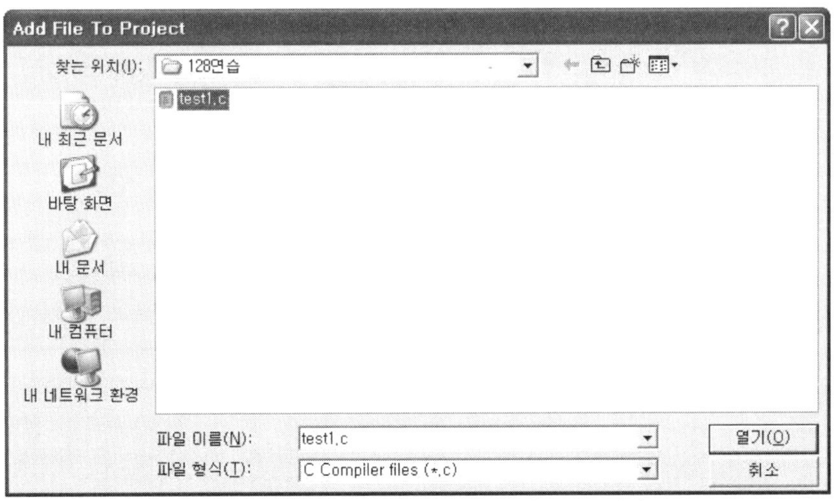

[그림 2-16] 컴파일 대상 파일 등록하기

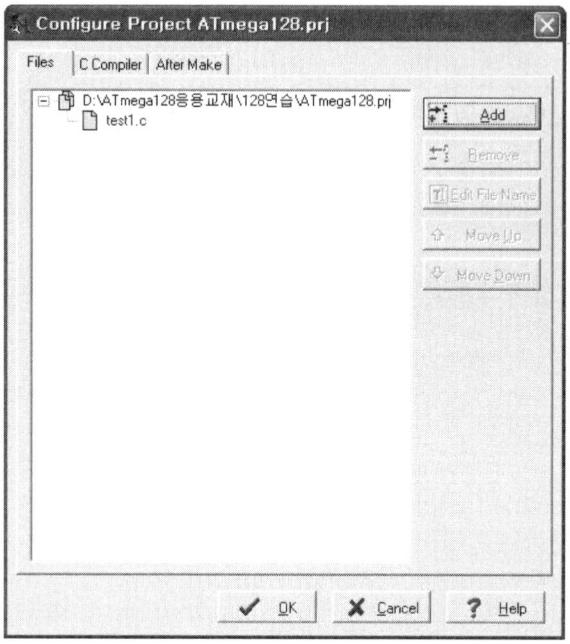

[그림 2-17] 컴파일 대상 등록

[그림 2-17]은 컴파일 대상 파일로 등록된 상태를 보여주며, OK 버튼을 클릭하면 [그림 2-18]과 같이 Navigator 윈도우에서 프로젝트명 밑에 test1.c 파일이 표시된 것을 확인할 수 있다.

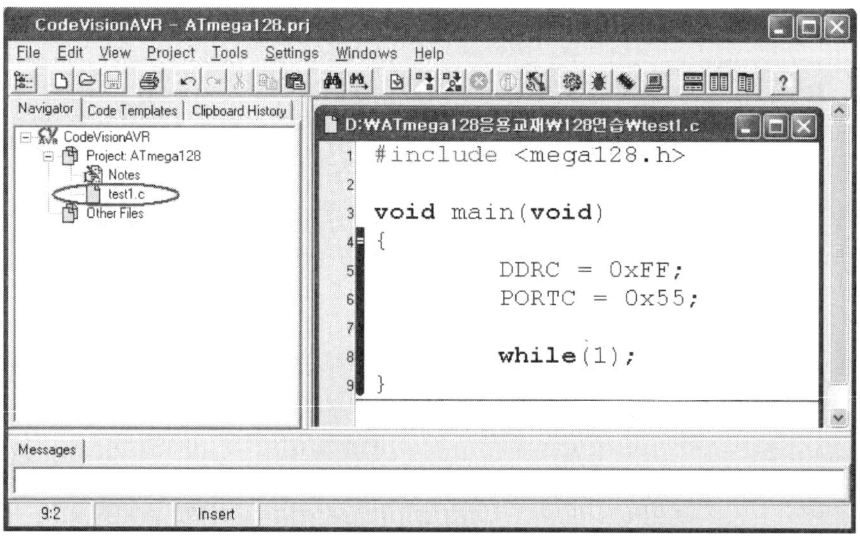

[그림 2-18] Navigator 윈도우에 컴파일 대상 파일 등록 표시

툴바의 메이크 버튼 를 클릭하여 메이크 과정이 끝나면 [그림 2-19]와 같은 'Information' 대화 상자가 나타난다. 대화 상자의 'Program' 버튼을 클릭하면, [그림 2-20]과 같이 프로그래밍 되는 과정이 표시된다.

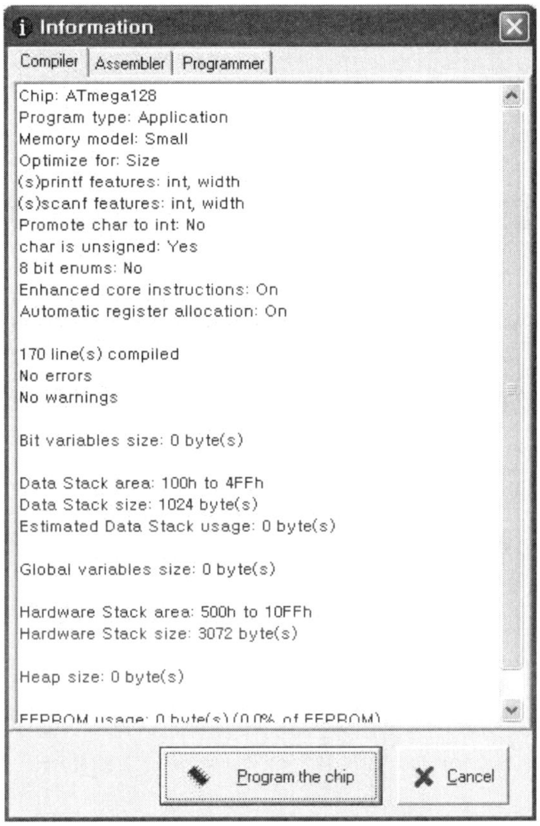

[그림 2-19] 캄파일 정보 대화상자

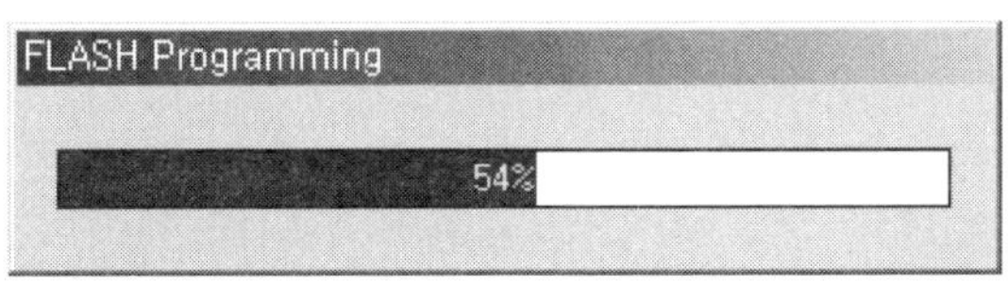

[그림 2-20] 프로그래밍 과정 표시화면

프로그래밍 과정이 끝나면 다운로드한 프로그램이 바로 실행되어 LED 4개가 순차적으로 점등되는 것을 확인할 수 있다.

2.4.4 새 파일 작성 및 컴파일 하기

앞에서와 마찬가지로 <File -> New>를 실행하여 Editor 윈도우에서 [그림 2-21]과 같이 프로그램을 작성한 후 <File -> Save As> 실행하여 소스 파일 test2.c로 저장한다. 이렇게 저장하면 [그림 2-21]의 Navigator 윈도우에서 Other Files 밑에 test2.c가 표시되는 것을 알 수 있다. 이것은 파일 test2.c가 컴파일 대상 파일은 아니지만 Editor 윈도우상에 오픈되어 있는 것을 보여주는 것이다.

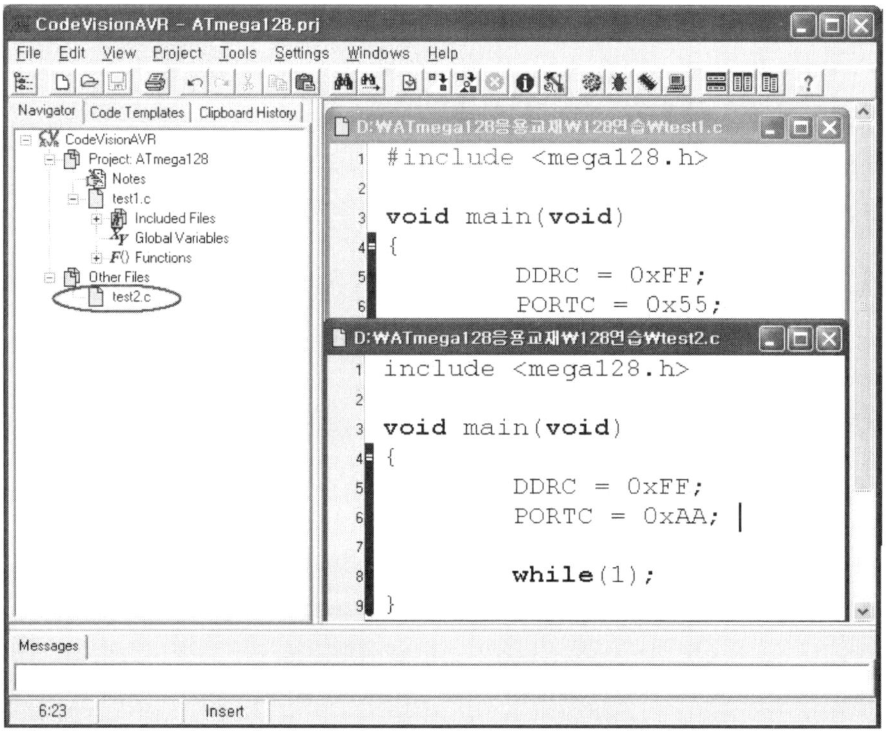

[그림 2-21] 새로운 소스 파일 작성

새로 작성한 파일을 컴파일 대상 파일로 등록하기 위해서는 이전에 컴파일 대상파일로 등록된 파일을 우선 제거해야 하며, 툴바의 <프로젝트 구성> 버튼 을 클릭하면 [그림 2-22]의 대화상자가 표시된다. 여기서, 프로젝트에 등록되어 있는 파일 test1.c를 클릭한 후 [그림 2-23]에서와 같이 Remove 버튼을 클릭하면, [그림 2-24]와 같이 프로젝트로부터 제거된다. 그리고, 앞에서와 마찬가지로 [그림 2-24]에서 <Add> 버튼을 클릭하여 새로 작성한 파일 test2.c를 선택하여 열면 [그림 2-25]와 같이 프로젝트 구성 화면이 바뀌게 된다. 그리고, OK 버튼을 클릭하면 [그림 2-26]에서와 같이 Navigator 윈도우에서 파일 test2.c가 새로 등록되고, 앞에서 컴파일 대상 파일이었던 test1.c는 Ohter Files 밑에 표시된 것을 확인할 수 있다.

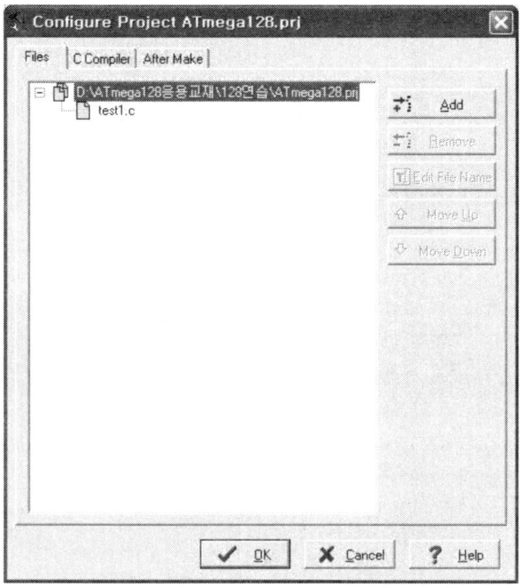

[그림 2-22] 프로젝트 구성 화면

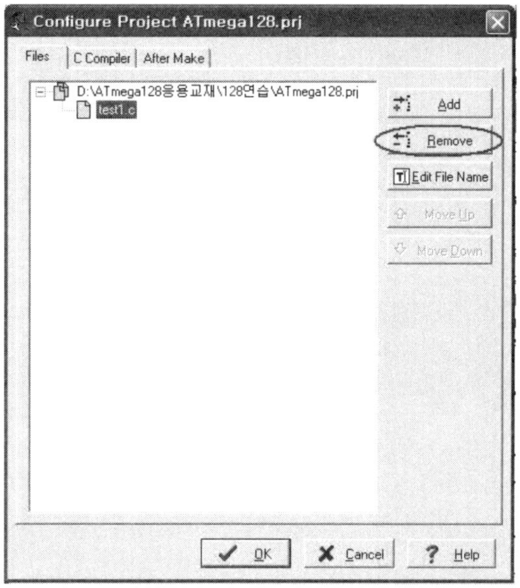

[그림 2-23] 컴파일 대상 파일 제거

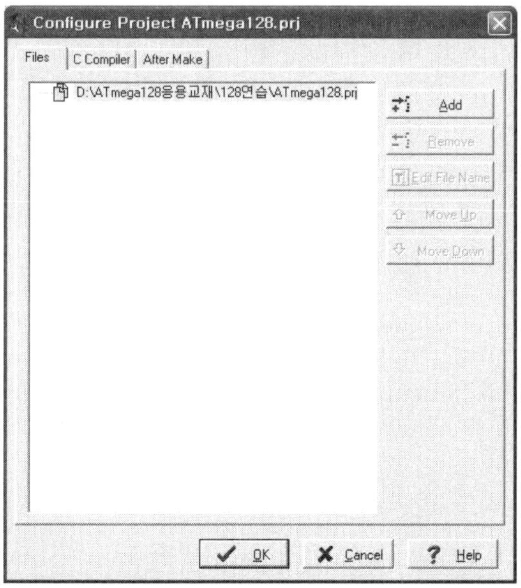

[그림 2-24] 제거된 프로젝트 구성 화면

[그림 2-25] 새 파일 컴파일 대상 등록

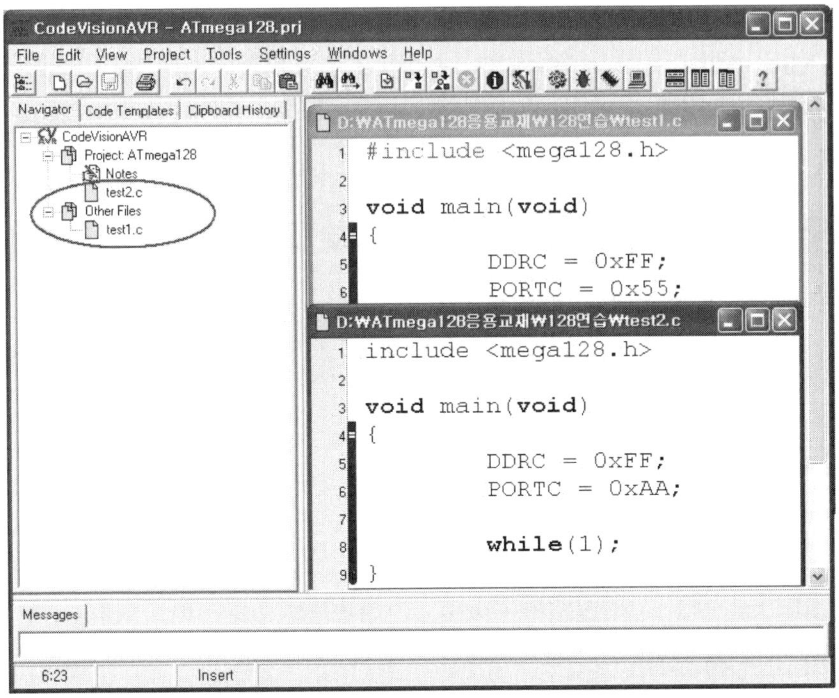

[그림 2-26] 새로 등록된 컴파일 대상 파일의 Navigator 윈도우 표시 화면

컴파일과 프로그래밍은 앞에서와 마찬가지로 툴바의 메이크 버튼 를 클릭한 후 Information 대화상자에서 <Program>버튼을 클릭하면 새로운 프로그램이 프로그래밍 되어 실행된다.

프로젝트 파일은 사용하는 CPU나 클럭이 바꾸지 않는 한 계속 사용할 수 있으며, 앞에서와 같이 컴파일 대상 파일만 새로 등록해 가면서 새로운 프로그램을 MCU 보드에 프로그래밍하면 된다.

그리고, *CodeVisionAVR*의 실행을 종료한 후에 다시 실행시키면 마지막에 작업했던 환경이 그대로 표시되어 이전의 작업을 계속할 수 있게 된다.

2.5 칩 프로그래머

이 절에서는 프로젝트를 새로 생성하거나 기존의 프로젝트를 오픈하지 않고 이미 생성되어 있는 헥사 파일을 ATmega128에 바로 프로그래밍 하는 방법을 설명한다.

프로그래머는 메뉴의 'Tools'에서 'Chip Programmer' 항목을 선택하거나 툴바의 버튼을 클릭하면 되며, [그림 2-27]과 같이 표시된다. 메뉴와 입력항목은 다음과 같은 기능을 갖는다.

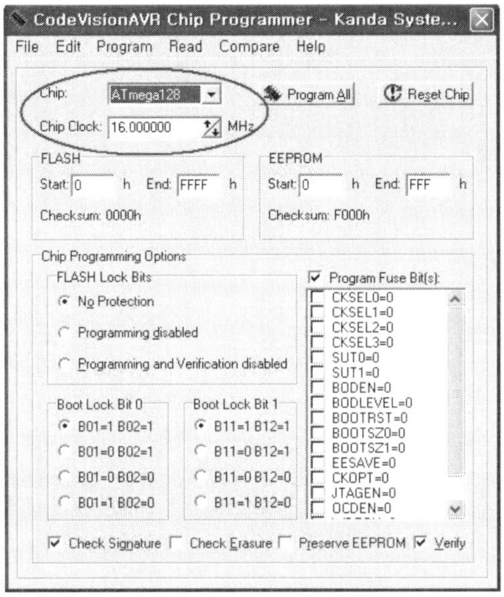

[그림 2-27] *CodeVisionAVR*의 칩 프로그래머

▶ File 메뉴

- Load FLASH : ROM(*.rom) 파일, 인텔 헥사(*.hex) 파일, 바이너리(*.bin) 파일 등을 읽어 플래시 버퍼에 저장한다.
- Load EEPROM : EEPROM(*.eep) 파일, 인텔 헥사, 바이너리 파일 등을 읽어 EEPROM 버퍼에 저장한다.
- Save FLASH : 플래시 버퍼에 있는 데이터를 파일로 저장한다.
- Save EEPROM : EEPROM 버퍼에 있는 데이터를 파일로 저장한다.

▶ Edit 메뉴

- FLASH : 플래시 버퍼에 있는 데이터를 수정한다.
- EEPROM : EEPROM 버퍼에 있는 데이터를 수정한다.

▶ Program 메뉴

- Erase Chip : 칩의 플래시 메모리, EEPROM 메모리의 내용을 한번에 삭제한다.
- Blank Check : 칩이 프로그램 가능한 상태인지를 점검한다.
- FLASH : 플래시 메모리 버퍼에 있는 내용을 칩의 플래시 메모리에 쓴다.

- EEPROM : EEPROM 버퍼에 있는 내용을 칩의 EEPROM 메모리에 쓴다.
- Lock Bit : 플래시 메모리의 내용을 보호할 수 있도록 한다.
- All : 위의 모든 기능을 일괄적으로 처리한다.

▶ Read 메뉴

- FLASH : 칩의 플래시 메모리의 내용을 읽어 플래시 버퍼에 저장한다.
- EEPROM : 칩의 EEPROM 버퍼에 있는 내용을 EEPROM 버퍼에 저장한다.
- Chip Signature : 칩의 서명 바이트를 읽는다.

▶ Compare 메뉴

- FLASH : 플래시 버퍼와 칩의 플래시 메모리의 내용을 비교한다.
- EEPROM : EEPROM 버퍼와 칩의 EEPROM 메모리의 내용을 비교한다.

▶ Help 메뉴

프로그래머의 기능을 요약한 도움말 메뉴로 자세한 기능은 도움말을 참고하라.
기존의 헥사파일을 바로 프로그래밍하는 방법은 다음과 같은 순서로 실행한다.

① [그림 2-27]과 같이 Chip항목에서 ATmega128을 설정한다.
② [그림 2-28]과 같이 메뉴 File의 'Load Flash'를 선택하여 대화상자가 표시되면 [그림 2-29]와 같이 ATmega128에 다운로드할 헥사 파일명을 입력한다.

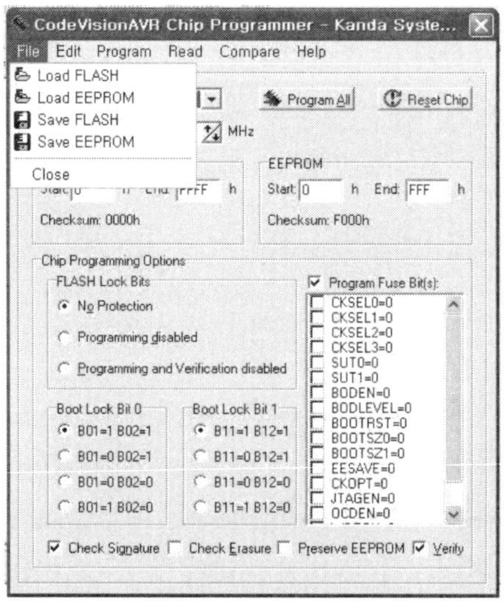

[그림 2-28] 헥사 파일 읽기

[그림 2-29] 헥사 파일명 입력

③ 메뉴 Program의 'Erase Chip'을 실행하여 ATmega128의 메모리 내용을 지운다.([그림 2-30])

④ 메뉴 Program의 'FLASH'을 클릭하여 ATmega128의 플래시 메모리에 프로그래밍 한다.([그림 2-30])

⑤ 프로그래밍이 완료되면 KUT-128 보드에서 자동적으로 실행된다.

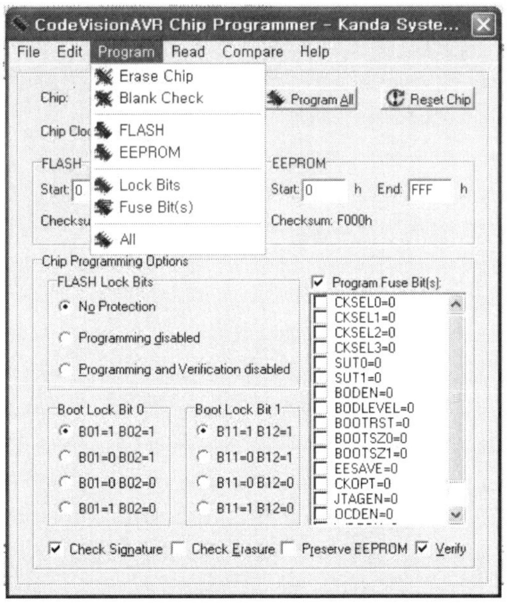

[그림 2-30] 플래시 메모리 프로그래밍

Chapter 03

ATmega128 기본사항

3.1 AVR 패밀리

Atmel사에서 생산되고 있는 AVR RISC 마이크로프로세서의 종류는 [표 3-1], [표 3-2], [표 3-3]과 같이 많으며, 그 특징들도 각각 다르다. AVR은 크게 AT90S 시리즈와 Tiny 시리즈, Mega 시리즈로 나눌 수 있다. 이름에서도 알 수 있듯이 AT90S 시리즈는 일반적인 다른 프로세서와 마찬가지로 적절한 메모리 용량과 I/O를 가지고 있는 것이 특징이며 범용으로 사용하기에 적당하다. 반면에 Tiny 시리즈는 대부분 핀 수가 적고 메모리 용량도 작아서 소형 제어기에 적당하다. Mega 시리즈는 메모리 용량이 AT90S 시리즈와 Tiny 시리즈에 비해 크기 때문에 시스템을 구동하는 코드의 양이 많거나 사용되는 주변기기가 많은 제어기에 적당하다.

[표 3-1] AVR 8비트 RISC Tiny 시리즈

PART	FLASH	EEPROM	SRAM	명령어	I/O	인터럽트	외부인터럽트	SPI	UART	8비트 타이머	16비트 타이머	PWM	WDT	RTC 타이머	아날로그비교기	10비트 AD컨버터	내장 오실레이터	브라운아웃 검출기	ISP	전압	클럭 주파수MHz
ATiny11L	1K	–	–	90	6	4	1	–	–	1	–	–	Y	–	Y	–	Y	–	Y	2.7-5.5	0-2
ATiny11	1K	–	–	90	6	4	1	–	–	1	–	–	Y	–	Y	–	Y	–	Y	4.0-5.5	0-6
ATiny12V	1K	64	–	90	6	5	1	–	–	1	–	–	Y	–	Y	–	Y	Y	Y	1.8-5.5	0-1
ATiny12L	1K	64	–	90	6	5	1	–	–	1	–	–	Y	–	Y	–	Y	Y	Y	2.7-5.5	0-4
ATiny12	1K	64	–	90	6	5	1	–	–	1	–	–	Y	–	Y	–	Y	Y	Y	4.0-5.5	0-8
ATiny15L	1K	64	–	90	6	8	1	–	–	2	–	1	Y	–	Y	4	Y	Y	Y	2.7-5.5	1.6
ATiny22L	2K	128	128	120	5	2	1	–	–	1	–	–	Y	–	–	–	Y	–	Y	2.7-6.0	0-4
ATiny22	2K	128	128	120	5	2	1	–	–	1	–	–	Y	–	–	–	Y	–	Y	4.0-6.0	0-8
ATiny28V	2K	–	–	90	19	5	2	–	–	1	–	–	Y	–	–	–	Y	–	Y	1.8-3.6	0-1
ATiny28L	2K	–	–	90	19	5	2	–	–	1	–	–	Y	–	–	–	Y	–	Y	2.7-3.6	0-4

[표 3-2] AVR 8비트 RISC AT90S 시리즈

PART	FLASH	EEPROM	SRAM	명령어	I/O	인터럽트	외부인터럽트	SPI	UART	8비트 타이머	16비트 타이머	PWM	WDT	RTC 타이머	아날로그비교기	10비트 AD컨버터	내장 오실레이터	브라운아웃 검출기	ISP	전압	클럭 주파수MHz
AT90S1200	1K	64	-	89	15	3	1	-	-	1	-	-	Y	-	Y	-	Y	-	Y	2.7-6.0	0-12
AT90S2313	2K	128	128	120	15	10	2	-	1	1	1	1	Y	-	Y	-	-	-	Y	2.7-6.0	0-10
AT90LS2323	2K	128	128	120	3	2	1	-	-	1	-	-	Y	-	-	-	-	-	Y	2.7-6.0	0-4
AT90S2323	2K	128	128	120	3	2	1	-	-	1	-	-	Y	-	-	-	-	-	Y	4.0-6.0	0-10
AT90LS2343	2K	128	128	120	5	2	1	-	-	1	-	-	Y	-	-	-	Y	-	Y	2.7-6.0	0-4
AT90S2343	2K	128	128	120	5	2	1	-	-	1	-	-	Y	-	-	-	Y	-	Y	4.0-6.0	0-10
AT90LS2333	2K	128	128	120	20	14	2	1	1	1	1	2	Y	-	Y	6	-	Y	Y	2.7-6.0	0-4
AT90S2333	2K	128	128	120	20	14	2	1	1	1	1	2	Y	-	Y	6	-	Y	Y	4.0-6.0	0-8
AT90S4414	4K	256	256	120	32	11	2	1	1	1	1	2	Y	-	Y	-	-	-	Y	2.7-6.0	0-8
AT90LS4433	4K	256	128	120	20	14	2	1	1	1	1	2	Y	-	Y	6	-	Y	Y	2.7-6.0	0-4
AT90S4433	4K	256	128	120	20	14	2	1	1	1	1	2	Y	-	Y	6	-	Y	Y	4.0-6.0	0-8
AT90LS4434	4K	256	256	120	32	15	2	1	1	2	1	3	Y	Y	Y	8	-	-	Y	2.7-6.0	0-4
AT90S4434	4K	256	256	120	32	15	2	1	1	2	1	3	Y	Y	Y	8	-	-	Y	4.0-6.0	0-8
AT90S8515	8K	512	512	120	32	11	2	1	1	1	1	2	Y	-	Y	-	-	-	Y	2.7-6.0	0-8
AT90S8534	8K	512	256	120	15	7	2	-	-	1	1	-	Y	-	-	6	-	-	-	3.3-6.0	0-1.5
AT90LS8535	8K	512	512	120	32	15	2	1	1	2	1	3	Y	Y	Y	8	-	-	Y	2.7-6.0	0-4
AT90S8535	8K	512	512	120	32	15	2	1	1	2	1	3	Y	Y	Y	8	-	-	Y	4.0-6.0	0-8

[표 3-3] AVR 8비트 RISC Mega 시리즈

PART	FLASH	EEPROM	SRAM	명령어	I/O	인터럽트	외부인터럽트	SPI	UART	8비트 타이머	16비트 타이머	PWM	WDT	RTC 타이머	아날로그비교기	10비트 AD컨버터	내장 오실레이터	브라운아웃 검출기	ISP	전압	클럭 주파수MHz
ATmega8	8K	512	1K	130	23	18	2	1	1	2	1	3	Y	Y	Y	-	Y	Y	Y	4.5-5.5	0-16
ATmega8L	8K	512	1K	130	23	18	2	1	1	2	1	3	Y	Y	Y	-	Y	Y	Y	2.7-5.5	0-8
ATmega16	16k	512	1k	131	32	20	3	1	1	2	1	4	Y	Y	Y	8	Y	Y	Y	4.5-5.5	0-16
ATmega16L	16k	512	1K	131	32	20	3	1	1	2	1	4	Y	Y	Y	8	Y	Y	Y	2.7-5.5	0-8
ATmega32	32K	1K	2K	130	32	19	3	1	1	2	1	4	Y	Y	Y	8	Y	Y	Y	4.5-5.5	0-16
ATmega32L	32K	1K	2K	130	32	19	3	1	1	2	1	4	Y	Y	Y	8	Y	Y	Y	2.7-5.5	0-8
ATmega48	4K	256	512	131	23	26	5	1	1	2	1	6	Y	Y	Y	8	Y	Y	Y	1.8-5.5	0-20
ATmega64	64K	2K	4K	133	53	34	8	1	2	2	2	8	Y	Y	Y	8	Y	Y	Y	4.5-5.5	0-16
ATmega64L	64K	2K	4K	133	53	34	8	1	2	2	2	8	Y	Y	Y	8	Y	Y	Y	2.7-5.5	0-8
ATmega88	8K	512	1K	131	23	26	5	1	1	2	1	6	Y	Y	Y	8	Y	Y	Y	1.8-5.5	0-20
ATmega103	128K	4K	4K	121	48	23	8	1	1	2	1	4	Y	Y	Y	8	-	-	Y	4.0-5.5	0-6
ATmega103L	128K	4K	4K	121	48	23	8	1	1	2	1	4	Y	Y	Y	8	-	-	Y	2.7-3.6	0-4
ATmega128	128K	4K	4K	133	53	34	8	1	2	2	2	8	Y	Y	Y	8	Y	Y	Y	4.5-5.5	0-16
ATmega128L	128K	4K	4K	133	53	34	8	1	2	2	2	8	Y	Y	Y	8	Y	Y	Y	2.7-5.5	0-8
ATmega161	16K	512	1K	130	35	20	3	1	2	2	1	4	Y	Y	Y	-	-	Y	Y	4.0-5..5	0-8
ATmega161L	16K	512	1K	130	35	20	3	1	2	2	1	4	Y	Y	Y	-	-	Y	Y	2.7-5.5	0-4
ATmega162	16K	512	1K	130	35	28	3	1	2	2	2	6	Y	Y	-		Y	Y	Y	2.7-5.5	0-16
ATmega162v	16K	512	1K	130	35	28	3	1	2	2	2	6	Y	Y	-		Y	Y	Y	1.8-5.5	0-8
ATmega163	16K	512	1K	130	32	17	2	1	1	2	1	4	Y	Y	Y	8	Y	Y	Y	4.0-3.6	0-8
ATmega163L	16K	512	1K	130	32	17	2	1	1	2	1	4	Y	Y	Y	8	Y	Y	Y	2.7-5.5	0-4
ATmega165	16K	512	1K	130	53	22	3	1	1	2	1	4	Y	Y	Y	8	Y	Y	Y	4.5-5.5	0-16
ATmega165V	16K	512	1K	130	53	22	3	1	1	2	1	4	Y	Y	Y	8	Y	Y	Y	1.8-5.5	0-8
ATmega168	16K	512	1K	131	23	26	5	1	1	2	1	6	Y	Y	Y	8	Y	Y	Y	1.8-5.5	0-20
ATmega169	16K	512	1K	130	54	22	17	1	1	2	1	4	Y	Y	Y	8	Y	Y	Y	4.5-5.5	0-16
ATmega169L	16K	512	1K	130	54	22	17	1	1	2	1	4	Y	Y	Y	8	Y	Y	Y	2.7-5.5	0-8
ATmega169V	16K	512	1K	130	54	22	17	1	1	2	1	4	Y	Y	Y	8	Y	Y	Y	1.8-5.5	0-1
ATmega8515	8K	512	512	130	35	16	3	1	1	1	1	3	Y	-	Y	-	Y	Y	Y	4.5-5.5	0-16
ATmega8515L	8K	512	512	130	35	16	3	1	1	1	1	3	Y	-	Y	-	Y	Y	Y	2.7-5.5	0-8
ATmega8535	8K	512	512	130	32	20	3	1	1	2	1	4	Y	Y	Y	8	Y	Y	Y	4.5-5.5	0-16
ATmega8535L	8K	512	512	130	32	20	3	1	1	2	1	4	Y	Y	Y	8	Y	Y	Y	2.7-5.5	0-8
ATmega1280	128K	4K	8K	135	86	57	11	1	4	2	4	16	Y	Y	Y	16	Y	Y	Y	2.7-5.5	0-16
ATmega1281	128K	4K	8K	135	54	48	11	1	2	2	4	9	Y	Y	Y	8	Y	Y	Y	2.7-5.5	0-16
ATmega2560	256K	4K	8K	135	86	57	11	1	4	2	4	16	Y	Y	Y	16	Y	Y	Y	2.7-5.5	0-16
ATmega2561	256K	4K	8K	135	54	48	11	1	2	2	4	9	Y	Y	Y	8	Y	Y	Y	2.7-5.5	0-16

3.2 ATmega128의 특징

[표 3-4]는 ATmega128의 주요 특징을 나타낸다.

[표 3-4] ATmega128의 특징

구분	특징
고 성능의 저 전력 RISC 구조	· 133개의 명령어(대부분 한 클럭 사이클로 실행) · 32 x 8 비트 개의 범용 작업 레지스터 · 16MHz에서 16MIPS까지의 명령 처리 속도, 곱셈기 2사이클 실행
데이터 및 비휘발성 메모리	· 128KB 바이트의 ISP 방식 프로그램용 플래시 메모리 내장 - 10,000번까지 쓰기/삭제 가능 · 4KB의 SRAM, 4KB의 EEPROM(100,000번 쓰기/삭제 가능) · 외부 64KB의 메모리 영역 · 소프트웨어와 EEPROM 데이터 보안을 위한 락(Lock)기능
주변장치	· ISP 기능을 위한 SPI 인터페이스 · 내장 메모리(플래시. EEPROM)의 프로그래밍과 On-chip 디버그 기능을 위한 JTAG 인터페이스(IEEE std. 1149.1) · 53개의 I/O 핀(A, B, C, D, E, F 포트 - 8 비트, G 포트 - 5 비트) · 리셋을 포함한 35개의 인터럽트 소스 · 별도의 프리스케일러를 갖는 2개의 8 비트 타이머/카운터(0, 2) · 별도의 프리스케일러를 갖는 2개의 16 비트 타이머/카운터(1, 3) · 2개의 8비트 PWM 채널과 6개의 2~16비트 PWM 채널 · 8채널 10비트 A/D 컨버터와 아날로그 비교기 · TWI, SPI 시리얼 인터페이스, 2개의 프로그램이 가능한 시리얼 USART · 독립적인 내장 발진기에 의한 워치독 타이머
특수 기능	· 6개의 슬립모드 · 내부 RC 오실레이터와 외부 크리스탈을 연결하기 위한 발진회로 내장 · 외부, 내부 인터럽트(Interrupt) 소스
동작 전압	· 2.7-5.5V (ATmega128L), 4..5-5.5V (ATmega128)
동작 클럭	· 0-8MHz (ATmega128L), 0-16MHz (ATmega128)

3.2.1 ATmega128의 핀 기능

AVR RISC 구조에 기초한 ATmega128은 저전력 CMOS형의 8 비트 마이크로 콘트롤러로서 ATmega128의 핀 구조는 [그림 3-1]과 같으며, 패키지형은 64핀의 TQFP형과 MLF형이 있다. 분기 명령 등을 제외한 대부분의 명령어는 한 클럭 사이클에 실행되며, ATmega128은 1MIPS/MHz에 가까운 처리속도를 낼 수 있기 때문에 전력 소모를 최적화할 수 있다.

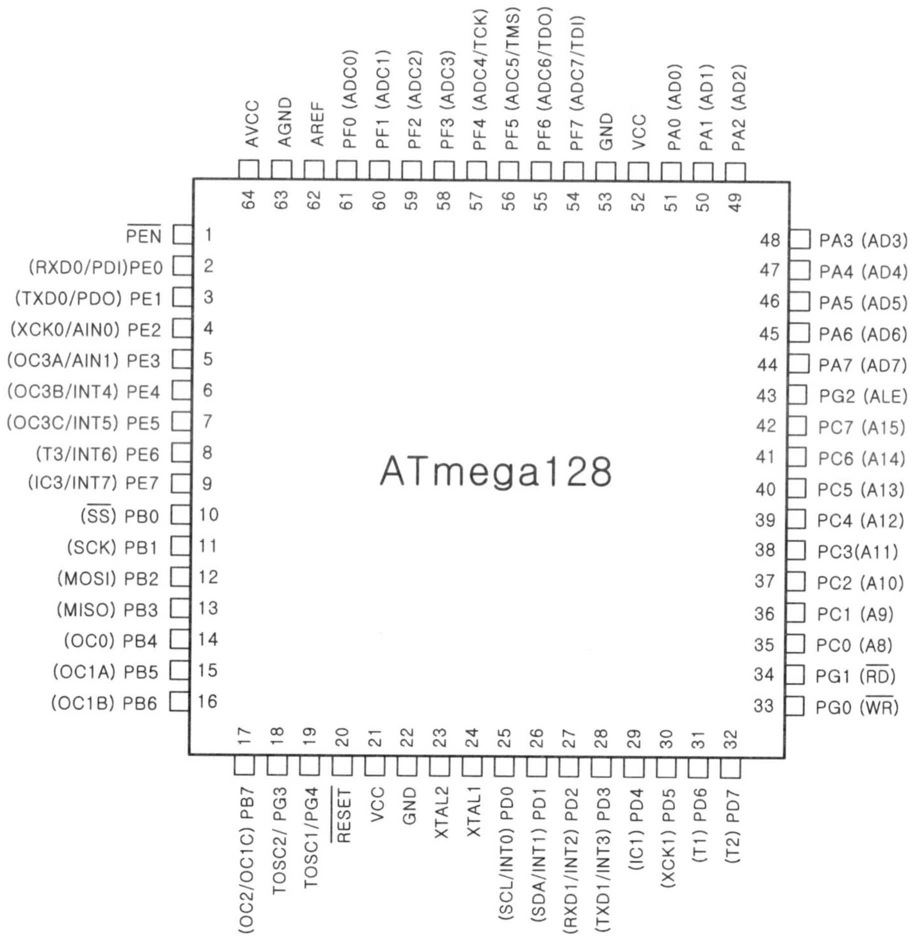

[그림 3-1] ATmega128의 핀 구조

· VCC - 전원.

· GND - 접지.

· **포트** A(PA7..PA0) - 포트 A는 내부 풀업저항(20kΩ-100kΩ)을 갖는 8비트 양방향 I/O 포트이며, 출력버퍼는 sink와 source 능력에 대해 대칭적으로 40mA의 구동특성을 갖는다. 리셋 상태에서는 3-스테이트 상태가 되며, 외부에 SRAM을 사용할 경우에는 하위 어드레스 버스와 데이터 버스로 사용된다.

· **포트** B(PB7..PB0) - 포트 B는 내부 풀업저항을 갖는 8비트 양방향 I/O 포트이며, 출력버퍼는 sink와 source 능력에 대해 대칭적으로 40mA의 구동특성을 갖는다. 리셋 상태에서는 3-스테이트 상태가 된다. 포트 B는 [그림 3-1]의 핀 구성에서와 같이 다양한 기능을 갖는다.

· **포트** C(PC7..PC0) - 포트 C는 내부 풀업저항을 갖는 8비트 양방향 I/O 포트이며, 출력버퍼는 sink와 source 능력에 대해 대칭적인 구동특성을 갖는다. 리셋 상태에서는 3-스테이트 상태가 되며, 외부에 SRAM을 사용할 경우에는 상위 어드레스 버스로 사용된다.

· **포트** D(PD7..PD0) - 포트 D는 내부 풀업저항을 갖는 8비트 양방향 I/O 포트이며, 출력버퍼는 sink와 source 능력에 대해 대칭적인 구동특성을 갖는다. 리셋 상태에서는 3-스테이트 상태가 되며, [그림 3-1]의 핀 구성에서와 같이 다양한 기능을 제공한다.

· **포트** E(PE7..PE0) - 포트 E는 내부 풀업저항을 갖는 8비트 양방향 I/O 포트이며, 출력버퍼는 sink와 source 능력에 대해 대칭적인 구동특성을 갖는다. 리셋 상태에서는 3-스테이트 상태가 되며, [그림 3-1]의 핀 구성에서와 같이 다양한 기능을 제공한다.

· **포트** F(PF7..PF0) - 포트 F는 내부 풀업저항을 갖는 8비트 양방향 I/O 포트이며, 출력버퍼는 sink와 source 능력에 대해 대칭적인 구동특성을 갖는다. 리셋 상태에서는 3-스테이트 상태가 되며, JTAG 인터페이스가 인에이블 되어 있으면 리셋이 발생할지라도 PF7(TDI), PF5(TMS), PF4(TCK)에 연결된 풀업저항들은 동작상태가 된다.

· **포트 G(PG4..PG0)** - 포트 G는 내부 풀업저항을 갖는 8비트 양방향 I/O 포트이며, 출력버퍼는 sink와 source 능력에 대해 대칭적인 구동특성을 갖는다. 리셋 상태에서는 3-스테이트 상태가 되며, [그림 3-1]의 핀 구성에서와 같이 다양한 기능을 제공한다.

· $\overline{\text{RESET}}$ - 리셋 입력 단자로서 리셋동작을 확실하게 하기 위해서는 1.5us 이상의 low 신호가 인가되어야 한다.

· **XTAL1** - 인버팅 오실레이터 증폭기와 내부 클록 동작회로에 대한 입력 단자이다.

· **XTAL2** - 인버팅 오실레이터 증폭기의 출력 단자이다.

· **AVCC** - A/D 컨버터 및 포트 F의 전원 단자이다.

· **AREF** - A/D 컨버터에 대한 아날로그 기준전압 입력 단자이다.

· **AGND** - AVCC에 대한 전원접지 단자이며, 반드시 GND와 접지하여 사용한다.

· $\overline{\text{PEN}}$ **(Programmng Enable)** - SPI 모드를 위한 프로그램 인에이블 핀이며, 내부적으로 High로 풀업되어 있다. 전원 ON에 의한 (파워온) 리셋시에 Low 상태를 유지하면 MCU는 SPI 모드로 들어가게 된다. $\overline{\text{PEN}}$은 정상동작 중에는 기능하지 않는다.

· **ALE(Address Latch Enable)** - 외부에 메모리를 사용할 경우 포트 A를 통해 어드레스가 출력되고 있음을 나타내는 어드레스 래치 인에이블 신호 출력 단자이다.

· $\overline{\text{RD}}$, $\overline{\text{WR}}$ - 외부 메모리를 액세스하기 위한 읽기/쓰기 제어신호 출력단자이다.

· **SCK(Serial Clock)** - ISP 직렬 프로그래밍 인터페이스에서 마스터(PC)가 ATmega128에 보내는 클럭신호이며, ATmega128의 직렬 프로그래밍에서는 이 단자를 사용한다.

· **PDI(Programming Data Input)** - ISP 직렬 프로그래밍 인터페이스에서 마스터(PC)가 ATmega128에 보내는 데이터 신호 MOSI(Master Output/Slaver Input)이며,

ATmega128의 직렬 프로그래밍에서는 이 단자를 사용한다.

· PDO(Programming Data Output) - ISP 직렬 프로그래밍 인터페이스에서 ATmega128이 마스터(PC)에 보내는 데이터 신호 MISO(Master Input/Slaver Output). ATmega128의 직렬 프로그래밍에서는 이 단자를 사용한다.

· TCK(JTAG Test Clock) - JTAG ICE가 ATmega128에 보내는 클럭 신호 단자이다.

· TMS(JTAG Test Mode Select) - JTAG ICE가 ATmega128에 보내는 모드 선택 신호 단자이다.

· TDO(JTAG Test Data Output) - ATmega128이 JTAG ICE에 보내는 데이터 출력신호 단자이다.

· TDI(JTAG Test Data Input) - JTAG ICE가 ATmega128에 보내는 데이터 입력 신호 단자이다.

· INT0~INT7 - 외부 인터럽트 요청 입력 단자이다.

· TXD0, RXD0 - RS-232C 시리얼 통신 0을 위한 송/수신 단자이다.

· TXD1, RXD1 - RS-232C 시리얼 통신 1을 위한 송/수신 단자이다.

· XCK0 - 시리얼 통신 포트 0이 동기모드로 동작할 때의 클럭 입출력 단자이다.

· XCK1 - 시리얼 통신 포트 1이 동기모드로 동작할 때의 클럭 입출력 단자이다.

· $\overline{\text{SS}}$(SPI Slave Slect) - SPI 채널의 슬레이브 선택 입력 단자이다.

· SCK(SPI Serial Clock) - SPI 채널의 마스터 클럭 출력 또는 슬레이브 클럭 입력단자이다.

· MOSI(SPI Master Output Slave Input) – SPI 채널의 마스터 데이터 출력 또는 슬레이브 데이터 입력 단자이다.

· MISO(SPI Master Input Slave Output) – SPI 채널의 마스터 데이터 입력 또는 슬레이브 데이터 출력 단자이다.

· SCL(TWI Serial Clock) – TWI 채널의 클럭 입출력 단자이다.

· SDA(TWI Serial Data) – TWI 채널의 데이터 입출력 단자이다.

· TOSC1, TOSC2(Timer/Counter0 RTC Oscillator) – 타이머/카운터0의 RTC 기능을 사용하는 경우의 클럭 발생을 위한 수정발진자 연결 단자이다.

· T1, T2, T3 – 타이머/카운터1, 2, 3의 외부 클럭 입력 단자이다.

· OC0, OC1A, OC1B, OC1C, OC2, OC3A, OC3B, OC3C(Timer/Counter 0, 1, 2, 3 Output Compare Match and PWM Output) – 타이머/카운터 0, 1, 2, 3의 비교 출력 단자로서 타이머/카운터를 PWM 모드로 설정하면 이 단자들을 통해 PWM 신호를 출력할 수 있다.

· IC1, IC3(Timer/Counter 1, 3 Input Capture Trigger) – 타이머/카운터 1과 3의 캡쳐 모드에서의 트리거 입력 신호 단자이다.

· ADC0~ADC7(ADC Channel 0~7) – A/D 컨버터의 아날로그 입력 단자이다.

· AIN0, AIN1 – 아날로그 비교기의 입력신호 단자로서, AIN0와 AIN1은 각각 (+)와 (-) 극성을 갖는다.

3.2.2 ATmega128 메모리 구성

(1) 플래시 프로그램 메모리

ATmega128은 프로그램 저장을 위해 ISP 기능을 갖는 플래시 메모리 128K 바이트를 내장하고 있다. 모든 명령어는 16 비트나 32 비트 워드이기 때문에, 플래시는 64K×16 비트로 구성되어 있다. 프로그램 메모리는 [그림 3-2]와 같이 부트 플래시 섹션과 응용 플래시 섹션으로 나누어 사용할 수 있다. 이 프로그램 메모리는 SPI 시리얼 통신을 이용한 ISP(In-System Programming) 기능을 가지고 있으며, 적어도 10,000번의 쓰기 및 삭제가 가능하다. 플래시 프로그램 메모리의 프로그래밍은 SPI, JTAG, 병렬 프로그래밍 방식을 이용할 수 있다. 프로그램 메모리 영역에 정의된 상수를 액세스할 때 Z 레지스터가 사용되는데 128K×8비트 형식으로 액세스하기 때문에 2개의 64K×8비트 영역으로 나누어 액세스하여야 하며, 이를 위해 RAMPZ 레지스터의 RAMPZ0 비트가 미리 설정되어야 한다.

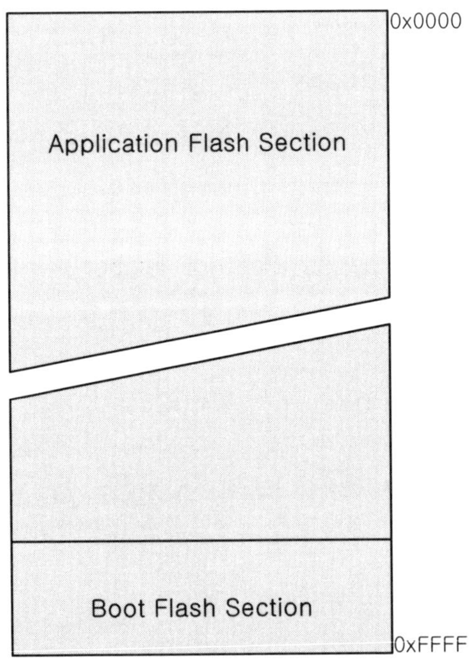

[그림 3-2] ATmega128 플래시 프로그램 메모리

(2) 범용 레지스터

[그림 3-3]은 ATmega128의 데이터 메모리 구성을 보여주며, 32개의 범용 레지스터 영역, 64개의 I/O 레지스터, 160개의 확장 I/O 레지스터, 4KB의 내부 SRAM으로 구성되어 있다. 그리고. 그림에서와 같이 내부와 외부 합해 64KB까지 사용 가능하다.

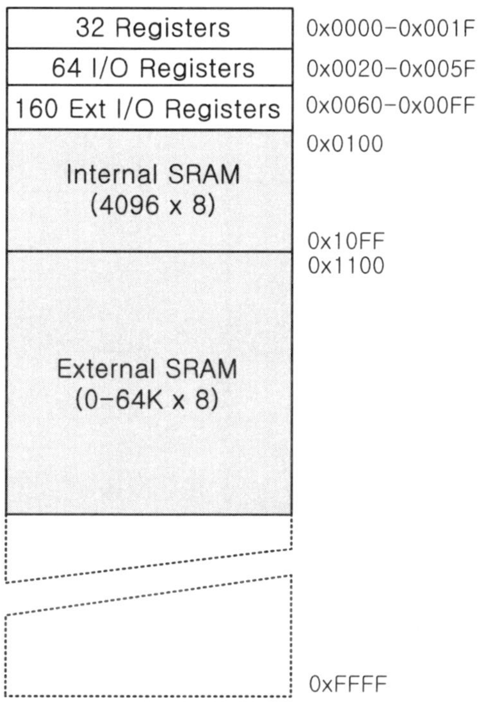

[그림 3-3] ATmega128 데이터 메모리 구성

[그림 3-4]는 CPU내의 32개 범용 레지스터의 구조를 보여준다. 범용 레지스터를 오퍼랜드로 사용하는 대부분의 명령어는 모든 레지스터들을 직접 액세스할 수 있으며, 대부분의 명령어들이 단일 사이클로 수행된다.

[그림 3-4]에서 보여진 것처럼 각 레지스터는 데이터 메모리 영역에서 직접 맵핑(mapping) 가능하도록 32개의 영역에 대한 데이터 메모리 주소가 할당되어 있다. 비록 SRAM 영역으로서 물리적인 구현이 되어 있지 않지만, 이런 메모리 구성은 유연한 레지스터의 액세스를 가능하게 한다.

레지스터 R26~R31은 범용적인 사용이외에 추가된 기능을 가지고 있다. 이 레지스터들은 데이터 영역의 간접 주소 지정 방식을 위한 주소 포인터로 사용되며, 이 세 개의 간접 주소 레지스터 X, Y, Z는 [그림 3-5]와 같다. 이 레지스터들은 다른 주소 지정 방식과 달리 고정 변위, 자동 증가 및 자동 감소 기능을 갖는다.

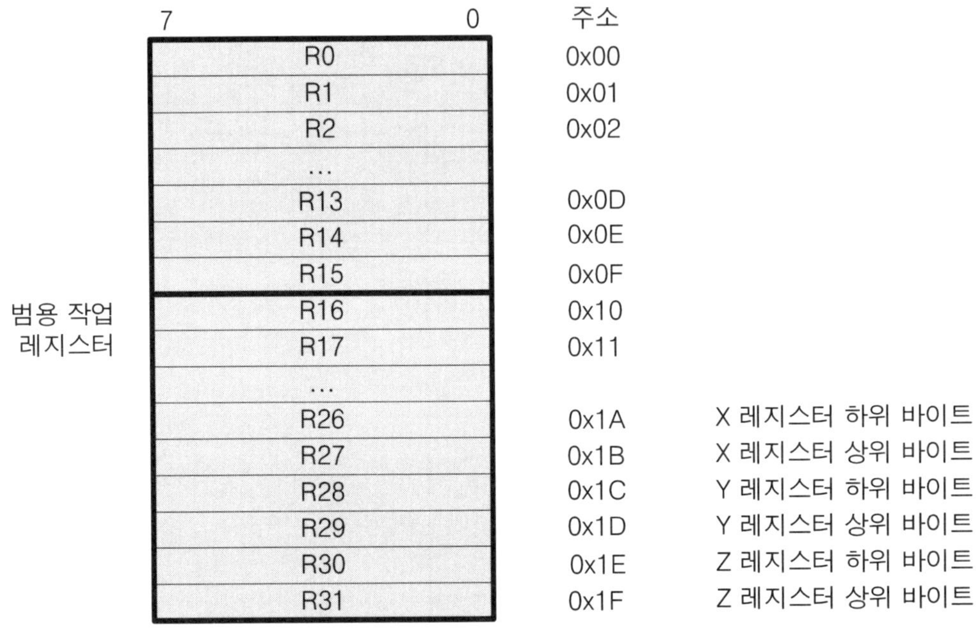

[그림 3-4] ATmega128의 범용 레지스터

X-레지스터, Y-레지스터, Z-레지스터

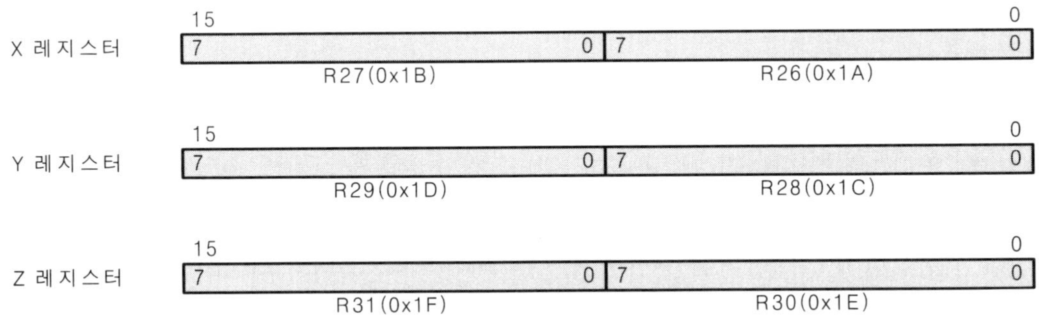

[그림 3-5] X, Y, Z 레지스터

(3) I/O 레지스터

I/O 레지스터는 ATmega128에 내장된 I/O 기능들을 제어하기 위한 레지스터로서 64개의 영역이 할당되어 있다. 이 레지스터 영역은 [그림 3-3]과 같이 0x0020~0x005F의 어드

레스를 가지지만, IN/OUT 명령을 사용하여 지정하는 경우에는 0x00~0x3F의 어드레스로 지정해야 한다. [표 3-5]는 I/O 레지스터를 보여준다.

확장 I/O 레지스터는 ATmega128에 새로 추가된 I/O 기능들을 제어하기 위해 확장된 영역으로서 0x0060~0x00FF 번지에 할당되어 있으며, 이 영역은 외부 데이터 메모리처럼 사용하여야 한다. 따라서, 이 영역에 대해서는 IN/OUT 명령을 사용할 수 없으며, [표 3-6]은 확장 I/O 레지스터를 보여준다.

(4) RAM 영역

ATmega128의 내부 RAM 영역은 0x0100~0x10FF의 영역을 가지며, 외부 RAM 영역은 0x1100~0xFFFF번지의 약 60KB의 영역을 갖는다. 외부 RAM 영역은 사용자가 필요에 따라 RAM을 접속하여 사용하거나 I/O 영역으로 사용할 수가 있다. 이 외부 데이터 영역을 액세스하는 데는 ALE, $\overline{RD}$, $\overline{WR}$ 신호가 MCU로부터 출력되므로 이들 신호를 이용하여 회로를 설계하여야 한다.

(5) EEPROM 데이터 메모리

ATmega128에는 4K 바이트의 데이터 EEPROM이 내장되어 있으며, 별도의 데이터 영역으로 구성되어 바이트 단위로 읽거나 쓸 수 있다. EEPROM은 적어도 100,000번 정도의 쓰기 및 삭제가 가능하다. EEPROM은 EEPROM 주소 레지스터, EEPROM 데이터 레지스터, EEPROM 제어 레지스터를 이용하여 액세스할 수 있다.

[표 3-5] I/O 레지스터

주소	레지스터명	기 능	참조 페이지
0x00(0x20)	PINF	포트 F 데이터 입력 레지스터	103
0x01(0x21)	PINE	포트 E 데이터 입력 레지스터	103
0x02(0x22)	DDRE	포트 E 데이터 방향 레지스터	103
0x03(0x23)	PORTE	포트 E 데이터 출력 레지스터	103
0x04(0x24)	ADCL	A/D 변환 결과 하위 레지스터	235
0x05(0x25)	ADCH	A/D 변환 결과 상위 레지스터	235
0x06(0x26)	ADCSRA	A/D 변환기 제어 및 상태 레지스터	234
0x07(0x27)	ADMUX	A/D 변환기 멀티플렉서 레지스터	232
0x08(0x28)	ACSR	아날로그 비교기 제어 및 상태 레지스터	225
0x09(0x29)	UBR0OL	USART 0 보우 레지스터(하위 바이트)	253
0x0A(0x2A)	UCSR0B	USART 0 제어 및 상태 레지스터 B	249
0x0B(0x2B)	UCSR0A	USART 0 제어 및 상태 레지스터 A	247
0x0C(0x2C)	UDR0	USART 0 I/O 데이터 레지스터	247
0x0D(0x2D)	SPCR	SPI 제어 레지스터	267
0x0E(0x2E)	SPSR	SPI 상태 레지스터	270
0x0F(0x2F)	SPDR	SPI I/O 데이터 레지스터	270
0x10(0x30)	PIND	포트 D 데이터 입력 레지스터	102
0x11(0x31)	DDRD	포트 D 데이터 방향 레지스터	102
0x12(0x32)	PORTD	포트 D 데이터 츨력 레지스터	102
0x13(0x33)	PINC	포트 C 데이터 입력 레지스터	102
0x14(0x34)	DDRC	포트 C 데이터 방향 레지스터	102
0x15(0x35)	PORTC	포트 C 데이터 출력 레지스터	102
0x16(0x36)	PINB	포트 B 데이터 입력 레지스터	101
0x17(0x37)	DDRB	포트 B 데이터 방향 레지스터	101
0x18(0x38)	PORTB	포트 B 데이터 출력 레지스터	101
0x19(0x39)	PINA	포트 A 데이터 입력 레지스터	101
0x1A(0x3A)	DDRA	포트 A 데이터 방향 레지스터	101
0x1B(0x3B)	PORTA	포트 A 데이터 출력 레지스터	100
0x1C(0x3C)	EECR	EEPROM 제어 레지스터	300
0x1D(0x3D)	EDDR	EEPROM 데이터 레지스터	299
0x1E(0x3E)	EEARL	EEPROM 주소 레지스터(하위 주소)	299
0x1F(0x3F)	EEARH	EEPROM 제어 레지스터(상위 주소)	299

[표 3-5] I/O 레지스터(계속)

주소	레지스터명	기 능	참조 페이지
0x20(0x40)	SFIOR	특수 기능 I/O 레지스터	99, 154, 167, 226
0x21(0x41)	WDTCR	워치독 타이머 제어 레지스터	218
0x22(0x42)	OCDR	On-chip 디버그 레지스터	-
0x23(0x43)	OCR2	타이머/카운터2 출력비교 레지스터	165
0x24(0x44)	TCNT2	타이머/카운터2 레지스터	165
0x25(0x45)	TCCR2	타이머/카운터2 제어 레지스터	163
0x26(0x46)	ICR1L	타이머/카운터1 입력캡쳐 레지스터 상위 바이트	179
0x27(0x47)	ICR1H	타이머/카운터1 입력캡쳐 레지스터 상위 바이트	179
0x28(0x48)	OCR1BL	타이머/카운터1 출력 비교 B 레지스터 하위 바이트	178
0x29(0x49)	OCR1BH	타이머/카운터1 출력 비교 B 레지스터 상위 바이트	178
0x2A(0x4A)	OCR1AL	타이머/카운터1 출력 비교 A 레지스터 하위 바이트	178
0x2B(0x4B)	OCR1AH	타이머/카운터1 출력 비교 A 레지스터 상위 바이트	178
0x2C(0x4C)	TCNT1L	타이머/카운터1 하위 바이트	176
0x2D(0x4D)	TCNT1H	타이머/카운터1 상위 바이트	176
0x2E(0x4E)	TCCR1B	타이머/카운터1 제어 레지스터 B	182
0x2F(0x4F)	TCCR1A	타이머/카운터1 제어 레지스터 A	180
0x30(0x50)	ASSR	비동기 상태 레지스터	152
0x31(0x51)	OCR0	타이머/카운터0 출력비교 레지스터	151
0x32(0x52)	TCNT0	타이머/카운터0 레지스터	151
0x33(0x53)	TCCR0	타이머/카운터0 제어 레지스터	148
0x34(0x54)	MCUCSR	MCU 제어 및 상태 레지스터	91,219
0x35(0x55)	MCUCR	MCU 제어 레지스터	76, 94, 127
0x36(0x56)	TIFR	타이머/카운터 인터럽트 플래그 레지스터	154, 166, 187
0x37(0x57)	TIMSK	타이머/카운터 인터럽트 마스크 레지스터	153, 166, 185
0x38(0x58)	EIFR	확장 인터럽트 플래그 레지스터	131
0x39(0x59)	EIMSK	확장 인터럽트 인에이블 레지스터	130
0x3A(0x5A)	EICRB	외부 인터럽트 제어 레지스터 B	130
0x3B(0x5B)	RAMPZ	확장 인터럽트 플래그 레지스터	66
0x3C(0x5C)	XDIV	XTAL Divide 제어 레지스터	89
0x3D(0x5D)	SPL	스택 포인터 하위 바이트	66
0x3E(0x5E)	SPH	스택 포인터 상위 바이트	66
0x3F(0x5F)	SREG	상태 레지스터	63, 131

[표 3-6] 확장 I/O 레지스터

주소	레지스터명	기 능	참조 페이지
0x60	Reserved	-	-
0x61	DDRF	F 포트 데이터 방향 레지스터	103
0x62	PORTF	F 포트 데이터 출력 레지스터	103
0x63	PING	G 포트 데이터 입력 레지스터	104
0x64	DDRG	G 포트 데이터 방향 레지스터	104
0x65	PORTG	G 포트 데이터 출력 레지스터	104
0x66	Reserved	-	-
0x67	Reserved	-	-
0x68	SPMCSR	Store 프로그램 제어 및 상태 레지스터	-
0x69	Reserved	-	-
0x6A	EICRA	외부 인터럽트제어 레지스터 A	129
0x6B	Reserved	-	-
0x6C	XMCRB	외부 메모리 제어 레지스터 B	78
0x6D	XMCRA	외부 메모리 제어 레지스터 A	76
0x6E	Reserved	-	-
0x6F	OSCCAL	오실레이터 캘리브레이션 레지스터	88
0x70	TWBR	TWI 비트 레이트 레지스터	279
0x71	TWSR	TWI 상태 레지스터	281
0x72	TWAR	TWI 어드레스 레지스터	283
0x73	TWDR	TWI 데이터 레지스터	282
0x74	TWCR	TWI 제어 레지스터	280
0x75	Reserved	-	-
0x76	Reserved	-	-
0x77	Reserved	-	-
0x78	OCR1CL	타이머/카운터1 출력비교 C 레지스터 하위 바이트	178
0x79	OCR1CH	타이머/카운터1 출력비교 C 레지스터 상위 바이트	178
0x7A	TCCR1C	타이머/카운터1 제어 레지스터 C	184
0x7B	Reserved	-	-
0x7C	ETIFR	확장 타이머/카운터 인터럽트 플래그 레지스터	188
0x7D	ETIMSK	확장 타이머/카운터 인터럽트 마스크 레지스터	186
0x7E	Reserved	-	-
0x7F	Reserved	-	-

[표 3-6] 확장 I/O 레지스터(계속)

주소	레지스터명	기 능	참조 페이지
0x80	ICR3L	타이머/카운터3 입력캡쳐 레지스터 하위 바이트	180
0x81	ICR3H	타이머/카운터3 입력캡쳐 레지스터 하위 바이트	180
0x82	OCR3CL	타이머/카운터3 출력비교 C 레지스터 하위 바이트	179
0x83	OCR3CH	타이머/카운터3 출력비교 C 레지스터 상위 바이트	179
0x84	OCR3BL	타이머/카운터3 출력비교 B 레지스터 하위 바이트	179
0x85	OCR3BH	타이머/카운터3 출력비교 B 레지스터 상위 바이트	179
0x86	OCR3AL	타이머/카운터3 출력비교 A 레지스터 하위 바이트	178
0x87	0CR3AH	타이머/카운터3 출력비교 A 레지스터 상위 바이트	178
0x88	TCNT3L	타이머/카운터3 레지스터 하위 바이트	176
0x89	TCNT3H	타이머/카운터3 레지스터 상위 바이트	176
0x8A	TCCR3B	타이머/카운터3 제어 레지스터 B	182
0x8B	TCCR3A	타이머/카운터3 제어 레지스터 A	180
0x8C	TCCR3C	타이머/카운터3 제어 레지스터 C	184
0x8D	Reserved	-	-
0x8E	Reserved	-	-
0x8F	Reserved	-	-
0x90	UBRR0H	USART0 보우 레이트 레지스터(상위 바이트)	253
0x91	Reserved	-	-
0x92	Reserved	-	-
0x93	Reserved	-	-
0x94	Reserved	-	-
0x95	UCSR0C	USART0 제어 및 상태 레지스터 C	251
0x96	Reserved	-	-
0x97	Reserved	-	-
0x98	UBRR1H	USART1 보우 레이트 레지스터(상위 바이트)	253
0x99	UBRR1L	USART1 보우 레이트 레지스터(하위 바이트)	253
0x9A	UCSR1B	USART1 제어 및 상태 레지스터 B	249
0x9B	UCSR1A	USART1 제어 및 상태 레지스터 A	247
0x9C	UDR1	USART1 데이터 레지스터	247
0x9D	UCSR1C	USART1 제어 및 상태 레지스터 C	251
0x9E~0xFF	Reserved	-	-

3.2.3 외부 메모리 인터페이스

ATmega128은 외부 메모리 영역 0x1100~0xFFFF 번지의 약 60KB 영역에 대해 SRAM, LCD, A/D, D/A 등과 같은 주변장치를 사용할 수 있으며, 다음과 같은 설정 기능을 가지고 있다.

① 4개의 다른 웨이트 상태 설정 가능
② 외부 데이터 메모리 영역을 2개의 섹터로 나눌 수 있고, 이들 섹터에 대해 각각 독립적인 웨이트 사이클 설정 가능
③ 어드레스 상위 바이트에서 필요한 비트만 동작 설정 가능
④ 전류소비를 최소화하기 위해 데이터 버스에 버스키퍼 기능 설정 가능

그리고, 외부 메모리 영역의 인터페이스에 사용되는 신호는

① AD0~AD7 : 어드레스 하위 및 데이터 신호
② A8~A15 : 어드레스 상위 신호
③ ALE : 어드레스 래치 인에이블 신호
④ $\overline{RD}$: 외부 메모리 읽기 신호
⑤ $\overline{WR}$: 외부 메모리 쓰기 신호

이며, [그림 3-6]은 이들 신호를 이용하여 구성한 외부 메모리 영역에 대한 기본 인터페이스를 보여준다. AD0~AD7은 시분할로 어드레스 버스와 데이터 버스로 사용되기 때문에, 데이터 신호는 ALE신호와 래치(D-플립플롭)를 이용하여 구성된 회로를 거쳐 외부 메모리에 연결되어 있는 것을 알 수 있다.

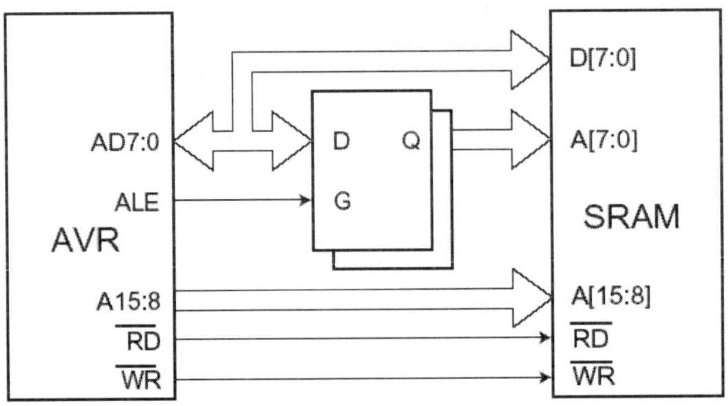

[그림 3-6] 외부 메모리 영역에 대한 기본 인터페이스

외부 메모리에 대한 제어는 3개의 레지스터 MCUCR, XMCRA, XMCRB에 의해 이루어지며, 각 레지스터의 기능은 다음과 같다.

■ MCUCR(MCU Control Register) : MCU 제어 레지스터

이 레지스터는 I/O 영역 0x35(0x55) 번지에 위치하며, 외부 메모리에 관련이 있는 비트의 기능은 다음과 같다.

비트	7	6	5	4	3	2	1	0	
0x35(0x55)	SRE	SRW10	SE	SM1	SM0	SM2	IVSEL	IVCE	MCUCR
읽기/쓰기	읽기/쓰기	읽기/쓰기	읽기/쓰기	읽기/쓰기	읽기/쓰기	읽기/쓰기	읽기/쓰기	읽기/쓰기	
초기값	0	0	0	0	0	0	0	0	

- Bit 7–SRE(External SRAM/XMEM Enable) : 외부 메모리 사용 인에이블

  1로 하면 외부 데이터 메모리 영역의 인터페이스 신호 AD0~AD7, A8~A15, ALE, $\overline{RD}$, $\overline{WR}$ 가 액티브되며, 0으로 하면 외부 메모리 인터페이스 신호가 아니라 일반 I/O 핀으로 동작하게 된다.

- Bit 6–SRW10 : 웨이트 사이클 수 설정 비트

  XMCRA 레지스터의 SRW11 비트와 조합하여 외부 데이터 메모리 영역을 액세스할 때 부여하는 웨이트 사이클 수를 설정하는데 사용된다.

■ XMCRA(External Memory Control Register A) : 외부 메모리 제어 레지스터 A

이 레지스터는 I/O 영역 0x6D 번지에 위치하며, 외부 메모리에 관련이 있는 비트의 기능은 다음과 같다.

비트	7	6	5	4	3	2	1	0	
0x6D	–	SRL2	SRL1	SRL0	SRW01	SRW00	SRW11	–	XMCRA
읽기/쓰기	읽기	읽기/쓰기	읽기/쓰기	읽기/쓰기	읽기/쓰기	읽기/쓰기	읽기/쓰기	읽기	
초기값	0	0	0	0	0	0	0	*	

- Bit 6..4–SRL2, SRL1, SRL0 : Wait Sector Limit

  이 비트들은 [그림 3-7]과 같이 외부 메모리 영역을 2개의 섹터로 분할하

기 위한 선택비트이며, 이렇게 나누어진 두개의 영역에는 서로 다른 웨이트 사이클 수를 지정할 수가 있다. [표 3-7]은 이 비트들에 의해 나누어진 영역을 보여준다.

- Bit 3..1–SRW01, SRW00, SRW11 : 웨이트 사이클 수 설정 비트

  이 비트들은 외부 메모리 영역의 웨이트 사이클 수를 설정하는 비트로서, SRW01, SRW00은 [그림 3-7]에서 메모리의 하위 섹터에 대한 웨이트 사이클 수를 설정한다. 그리고, SRW11과 MCUCR의 6번째 비트 SRW10는 상위 섹터에 대한 웨이트 사이클 수를 설정하는 비트이다. [표 3-8]은 이를 요약한 것이다.

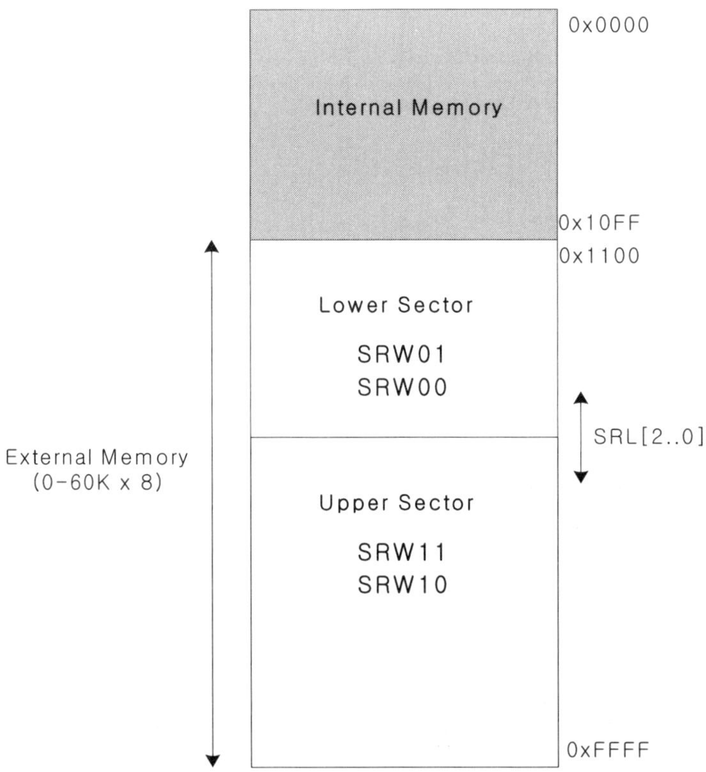

[그림 3-7] 외부 메모리 영역 섹터 분할

[표 3-7] 외부 메모리의 섹터 분할

SRL2	SRL1	SRL0	섹터 영역
0	0	0	lower sector = 없음 upper sector = 0x1100 - 0xFFFF
0	0	1	lower sector = 0x1100 - 0x1FFF upper sector = 0x2000 - 0xFFFF
0	1	0	lower sector = 0x1100 - 0x3FFF upper sector = 0x4000 - 0xFFFF
0	1	1	lower sector = 0x1100 - 0x5FFF upper sector = 0x6000 - 0xFFFF
1	0	0	lower sector = 0x1100 - 0x7FFF upper sector = 0x8000 - 0xFFFF
1	0	1	lower sector = 0x1100 - 0x9FFF upper sector = 0xA000 - 0xFFFF
1	1	0	lower sector = 0x1100 - 0xBFFF upper sector = 0xC000 - 0xFFFF
1	1	1	lower sector = 0x1100 - 0xDFFF upper sector = 0xE000 - 0xFFFF

[표 3-8] SRW11..10과 SRW01..00에 의한 웨이트 사이클 수 설정

SRWn1	SRWn0	웨이트 사이클수
0	0	웨이트 없음
0	1	리드/라이트 중에 1개의 웨이트
1	0	리드/라이트 중에 2개의 웨이트
1	1	리드/라이트 중에 2개의 웨이트와 다음 어드레스 출력 전에 1 개의 웨이트

(n : 0 또는 1)

■ XMCRB(External Memory Control Register B) : 외부 메모리 제어 레지스터 B

이 레지스터는 버스 키퍼기능의 설정과 외부 메모리 어드레스의 상위 바이트에서 필요한 비트만 동작하도록 설정하는데 사용된다.

비트	7	6	5	4	3	2	1	0	
0x6C	XMBK	-	-	-	-	XMM2	XMM1	XMM0	XMCRB
읽기/쓰기	읽기/쓰기	읽기	읽기	읽기	읽기	읽기/쓰기	읽기/쓰기	읽기/쓰기	
초기값	0	0	0	0	0	0	0	*	

- Bit 7–XMBK : 외부 메모리 버스 키퍼 인에이블 비트

  1로 하면 AD0~AD7 버스라인에 버스키퍼 기능이 인에이블 되어 이 버스에 마지막으로 출력한 값이 계속해서 출력된다. 이 버스키퍼 기능은 외부 메모리가 사용되지 않는 경우(MCUCR 레지스터의 7번째 비트 SRE=0의 경우)에도 XMBK가 1이면 버스키퍼 기능은 동작한다.

- Bit 2..0–XMM2, XMM1, XMM0 : 외부 메모리 High Mask

  이 비트들은 외부 메모리의 어드레스 상위 바이트 A8-A15 중에서 어드레스 버스 신호로 어느 비트까지 사용할지를 설정하며, 어드레스 버스 신호로 사용하지 않는 비트들은 I/O 포트의 기능을 갖게 된다. 이것은 외부에 작은 용량의 메모리를 사용하는 경우에 일부의 버스신호를 I/O 포트로 사용할 수 있다는 장점을 갖는다. [표 3-9]는 이들 비트값에 따라 어드레스 버스신호로 사용하는 비트와 I/O 포트로 사용할 수 있는 비트를 나타낸다.

[표 3-9] 외부 메모리 사용이 인에이블 되었을 때 I/O 포트로 사용할 수 있는 비트

XMM2	XMM1	XMM0	외부 메모리 어드레스로 사용하는 비트수 (어드레스 신호)	I/O 포트로 사용할 수 있는 비트
0	0	0	8 (A8-A15)	없음
0	0	1	7 (A8-A14)	PC7
0	1	0	6 (A8-A13)	PC6-PC7
0	1	1	5 (A8-A12)	PC5-PC7
1	0	0	4 (A8-A11)	PC4-PC7
1	0	1	3 (A8-A10)	PC3-PC7
1	1	0	2 (A8-A9)	PC2-PC7
1	1	1	0 (없음)	PC0-PC7

제2부

응용 작품

Chapter 01

캐릭터 LCD 응용 작품

1.1 캐릭터 LCD

이 장에서는 문자를 표시할 수 있는 [사진 1-1]과 같은 캐릭터 LCD의 사용법에 대해 설명한다. KUT-128 보드에서는 16문자×2행의 LCD를 사용할 수 있으며, 이 LCD는 다음과 같은 특징을 갖는다.

① 5V의 단일전원으로 구동된다.
② 5×7, 5×10 도트의 폰트로 문자를 표시할 수 있다.
③ 인터페이스가 표준화되어 있기 때문에 마이크로프로세서에 쉽게 연결할 수 있다.
④ 8비트 또는 4비트 데이터 버스 방식으로 구동된다.
⑤ C.G.RAM(Character Generator RAM), C.G.ROM(Character Generator ROM)과 D.D.RAM(Data Display RAM)을 내장하고 있다.

LCD 모듈의 핀 번호와 기능은 [표 1-1]과 같다.

[사진 1-1] 캐릭터 LCD

[표 1-1] LCD 모듈의 핀 번호와 기능

핀 번호	기 호	기 능	핀 번호	기 호	기 능
1	Vss	GND	8	DB1	Data 1
2	Vdd	+5V	9	DB2	Data 2
3	Vo	contrast 조절	10	DB3	Data 3
4	RS	0 : Instruction 1 : Data	11	DB4	Data 4
5	$R/\overline{W}$	0 : Write 1: Read	12	DB5	Data 5
6	E	Enable 신호	13	DB6	Data 6
7	DB0	Data 0	14	DB7	Data 7

[그림 1-1]은 LCD 모듈의 읽기와 쓰기 동작을 보여주며, Enable 신호 E에는 명령어 또는 데이터의 읽기/쓰기 동작에 대해 펄스를 하나씩 그림과 같이 입력해 주어야 한다.

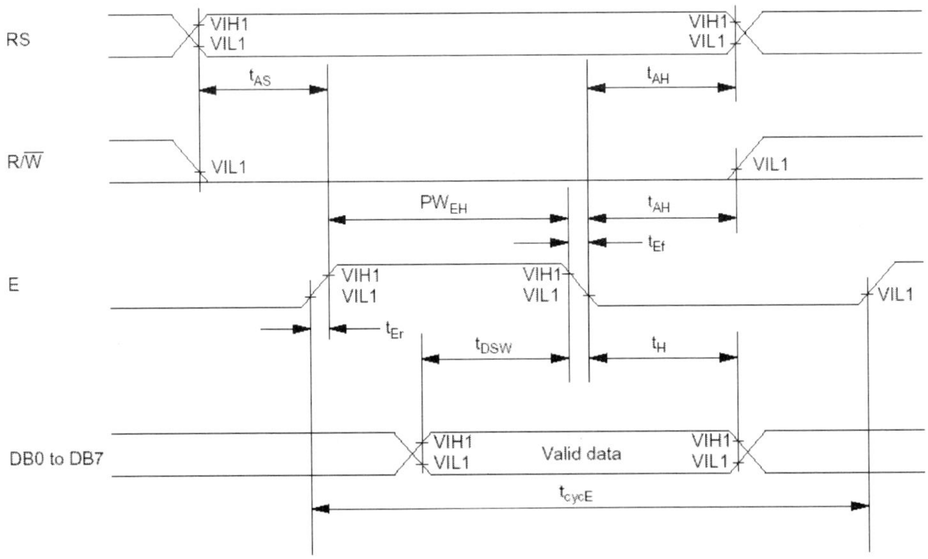

(a) 쓰기 동작

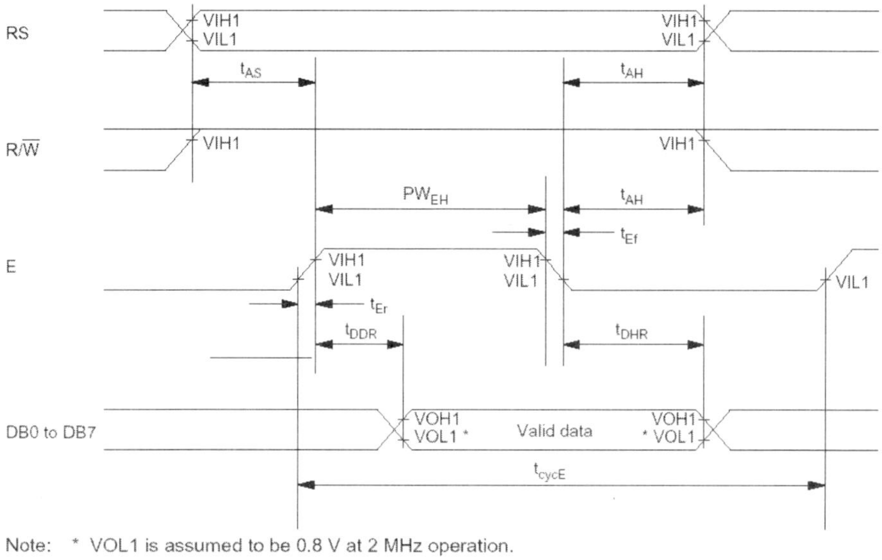

(b) 읽기 동작

[그림 1-1] LCD 모듈 읽기/쓰기 동작(PWEH≥230ns)

1.1.1 LCD 기본 동작

(1) 레지스터

LCD에는 8비트의 인스트럭션 레지스터(IR : Instruction Register)와 데이터 레지스터(DR : Data Register)가 있으며, RS(4번 핀) 신호에 의해 선택된다.

IR은 D.D.RAM과 C.G.RAM에 대한 어드레스의 설정, 메모리 클리어, 표시 On/Off, 커서 이동 등에 대한 명령어 코드를 가지며, 이 레지스터는 CPU에 의해 써넣기만 가능하다.

DR은 D.D.RAM과 C.G.RAM에 써넣은 데이터나 읽은 데이터를 일시적으로 저장하는 역할을 한다. DR에 써넣은 데이터는 D.D.RAM과 C.G.RAM에 자동으로 써지게 되며, D.D.RAM 또는 C.G.RAM으로부터 데이터를 읽을 경우에는 IR에 어드레스를 써넣으면 DR로 데이터가 전송된다. 읽기 동작이 종료되면 다음 어드레스가 자동으로 AC에 전송되어 그 다음 번지를 읽어 낼 수 있는 상태가 된다. [표 1-2]에는 RS와 $R/\overline{W}$ 핀에 대한 IR과 DR의 동작을 나타낸다.

[표 1-2] RS와 $R/\overline{W}$에 의한 레지스터 선택

RS	$R/\overline{W}$	동 작
0	0	IR 쓰기 동작
0	1	Busy 플래그와 어드레스 카운터 읽기
1	0	DR 쓰기 동작 DR → D.D.RAM, C.G.RAM
1	1	DR 읽기 동작 DR ← D.D.RAM, C.G.RAM

(2) Busy Flag(BF)

BF는 LCD 모듈이 다음 명령을 받을 수 있는지를 나타내며, BF가 1이면 LCD는 내부 동작을 수행하고 있는 중으로 다음 명령을 받을 수 없다. 반면에 BF가 0이면 다음 명령을 받을 수 있으며, [표 1-2]에 나타낸 것처럼 RS=0, $R/\overline{W}$=1인 조건하에서 BF의 상태가 읽혀진다.

(3) 어드레스 카운터(AC : Address Counter)

어드레스 카운터(AC)는 D.D.RAM 또는 C.G.RAM의 어드레스를 지정할 때 사용되며, IR에 어드레스 셋 명령어를 쓰면 IR에서 AC로 어드레스 정보가 전송된다. D.D.RAM과 C.G.RAM은 명령어에 의해서 선택되며, D.D.RAM 또는 C.G.RAM에 디스플레이 데이터를 쓰면 AC는 자동으로 +1 또는 -1이 된다. AC의 내용은 [표 1-2]에 나타낸 것처럼 RS=0, $R/\overline{W}$=1인 조건에서 DB0~DB6으로 출력된다.

(4) Display Data RAM(D.D.RAM)

D.D.RAM은 8비트 문자 데이터를 최대 80글자까지 기억할 수 있으며, D.D.RAM내의 표시에 사용되지 않는 메모리영역은 일반적인 데이터 RAM으로 사용할 수 있다.

D.D.RAM의 1행은 0x00~0x27, 2행은 0x40~0x67의 어드레스를 가지며, 1행의 마지막 어드레스와 2행의 처음 어드레스가 연속이 아니라는 점에 주의하여야 한다. 따라서, 각 행에는 40문자씩 저장할 수 있지만, LCD의 각 행에는 40문자 중에 16문자만 표시된다. 그리고, D.D.RAM의 각 행 왼쪽 첫 번째 메모리와 오른쪽 마지막 메모리는 연결된 것처럼 동작한다. 즉, 1행의 0x00번지와 0x27번지 그리고 2행의 0x40번지와 0x67는 마치 연결된 것처럼 동작한다. 따라서, 쉬프트 동작이 실행되면, [그림 1-2]와 같이 D.D.RAM의

어드레스 내용이 LCD상에 표시된다.

	1	2	3	4	5	6	7	8	9	10	11	12	13	14	15	16
1 행	00	01	02	03	04	05	06	07	08	09	0A	0B	0C	0D	0E	0F
2 행	40	41	42	43	44	45	46	47	48	49	4A	4B	4C	4D	4E	4F

(a) 초기 상태

	1	2	3	4	5	6	7	8	9	10	11	12	13	14	15	16
1 행	01	02	03	04	05	06	07	08	09	0A	0B	0C	0D	0E	0F	10
2 행	41	42	43	44	45	46	47	48	49	4A	4B	4C	4D	4E	4F	50

(b) 1문자 왼쪽 쉬프트

	1	2	3	4	5	6	7	8	9	10	11	12	13	14	15	16
1 행	27	00	01	02	03	04	05	06	07	08	09	0A	0B	0C	0D	0E
2 행	67	40	41	42	43	44	45	46	47	48	49	4A	4B	4C	4D	4E

(c) 1문자 오른쪽 쉬프트

[그림 1-2] D.D.RAM과 LCD에 표시되는 부분의 관계

(5) C.G.ROM(Character Generator ROM)

C.G.ROM은 5×7, 5×10 도트의 글자를 발생시키며, [표 1-3]에 C.G.ROM의 문자 코드를 나타낸다. 사용자는 LCD에 표시할 문자의 코드값만 D.D.RAM에 써주면 되며, LCD에는 문자코드에 해당하는 문자패턴이 표시된다.

[표 1-3] C.G.ROM 문자 코드

LOWER 4 BITS \ UPPER 4 BITS	0000	0010	0011	0100	0101	0110	0111	1010	1011	1100	1101	1110	1111
0000	CG RAM (1)		0	@	P	`	p		ー	タ	ミ	α	p
0001	(2)	!	1	A	Q	a	q	。	ア	チ	ム	ä	q
0010	(3)	"	2	B	R	b	r	「	イ	ツ	メ	β	θ
0011	(4)	#	3	C	S	c	s	」	ウ	テ	モ	ε	∞
0100	(5)	$	4	D	T	d	t	、	エ	ト	ヤ	μ	Ω
0101	(6)	%	5	E	U	e	u	・	オ	ナ	ユ	σ	ü
0110	(7)	&	6	F	V	f	v	ヲ	カ	ニ	ヨ	ρ	Σ
0111	(8)	'	7	G	W	g	w	ァ	キ	ヌ	ラ	g	π
1000	(1)	(	8	H	X	h	x	ィ	ク	ネ	リ	√	x̄
1001	(2)	)	9	I	Y	i	y	ゥ	ケ	ノ	ル	⁻¹	y
1010	(3)	*	:	J	Z	j	z	ェ	コ	ハ	レ	j	千
1011	(4)	+	;	K	[	k	{	ォ	サ	ヒ	ロ	ˣ	万
1100	(5)	,	<	L	¥	l	|	ャ	シ	フ	ワ	¢	円
1101	(6)	-	=	M	]	m	}	ュ	ス	ヘ	ン	£	÷
1110	(7)	.	>	N	^	n	→	ョ	セ	ホ	゛	ñ	
1111	(8)	/	?	O	_	o	←	ッ	ソ	マ	゜	ö	█

(6) C.G.RAM(Character Generator RAM)

C.G.RAM은 사용자가 정의하는 캐릭터의 패턴을 저장하기 위한 RAM이며, 전원을 끄면 모두 지워져 버린다. 그리고, 새로 정의되는 캐릭터 패턴은 [그림 1-3]과 같이 C.G.RAM의 0x00~0x3F 번지에 저장되며, 8개의 정의 캐릭터가 각각 8바이트씩의 패턴을 저장하기 위해 메모리를 차지한다. 사용자는 이렇게 C.G.RAM에 캐릭터 패턴을 정의하고, LCD에 표시할 때는 0x00~0x07(또는 0x08~0x0F)의 캐릭터 코드를 D.D.RAM에 써주면 된다.

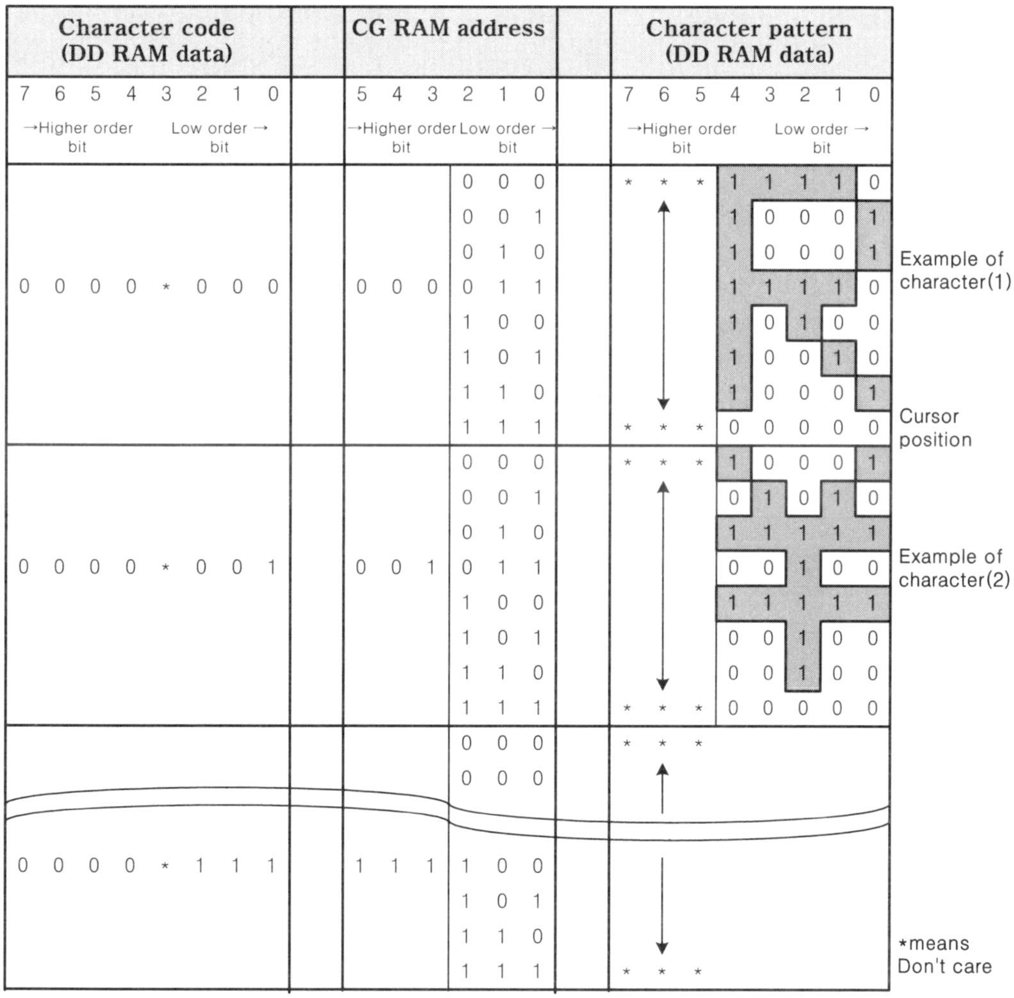

[그림 1-3] C.G.RAM의 문자 작성(5x7 도트)

1.1.2 LCD 명령어

LCD를 제어하기 위한 명령어는 [표 1-4]와 같다. 이 명령어는 MCU가 LCD를 제어하는 프로그램에서 사용되며, 데이터 버스를 통해서 전송된다.

[표 1-4] LCD 제어 명령어

기 능	제어신호		명 령 어 코 드 값								실행시간
	RS	R/W	DB7	DB6	DB5	DB4	DB3	DB2	DB1	DB0	
1. 표시 클리어	0	0	0	0	0	0	0	0	0	1	1.64ms
2. 커서 홈	0	0	0	0	0	0	0	0	1	0	1.64ms
3. 엔트리 모드 셋	0	0	0	0	0	0	0	1	I/D	S	40us
4. 표시 On/Off 제어	0	0	0	0	0	0	1	D	C	B	40us
5. 커서/표시 이동	0	0	0	0	0	1	S/C	R/L	0	0	40us
6. 펑션 셋	0	0	0	0	1	DL	N	F	0	0	40us
7. C.G.RAM 어드레스 설정	0	0	0	1	C.G.RAM Address						40us
8. D.D.RAM 어드레스 설정	0	0	1	D.D.RAM Address							40us
9. BF/어드레스 읽기	0	1	BF	Address Counter							0us
10. C.G.RAM, D.D.RAM 으로 데이터 쓰기	1	0	Write Data								40us
11. C.G.RAM, D.D.RAM 에서 데이터 읽기	1	1	Read Data								40us

*실행시간은 fosc=250KHz

(1) 표시 클리어

LCD 화면을 클리어하고 커서는 1행 1열의 홈(Home) 위치로 돌아가며, D.D.RAM의 어드레스 카운터는 0이 된다.

(2) 커서 홈

D.D.RAM의 어드레스 카운터는 0이 되며, 커서의 위치는 홈에 위치한다.

(3) 엔트리모드 셋

커서의 움직이는 방향과 디스플레이를 이동시킬 것인지를 결정한다. I/D값은 캐릭터 코드를 DDRAM 또는 CGRAM에 써넣거나 읽을 때 어드레스를 +1 또는 -1 하기 위한 설정비트로서, I/D가 1이면 어드레스를 +1 하고 커서를 우로 이동시킨다. 그리고, I/D가 0이면 어드레스를 -1 하고 커서를 좌로 이동시킨다.

그리고, S는 DDRAM에 데이터를 써넣은 후에 표시전체를 좌로 또는 우로 이동시키기 위한 설정비트이며, S=0이면 이동되지 않는다. S=1이고 I/D=1이면 표시전체가 좌로 이동하며, S=1이고 I/D=0이면 표시전체가 우로 이동한다. S=1이면 커서의 위치는 변하지 않는다.

(4) 표시 On/Off 제어

전체 디스플레이의 On/Off 제어, 커서의 On/Off 제어, 커서 위치의 문자를 깜박이게 하는 기능을 갖는다. D=1이면 LCD 전체가 On되어 글자가 표시되며, D=0이면 Off되어 글자가 표시되지 않는다. 그러나, D.D.RAM은 지워지지 않은 상태로 남아 있기 때문에 D=1로 해주면 다시 표시된다. C=1이면 커서가 나타나며, C=0이면 커서가 나타나지 않는다. 커서는 5×7 도트의 폰트에서는 8번째 줄에 나타나고, 5×10 도트에서는 11번째 줄에 나타난다. B=1이면 커서가 깜박이며, B=0이면 커서는 깜박이지 않는다.

(5) 커서/표시 이동

D.D.RAM의 내용을 변경시키지 않은 상태에서 커서를 움직이거나 표시 전체를 이동한다. 커서의 이동은 첫 번째 라인의 마지막 칸(40번째)에서 다음 라인으로 넘어간다. 표시 이동은 첫 번째 라인과 두 번째 라인이 동시에 이루어지며, 표시 이동은 수평으로만 가능하다. [표 1-5]는 커서/표시 이동에 대한 설정조건을 나타낸다.

[표 1-5] 커서 및 표시 이동에 대한 설정

S/C	R/L	동 작
0	0	커서의 위치를 좌로 이동한다. (AC는 -1된다.)
0	1	커서의 위치를 우로 이동한다. (AC는 +1된다.)
1	0	표시와 커서를 좌로 이동한다.
1	1	표시와 커서를 우로 이동한다.

(6) 펑션 셋

인터페이스 길이를 결정하거나 표시 행수와 문자 폰트를 설정한다. 즉, DL=1일 때 8비트로 설정되고, DL=0일 때 4비트로 설정된다. 4비트로 설정될 때에는 DB7~DB4가 사용되며, 데이터 전송은 상위 4비트에 이어 하위 4비트의 순서로 이루어진다. N과 F에 따른 표시 행수와 문자 폰트의 설정은 [표 1-6]과 같다.

[표 1-6] 표시 행수와 문자 폰트의 설정

N	F	표시 라인	글자 폰트	듀티비
0	0	1	5x7 도트	1/8
0	1	1	5x10 도트	1/11
1	*	2	5x7 도트	1/16

(7) C.G.RAM 어드레스 설정

C.G.RAM의 어드레스를 설정하며, 어드레스 설정 후에 C.G.RAM의 데이터를 읽고 쓸 수 있다.

(8) D.D.RAM 어드레스 설정

D.D.RAM의 어드레스를 설정하며, 어드레스 설정 후에 D.D.RAM의 데이터를 읽고 쓸 수 있다.

(9) BF/어드레스 읽기

LCD의 내부 동작 상태를 알 수 있는 비지 플래그(BF)와 어드레스 카운터의 내용을 읽을 수 있다. BF=1이면 내부 동작이 진행 중이라 명령을 받아들일 수 없으며, BF=0이면 명령을 받아들일 수 있다.

(10) C.G.RAM, D.D.RAM으로 데이터 쓰기

C.G.RAM 또는 D.D.RAM에 8비트의 데이터를 쓸 수 있다. C.G.RAM 또는 D.D.RAM의 선택은 이전에 어드레스값이 설정된 RAM이 선택되며, 엔트리 모드에 따라 어드레스는 +1 또는 -1 된다.

(11) C.G.RAM, D.D.RAM으로부터 데이터 읽기

C.G.RAM 또는 D.D.RAM으로부터 8비트의 데이터를 읽는다. 읽기 전에는 반드시 D.D.RAM 또는 C.G.RAM의 어드레스 설정 명령을 실행해야 한다. 읽기 명령 전에 어드레스 설정 명령을 실행하지 않으면 첫 번째 데이터는 무효가 되고, 두 번째 데이터부터 정상적으로 읽혀진다.

1.1.3 초기화

LCD는 초기화 과정을 거쳐야만 안정적인 동작을 보장할 수 있다. 사양에서 정의된 시간을 지켜야 하며, 시간 지연이 필요한 곳에는 적당한 시간 지연을 주어야 안정적인 동작이 가능하다. [그림 1-4]는 4비트 모드의 경우에 대한 LCD의 초기화 과정을 나타낸다.

전원 ON

↓

VDD가 4.5V 이상된 후 15ms 이상 지연.

↓

RS	R/W	D7	D6	D5	D4	D3	D2	D1	D0
0	0	0	0	1	0	*	*	*	*

↓

4.1ms 이상 지연.

↓

RS	R/W	D7	D6	D5	D4	D3	D2	D1	D0
0	0	0	0	1	0	*	*	*	*

↓

100us 이상 지연.

↓

RS	R/W	D7	D6	D5	D4	D3	D2	D1	D0
0	0	0	0	1	0	*	*	*	*

↓

RS	R/W	D7	D6	D5	D4	D3	D2	D1	D0	
0	0	0	0	1	0	N	F	0	0	펑션 셋
0	0	0	0	0	0	1	1	C	B	표시ON
0	0	0	0	0	0	0	0	0	1	표시클리어
0	0	0	0	0	0	0	1	I/D	S	엔트리모드

↓

초기 설정 완료

[그림 1-4] LCD 초기(4비트 데이터 버스 방식)

1.1.4 KUT-128 인터페이스 보드 LCD 커넥터

KUT-128 인터페이스 보드에는 외부에 LCD를 연결할 수 있도록 [그림 1-5]와 같은 독립적인 커넥터가 마련되어 있다. 즉, ATmega128의 D포트에 의해 LCD를 4비트 데이터 방식으로 제어하도록 되어 있다.

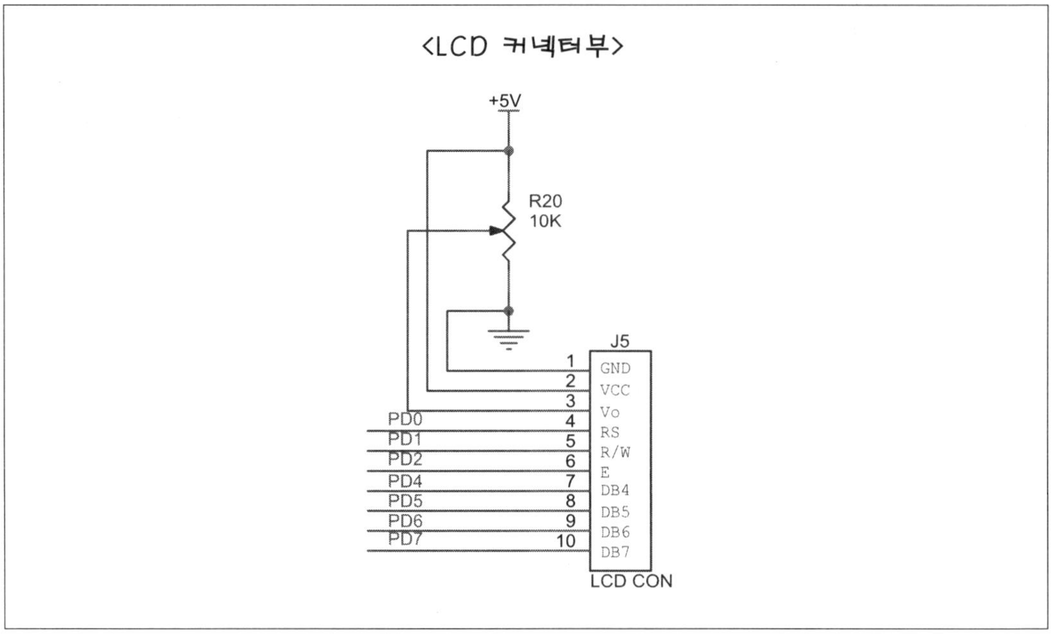

[그림 1-5] KUT-128 인터페이스 보드의 LCD 커넥터

1.2 작품1 : 숫자 맞추기 게임

(1) 작품내용

0~9의 숫자로 구성되고 각 자리가 다른 3자리의 숫자를 랜덤하게 발생한 후 10번의 입력으로 맞추는 게임으로서, 입력된 숫자에 대해서는 S(Strike), B(Ball), O(out)로 판정이 내려진다. 여기서, S는 자리와 숫자가 모두 일치하는 경우이며, B는 자리가 틀리고 숫자만 맞는 경우를 나타낸다. 그리고, O는 숫자와 자리 모두 틀린 경우를 나타낸다.

따라서,

- 1S는 원 스트라이크로 하나의 숫자와 자리가 맞는 것이고,
  2S는 투 스트라이크로 두 개의 숫자와 자리가 맞는 것이며,
  3S는 쓰리 스트라이크로 세 개의 숫자와 자리가 맞는 것이다.
  (3S이면 GOOD!이 표시되면서 게임이 끝난다.)
- 1B는 원 볼로 하나의 숫자가 맞고 자리는 틀린 것이고,
  2B는 투 볼로 두 개의 숫자가 맞고 자리는 틀린 것이며,
  3B는 쓰리 볼로 숫자가 세 개 모두 맞지만, 자리가 모두 틀린 것이다.
- 1S1B이면 원 스트라이크 원 볼로 하나는 자리와 숫자를 모두 맞춘 것이고 하나는 숫자만 맞추고 자리를 못 맞춘 것이다.

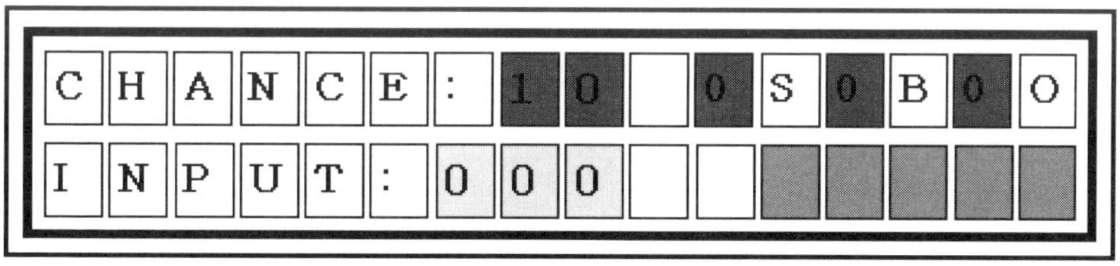

[그림 1-6] 작품 화면 구성

(2) 하드웨어 구성

KUT-128 MCU 보드, KUT-128 인터페이스 보드,
캐릭터 LCD(회로도는 1부 1장 참조)

(3) 동작 설명

- 숫자 입력 : 인터페이스 보드의 4개 SW(외부 인터럽트 4-7 사용)

sw1 : 입력할 자리(100자리, 10자리, 1자리) 선택
sw2 : 선택된 자리 숫자 +1(9 다음은 0이 입력)
sw3 : 현재 표시된 숫자 입력 후 평가
sw4 : 새로 시작

- 화면 출력 : 캐릭터 LCD

(4) 주요 함수의 동작 흐름도

[그림 1-7]은 작품에 사용된 주요 함수의 동작 흐름도를 보여주며, 각 함수의 기능을 요약하면 다음과 같다.

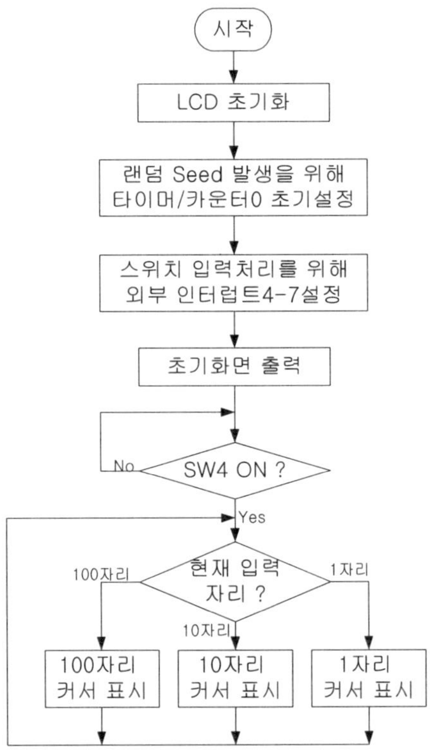

메인함수 : main()
새로운 계열의 랜덤수를 발생하기 위해 타이머/카운터0을 초기화하고, 초기화면을 출력한다. 그리고, 게임시작을 위해 스위치4가 눌려지기를 기다리며, 현재 입력할 자리에 맞추어 커서위치를 결정한다.

(a) 메인 함수

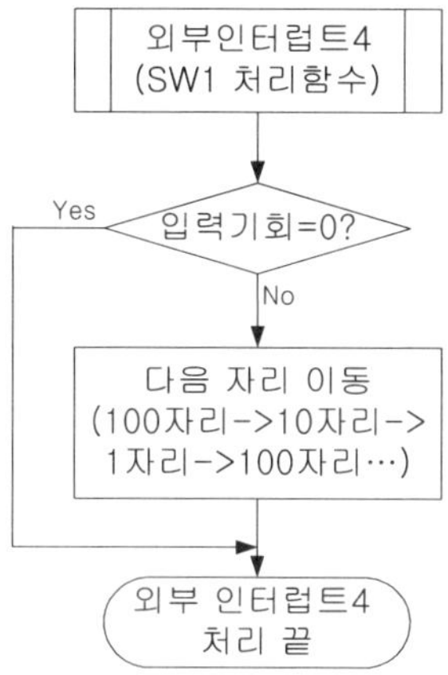

외부 인터럽트4 처리함수 : sw1_in()
SW1에 대한 처리를 하며, SW1이 눌려질 때마다 입력할 자리의 선택을 수행한다.

(b) 외부 인터럽트4 처리 함수

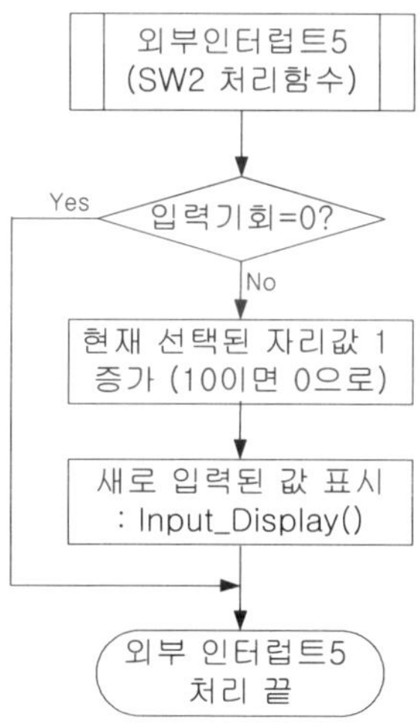

외부 인터럽트5 처리함수 : sw2_in()
SW2에 대한 처리를 하며, 현재 선택된 자리의 값을 1증가 시킨다. 9다음은 0이 입력된다.

(c) 외부 인터럽트5 처리 함수

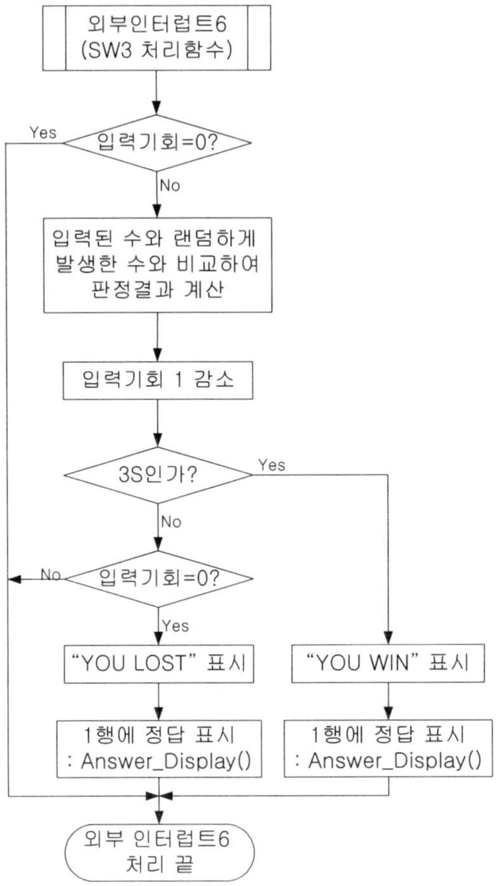

외부 인터럽트6 처리함수 : sw3_in()
SW3에 대한 처리를 하며, 현재 입력된 3자리의 값을 확정한다. 그리고 랜덤하게 발생한 수와 비교하여 결과를 판정처리하고, 이에 따라 캐릭터 LCD에 결과를 출력표시 한다.

(d) 외부 인터럽트6 처리 함수

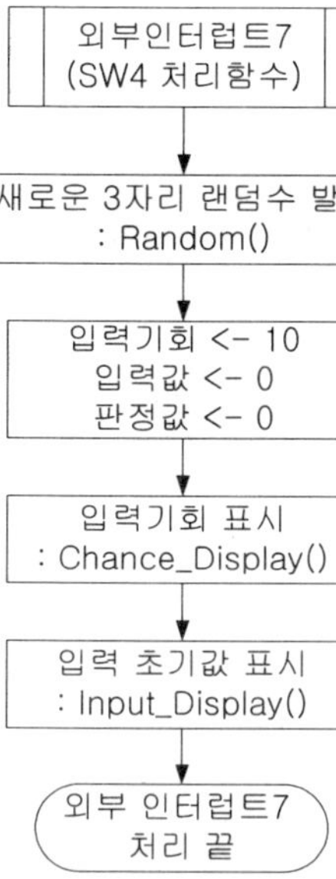

외부 인터럽트7 처리함수 : sw4_in()
SW4에 대한 처리를 하며, 게임을 새로 시작한다. 모든 파라메타들을 초기화하며, 새로운 3자리의 수를 랜덤하게 발생시킨다. 랜덤수를 발생할 때 타이머/카운터0의 값을 랜덤 seed 값으로 사용한다.(srand 함수)

(e) 외부 인터럽트7 처리 함수

[그림 1-7] 주요 함수 동작 흐름도

(5) 작품 사진

[사진 1-2] 작품 사진

(6) 작품 동작 사진

(a) 초기화면

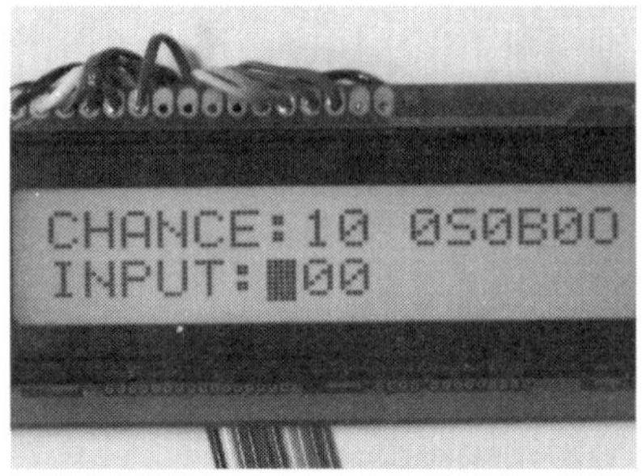

(b)100자리 입력

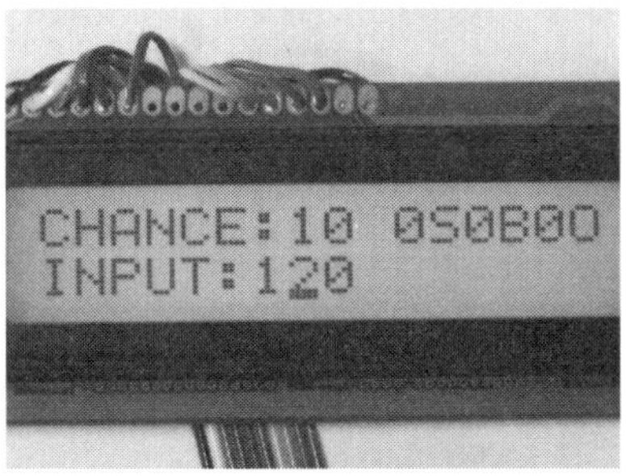

(c) 10자리 입력

(d) 1자리 입력

(e) 중간 확인 화면(SW3)

(f) 중간 확인 화면(SW3)

(g) 정답 맞춘 화면

(h) 10번 입력 모두 틀린 화면

[사진 1-3] 작품 동작 사진

(7) 프로그램 소스

```
// num_game.c
// 윤명현

#include        <mega128.h>
#include        <delay.h>
#include        <stdio.h>
#include        <stdlib.h>

#define         FUNCSET 0x28        // Function set
#define         ENTMODE0X06         // Entry Mode Set
#define         ALLCLR   0x01       // All Clear
#define         DISPON   0x0C       // Display On
#define         LINE2    0xC0       // 2nd Line Move
#define         HOME     0x02       // Cursor Home
#define         CURON    0x0F       // Cursor On
#define         CUROFF   0x0C       // Cursor On

// 함수 설명
void    LCD_init(void);                 // LCD 초기화
void    LCD_String1(char flash *);      // 정의되어 있는 문자열 출력함수
void    LCD_String2(char *);            // 생성되는 문자열 출력함수
void    Busy(void);                     // LCD 딜레이 함수
void    Command(unsigned char);         // LCD 커맨드 출력함수
void    Data(unsigned char);            // LCD 표시 데이터 출력함수

void     Init_Disp(void);               // 초기화면 표시함수
void    Timer_Init(void);               // 랜덤 SEED 발생을 위한 타이머/카운터 초기설정
void    External_Interrupt_Init(void);  // 스위치 사용을 위한 외부 인터럽트 설정
void    Chance_Display(void);           // 남은 기회수 표시함수
void    Input_Display(void);            // 입력값 표시함수
void    Answer_Display(void);           // 정답 표시함수
void    Random(void);                   // 새로운 3자리 랜덤수 발생 함수?

// 숫자 맞추기 변수
int     pos = 0;                        // 입력할 자리수(0:100자리, 1:10자리, 2:1자리)
int     chance = 0;                     // 입력 기회수
int     s = 0, b = 0, o = 0;            // 판정 표시값
int     ran[3];                         // 128보드에서 생성한 3자리 램덤수
int     num[3] = {0, 0, 0};             // 키 입력된 3자리 수

// 메인함수
void main(void)
```

```
{
        LCD_init();                        // LCD  초기설정
        Timer_Init();                      // 랜덤수 발생을 위한 타이머/카운터 초기설정
        External_Interrupt_Init();         // 스위치 사용을 위한 외부 인터럽트 설정
        SREG = 0x80;                       // Global Interrupt Enable

         Init_Disp();                      // 초기화면

        while(1){
                if(pos == 0) Command(0xC6);                // 100자리 (2행 7열) 입력
                else if(pos == 1) Command(0xC7);           // 10자리 (2행 8열) 입력
                else Command(0xC8);                        // 1자리 (2행 9열) 입력
        }
}

// 초기화면 표시함수
void Init_Disp(void)
{
         Command(HOME);
         LCD_String1("* Number Game *");

         Command(LINE2);
         LCD_String1("Press SW4");
}

// 타이머/카운터0 초기화
void Timer_Init(void)
{
        TIMSK = 0x0;                       // 인터럽트 금지
        TCCR0 = 0x07;                      // 일반모드
        TCNT0 = 0x00;                      // 타이머/카운터 0 초기값
}

// 4개의 스위치(SW1-SW4)를 사용하기 위한 외부 인터럽트4-7 설정
void External_Interrupt_Init(void)
{
        EICRB = 0b10101010;                  // 외부 인터럽트 INT4, INT5, INT6, INT7 Enable
        EIMSK = 0b11110000;                  // 외부 인터럽트 INT4-INT7 하강 에지 선택
}

// 남은 기회와 입력된 답에 대한 결과 표시
void Chance_Display(void)
{
        char    Line1_buf[20];
```

```
        sprintf(Line1_buf,"CHANCE:%02d %1dS%1dB%1dO ", chance, s, b, o);

        Command(HOME);                  // 커서 1행 1열
        LCD_String2(Line1_buf);         // 1행에 남은 기회수와 현재의 입력에 대한 결과 표시
}

// 숫자 입력 함수
void Input_Display(void)
{
        char Line2_buf[20];

        //입력 숫자 표시
        sprintf(Line2_buf,"INPUT:%1d%1d%1d            ",num[0],num[1],num[2]);

        Command(LINE2);                 // 커서 2행 1열로 이동
        LCD_String2(Line2_buf);         // 2행에 입력된 숫자 표시
}

// 정답 1행 1열에 표시
void Answer_Display(void)
{
        char Line1_buf[16];

        // 정답 표시
        sprintf(Line1_buf, "ANS:%1d%1d%1d", ran[0], ran[1], ran[2]);

        Command(ALLCLR);
        Command(HOME);
        LCD_String2(Line1_buf);
}

// 랜덤 함수를 이용한 임의의 세 자리 숫자 추출
void Random(void)
{
        srand(TCNT0);                   // 현재의 타이머/카운터0 값 랜덤 seed로 이용

        // 100자리 발생
        while(1){
                ran[0] = rand() % 10;           // 0~9 숫자 발생
                if(ran[0] != 0) break;          // 100자리 숫자는 1~9의 범위
        }

        // 10자리 발생
        while(1){
                ran[1] = rand() % 10;           // 0~9 숫자 발생
```

```
                if(ran[0] != ran[1]) break;         // 100자리 숫자와 같으면 다시 발생
        }

        // 1자리 발생
        while(1){
                ran[2] = rand() % 10;               // 0~9 발생

                // 100자리, 10자리와 다르게 발생하도록
                if(ran[2] != ran[0] && ran[2] != ran[1]) break;

        }
}


// 숫자 입력하기 위한 자리 선택
interrupt [EXT_INT4] void sw1_in(void)
{
        if(chance == 0) return;             // 10번의 입력 끝났으면 리턴

        pos = (pos +1) % 3;                 // 다음 자리 선택(100자리->10자리->1자리)

        // 커서의 자리를 결정
        if(pos == 0) Command(0xC6);                 // 100자리 입력할 위치
        else if(pos == 1) Command(0xC7);            // 10자리 입력할 위치
        else if(pos == 2) Command(0xC8);            // 1자리 입력할 위치
}

//  현재 선택된 위치 숫자 +1
interrupt [EXT_INT5] void sw2_in(void)
{
        if(chance == 0) return;                     // 10번의 입력 끝났으면 리턴

        if(pos == 0) num[0] = (num[0] + 1) % 10;            // 100자리 +1
        else if(pos == 1) num[1] = (num[1] + 1) % 10;       // 10자리 + 1
        else num[2] = (num[2] + 1) % 10;                    // 1자리 + 1

        Input_Display();                            // 입력값 새로 표시
}

// 현재 표시된 숫자 입력하고 처리하기
interrupt [EXT_INT6] void sw3_in(void)
{
        if(chance == 0) return;                     // 10번의 입력 끝났으면 리턴

        chance--;               // 입력횟수 -1
```

```
        s=0;                              // S 판정값 리셋
        b=0;                              // B 판정값 리셋
        o=0;                              // O 판정값 리셋

        // 숫자를 비교하여 스트라이크, 볼, 아웃을 결정
        if (ran[0] == num[0]) s++;
        if (ran[1] == num[1]) s++;
        if (ran[2] == num[2]) s++;
        if (ran[0] == num[1] || ran[0] == num[2]) b++;
        if (ran[1] == num[0] || ran[1] == num[2]) b++;
        if (ran[2] == num[0] || ran[2] == num[1]) b++;

        o = 3 - s - b;        // 숫자, 자리도 안 맞는 수
        Chance_Display();     // 남은 입력 횟수 출력

        if(s == 3)  {     // 세자리 모두 정답이면 GOOD! 출력
                Answer_Display();               // 정답 표시
                LCD_String1(" YOU WIN");        // "YOU WIN" 메시지 출력
                Command(LINE2);
                LCD_String1("Press SW4");       // 새 게임 시작하기 위한 메시지 출력
                Command(CUROFF);
         }
        else {
                if(chance == 0) {               // chance가 0일 경우 표시 내용
                        Answer_Display();       // 정답 표시
                        LCD_String1(" YOU LOST");      // "YOU LOST" 메시지 출력

                        // 새 게임 시작하기 위한 메시지 출력
                        Command(LINE2);
                        LCD_String1("Press SW4");
                        Command(CUROFF);
                }

         }

}

// 새로 시작(스위치4, 외부 인터럽트7)
interrupt [EXT_INT7] void sw4_in(void)
{
        Random();             // 랜덤 함수를 이용한 임의의 세 자리 숫자 추출
        s = b = o = 0;        // 판정결과 리셋
        chance = 10;          // 입력 기회 10회 초기설정
        pos = 0;              // 숫자입력 초기 자리 위치 = 100자리
```

```
        Chance_Display();    // 남은 입력 기회수 표시

        num[0] = 0;          // 100자리 입력값 클리어
        num[1] = 0;          // 10자리 입력값 클리어
        num[2] = 0;          // 1자리 입력값 클리어
        Input_Display();     // 입력값 표시

        Command(CURON); // 커서 ON
}

// LCD 초기화
void LCD_init(void)
{
        DDRD = 0xFF;                    // C포트를 출력으로 사용
        PORTD &= 0xFB;                  // E = 0

        delay_ms(15);
        Command(0x20);                  // 펑션 셋
        delay_ms(5);
        Command(0x20);                  // 펑션 셋
        delay_us(100);
        Command(0x20);                  // 펑션 셋
        Command(FUNCSET);               // 펑션 셋
        Command(DISPON);                // 표시 ON
        Command(ALLCLR);                // 화면 클리어
        Command(ENTMODE);               // 엔트리 모드 설정
}


// 시간 지연 함수
void Busy(void)
{
        delay_ms(2);
}

// 인스트럭션 쓰기 함수
void Command(char byte)
{
        Busy();

        // 데이터 상위 4비트
        PORTD = (byte&0xF0);            // 데이터
        PORTD &= 0xFE;                  // RS = 0
        PORTD &= 0xFD;                  // RW = 0
```

```
        delay_us(1);
        PORTD |= 0x04;                  // E = 1
        delay_us(1);
        PORTD &= 0xFB;                  // E = 0

        // 데이터 하위 4비트
        PORTD = ((byte<<4) & 0xF0);  // 데이터
        PORTD &= 0xFE;                  // RS = 0
        PORTD &= 0xFD;                  // RW = 0
        delay_us(1);
        PORTD |= 0x04;                  // E = 1
        delay_us(1);
        PORTD &= 0xFB;                  // E = 0
}

// 데이터 쓰기 함수
void Data(char byte)
{
        Busy();

        // 데이터 상위 4비트
        PORTD = (byte&0xF0);            // 데이터
        PORTD |= 0x01;                  // RS = 1
        PORTD &= 0xFD;                  // RW = 0
        delay_us(1);
        PORTD |= 0x04;                  // E = 1
        delay_us(1);
        PORTD &= 0xFB;                  // E = 0

        //데이터 하위 4비트
        PORTD = ((byte<<4) & 0xF0);  // 데이터
        PORTD |= 0x01;                  // RS = 1
        PORTD &= 0xFD;                  // RW = 0
        delay_us(1);
        PORTD |= 0x04;                  // E = 1
        delay_us(1);
        PORTD &= 0xFB;                  // E = 0
}

// 정해져 있는 문자열 출력 함수
void LCD_String1(char flash str[])
{
        char flash *pStr = 0;

         pStr = str;
```

```
        while(*pStr) Data(*pStr++);        // 문자열 끝까지 출력
}

// 새로 생성되는 문자열 출력 함수
void LCD_String2(char str2[])
{
        while(*str2) Data(*str2++);        // 문자열 끝까지 출력
}
```

1.3 작품2 : 디지털 다이어리

(1) 작품개요

기본적인 시간표시 기능 외에 시간설정, 알람, 일정관리가 가능한 디지털 다이어리를 제작한다. 입력부분은 외부인터럽트4-7 핀에 연결된 네 개의 스위치를 사용하며, 시간과 알람 출력은 캐릭터 LCD와 LED를 각각 사용한다.

시계구현은 타이머/카운터1를 일반 모드(모드0)로 설정해서 출력 비교 인터럽트를 이용하여 시간을 구현하였으며, 시간은 초를 제외한 분과 시간을 설정할 수 있다.

알람설정은 시간설정과 마찬가지로 분과 시간을 설정할 수 있고 SW3을 이용해 ON/OFF를 설정하면 LCD 화면에는 종모양의 패턴이 출력된다. 그리고, 설정된 시간이 되면 포트C에 연결된 8개의 LED가 ON/OFF 되며, SW4를 이용해 알람을 OFF 시킬수 있다.

스케쥴러 모드에서는 전원이 꺼져도 이전에 저장했던 스케쥴이 지워지는 것을 방지하도록 24시간마다 EEPROM에 자동적으로 저장하도록 하였다. 이 모드에서 스케쥴은 10개까지 저장 가능하며, 처음 스케쥴러 모드로 이동시 스케쥴1이 화면에 표시된다. 스케쥴 메뉴에는 시간과 분, 알람 울림시간, 내역과 메모를 입력하도록 하였으며, 내역은 6가지(과제, 생일, 시험, 공부, 약속, 수업) 중에서 하나를 선택하고, 메모는 7문자의 알파벳을 입력할 수 있도록 하였다. 스케쥴러 모드도 알람모드와 마찬가지로 설정된 알람 울림시간이 되면 8개의 LED가 점멸된다.

(2) 하드웨어 구성

KUT-128 MCU 보드, KUT-128 인터페이스 보드, 캐릭터 LCD
(회로도는 1부 1장 참조)

(3) 동작 설명

- **조작 스위치** : 인터페이스 보드의 4개 SW(외부 인터럽트 4-7 사용)

[표 1-7] 스위치 기능

스위치 / 모드	INT4(SW1) 모드변경	INT5(SW2)	INT6(SW3)	INT7(SW4)
시계표시	시간설정모드로	-•	-•	-
시간설정	알람설정모드로	시간/분 입력자리 이동	입력자리 값 변경	-
알람설정	스케쥴러모드로	시간/분/알람설정 입력자리 이동	입력자리 값 변경	알람설정시 OFF
스케쥴러	시계표시모드로	스케쥴번호/클리어/알람울림시간/시간/분/내역/메모 입력자리 이동	입력자리 값 변경	-

- 1초 주기 발생

타이머/카운터1을 일반 모드(모드0)로 설정해서 출력 비교 인터럽트를 이용하여 시계를 구현한다. 0.5초마다 출력 비교 인터럽트가 발생하도록 레지스터 OCR1C에 값을 설정하고, KUT-128 인터페이스 보드의 PWM핀에 연결된 LED를 0.5초 단위로 ON/OFF 토글시켜 표시한다.

출력 비교 인터럽트가 2번 발생하면 1초가 되므로, 출력비교 인터럽트가 2번 발생할 때마다 시간을 1초씩 증가시킨다.

OCR1C 값 = 오실레이터 주파수 * 1/프리스케일러 * 1/2

오실레이터 주파수 =16MHz
프리스케일러 값 = 1024
OCR1C =16MHz/1024/2 ≒ 7812

- LCD 화면 구성

W	a	t	c	h		M	o	d	e						🔔
		0	0		:		0	0		:		0	0		

(a) 시계 모드

S	e	t		M	o	d	e								
		0	0		:		0	0		:		0	0		

(b) 설정 모드

A	l	a	r	m		M	O	D	E				O	O f	n f
		0	0		:		0	0		:		0	0		

(c) 알람 모드

S	c	h	e	d	u	l	e		0	1		C		0	0
0	0	:	0	0		메	모	-	-	-	메	모		내	역

(d) 스케쥴러 모드

[그림 1-8] 화면 구성

- A~Z까지 알파벳을 이용해 7자리까지 간단한 메모를 할 수 있다.
- 다양한 문자 패턴을 이용해 일정을 등록할 수 있다.
  - '과' '제' '생' '일' '시' '험' '공' '부' '약' '속' '수' '업' ([표 1-8])

[표 1-8] 6가지 내역 문자패턴

과	제	생	일
0x02	0x03	0x15	0x09
0x1E	0x1F	0x17	0x15
0x06	0x0B	0x1D	0x15
0x07	0x0F	0x15	0x09
0x0E	0x0B	0x02	0x07
0x0A	0x17	0x05	0x02
0x1E	0x17	0x05	0x04
0x02	0x03	0x02	0x07
시	**험**	**공**	**부**
0x01	0x08	0x0F	0x0A
0x09	0x17	0x01	0x0E
0x09	0x09	0x05	0x0A
0x15	0x17	0x1F	0x0E
0x15	0x09	0x00	0x00
0x15	0x07	0x06	0x1F
0x01	0x05	0x09	0x04
0x01	0x07	0x06	0x04
약	**속**	**수**	**업**
0x0A	0x04	0x04	0x09
0x17	0x04	0x0A	0x15
0x16	0x0A	0x0A	0x17
0x0B	0x04	0x00	0x09
0x02	0x1F	0x1F	0x05
0x07	0x00	0x04	0x07
0x01	0x0E	0x04	0x05
0x01	0x02	0x04	0x07

(4) 주요 함수 동작흐름도

[그림 1-9]은 작품에 사용된 주요 함수의 동작 흐름도를 보여주며, 각 함수의 기능을 요약하면 다음과 같다.

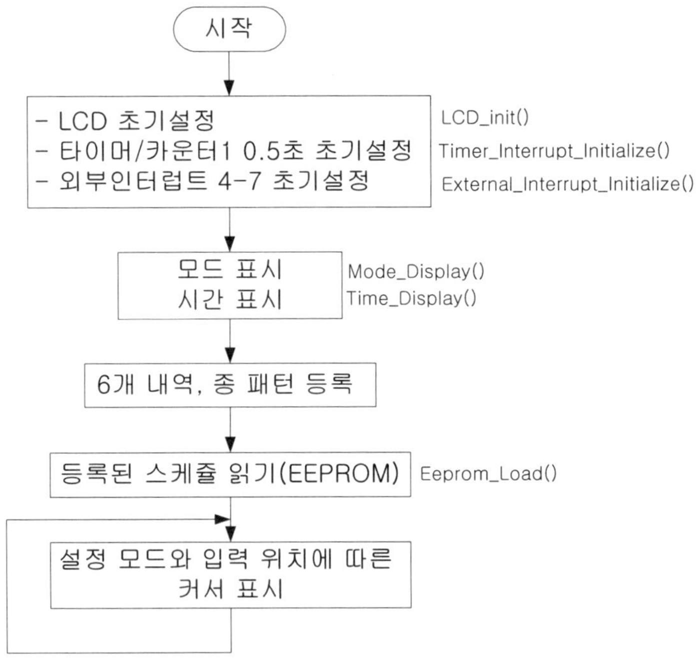

메인함수 : main()
LCD, 타이머/카운터1 0.5초 인터럽트 주기설정, 외부 인터럽트에 대한 초기설정과, LCD에 초기화면을 표시한다.

(a) 메인함수

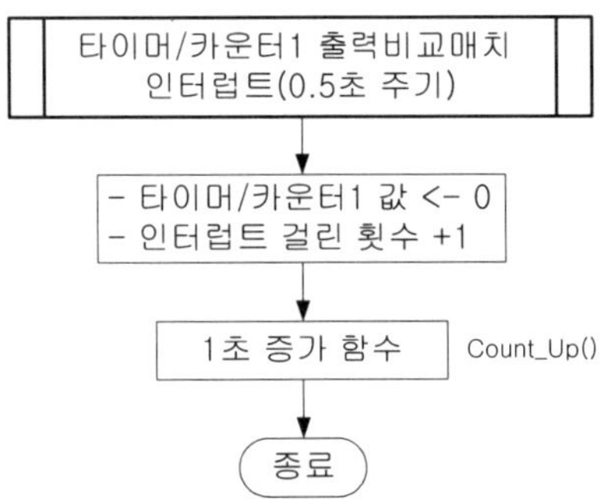

타이머/카운터1 인터럽트 처리함수 : timer1_compc()
0.5초 주기의 초기값 재설정과 함께 인터럽트 걸린 횟수를 1 증가시키고, 이 횟수가 2의 배수이면 count_up() 함수를 호출하여 1초 증가시킨다.

(b) 타이머/카운터1 인터럽트 처리 함수

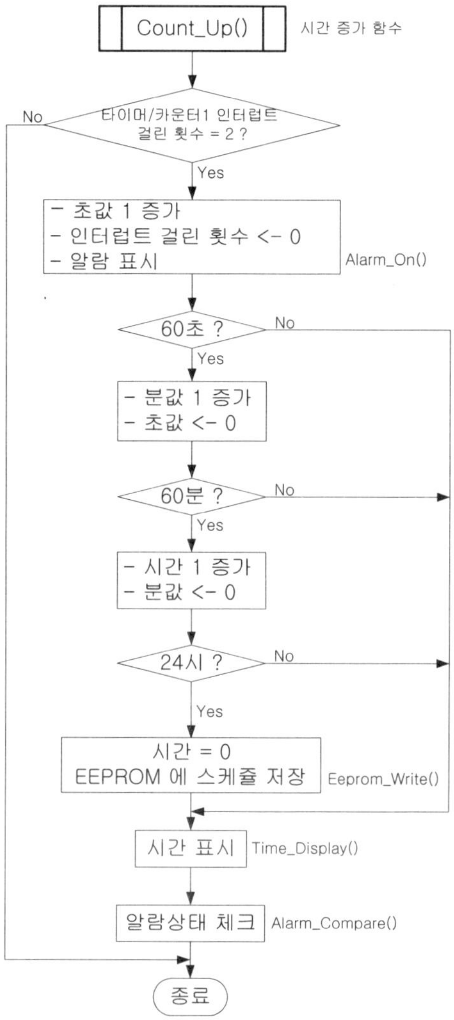

시간 증가 함수 : count_up()
타이머/카운터1의 인터럽트 횟수가 2이면 초값을 1증가시키고, 이에 따라 분과 시간의 값을 갱신한다. 그리고, 시간 표시와 함께 알람상태를 체크하며, 시간이 24가 되는 경우에는 EEPROM에 현재 입력된 스케쥴을 저장하고 시간을 0으로 한다.

(c) 시간 증가 함수

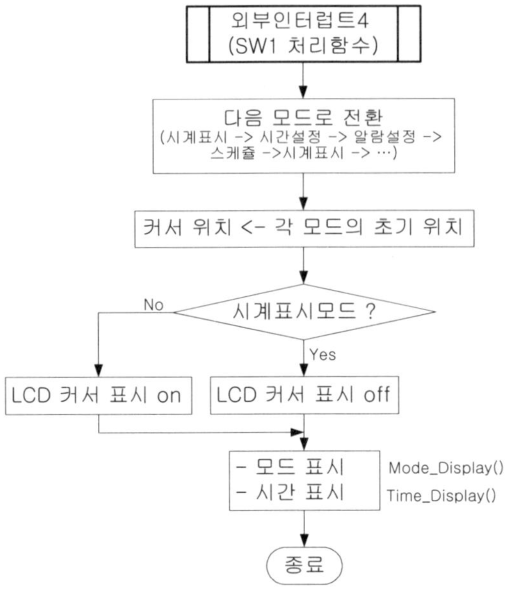

외부 인터럽트4 처리함수 : external_int4()
SW1에 대한 처리를 하며, 모드를 다음 모드로 전환하고 이에 따라 커서위치를 초기설정 한다.

(d) SW1 입력 처리함수

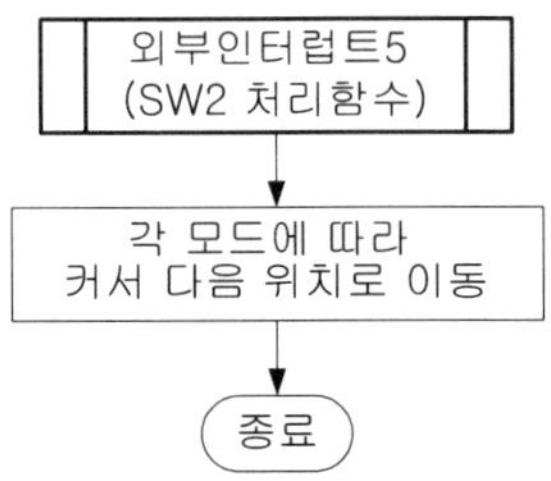

외부 인터럽트5 처리함수 : external_int5()
SW2에 대한 처리를 하며, 각 모드에 따라 커서를 다음 위치로 이동시킨다.

(e) SW2 입력 처리 함수

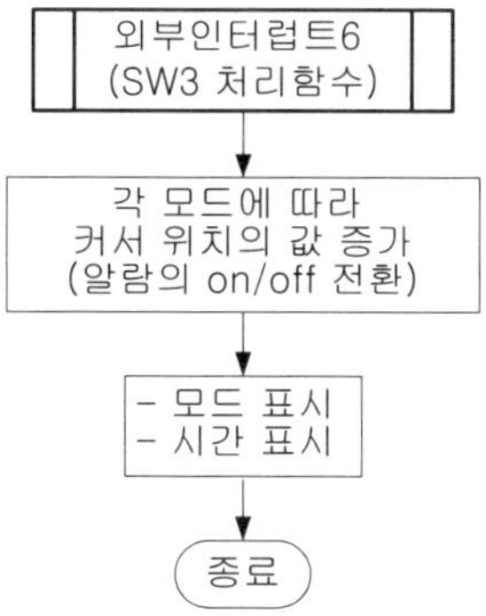

외부 인터럽트6 처리함수 : external_int6()
SW3에 대한 처리를 하며, 각 모드에 따라 현재 커서의 값을 1증가(또는 on/off 전환)시키고 새로운 값을 LCD에 표시한다.

(f) SW3 입력 처리 함수

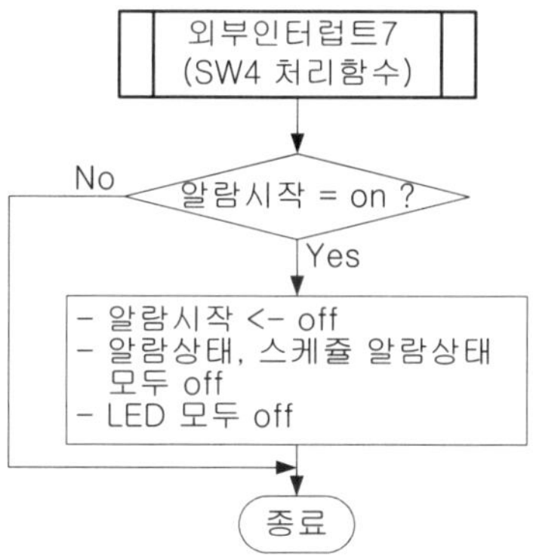

외부 인터럽트7 처리함수 : external_int7()
알람이 울리고 있으면 알람을 off 시키고, LED도 모두 off시킨다.

(g) SW4 입력 처리 함수

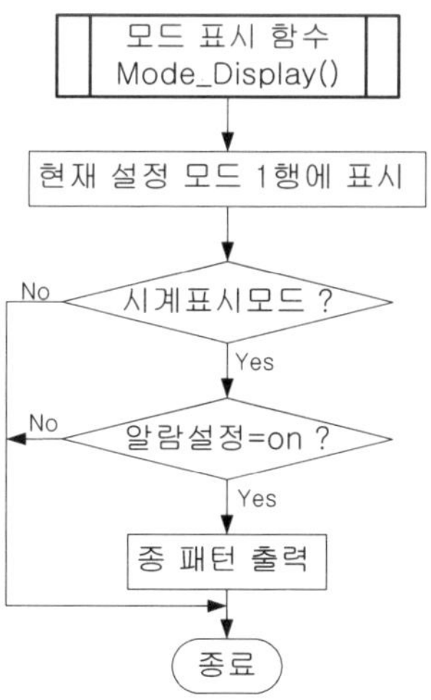

모드 표시 함수 : Mode_Display()
현재 설정된 모드를 LCD 1행에 표시하고, 시계모드이고 알람이 설정되어 있으면 종 패턴을 표시한다.

(h) 모드 표시 함수

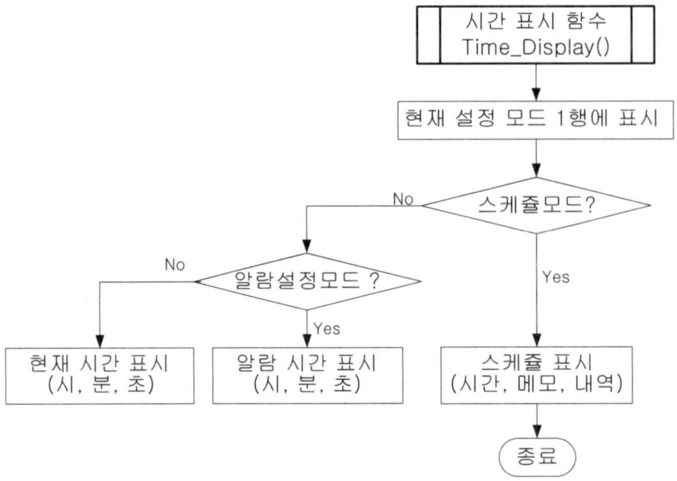

시간 표시 함수 : Time_Display()
스케쥴 입력 모드의 경우에는 LCD 2행에 시간, 메모, 내역을 표시하고, 그 밖의 경우에는 현재 시간을 표시한다.

(i) 시간 표시 함수

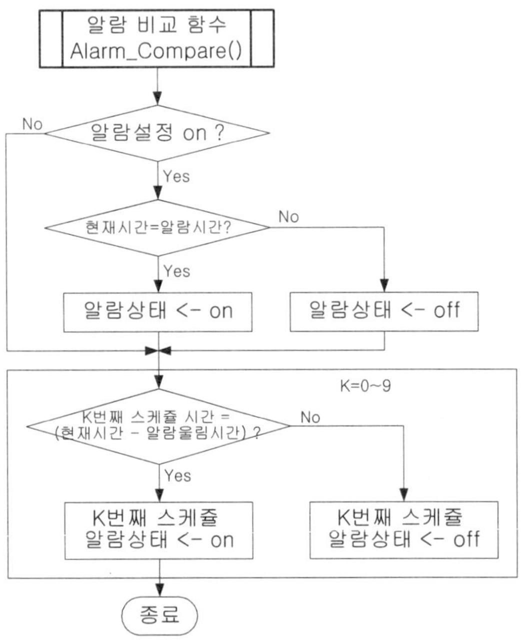

알람 비교 함수 : Alarm_Compare()
알람이 설정되어 있으면 현재 시간과 알람 설정시간을 비교하여 그 결과에 따라 알람 출력 상태를 on/off 한다. 그리고, 입력 스케쥴 시간과 비교하여 현재 시간과 같은 스케쥴이 시간이 있는 경우에는 알람 출력상태를 on으로 한다.

(j) 알람비교함수

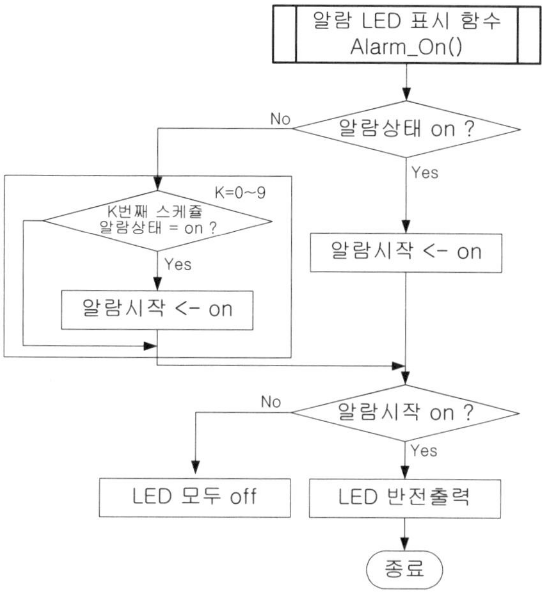

알람 LED 표시 함수 : Alarn_On()
알람출력상태가 on이면 알람시작을 on 하여 LED를 반전 출력시킨다.

(k) 알람 LED 표시함수

[그림 1-9] 주요 함수 동작 흐름도

(5) 작품 및 동작 사진

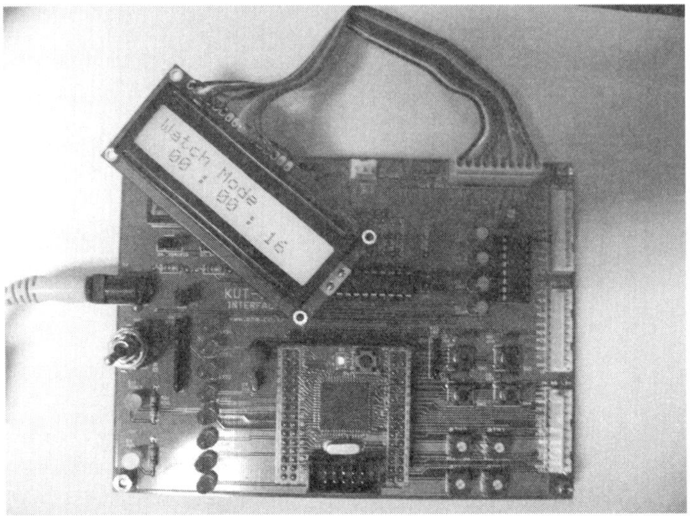

(a) 작품 사진

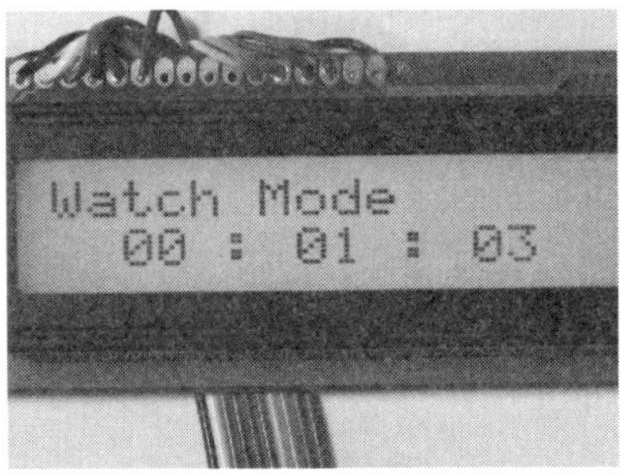

(b) 시계표시모드(알람OFF)

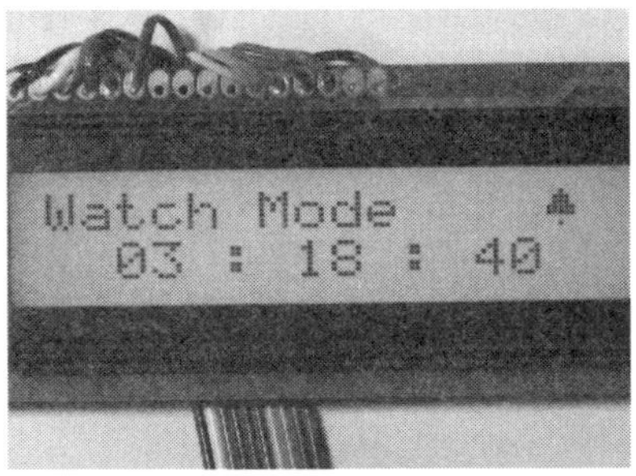

(c) 시계표시모드(알람ON)

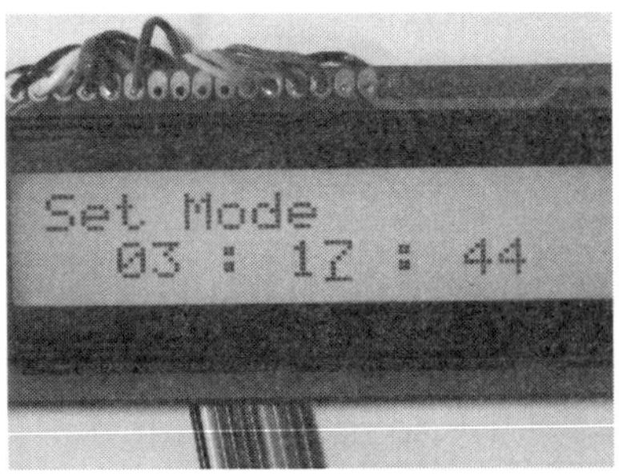

(d) 시간설정모드

(e) 알람설정모드(알람OFF)

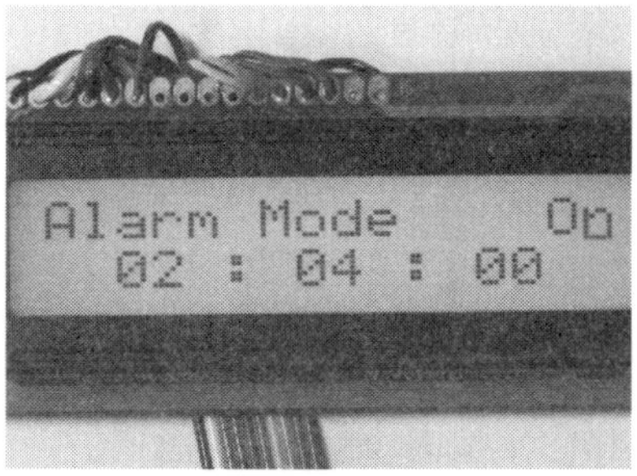

(f) 알람설정모드(알람ON)

(g) 스케쥴 설정모드

[사진 1-4] 작품 및 동작 사진

(6) 프로그램 노트

```
// LCD_DIARY.C
// 김일우

#include <mega128.h>
#include <delay.h>
#include <stdio.h>

#define  FUNCSET        0x28    // Function Set
#define  ENTMODE        0x06    // Entry Mode Set
#define  ALLCLR         0x01    // All Clear
#define  DISPON         0x0c    // Display On
#define  HOME           0x02    // Cursor Home
#define  LINE2          0xC0    // 2nd Line Move
#define  CURON  0x0E            // Cursor On
#define  CUROFF 0x0C            // Cursor Off

int     count = 0;              // 0.5초 타이머/카운터 인터럽트 발생 횟수
int     hour  = 0;              // 현재 시간/분/초 저장 변수
int     minute = 0;             // 현재 시간/분/초 저장 변수
int     second = 0;             // 현재 시간/분/초 저장 변수
int     set = 0;                // 모드 설정 (0 : 시계, 1 : 시간 설정,
                                //          2 : 알람시간 설정, 3 : 스케쥴 입력)
int     wa_pos = 0;             // 시계 모드에서의 커서 위치
int     al_pos = 0;             // 알람설정 모드에서의 커서 위치
int     sc_pos = 0;             // 스케쥴 모드에서의 커서 위치

int     sc_no =0;               // 표시할 스케쥴 번호
int     alarm_s[10] = {0};      // 스케쥴 알림 설정시간 설정(60분전, 50분전, 40분전,
                                //   30분전, 20분전, 10분전, 정각 알람)
int     alarm_z[10] = {0};      // 스케쥴 알람 상태 여부(1:알람상태, 0:알람 상태전)
int     hour_s[10] = {0};       // 스케쥴 알람 시간 설정
int     minute_s[10] = {0};     // 스케쥴 알람 분 설정
int     pattern[10] = {0};      // 스케쥴 내역 저장(0 : 입력 없음, 2 : 과제, 4 : 생일,
                                //     6 : 시험, 8 : 공부, 10 : 약속, 12 : 수업)
int     hour_a  = 0;            // 알람 설정 시간
int     minute_a = 0;           // 알람 설정 분
char    alarm1 = 0;             // 알람 상태 여부(0 : 알람 상태 아님, 1 : 알람 상태)
char    al_sw = 0;              // 알람 설정 여부(0 : 미설정, 1 : 설정)
char    led = 0xFF;             // LED 출력 변수
char    memo[10][8];            // 스케쥴 메모 6문자 저장
char    al_st = 0;              // 알람 울림 시작 여부(1 : 알람 시작, 0 : 알람 정지)
```

```
// 스케쥴 내역 한글 패턴
unsigned char cg_pat1[48] = {
        0x02, 0x1E, 0x06, 0x07, 0x0E, 0x0A, 0x1E, 0x02,     // '과'
        0x00, 0x1F, 0x0B, 0x0F, 0x0B, 0x17, 0x17, 0x03,     // '제'
        0x15, 0x17, 0x1D, 0x15, 0x02, 0x05, 0x05, 0x02,     // '생'
        0x09, 0x15, 0x15, 0x09, 0x07, 0x02, 0x04, 0x07,     // '일'
        0x01, 0x09, 0x09, 0x15, 0x15, 0x15, 0x01, 0x01,     // '시'
        0x08, 0x1D, 0x09, 0x17, 0x09, 0x07, 0x05, 0x07};    // '험'

unsigned char cg_pat2[48] = {
        0x0F, 0x01, 0x05, 0x1F, 0x00, 0x06, 0x09, 0x06,     // '공'
        0x0A, 0x0E, 0x0A, 0x0E, 0x00, 0x1F, 0x04, 0x04,     // '부'
        0x0A, 0x17, 0x16, 0x0B, 0x02, 0x07, 0x01, 0x01,     // '약'
        0x04, 0x0A, 0x0A, 0x04, 0x1F, 0x00, 0x0E, 0x02,     // '속'
        0x04, 0x0A, 0x0A, 0x00, 0x1F, 0x04, 0x04, 0x04,     // '수'
        0x09, 0x15, 0x17, 0x09, 0x05, 0x07, 0x05, 0x07};    // '업'


// 종 모양 패턴
unsigned char cg_jong[8] = { 0x04, 0x0E, 0x0E, 0x1F, 0x1F, 0x00, 0x04, 0x00};

void Busy();                                // 일정한 시간 지연
void Command(unsigned char);                // 인스트럭션 쓰기 함수
void Data(unsigned char);                   // 데이터 쓰기 함수
void LCD_init();                            // lcd 초기화
void LCD_String(char str[]);                // 문자열 출력 함수
void Mode_Display();                        // 모드 표시 함수
void Time_Display();                        // 시간 표시 함수
void Alarm_Compare();                       // 알람 비교 함수
void Alarm_On();                            // 알람 led 표시 함수
void Count_Up();                            // 시간 증가 함수
void Pat_Change();                          // 문자 패턴 변화 함수
void Eeprom_Write();                        // EEPROM 데이터 쓰기 함수
void Eeprom_Load();                         // EEPROM 데이터 읽기 함수
void Timer_Interrupt_Initialize(void);
void External_Interrupt_Initialize(void);

// 메인 함수
void main(void)
{
         int      i, k;

        DDRB = 0xFF;                        // OC1C(PB7) 핀 출력방향설정
```

```
DDRC = 0xFF;                           // LED  연결 포트 C 출력 설정

LCD_init();                            // LCD 초기 설정
Timer_Interrupt_Initialize();          // 타이머/카운터 초기설정
External_Interrupt_Initialize();       // 스위치 입력을 위한 외부 인터럽트(4-7) 설정
        Mode_Display();                        // 현재 모드 표시
Time_Display();                        // 현재 시간 표시
SREG = 0x80;                           // 전역 인터럽트 플래그 I 비트 셋.

// 문자 패턴 6개 등옥(코드 0-5, 과제생일수업)
for(i = 0; i < 48; i++){
        Command(0x40 + i);
        Data(cg_pat1[i]);
}

        // 종 패턴 등록(코드 6)
for(i = 0; i < 8; i++){
        Command(0x70 + i);
        Data(cg_jong[i]);
}

// 스케쥴 메모 클리어
for(k = 0 ; k <= 9 ; k++){
        for(i = 0 ; i < 7; i++) memo[k][i] = ' ';
        memo[k][7] = '\0';
}

// 등록된 스케쥴 읽기(EEPROM)
EEAR = 0x00;
EECR |= 0x01;
if(EEDR != 0xFF) Eeprom_Load();       // 읽기

//  입력 대기
while(1){                              // 커서 위치 설정
        if(set == 0) continue;         // 시계 표시 모드
        else if(set == 1){             // 시간 설정 모드
                if(wa_pos == 0) Command(0xC3);         // 시간 설정 위치
                else  Command(0xC8);                   // 분 설정 위치
        }
        else if(set == 2){              // 알람 설정 모드
                if(al_pos == 0) Command(0xC3);         // 시간 설정 위치
                else if(al_pos == 1) Command(0xC8);    // 분 설정 위치
                else  Command(0x8F);                   // 알람 ON/OFF 설정 위치
        }
```

```
            else {                                  // 스케쥴 입력 모드
                if(sc_pos == 0) Command(0x8A);              // 스케쥴 번호 입력
                else if(sc_pos == 1) Command(0x8C);         // 스케쥴 리셋
                else if(sc_pos == 2) Command(0x8F);         // 알람 울림 시간
                else if(sc_pos == 3) Command(0xC1);         // 스케쥴 시간
                else if(sc_pos == 4) Command(0xC4);         // 스케쥴 분
                else if(sc_pos == 12) Command(0xCF);        // 스케쥴 종류 입력
                else Command(0xC6 + sc_pos - 5);            // 스케쥴 메모 입력
            }
        }
}

// 타이머 인터럽트1 초기화
void Timer_Interrupt_Initialize(void)
{
        ETIMSK = 0x01;                  // OCIE1C = '1' (타이머/카운터1
                                        // 출력 비교C 매치 인터럽트 인에이블)
        TCCR1A = 0x04;                  // COM1Cx = '01' : OC1C 토글
        TCCR1B = 0x05;                  // 프리스케일 = CK/1024
        TCNT1 = 0x0000;                 // 타이머/카운터1 레지스터 초기값 : 16 비트
                                        // 타이머/카운터1 비교 매치 C 레지스터(0.5초 설정)
        OCR1CH = (7812 & 0xFF00) >> 8;
        OCR1CL = 7812 & 0x0FF;
}

// 외부 인터럽트4-5 초기화
void External_Interrupt_Initialize(void)
{
        EICRB = 0b10101010;                     // 외부 인터럽트 4, 5, 6, 7 : 하강 에지
        EIMSK = 0b11110000;                     // 외부 인터럽트 4, 5, 6, 7 인에이블'
}

// 모드 표시
void Mode_Display(void)
{
         char Mode_buf[20];                     // 모드 출력을 위한 저장 변수

        if(set == 0) sprintf(Mode_buf, "Watch Mode        ");          //Watch Mode
        else if(set == 1) sprintf(Mode_buf, "Set Mode          ");     // 시간 설정모드
        else if(set == 2){                      // 알람 모드 표시
                if(al_sw == 0)  sprintf(Mode_buf, "Alarm Mode    Off");  // Off
                else sprintf(Mode_buf, "Alarm Mode     On");             // On
        }
        else                                    // sc_no 번째 스케쥴 입력 모드 표시
```

```
        sprintf(Mode_buf, "Schedule %02u C %02u", sc_no + 1, alarm_s[sc_no]);

    Command(HOME);
    LCD_String(Mode_buf);

    if(set == 0 && al_sw == 1){              // 시계모드에서 알람기능 설정시
        Command(0x8E);
        Data(0x06);                          // 종 모양 출력
    }
}

// 각 모드에서의 시간 표시함수
void Time_Display(void)
{
    char    Time_buf[17], sc_buf[8];;
    int     k;

    if(set == 3){    // 스케줄 입력 모드
        //스케줄 시간 표시
        sprintf(Time_buf,"%02u:%02u                ", hour_s[sc_no],
                minute_s[sc_no]);
        Command(LINE2);
        LCD_String(Time_buf);

        // sc_no 번째 스케줄 메모 표시
        for(k = 0 ; k < 7; k++) sc_buf[k] = memo[sc_no][k];
        sc_buf[7] = '\0';
        Command(0xC6);
        LCD_String(sc_buf);

        // 스케줄 내역 표시
        Command(0xCE);
        if(pattern[sc_no] >= 8){
            Data(pattern[sc_no] - 8);
            Data(pattern[sc_no] - 7);
        }
        else if(pattern[sc_no] >= 2){
            Data(pattern[sc_no]-2);
            Data(pattern[sc_no]-1);
        }
        else{
            Data(0x20);      // 공백 표시
            Data(0x20);      // 공백 표시
        }
```

```
        }
        else if(set == 2){        // 알람 모드 시간 표시
                sprintf(Time_buf," %02u : %02u : 00    ", hour_a, minute_a);
                Command(LINE2);
                LCD_String(Time_buf);
        }
        else {  // 시계 모드 또는 시간 설정 모드 시간 표시
                sprintf(Time_buf," %02u : %02u : %02u    ", hour, minute, second);
                Command(LINE2);
                LCD_String(Time_buf);
        }
}

// 알람 비교
void Alarm_Compare(void)
{
        int     k, nh;

        if(al_sw == 1) {                // 알람 설정 ?
                if(hour == hour_a && minute == minute_a)            // 알람시간=현재시간
                    alarm1 = 1;
                else alarm1 = 0;
        }

        //스케쥴 시간 비교 //
        for(k = 0 ; k <= 9 ; k++){
                nh = (hour_s[k] - 1 + 24) % 24;

                if(alarm_s[k] == 0){            // 알람시간 정각 알람 출력
                        if(hour == hour_s[k] && minute == minute_s[k])
                            alarm_z[k] = 1;
                        else alarm_z[k] = 0;
                }
                else if(alarm_s[k] == 60){      // 60분전 알람 설정
                    if(hour == nh && minute == minute_s[k]) alarm_z[k] = 1;
                    else alarm_z[k] = 0;
                }
                else {                          // 알람 울림 시간 10-50분전
                    if(minute_s[k] >  alarm_s[k]){
                        if(hour == hour_s[k] &&
                            minute == (minute_s[k] - alarm_s[k])) alarm_z[k] = 1;
                        else alarm_z[k] = 0;
                    }
                    else {
```

```
                        if(hour == nh &&
                          minute == (minute_s[k]+60-alarm_s[k])) alarm_z[k] = 1;
                        else alarm_z[k] = 0;
                    }
                }
        }
 }

// 알람 led 표시 //
void Alarm_On(void)
{
        int     k;

        if(alarm1 == 1) al_st = 1;              // 현재시간 = 알람시간 ?
        else {
                for(k = 0 ; k <= 9 ; k ++){
                        if(alarm_z[k] == 1) {   // 현재시간 = k번째 스케쥴 시간 ?
                                al_st = 1;      // 알람상태 시작
                                break;
                        }
                }
        }

        if(al_st == 1) led = ~led;      // 알람상태시작이면 LED 반전출력
        else led = 0xFF;                // LED 모두 OFF

        PORTC = led;                    // LED출력
}

// 스케쥴 내역 패턴 등록 변경
void  Pat_Change(void)
{
        int     i;

        if(pattern[sc_no] >= 8){            // 스케쥴 내역 8, 10, 12(공부/약속/시험)
                for(i = 0; i < 48; i++){
                        Command(0x40 + i);  // 문자 패턴 등록
                        Data(cg_pat2[i]);
                }
        }
        else {                          // 스케쥴 내역 2, 4, 6(과제/생일/수업)
                for(i = 0; i < 48; i++){
                        Command(0x40 + i);
                        Data(cg_pat1[i]);
```

```
                }
        }
}

// 시간 증가 함수
void Count_Up(void)
{
        if(count == 2){            // 0.5 초 타이머/카운터 인터럽트 발생 횟수 2회 ?
                count = 0;
                second++;          // 초값 증가
                Alarm_On();

                if(second == 60){                  // 초값 = 60 ?
                        second = 0;
                        minute++;                  // 분값 증가

                        if(minute == 60){          // 분값 = 60 ?
                                minute = 0;
                                hour++;
                                if(hour == 24) {   // 시간 = 24 ?
                                        hour = 0;          // 시간 = 0
                                        Eeprom_Write();    // 하루에 한번 스케쥴 저장
                                }
                        }
                       Alarm_Compare();            // 1분 단위로 알람 체크
                }
                Time_Display();
        }
}

// 타이머/카운터1 출력비교매치 C 인터럽트
interrupt [TIM1_COMPC] void timer1_compc(void)
{
        TCNT1 = 0x0000;   // 타이머/카운터1 초기값 0 재설정

        count++;          // 인터럽트 발생 횟수 +1
        Count_Up();       // 시간 증가 함수 콜
}

// 외부 인터럽트 4(스위치 1) : 모드 변환 스위치
 interrupt [EXT_INT4] void external_int4(void)
{
        set = (set + 1) % 4;           // 다음 모드로 전환
```

```
        // 각 모드에서 커서의 초기위치 설정
        if(set == 1) wa_pos = 0;              // 시간 설정 모드
        else if(set == 2) al_pos = 0;         // 알람 설정 모드
        else if(set == 3) sc_pos = 0;         // 스케쥴 입력 모드

        if(set != 0) Command(CURON);          // 시계 모드가 아니면
        else Command(CUROFF);                 // 시계 모드 이면 커서 표시 off

        Mode_Display();                  // 모드 표시
        Time_Display();                  // 시간 표시
}

// 외부 인터럽트 5(스위치 2) : 선택된 설정 모드에서의 커서 위치 이동
interrupt [EXT_INT5] void external_int5(void)
{

        if(set == 1) wa_pos = (wa_pos + 1) % 2;             // 시간 설정 모드
        else if(set == 2) al_pos = (al_pos + 1) % 3;        // 알람 설정 모드
        else if(set == 3) sc_pos = (sc_pos + 1) % 13;       // 스케쥴 입력 모드
}

// 외부 인터럽트 6(스위치 3) : 선택된 설정 모드에서의 값 입력
interrupt [EXT_INT6] void external_int6(void)
{
        int      k;

        if(set==1){      // 시간 설정 모드
                if(wa_pos == 0){      // 시간 설정
                        hour++;     // 시간 1증가
                        if(hour == 24) hour = 0;
                }
                else {                // 분 설정
                        minute++;  // 분값 1증가
                        if(minute == 60) minute = 0;
                }
        }
        else if(set == 2){  //알람 설정 모드
                if(al_pos == 0){      // 알람 시간 설정
                        hour_a++; // 알람 시간 1증가
                        if(hour_a == 24) hour_a = 0;
                }
                else if(al_pos == 1){  // 분 설정
                        minute_a++; // 알람 분값 1증가
                        if(minute_a == 60) minute_a = 0;
```

```
        }
        else al_sw = (al_sw + 1) % 2;              // 알람 on/off 전환
}
else if(set == 3){                          // 스케쥴 설정 모드
        if(sc_pos == 0){                    // 스케쥴 선택
                sc_no++;
                if(sc_no == 10) sc_no = 0;

                Pat_Change();               // 스케쥴 내역 표시
        }
        else if(sc_pos == 1){               // 현재 선택된 스케쥴 클리어
                hour_s[sc_no] = 0;
                minute_s[sc_no] = 0;
                for(k = 0 ; k < 7 ; k++) memo[sc_no][k] = ' ';
                pattern[sc_no] = 0;
        }
        else if(sc_pos == 2){               // 알람 울림 시작 시간 설정
                alarm_s[sc_no] = alarm_s[sc_no] + 10;
                if(alarm_s[sc_no] == 70) alarm_s[sc_no] = 0;
        }
        else if(sc_pos == 3){
                hour_s[sc_no]++;        // 시간 1 증가
                if(hour_s[sc_no] == 24) hour_s[sc_no] = 0;
        }
        else if(sc_pos == 4){               // 스케쥴 분 입력
                minute_s[sc_no]++;
                if(minute_s[sc_no] == 60) minute_s[sc_no] = 0;
        }
        else if(sc_pos == 12){              // 스케쥴 내역 입력
                Command(0xCE);

                pattern[sc_no] = pattern[sc_no] + 2;
                if(pattern[sc_no] == 14) pattern[sc_no] = 0;

                Pat_Change();
        }
        else {                                  // 스케쥴 메모 입력
                Command(0xC6 + sc_pos);                 //A ~ Z 문자 입력
                k = sc_pos - 5;

                if(memo[sc_no][k] == ' ') memo[sc_no][k] = 'A';
                else memo[sc_no][k]++;

                if(memo[sc_no][k]== '[') memo[sc_no][k] = ' ';
```

```
                }
        }
        Mode_Display();
        Time_Display();
}

// 외부 인터럽트 7(스위치 4) : 알람 상태 off
interrupt [EXT_INT7] void external_int7(void)
{
        int     k;

        if(al_st == 1) {
                al_st = 0;
                alarm1 = 0;                                         // 알람 off
                for(k = 0 ; k <= 9 ; k++) alarm_z[k] = 0;           // 스케쥴 알람 off
                PORTC = 0xFF;                                       // LED 모두 off
        }
}

// 스케쥴 EEPROM 쓰기
void   Eeprom_Write(void)
{
        int     addr, k, *ipStr;
        char    *pStr;

        // 메모 쓰기
        pStr = memo;
        addr = 0x00;
        for(k = 0; k <= 80; k++){
                while((EECR & 0x02) == 0x02); // EEWE = '0'?
                EEAR = addr++;                          // EEPROM 주소
                EEDR = (char)(*pStr++);                 // EEPROM 데이터
                EECR |= 0x04;                           // EEMWE = '1'
                EECR |= 0x02;                           // EEWE = '1'

        }

        // 시간 쓰기
        ipStr = hour_s;
        addr = 0x50;
        for(k = 0; k <= 9 ; k++) {
                while((EECR & 0x02) == 0x02);
                EEAR = addr++;
                EEDR = (char)(*ipStr++);
```

```
            EECR |= 0x04;
            EECR |= 0x02;
        }

        // 분 쓰기
        ipStr = minute_s;
        addr = 0x60;
        for(k = 0; k <= 9 ; k++){
            while((EECR & 0x02) == 0x02);
            EEAR = addr++;
            EEDR = (char)(*ipStr++);
            EECR |= 0x04;
            EECR |= 0x02;
        }

        // 스케쥴 내역 쓰기
        ipStr = pattern;
        addr = 0x70;
        for(k = 0; k <= 9 ; k++){
            while((EECR & 0x02) == 0x02); // EEWE = '0'?
            EEAR = addr++;                      // EEPROM 주소
            EEDR = (char)(*pStr++);             // EEPROM 데이터
            EECR |= 0x04;                       // EEMWE = '1'
            EECR |= 0x02;                       // EEWE = '1'
        }
}


// 스케쥴 EEPROM 읽기
void Eeprom_Load(void)
{
        int     addr, i, k;

        // 메모 읽기
        addr = 0;
        for(k = 0 ; k <=9 ; k++){
            for(i = 0 ; i <= 7; i++)
            {
                    EEAR = addr++;      // EEPROM 주소
                    EECR |= 0x01;       // EEPROM 데이터 읽기(EERE=1)
                    memo[k][i] = EEDR;
            }
        }
```

```
        // 시간 읽기
        addr = 0x50;
        for(k = 0 ; k <= 9 ; k++){
            EEAR = addr++;
            EECR |= 0x01;
            hour_s[k] = EEDR;
        }

        // 분 읽기
        addr = 0x60;
        for(k = 0 ; k <= 9 ; k++){
            EEAR = addr++;
            EECR |= 0x01;
            minute_s[k] = EEDR;
        }

        // 스케줄 내역 읽기
        addr = 0x70;
        for(k = 0 ; k <= 9 ; k++){
            EEAR = addr++;
            EECR |= 0x01;
            pattern[k] = EEDR;
        }
}

// LCD 초기화
void LCD_init(void)
{
        DDRD = 0xFF;                    // 포트 D 출력 설정
        PORTD &= 0xFB;                  // E = 0;

        delay_ms(15);
        Command(0x20);                  // 펑션 셋
        delay_ms(5);
        Command(0x20);                  // 펑션 셋
        delay_us(100);
        Command(0x20);                  // 펑션 셋
        Command(FUNCSET);               // 펑션 셋
        Command(DISPON);                // 표시 ON
        Command(ALLCLR);                // 화면 클리어
        Command(ENTMODE);               // 엔트리 모드
}

// LCD Busy 플래그 체크 대용 딜레이 함수
```

```
void Busy(void)
{
        delay_ms(2);
}

// LCD 커맨드 쓰기 함수?
 void Command(unsigned char byte)
{
        Busy();

        // 인스트럭션 상위 바이트
        PORTD = (byte & 0xF0);              // 데이터
        PORTD &= 0xFE;                      // RS = 0;
        PORTD &= 0xFD;                      // RW = 0;
        delay_us(1);
        PORTD |= 0x04;                      // E = 1;
        delay_us(1);
        PORTD &= 0xFB;                      // E = 0;

        // 인스트럭션 하위 바이트
        PORTD = ((byte<<4) & 0xF0);  // 데이터
        PORTD &= 0xFE;                      // RS = 0;
        PORTD &= 0xFD;                      // RW = 0;
        delay_us(1);
        PORTD |= 0x04;                      // E = 1;
        delay_us(1);
        PORTD &= 0xFB;                      // E = 0;
}

// 데이터 쓰기 함수
void Data(unsigned char byte)
{
        Busy();

        // 데이터 상위 바이트
        PORTD = (byte & 0xF0);              // 데이터
        PORTD |= 0x01;                      // RS = 1;
        PORTD &= 0xFD;                      // RW = 0;
        delay_us(1);
        PORTD |= 0x04;                      // E = 1;
        delay_us(1);
        PORTD &= 0xFB;                      // E = 0;

        // 데이터 하위 바이트
```

```
        PORTD = ((byte<<4) & 0xF0);          // 데이터
        PORTD |= 0x01;                       // RS = 1;
        PORTD &= 0xFD;                       // RW = 0;
        delay_us(1);
        PORTD |= 0x04;                       // E = 1;
        delay_us(1);
        PORTD &= 0xFB;                       // E = 0;
}

// LCD 문자열 출력 함수
void LCD_String(char str[])
{
        while(*str) Data(*str++);
}
```

Chapter 02

그래픽 LCD 응용

2.1 그래픽 LCD (HG12605NY-LY)

HG12605NY-LY는 128x64 도트를 표시할 수 있는 그래픽형 LCD이며, [그림 2-1]과 같이 공통 드라이버와 2개의 세그먼트 드라이버에 의해 구동된다. 그리고, LCD 구동전압 발생을 위해 내부에 DC-DC 컨버터를 내장하고 있으며, Vout 단자를 통해 -10V의 전압이 출력된다. 이 전압은 가변저항을 통해 Vdd 전원단자와 연결되어 가변된 전압이 Vo에 공급되어 밝기 조절에 이용된다. [표 2-1]은 커넥터 핀 번호와 기능을 보여준다.

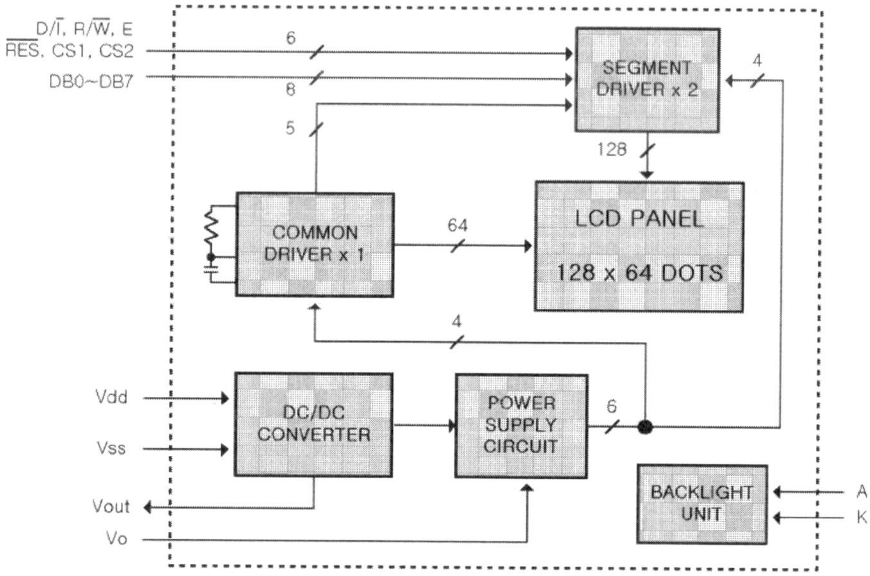

[그림 2-1] HG12605NY-LY 내부 구조

[표 2-1] HG12605NY-LY 커넥터 핀 기능

핀 번호	신호명	기능
1	Vss	Ground(0V)
2	Vdd	전원(+5V)
3	Vo	LCD 구동전압(18번핀과 가변저항을 통해 연결)
4	$D/\overline{I}$	데이터/명령 선택 신호핀(1 : 데이터, 0 : 명령)
5	$R/\overline{W}$	읽기/쓰기 신호핀(1 : 읽기, 0 : 쓰기)
6	E	칩 인에이블 신호핀
7 - 14	DB0~DB7	데이터 신호핀(7 : DB0, 8 : DB1, , , 13 : DB6, 14 : DB 7)
15	CS1	세그먼트 드라이버1(좌측)을 선택하기 위한 신호핀
16	CS2	세그먼트 드라이버2(우측)을 선택하기 위한 신호핀
17	$\overline{RST}$	리셋 신호핀
18	Vout	LCD 구동을 위한 출력전압(-10V), Vo와 가변저항을 통해 연결
19	A	백 라이트를 위한 LED(+)
20	K	백 라이트를 위한 LED(-)

[그림 2-2]는 동작타이밍을 보여준다.

▣ MPU Interface Timing(Ta=25℃, Vdd=+5.0V±10%, Vss=0V)

Parameter	Symbol	Value			Unit
		Min.	Typ.	Max.	
E cycle time	tcyc	1000	-	-	ns
E high level width	P_{WEH}	450	-	-	ns
E low level width	P_{WEL}	450	-	-	ns
E rise time	tr	-	-	25	ns
E fall time	tf	-	-	25	ns
Address setup time	t_{AS}	140	-	-	ns
Address hold time	t_{AH}	10	-	-	ns
Data setup time	t_{DSW}	200	-	-	ns
Data delay time	t_{DDR}	-	-	320	ns
Data hold time(write)	t_{DHW}	10	-	-	ns
Data hold time(read)	t_{DHR}	20	-	-	ns

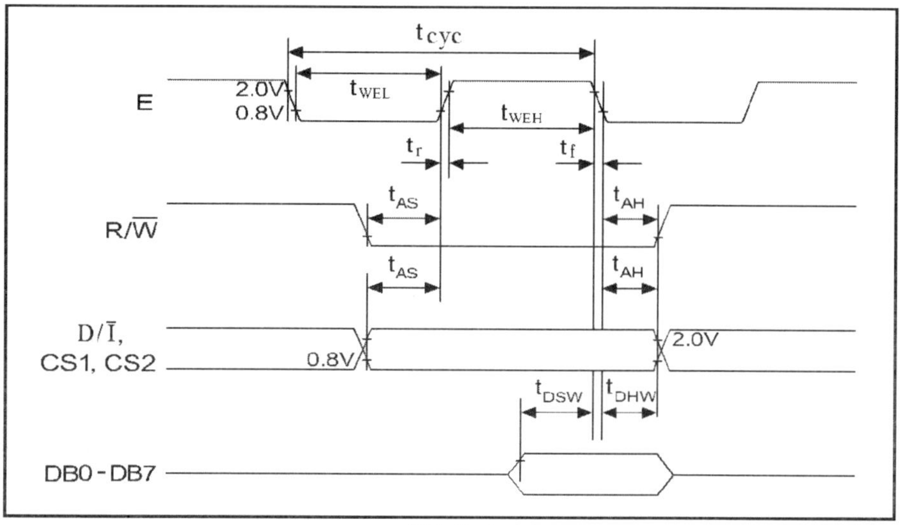

<Write>

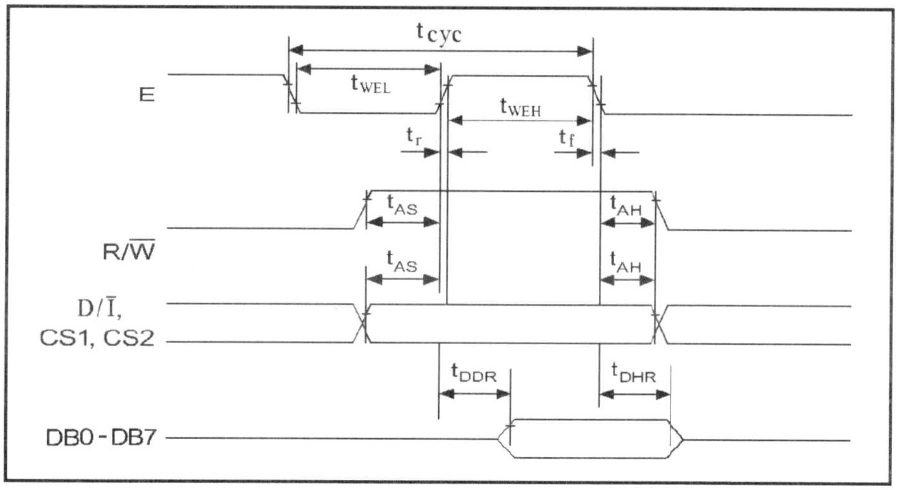

<Read>

[그림 2-2] 그래픽 LCD HG12605NY-LY의 동작 타이밍

HG12605NY-LY는 앞에서 언급했듯이 두개의 세그먼트 드라이버에 의해 제어되며, 128×64 도트의 화면 구성은 [그림 2-3]과 같다. 그림에서와 같이 좌측 64×64 도트는 세그먼트 드라이버1에 의해 제어되며, 우측 64×64 도트는 세그먼트 드라이버2에 의해 제어된다. 그리고, 세로 수직방향이 X 좌표를 나타내고, 가로 수평 방향은 Y 좌표를 나타낸다.

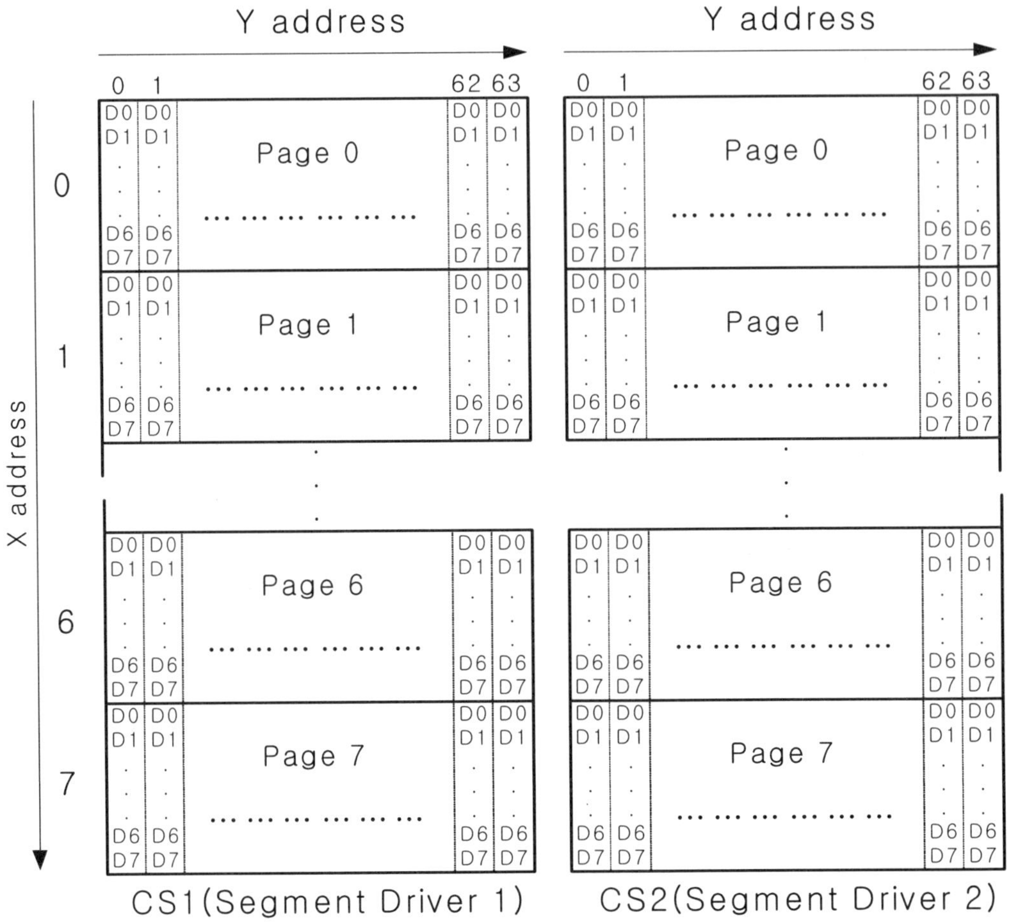

[그림 2-3] HG12605NY-LY의 화면 구성

[표 2-2]는 HG12605NY-LY의 제어 명령표를 보여주며, 그래픽 LCD 모듈의 보다 자세한 내용을 알고 싶은 독자는 OHM사의 윤덕용 교수님의 <졸업작품만들기(1)> 또는 <LCD 모듈 활용 마스터>를 참조하기 바란다.

[표 2-2] HG12605NY-LY 제어 명령표

기 능	R/$\overline{W}$	D/$\overline{I}$	DB7	DB6	DB5	DB4	DB3	DB2	DB1	DB0	설 명
표시 ON/OFF	0	0	0	0	1	1	1	1	1	1/0	화면 표시 on/off (1 : on, 0 : off)
표시 시작라인 설정	0	0	1	1	시작 라인(0~63)						화면의 가장 위쪽에 표시할 시작라인을 지정하며, 이 값을 증가시키면 전체적으로 위로 스크롤업 시키는 효과를 낼 수 있다.
X 어드레스 설정	0	0	1	0	1	1	1	페이지(0~7)			X 또는 페이지 어드레스를 나타내며, 0~7의 값으로 지정된다. X의 각 값에 대해 위로부터 차례로 8개의 연속된 행의 어드레스를 가르키게 된다. 즉, 페이지 0은 0~7, 페이지1은 8~15,...페이지 7은 56~63의 행 어드레스를 가르키게 된다.
Y 어드레스 설정	0	0	0	1	Y 어드레스(0~63)						Y 어드레스(열 어드레스)를 지정하며, 데이터를 쓰거나 읽을 때마다 자동으로 1씩 증가한다. 화면의 0~63열에 대해서는 CS1을 1로 하고, 화면의 64~123열에 대해서는 CS2를 1로 설정해야 한다.
상태 읽기	1	0	busy	0	on/off	reset	0	0	0	0	LCD 상태 읽기 • busy : 0=ready, 1=busy • on/off : 0=display on, 1=off • reset : 0=normal, 1=reset
표시 데이터 쓰기	0	1	쓸 데이터								display data RAM에 데이터를 쓰며, 쓰여진 후 Y 어드레스는 자동으로 1 증가한다.
표시 데이터 읽기	1	1	읽은 데이터								display data RAM에서 데이터를 읽으며, 읽은 후 Y 어드레스는 자동으로 1 증가한다. Y 어드레스 설정 후에는 한 번의 더미 읽기(dumy read)가 필요하다.

2.2 작품3 : 패턴 맞추기

(1) 동작 개요

총 16장의 카드가 있으며, 두 장씩 똑같은 카드모양을 가지고 있어 총 8가지의 모양인 카드가 2장씩 있다. 게임이 시작되면 카드는 랜덤하게 자리 배열이 되고, 5초 뒤에 카드가 뒤집혀서 모양이 보이지 않으면 스위치를 이용하여 커서를 이동시키면서 같은 모양의 카드를 찾으면 된다. [그림 2-4]와 [사진 2-1]은 게임화면 구성과 실제 구현 화면을 보여준다. 카드 패턴은 16×16 크기를 가지며, 좌측 64×64 화면에는 랜덤으로 발생한 카드 패턴을 표시하고, 우측 64×64 화면에는 그림과 같이 경과시간과 함께 남은 기회수를 하트 패턴으로 표시한다. 카드 패턴은 [사진 2-1]과 같은 패턴을 이용한다.

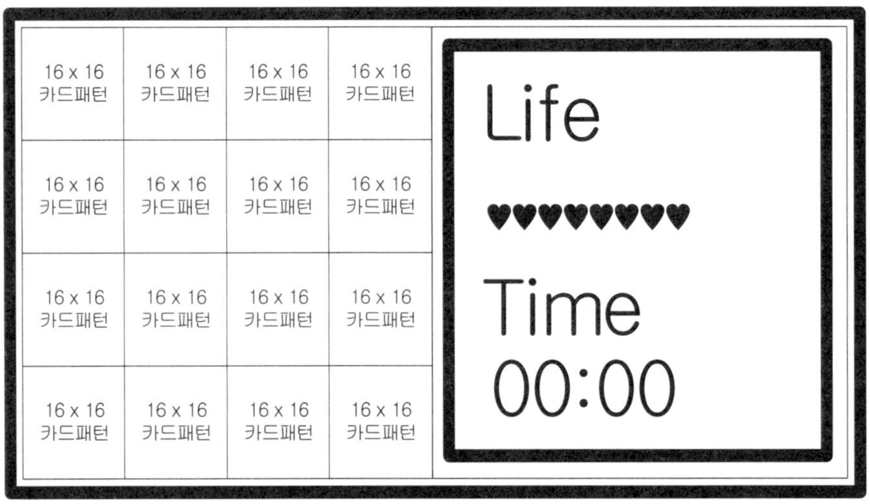

[그림 2-4] 게임 화면 구성

[사진 2-1] 게임 화면

카드 패턴 데이터의 정의는 1차원 배열로 [그림 2-5]와 같이 정의되며, 각 값이 표시되는 위치는 [그림 2-6]과 같다. [그림 2-5]의 패턴을 표시하면 [그림 2-7]과 같이 표시되며, 이 패턴은 [사진 2-1]에서 좌상귀에 표시된 패턴을 나타낸다.

```
p[32] = {0x00, 0x00, 0x00, 0x00 , 0x00, 0x00, 0x3F, 0xFC,
         0x40, 0x02, 0x5E, 0x7A, 0x50, 0x7A, 0x5E, 0x82,
         0x41, 0x7A, 0x5E, 0x0A, 0x5E, 0x7A, 0x40, 0x02,
         0x3F, 0xFC, 0x00, 0x00, 0x00, 0x00, 0x00, 0x00};
```

[그림 2-5] 카드 패턴 예

p[1]	p[3]	p[5]	p[7]	p[9]	p[11]	p[13]	p[15]	p[17]	p[19]	p[21]	p[23]	p[25]	p[27]	p[29]	p[31]
p[0]	p[2]	p[4]	p[6]	p[8]	p[10]	p[12]	p[14]	p[16]	p[18]	p[20]	p[22]	p[24]	p[26]	p[28]	p[30]

[그림 2-6] 표시 위치

0	0	0	0	0	0	0	0	0	0	0	0	0	0	0	0
0	0	0	0	1	1	1	1	1	1	1	1	0	0	0	0
0	0	0	1	0	0	0	0	0	0	0	0	1	0	0	0
0	0	0	1	0	1	1	0	1	1	1	0	1	0	0	0
0	0	0	1	0	1	1	0	1	0	1	0	1	0	0	0
0	0	0	1	0	1	1	0	1	0	1	0	1	0	0	0
0	0	0	1	0	1	1	0	1	0	1	0	1	0	0	0
0	0	0	1	0	0	0	1	0	0	0	0	1	0	0	0
0	0	0	1	0	0	0	0	1	0	0	0	1	0	0	0
0	0	0	1	0	1	0	1	0	1	1	0	1	0	0	0
0	0	0	1	0	1	0	1	0	1	1	0	1	0	0	0
0	0	0	1	0	1	0	1	0	1	1	0	1	0	0	0
0	0	0	1	0	1	1	1	0	1	1	0	1	0	0	0
0	0	0	1	0	0	0	0	0	0	0	0	1	0	0	0
0	0	0	0	1	1	1	1	1	1	1	1	0	0	0	0
0	0	0	0	0	0	0	0	0	0	0	0	0	0	0	0

0	0	0	0	0	0	0	0	0	0	0	0	0	0	0	0
0	0	0	0	■	■	■	■	■	■	■	■	0	0	0	0
0	0	0	■	0	0	0	0	0	0	0	0	■	0	0	0
0	0	0	■	0	■	■	0	■	■	■	0	■	0	0	0
0	0	0	■	0	■	■	0	■	0	■	0	■	0	0	0
0	0	0	■	0	■	■	0	■	0	■	0	■	0	0	0
0	0	0	■	0	■	■	0	■	0	■	0	■	0	0	0
0	0	0	■	0	0	0	■	0	0	0	0	■	0	0	0
0	0	0	■	0	0	0	0	■	0	0	0	■	0	0	0
0	0	0	■	0	■	0	■	0	■	■	0	■	0	0	0
0	0	0	■	0	■	0	■	0	■	■	0	■	0	0	0
0	0	0	■	0	■	0	■	0	■	■	0	■	0	0	0
0	0	0	■	0	■	■	■	0	■	■	0	■	0	0	0
0	0	0	■	0	0	0	0	0	0	0	0	■	0	0	0
0	0	0	0	■	■	■	■	■	■	■	■	0	0	0	0
0	0	0	0	0	0	0	0	0	0	0	0	0	0	0	0

(a) 0과 1로 표시　　　(b) 1부분 '■' 로 표시

[그림 2-7] 표시된 패턴

(2) 회로도

- KUT-128 MCU보드, KUT-128 인터페이스 보드(1부 1장 회로도 참조)
- 그래픽 LCD(포트 A와 포트 D) 및 5개 스위치(포트 G)

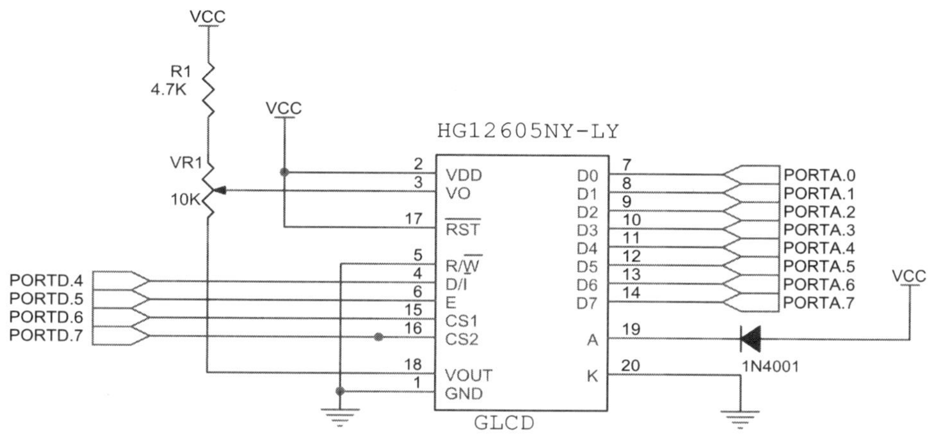

(a) 그래픽 LCD 연결 회로도

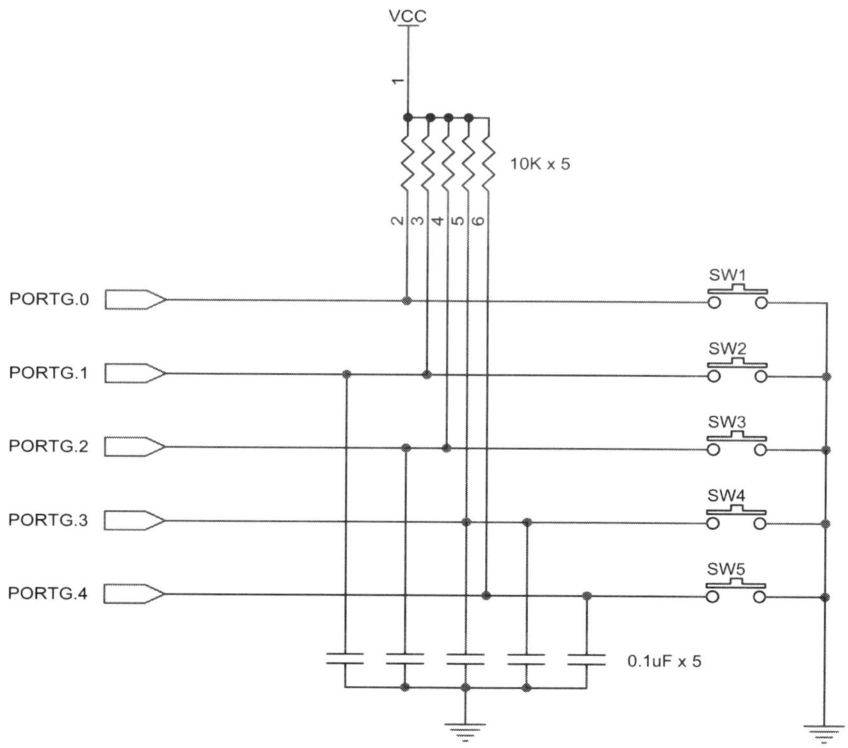

(b) Switch 회로도

[그림 2-8] 회로도

(3) 주요 함수 동작 흐름도

[그림 2-9]는 작품에 사용된 주요 함수의 동작 흐름도를 보여주며, 각 함수의 기능을 요약하면 다음과 같다.

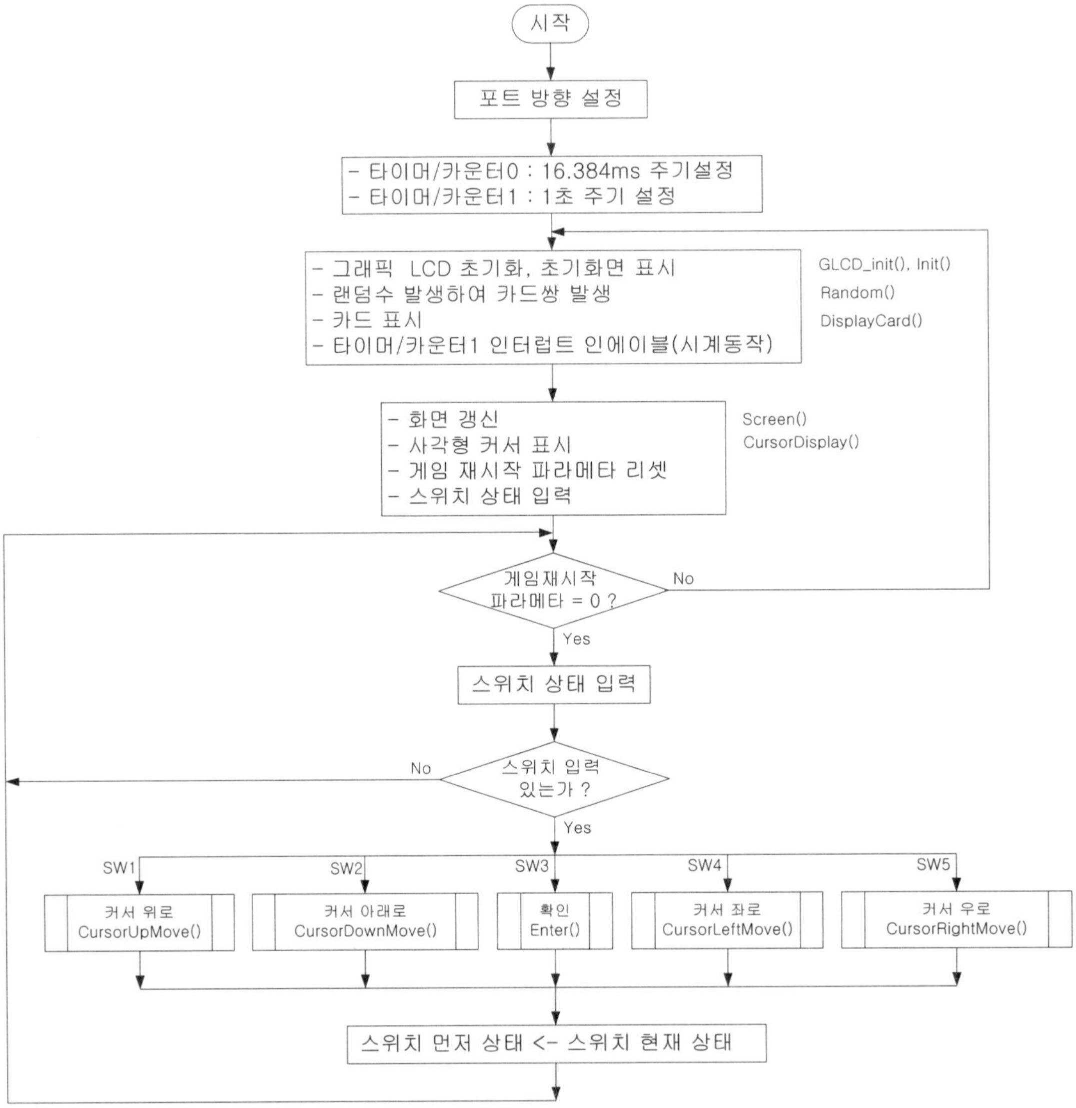

메인 함수 : main()
타이머/카운터0과 1을 각각 16.384ms와 1초의 인터럽트 주기로 설정한다. 그리고, LCD를 초기화하고 랜덤수를 발생하여 카드 쌍을 만들어 표시한다. 스위치 입력을 기다리고, 입력된 스위치에 대한 처리를 수행한다. 스위치 입력처리는 눌려지는 순간에 행해지며, 외부 인터럽트 기능은 사용하지 않는다.

(a) 메인함수

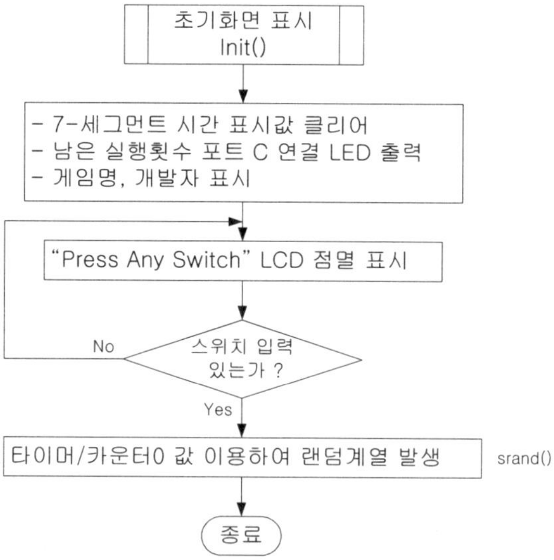

초기화면 표시 함수 : Init()

게임명과 개발자를 표시하고, 임의의 스위치가 눌려질 때까지 대기한다. 그리고, 타이머/카운터0의 값을 이용하여 새로운 랜덤계열의 수를 발생하도록 <stdlib.h>에 정의되어 있는 srand() 함수를 실행시킨다.

(b) init() 함수

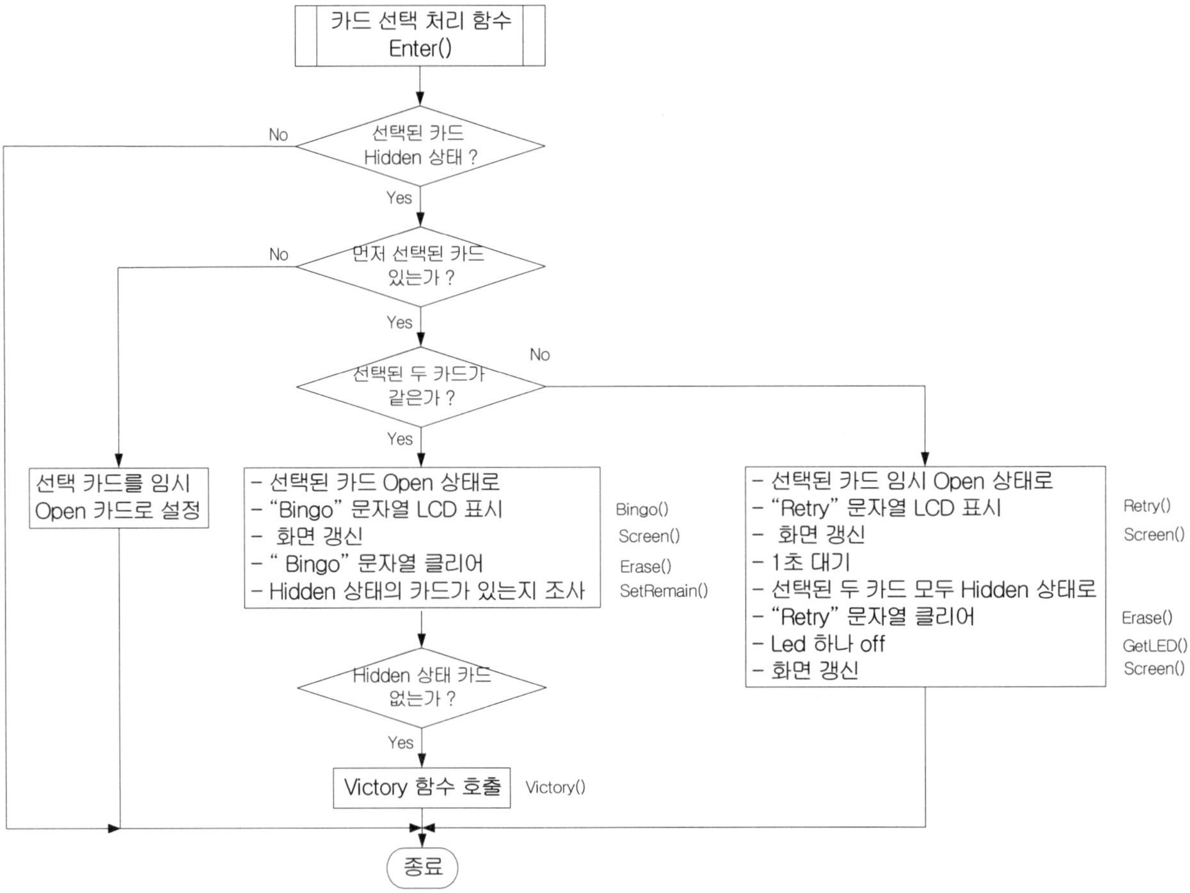

카드 선택 처리 함수 : Enter()
두 개의 카드를 선택한 후 Enter 스위치가 눌려질 때 실행되는 함수로, 선택된 두 개의 카드가 같은지 체크되며, 그 결과에 따라 그래픽 LCD에 메시지가 출력된다. 모든 카드에 대해 맞추었으면 Victory()함수가 실행되어 "You Win"메세지가 출력된다.

(c) Enter() 함수

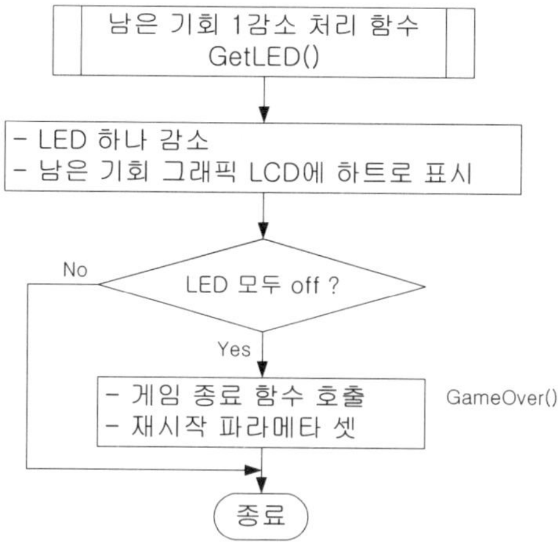

남은 기회 1감소 처리 함수 : GetLED()

남은 기회를 1감소시키고 이에 따라 점등된 LED와 그래픽 LCD의 하드 패턴을 하나씩 지운다. LED가 모두 꺼지는 상태가 되면 게임을 종료하는 함수 GameOver()를 호출하여 "You Lose"를 표시한다.

(d) GetLED() 함수

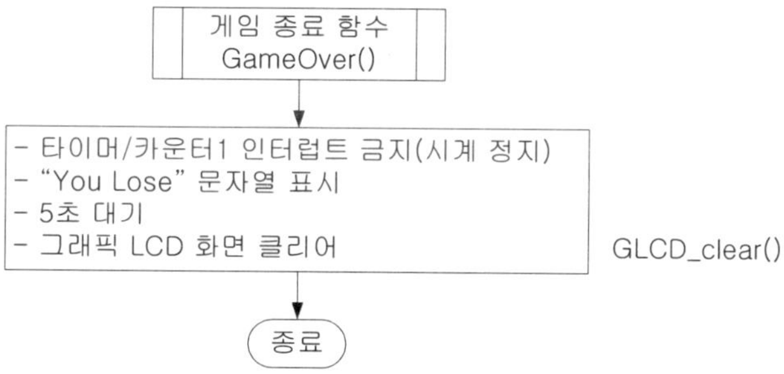

게임 종료 함수 : GameOver()

타이머/카운터1의 인터럽트를 금지시켜 시계를 정지시킨다. 그리고, "You Lose"를 표시한 후 5초후에 그래픽 LCD 화면을 클리어 시킨다.

(e) GameOver() 함수

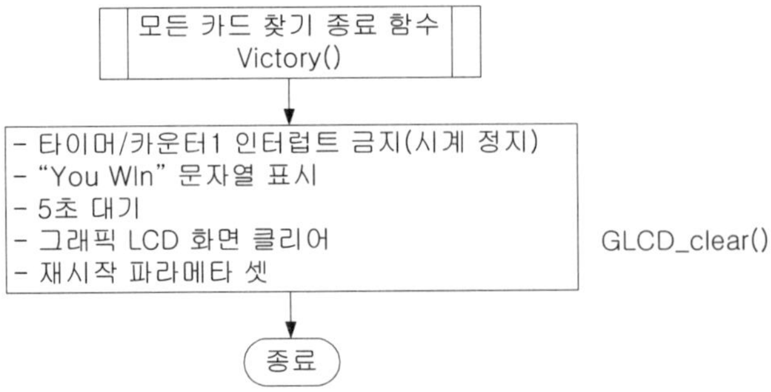

모든 카드 찾기 종료 함수 : Victory()

타이머/카운터1의 인터럽트를 금지시켜 시계를 정지시킨다. 그리고, "You Win"을 표시한 후 5초후에 그래픽 LCD 화면을 클리어 시킨다.

(f) Victory() 함수

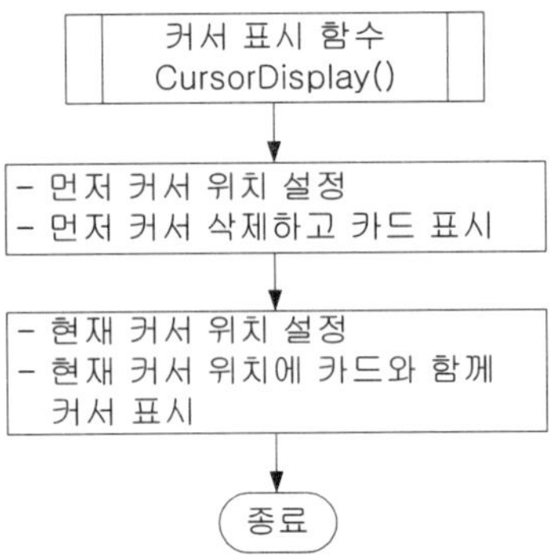

커서 표시 함수 : CursorDisplay()

이전의 커서를 지우고 카드를 표시한 후 현재의 커서 위치에 카드와 함께 커서를 표시한다. 커서는 카드를 둘러싸는 사각형 패턴이다.

(g) CursorDisplay() 함수

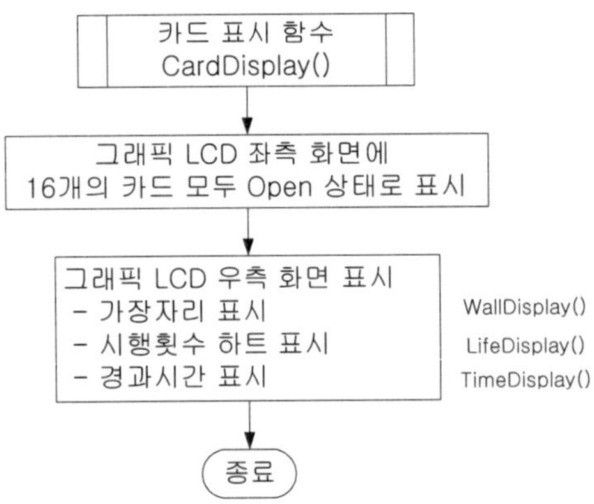

카드 표시 함수 : CardDisplay()

그래픽 LCD의 좌측 화면에 16개 카드를 모두 오픈 상태로 표시하고, 우측화면에는 시행횟수를 나타내는 하트 패턴과 경과시간을 표시한다.

(h) CardDisplay() 함수

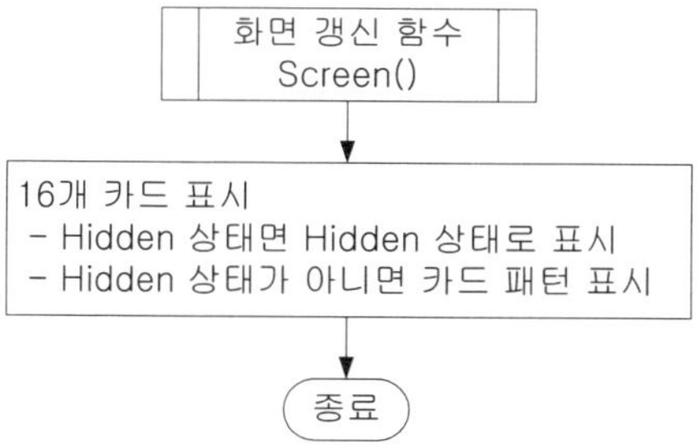

화면 갱신 함수 : Screen()
16개 카드를 표시한다. Hidden 상태인 경우에는 Hidden상태로 표시하고, 그렇지 않은 경우에는 카드 패턴을 표시한다.

(i) Screen() 함수

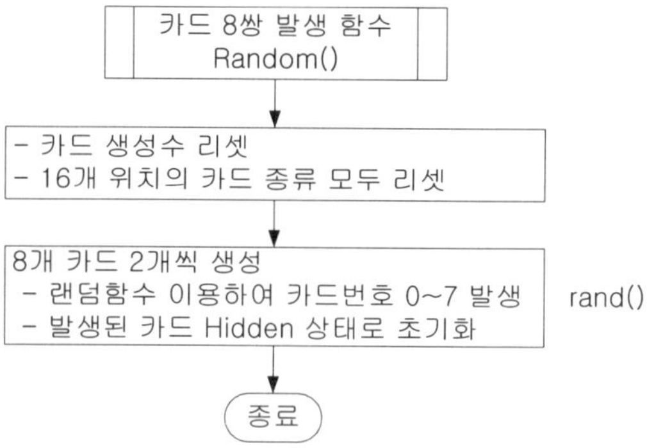

카드 8쌍 발생 함수 : Random()
8개 카드를 2개씩 랜덤하게 발생시키고, 모두 Hidden 상태로 한다.

(j) Random() 함수

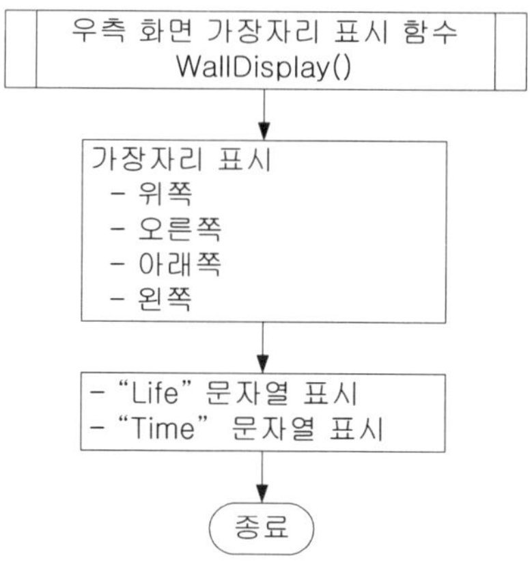

우측 화면 가장자리 표시 함수 : WallDisplay()
그래픽 LCD의 우측화면 가장자리를 표시하고 "Life"와 "Time" 문자열을 출력 표시한다.

(k) WallDisplay() 함수

[그림 2-9] 주요 함수 동작 흐름도

(4) 작품 사진

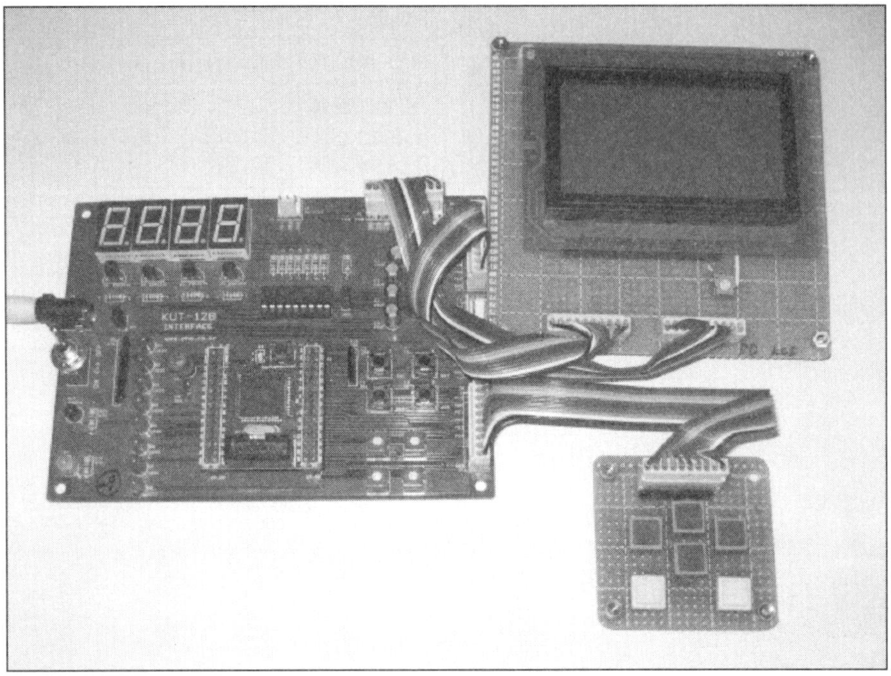

[사진 2-2] 작품 사진

(5) 동작 사진

(a) 초기 화면

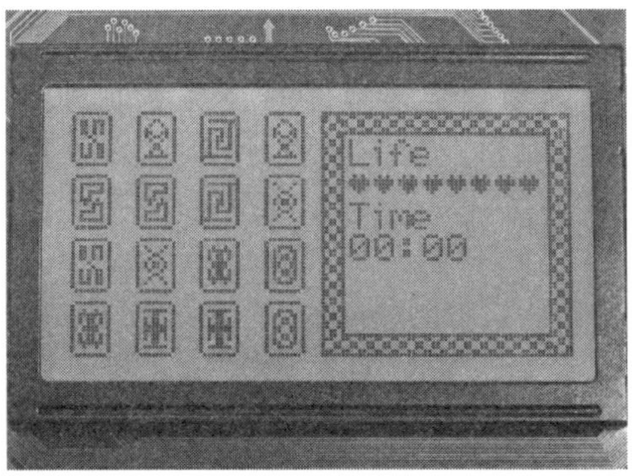

(b) 카드 오픈 초기화면

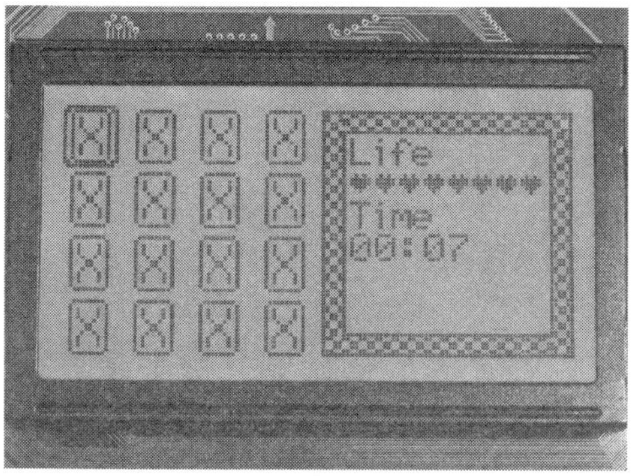

(c) 카드 Hidden 초기화면

(d) Bingo 화면(적중 때)

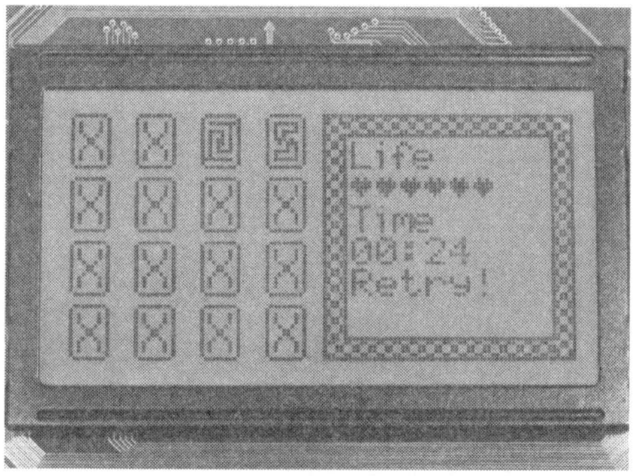

(e) Retry 화면(틀렸을 때)

(f) 게임 도중 화면

(g) 8회 시도 실패 종료 화면

(h) 성공 종료 화면

[사진 2-3] 작품 동작 사진

(6) 프로그램

```
// font.h

typedef unsigned char byte;

byte ascii_table[95][5] = {      /* 5x7 ASCII character font */
        {0x00, 0x00, 0x00, 0x00, 0x00},         /* 0x20 space */
        {0x00, 0x00, 0x4f, 0x00, 0x00},         /* 0x21 ! */
        {0x00, 0x07, 0x00, 0x07, 0x00},         /* 0x22 " */
        {0x14, 0x7f, 0x14, 0x7f, 0x14},         /* 0x23 # */
        {0x24, 0x2a, 0x7f, 0x2a, 0x12},         /* 0x24 $ */
        {0x23, 0x13, 0x08, 0x64, 0x62},         /* 0x25 % */
        {0x36, 0x49, 0x55, 0x22, 0x50},         /* 0x26 & */
        {0x00, 0x05, 0x03, 0x00, 0x00},         /* 0x27 ' */
        {0x00, 0x1c, 0x22, 0x41, 0x00},         /* 0x28 ( */
        {0x00, 0x41, 0x22, 0x1c, 0x00},         /* 0x29 ) */
        {0x14, 0x08, 0x3e, 0x08, 0x14},         /* 0x2a * */
        {0x08, 0x08, 0x3e, 0x08, 0x08},         /* 0x2b + */
        {0x00, 0x50, 0x30, 0x00, 0x00},         /* 0x2c , */
        {0x08, 0x08, 0x08, 0x08, 0x08},         /* 0x2d - */
        {0x00, 0x60, 0x60, 0x00, 0x00},         /* 0x2e . */
        {0x20, 0x10, 0x08, 0x04, 0x02},         /* 0x2f / */
        {0x3e, 0x51, 0x49, 0x45, 0x3e},         /* 0x30 0 */
        {0x00, 0x42, 0x7f, 0x40, 0x00},         /* 0x31 1 */
        {0x42, 0x61, 0x51, 0x49, 0x46},         /* 0x32 2 */
        {0x21, 0x41, 0x45, 0x4b, 0x31},         /* 0x33 3 */
        {0x18, 0x14, 0x12, 0x7f, 0x10},         /* 0x34 4 */
        {0x27, 0x45, 0x45, 0x45, 0x39},         /* 0x35 5 */
        {0x3c, 0x4a, 0x49, 0x49, 0x30},         /* 0x36 6 */
        {0x01, 0x71, 0x09, 0x05, 0x03},         /* 0x37 7 */
        {0x36, 0x49, 0x49, 0x49, 0x36},         /* 0x38 8 */
        {0x06, 0x49, 0x49, 0x29, 0x1e},         /* 0x39 9 */
        {0x00, 0x36, 0x36, 0x00, 0x00},         /* 0x3a : */
        {0x00, 0x56, 0x36, 0x00, 0x00},         /* 0x3b ; */
        {0x08, 0x14, 0x22, 0x41, 0x00},         /* 0x3c < */
        {0x14, 0x14, 0x14, 0x14, 0x14},         /* 0x3d = */
        {0x00, 0x41, 0x22, 0x14, 0x08},         /* 0x3e > */
        {0x02, 0x01, 0x51, 0x09, 0x06},         /* 0x3f ? */
        {0x32, 0x49, 0x79, 0x41, 0x3e},         /* 0x40 @ */
        {0x7e, 0x11, 0x11, 0x11, 0x7e},         /* 0x41 A */
        {0x7f, 0x49, 0x49, 0x49, 0x36},         /* 0x42 B */
        {0x3e, 0x41, 0x41, 0x41, 0x22},         /* 0x43 C */
        {0x7f, 0x41, 0x41, 0x22, 0x1c},         /* 0x44 D */
```

```
{0x7f, 0x49, 0x49, 0x49, 0x41},        /* 0x45 E */
{0x7f, 0x09, 0x09, 0x09, 0x01},        /* 0x46 F */
{0x3e, 0x41, 0x49, 0x49, 0x7a},        /* 0x47 G */
{0x7f, 0x08, 0x08, 0x08, 0x7f},        /* 0x48 H */
{0x00, 0x41, 0x7f, 0x41, 0x00},        /* 0x49 I */
{0x20, 0x40, 0x41, 0x3f, 0x01},        /* 0x4a J */
{0x7f, 0x08, 0x14, 0x22, 0x41},        /* 0x4b K */
{0x7f, 0x40, 0x40, 0x40, 0x40},        /* 0x4c L */
{0x7f, 0x02, 0x0c, 0x02, 0x7f},        /* 0x4d M */
{0x7f, 0x04, 0x08, 0x10, 0x7f},        /* 0x4e N */
{0x3e, 0x41, 0x41, 0x41, 0x3e},        /* 0x4f O */
{0x7f, 0x09, 0x09, 0x09, 0x06},        /* 0x50 P */
{0x3e, 0x41, 0x51, 0x21, 0x5e},        /* 0x51 Q */
{0x7f, 0x09, 0x19, 0x29, 0x46},        /* 0x52 R */
{0x26, 0x49, 0x49, 0x49, 0x32},        /* 0x53 S */
{0x01, 0x01, 0x7f, 0x01, 0x01},        /* 0x54 T */
{0x3f, 0x40, 0x40, 0x40, 0x3f},        /* 0x55 U */
{0x1f, 0x20, 0x40, 0x20, 0x1f},        /* 0x56 V */
{0x3f, 0x40, 0x38, 0x40, 0x3f},        /* 0x57 W */
{0x63, 0x14, 0x08, 0x14, 0x63},        /* 0x58 X */
{0x07, 0x08, 0x70, 0x08, 0x07},        /* 0x59 Y */
{0x61, 0x51, 0x49, 0x45, 0x43},        /* 0x5a Z */
{0x00, 0x7f, 0x41, 0x41, 0x00},        /* 0x5b [ */
{0x02, 0x04, 0x08, 0x10, 0x20},        /* 0x5c \ */
{0x00, 0x41, 0x41, 0x7f, 0x00},        /* 0x5d ] */
{0x04, 0x02, 0x01, 0x02, 0x04},        /* 0x5e ^ */
{0x40, 0x40, 0x40, 0x40, 0x40},        /* 0x5f _ */
{0x00, 0x01, 0x02, 0x04, 0x00},        /* 0x60 ` */
{0x20, 0x54, 0x54, 0x54, 0x78},        /* 0x61 a */
{0x7f, 0x48, 0x44, 0x44, 0x38},        /* 0x62 b */
{0x38, 0x44, 0x44, 0x44, 0x20},        /* 0x63 c */
{0x38, 0x44, 0x44, 0x48, 0x7f},        /* 0x64 d */
{0x38, 0x54, 0x54, 0x54, 0x18},        /* 0x65 e */
{0x08, 0x7e, 0x09, 0x01, 0x02},        /* 0x66 f */
{0x0c, 0x52, 0x52, 0x52, 0x3e},        /* 0x67 g */
{0x7f, 0x08, 0x04, 0x04, 0x78},        /* 0x68 h */
{0x00, 0x04, 0x7d, 0x00, 0x00},        /* 0x69 i */
{0x20, 0x40, 0x44, 0x3d, 0x00},        /* 0x6a j */
{0x7f, 0x10, 0x28, 0x44, 0x00},        /* 0x6b k */
{0x00, 0x41, 0x7f, 0x40, 0x00},        /* 0x6c l */
{0x7c, 0x04, 0x18, 0x04, 0x7c},        /* 0x6d m */
{0x7c, 0x08, 0x04, 0x04, 0x78},        /* 0x6e n */
{0x38, 0x44, 0x44, 0x44, 0x38},        /* 0x6f o */
{0x7c, 0x14, 0x14, 0x14, 0x08},        /* 0x70 p */
{0x08, 0x14, 0x14, 0x18, 0x7c},        /* 0x71 q */
```

```
    {0x7c, 0x08, 0x04, 0x04, 0x08},          /* 0x72 r */
    {0x48, 0x54, 0x54, 0x54, 0x20},          /* 0x73 s */
    {0x04, 0x3f, 0x44, 0x40, 0x20},          /* 0x74 t */
    {0x3c, 0x40, 0x40, 0x20, 0x7c},          /* 0x75 u */
    {0x1c, 0x20, 0x40, 0x20, 0x1c},          /* 0x76 v */
    {0x3c, 0x40, 0x30, 0x40, 0x3c},          /* 0x77 w */
    {0x44, 0x28, 0x10, 0x28, 0x44},          /* 0x78 x */
    {0x0c, 0x50, 0x50, 0x50, 0x3c},          /* 0x79 y */
    {0x44, 0x64, 0x54, 0x4c, 0x44},          /* 0x7a z */
    {0x00, 0x08, 0x36, 0x41, 0x00},          /* 0x7b { */
    {0x00, 0x00, 0x77, 0x00, 0x00},          /* 0x7c | */
    {0x00, 0x41, 0x36, 0x08, 0x00},          /* 0x7d } */
    {0x08, 0x04, 0x08, 0x10, 0x08}};         /* 0x7e ~ */

byte alpha_table[8][32] = {            // 카드 패턴
    {0x00, 0x00, 0x00, 0x00 , 0x00, 0x00, 0x3F, 0xFC,     // 패턴 1
     0x40, 0x02, 0x5E, 0x7A, 0x50, 0x7A, 0x5E, 0x82,
     0x41, 0x7A, 0x5E, 0x0A, 0x5E, 0x7A, 0x40, 0x02,
     0x3F, 0xFC, 0x00, 0x00, 0x00, 0x00, 0x00, 0x00},

    {0x00, 0x00, 0x00, 0x00, 0x00, 0x00, 0x3F, 0xFC,      // 패턴 2
     0x40, 0x02, 0x50, 0xE2, 0x59, 0x52, 0x56, 0x8A,
     0x56, 0x8A, 0x59, 0x52, 0x50, 0xE2, 0x40, 0x02,
     0x3F, 0xFC, 0x00, 0x00, 0x00, 0x00, 0x00, 0x00},

    {0x00, 0x00, 0x00, 0x00, 0x00, 0x00, 0x3F, 0xFC,      // 패턴 3
     0x40, 0x02, 0x4F, 0xF2, 0x59, 0x9A, 0x56, 0x6A,
     0x56, 0x6A, 0x59, 0x9A, 0x4F, 0xF2, 0x40, 0x02,
     0x3F, 0xFC, 0x00, 0x00, 0x00, 0x00, 0x00, 0x00},

    {0x00, 0x00, 0x00, 0x00, 0x00, 0x00, 0x3F, 0xFC,      // 패턴 4
     0x40, 0x02, 0x5C, 0xFA, 0x55, 0x8A, 0x54, 0xEA,
     0x57, 0x2A, 0x51, 0xAA, 0x5F, 0x3A, 0x40, 0x02,
     0x3F, 0xFC, 0x00, 0x00, 0x00, 0x00, 0x00, 0x00},

    {0x00, 0x00, 0x00, 0x00, 0x00, 0x00, 0x3F, 0xFC,      // 패턴 5
     0x40, 0x02, 0x57, 0xEA, 0x51, 0x8A, 0x5F, 0xFA,
     0x5F, 0xFA, 0x51, 0x8A, 0x57, 0xEA, 0x40, 0x02,
     0x3F, 0xFC, 0x00, 0x00, 0x00, 0x00, 0x00, 0x00},

    {0x00, 0x00, 0x00, 0x00, 0x00, 0x00, 0x3F, 0xFC,      // 패턴 6
     0x40, 0x02, 0x4E, 0x72, 0x59, 0x9A, 0x4F, 0xF2,
     0x4F, 0xF2, 0x59, 0x9A, 0x4E, 0x72, 0x40, 0x02,
     0x3F, 0xFC, 0x00, 0x00, 0x00, 0x00, 0x00, 0x00},
```

```
        {0x00, 0x00, 0x00, 0x00, 0x00, 0x00, 0x3F, 0xFC,     // 패턴 7
         0x50, 0x02, 0x5F, 0xEA, 0x50, 0x2A, 0x57, 0xAA,
         0x55, 0xEA, 0x54, 0x0A, 0x57, 0xFA, 0x40, 0x0A,
         0x3F, 0xFC, 0x00, 0x00, 0x00, 0x00, 0x00, 0x00},

        {0x00, 0x00, 0x00, 0x00, 0x00, 0x00, 0x3F, 0xFC,     // 패턴 8
         0x40, 0x02, 0x51, 0x8A, 0x4A, 0x52, 0x45, 0xA2,
         0x45, 0xA2, 0x4A, 0x52, 0x51, 0x8A, 0x40, 0x02,
         0x3F, 0xFC, 0x00, 0x00, 0x00, 0x00, 0x00, 0x00}};

byte x_table[32] =              // X (Hidden 카드 표시)
        {0x00, 0x00, 0x00, 0x00, 0x00, 0x00, 0x3F, 0xFC,
         0x40, 0x02, 0x5C, 0x3A, 0x42, 0x42, 0x41, 0x82,
         0x41, 0x82, 0x42, 0x42, 0x5C, 0x3A, 0x40, 0x02,
         0x3F, 0xFC, 0x00, 0x00, 0x00, 0x00, 0x00, 0x00};

byte wall_table[8][32] = {                  // 벽 패턴
        {0x00, 0x00, 0xFF, 0xFE, 0xCC, 0xCE, 0x33, 0x32,     // 왼쪽 상단 귀퉁이
         0x33, 0x32, 0xCC, 0xCE, 0xFF, 0xDA, 0x00, 0x5A,
         0x00, 0x66, 0x00, 0x66, 0x00, 0x5A, 0x00, 0x5A,
         0x00, 0x66, 0x00, 0x66, 0x00, 0x5A, 0x00, 0x5A},

        {0x00, 0x66, 0x00, 0x66, 0x00, 0x5A, 0x00, 0x5A,     // 위쪽 벽
         0x00, 0x66, 0x00, 0x66, 0x00, 0x5A, 0x00, 0x5A,
         0x00, 0x66, 0x00, 0x66, 0x00, 0x5A, 0x00, 0x5A,
         0x00, 0x66, 0x00, 0x66, 0x00, 0x5A, 0x00, 0x5A},

        {0x00, 0x66, 0x00, 0x66, 0x00, 0x5A, 0x00, 0x5A,     // 오른쪽 상단 귀퉁이
         0x00, 0x66, 0x00, 0x66, 0x00, 0x5A, 0x00, 0x5A,
         0x00, 0x66, 0xFF, 0xE6, 0x33, 0x1A, 0xCC, 0xDA,
         0xCC, 0xE6, 0x33, 0x26, 0xFF, 0xFE, 0x00, 0x00},

        {0x00, 0x00, 0x00, 0x00, 0x00, 0x00, 0x00, 0x00,     // 오른쪽 벽
         0x00, 0x00, 0x00, 0x00, 0x00, 0x00, 0x00, 0x00,
         0x00, 0x00, 0xFF, 0xFF, 0x33, 0x33, 0xCC, 0xCC,
         0xCC, 0xCC, 0x33, 0x33, 0xFF, 0xFF, 0x00, 0x00},

        {0x5A, 0x00, 0x5A, 0x00, 0x66, 0x00, 0x66, 0x00,     // 오른쪽 하단 귀퉁이
         0x5A, 0x00, 0x5A, 0x00, 0x66, 0x00, 0x66, 0x00,
         0x5A, 0x00, 0x5B, 0xFF, 0x73, 0x33, 0x4C, 0xCC,
         0x4C, 0xCC, 0x73, 0x33, 0x7F, 0xFF, 0x00, 0x00},

        {0x5A, 0x00, 0x5A, 0x00, 0x66, 0x00, 0x66, 0x00,     // 아래쪽 벽
         0x5A, 0x00, 0x5A, 0x00, 0x66, 0x00, 0x66, 0x00,
         0x5A, 0x00, 0x5A, 0x00, 0x66, 0x00, 0x66, 0x00,
```

```
     0x5A, 0x00, 0x5A, 0x00, 0x66, 0x00, 0x66, 0x00},

    {0x00, 0x00, 0x7F, 0xFF, 0x64, 0xCC, 0x67, 0x33,     // 왼쪽 하단 귀퉁이
     0x5B, 0x33, 0x58, 0xCC, 0x67, 0xFF, 0x66, 0x00,
     0x5A, 0x00, 0x5A, 0x00, 0x66, 0x00, 0x66, 0x00,
     0x5A, 0x00, 0x5A, 0x00, 0x66, 0x00, 0x66, 0x00},

    {0x00, 0x00, 0xFF, 0xFF, 0xCC, 0xCC, 0x33, 0x33,     // 왼쪽 벽
     0x33, 0x33, 0xCC, 0xCC, 0xFF, 0xFF, 0x00, 0x00,
     0x00, 0x00, 0x00, 0x00, 0x00, 0x00, 0x00, 0x00,
     0x00, 0x00, 0x00, 0x00, 0x00, 0x00, 0x00, 0x00}};

byte cursor[3][32] = {                        // 커서 패턴
    {0x00, 0x00, 0x7F, 0xFE, 0xC0, 0x03, 0xBF, 0xFD,     // 사각형 커서 +
     0xC0, 0x03, 0xDC, 0x3B, 0xC2, 0x43, 0xC1, 0x83,     // Hidden 카드 패턴
     0xC1, 0x83, 0xC2, 0x43, 0xDC, 0x3B, 0xC0, 0x03,
     0xBF, 0xFD, 0xC0, 0x03, 0x7F, 0xFE, 0x00, 0x00},

    {0x00, 0x00, 0x7F, 0xFE, 0xC0, 0x03, 0x80, 0x01,     // 사각형 커서
     0x80, 0x01, 0x80, 0x01, 0x80, 0x01, 0x80, 0x01,
     0x80, 0x01, 0x80, 0x01, 0x80, 0x01, 0x80, 0x01,
     0x80, 0x01, 0xC0, 0x03, 0x7F, 0xFE, 0x00, 0x00},

    {0x00, 0x00, 0x00, 0x00, 0x00, 0x00, 0x00, 0x00,     // 커서 + 카드패턴
     0x00, 0x00, 0x00, 0x00, 0x00, 0x00, 0x00, 0x00,     // 작업 공간
     0x00, 0x00, 0x00, 0x00, 0x00, 0x00, 0x00, 0x00,
     0x00, 0x00, 0x00, 0x00, 0x00, 0x00, 0x00, 0x00}};

byte heart[5] = {0x0C , 0x1E , 0x3C , 0x1E , 0x0C};      // Heart  패턴

byte arChar_Vtry[7][5] = {     // "You Win" 패턴
    {0x07, 0x08, 0x70, 0x08, 0x07},                      // Y
    {0x38, 0x44, 0x44, 0x44, 0x38},                      // o
    {0x3c, 0x40, 0x40, 0x20, 0x7c},                      // u
    {0x00, 0x00, 0x00, 0x00, 0x00},                      // 공백
    {0x3f, 0x40, 0x38, 0x40, 0x3f},                      // W
    {0x00, 0x04, 0x7d, 0x00, 0x00},                      // i
    {0x7c, 0x08, 0x04, 0x04, 0x78}};                     // n

byte arChar_Lose[8][5] = {     // "You Lose" 패턴
    {0x07, 0x08, 0x70, 0x08, 0x07},                      // Y
    {0x38, 0x44, 0x44, 0x44,  0x38},                     // o
    {0x3c, 0x40, 0x40, 0x20, 0x7c},                      // u
    {0x00, 0x00, 0x00, 0x00, 0x00},                      // 공백
    {0x7f, 0x40, 0x40, 0x40, 0x40},                      // L
```

```
        {0x38, 0x44, 0x44, 0x44,  0x38},          // o
        {0x48, 0x54, 0x54, 0x54, 0x20},           // s
        {0x38, 0x54, 0x54, 0x54, 0x18}};          // e

byte arChar_Bingo[6][5] = {  // "Bingo!" 패턴
        {0x7f, 0x49, 0x49, 0x49, 0x36},           // B
        {0x00, 0x04, 0x7d, 0x00, 0x00},           // i
        {0x7c, 0x08, 0x04, 0x04, 0x78},           // n
        {0x0c, 0x52, 0x52, 0x52, 0x3e},           // g
        {0x38, 0x44, 0x44, 0x44, 0x38},           // o
        {0x00, 0x00, 0x4f, 0x00, 0x00}};          // !

byte arChar_Retry[6][5] = {  // "Retry!" 패턴
        {0x7f, 0x09, 0x19, 0x29, 0x46},           // R
        {0x38, 0x54, 0x54, 0x54, 0x18},           // e
        {0x04, 0x3f, 0x44, 0x40, 0x20},           // t
        {0x7c, 0x08, 0x04, 0x04, 0x08},           // r
        {0x0c, 0x50, 0x50, 0x50, 0x3c},           // y
        {0x00, 0x00, 0x4f, 0x00, 0x00}};          // !
```

```
//  패턴 맞추기 게임 프로그램 : 전찬준
//  2007. 8. 7

#include <mega128.h>
#include <delay.h>
#include <stdlib.h>
#include "font.h"                       // Font

#define  HIDDEN          1              // 카드 HIDDEN 상태
#define  OPEN            2              // 카드 OPEN 상태
#define  TEMP_OPEN       3              // 카드 일시적 OPEN 상태(선택시)

byte     x_c, y_c;                      // GLCD_String으로 출력할 좌표
byte     px = 3, py = 3;                // 패턴선택 Cursor 이전 좌표
byte     nx = 0, ny = 0;                // 패턴선택 Cursor 현재 좌표
byte     tx = 0, ty = 0;                // Temp Open 카드의 좌표
int      arChar_xy[4][4];               // 카드종류(0-7) 저장 ?
byte     arChar_State[4][4];            // 카드 상태(HIDDEN, OPEN, TEMP_OPEN)?
byte     led = 0x00;                    // led의 상태
int      N[4] = {0, 0, 0, 0};           // Timer의 분, 초 두 자리씩
byte     restart;                       // 1 : 새로 시작, 0 : 진행
unsigned int num = 0;                   // Timer count;

// 7 Segment 0 ~ 9 표시 패턴
byte     seg_pat[]= {0x3f, 0x06, 0x5b, 0x4f, 0x66, 0x6d, 0x7d, 0x07, 0x7f, 0x6f};

// 사용자 정의 함수
void  GLCD_Data(byte, byte);            // 그래픽 LCD 문자 패턴 전송
void  GLCD_clear(void);                 // 그래픽 LCD 클리어
void  GLCD_init(void);                  // 그래픽 LCD 초기화
void  GLCD_xy(byte, byte);              // 6 x 8 패턴 표시하기 위한 좌표 지정
                                        // x : 수직(0-7), y : 수평(0-19)
void  GLCD_character(byte);             // 1문자 표시
void  GLCD_String(byte, byte, char flash *);        // 문자열 표시
void  Busy(void);                                   // delay_us(14);
void  GLCD_Command(byte, byte);                     // 그래픽 LCD 커맨드 전송
void  random(void);                                 // 랜덤수 발생하여 카드쌍 생성
void  DisplayCard(void);                            // 카드 표시
void  Screen(void);                                 // 화면 새로고침
void  CursorRightMove(void);                        // Cursor 우로 이동
void  CursorLeftMove(void);                         // Cursor 좌로 이동
void  CursorUpMove(void);                           // Cursor 위로 이동
void  CursorDownMove(void);                         // Cursor 아래로 이동
void  CursorDisplay(void);                          // Cursor Display on GLCD;
void  Enter(void);                                  // Card 상태 조사
```

```
int   SetTempOPEN(void);                    // 현재 TEMP OPEN이 있는지 조사
int   SetRemain(void);                      // 현재 찾지 못한 카드의 잔여 조사

void  GetLED(void);                         // LED점멸 제어
void  Victory(void);                        // 게임 승리 처리 함수
void  GameOver(void);                       // 게임 종료 처리 함수
void  WallDisplay(void);                    // 오른쪽 화면 가장자리 표시
void  LifeDisplay(void);                    // 남은 기회 표시
void  TimeDisplay(void);                    // 시간 표시 함수
void  Bingo(void);                          // "Bingo" 표시
void  Retry(void);                          // "Retry" 표시
void  Erase(void);                          // "Bingo"(or "Retry") 지우기
void  Init(void);                           // GLCD 초기 화면 표시;

void main(void)
{
        int      i;
        byte     oldkey, key;

        DDRF = 0xff;       // 7 세그먼트 on/off를 위해 출력 설정(0: ON, 1 : OFF)
        DDRB = 0xff;       // 7 세그먼트의 a, b, c, d, e, f LED 출력(0 : OFF, 1 : ON)

        DDRC = 0xff;       // 남은 시행 횟수 LED 표시  ?
        DDRG = 0x00;       // 조작용 스위치 연결(SW0 - SW4)

        TIMSK = 0x01;      // TOIE0=1(타이머/카운터0 오버플로우 인터럽트 인에이블)
        TCCR1A = 0x00;     // 타이머/카운터1 일반모드 0
        TCCR1B = 0x05;     // 1024분주
        TCNT1 = 49911;     // 1초 단위 시계 작동 인터럽트 주기 설정
        TCCR0 = 0x07;      // 타이머/카운터1 일반모드 0, 1024분주
        TCNT0 = 0x00;      // 16.384ms 주기로 7-세그먼트 표시
        SREG = 0x80;       // 전역 인터럽트 인에이블 비트 I 셋

        while(1){
                GLCD_init();              // 그래픽 LCD 초기화
                Init();                   // 초기화면 표시

                GLCD_clear();
                GLCD_String(3, 5, "Loading...");        // GLCD "Loading"표시

                random();                 // 랜덤수 발생하여 카드쌍 생성
                DisplayCard();            // 카드 표시

                for(i=0;i<5;i++) delay_ms(1000);
```

```
            TIMSK = 0x05;          // 타이머/카운터0, 1 오버플로우 인터럽트 인에이블

            Screen();              // 화면 갱신
            CursorDisplay();       // 카드선택을 위한 사각형 커서 표시

            restart = 0;
            oldkey = PING & 0b00011111;               // 스위치 초기 입력

            while(!restart){
              key = PING & 0b00011111;                // 스위치 입력

                if(oldkey == 0b00011111){
                  if(key == 0b00010111) CursorRightMove();        // 커서 우로
                  else if(key == 0b00011101) CursorDownMove();  // 커서 아래로
                  else if(key == 0b00001111) Enter();           // Enter(확인버튼)
                  else if(key == 0b00011110) CursorUpMove();    // 커서 위로
                  else if(key == 0b00011011) CursorLeftMove();  // 커서 좌로
                }
                oldkey = key;                   // 전 스위치 상태 <- 현재 스위치 상태
            }
        }
}

// 초기 화면 표시
void Init(void)
{
        int i;

        for(i = 0;i < 4;i++) N[i] = 0;                // 7-세그먼트에 분, 초 두 자리씩 출력
        led = 0x00;
        PORTC = led;                                  // 남은 실행횟수 LED 출력 표시

        GLCD_String(2, 4, "Couple Game!");            // 게임명 표시
        GLCD_String(7, 9, "Made by JCJ");             // 개발자 표시

        // "Press Any Switch" 점멸시키면서 임의의 스위치가 눌려질 때까지 대기
        while((PING & 0b00011111) == 0b00011111){
                GLCD_String(5, 2, "Press Any Switch");
                for(i=0;i<100;i++){
                        delay_ms(5);
                        if((PING & 0b00011111) != 0b00011111) break;
                }

                GLCD_String(5, 2, "                ");          // 클리어
                for(i=0;i<100;i++){
```

```
                    delay_ms(5);
                    if((PING & 0b00011111) != 0b00011111) break;
                }
        }

        srand(TCNT0);                   // 새로운 랜덤 계열 발생
        num = 0;                        // 경과 시간 리셋
}

// 선택 스위치 처리 함수
void Enter(void)
{
        int tpf = 0, remain = 0;

        if(arChar_State[nx][ny] == HIDDEN){      // 선택된 카드 HIDDEN 상태 ?
                tpf = SetTempOPEN();             // TEMP_OPEN 상태의 카드가 있는지 조사

                if(tpf == -1){          // 선택된 카드가 없는 경우
                        arChar_State[nx][ny] = TEMP_OPEN;  // 선택된 카드를
                                                           // TEMP_OPEN 상태로 저장
                        tx = nx;                        // X좌표 저장
                        ty = ny;                        // Y좌표 저장
                }
                else {                  // 이미 선택된(TEMP_OPEN) 카드가 있는 경우
                        // 선택한 두 카드가 같은지 조사
                        if(arChar_xy[nx][ny] == arChar_xy[tx][ty]){      // 같으면
                                // 지금 선택한 카드와 먼저 선택한 카드 OPEN 상태로
                                arChar_State[nx][ny] = OPEN;
                                arChar_State[tx][ty] = OPEN;
                                Bingo();                // "Bingo!" 문자열 표시
                                Screen();               // 화면 갱신
                                delay_ms(1000);
                                Erase();                // "Bingo!" 문자열 삭제

                                // HIDDEN 상태의 카드 없으면 "Victory" 표시
                                remain = SetRemain();           // HIDDEN 상태 카드 조사
                                if(remain == 1) Victory();      // WIN
                        }
                        else{                           // 선택한 두 카드가 다를 경우
                                arChar_State[nx][ny] = TEMP_OPEN;
                                Retry();                // "Retry " 표시
                                Screen();               // 화면 갱신
                                delay_ms(1000);

                                // 지금 선택한 카드와 먼저 선택한 카드 HIDDEN 상태로
```

```
                        arChar_State[nx][ny] = HIDDEN;
                        arChar_State[tx][ty] = HIDDEN;
                        Erase();                // "Retry " 문자열 삭제
                        GetLED();               // LED 하나 OFF(남은 기회 1 감소)
                        Screen();               // 화면 갱신
                    }
                }
                Screen();                       // 화면 갱신
                CursorDisplay();                // 사각형 커서 표시
        }
}

// TEMP_OPEN을 조사. 있으면 1, 없으면 -1 반환
int SetTempOPEN(void)
{
        int     i, j;

        for(i = 0;i < 4;i++){
                for(j = 0;j < 4;j++){
                        // TEMP_OPEN 카드가 있는지 조사
                        if(arChar_State[i][j] == TEMP_OPEN) return 1;
                }
        }
        return -1;
}

// HIDDEN 상태의 카드가 있는지 조사.있으면 -1, 없으면 1 반환
int SetRemain(void)
{
        int     i, j;

        for(i = 0;i < 4;i++){
                for(j = 0;j < 4;j++){
                        if(arChar_State[i][j] != OPEN) return -1;
                }
        }
        return 1;
}

// 남은 기회수 하나 감소한 후 LED 표시
void GetLED(void)
{
        led <<= 1;
        led |= 0x01;
        PORTC = led;
```

```
        LifeDisplay();
        if(led == 0xff) {
                GameOver();                     // 게임 종료
                restart = 1;                    // 재시작
        }
}

// 기회가 모두 없을 경우의 처리 함수
void GameOver(void)
{
        int     i, j;

        TIMSK = 0x01;                   // 타이머/카운터0 오버플로우(TOIE0)만 ENABLE
        GLCD_Command(0x80, 0xB8 + 6);
        Busy();
        for(i = 0;i < 8;i++){           // "You Lose" 표시
                GLCD_Command(0x80, 0x40 + (i * 6) + 8);
                Busy();
                for(j = 0;j < 5;j++){
                        GLCD_Data(0x80, arChar_Lose[i][j]);
                        Busy();
                }
        }

        delay_ms(5000);
        GLCD_clear();                   // 5초 경과 후 화면 클리어
}

// 모든 카드를 찾았을 때의 처리 함수
void Victory(void)
{
        int i, j;

        TIMSK = 0x01;

        GLCD_Command(0x80, 0xB8 + 6);
        Busy();
        for(i = 0;i < 7;i++){                   // "You Win" 표시
                GLCD_Command(0x80, 0x40 + (i * 6) + 8);
                Busy();
                for(j = 0;j < 5;j++){
                        GLCD_Data(0x80, arChar_Vtry[i][j]);
                        Busy();
                }
        }
```

```
        delay_ms(5000);
        GLCD_clear();           // 5초 경과후 화면 클리어

       restart = 1;             // 재시작
}

 // Cursor 우로 이동
void CursorRightMove(void)
{
        px = nx;               // 현재 x좌표 저장
        py = ny;               // 현재 y좌표 저장

        if(ny != 3) ny++;      // y좌표 +1
        CursorDisplay();       // 새로운 위치에 커서 표시
}

 // Cursor 좌로 이동
void CursorLeftMove(void)
{
        px = nx;               // 현재 x좌표 저장
        py = ny;               // 현재 y좌표 저장

        if(ny != 0) ny--;      // y좌표 -1
        CursorDisplay();       // 새로운 위치에 커서 표시
}

// Cursor 아래로 이동
void CursorDownMove(void)
{
        px = nx;               // 현재 x좌표 저장
        py = ny;               // 현재 y좌표 저장

        if(nx != 3) nx++;      // x좌표 +1
        CursorDisplay();       // 새로운 위치에 커서 표시
}

// Cursor 위로 이동
void CursorUpMove(void)
{
        px = nx;               // 현재 x좌표 저장
        py = ny;               // 현재 y좌표 저장

        if(nx != 0) nx--;      // x좌표 -1
        CursorDisplay();            // 새로운 위치에 커서 표시
```

```
}

// 먼저 커서 지우고, 새로운 위치에 커서 표시
void CursorDisplay(void) // Cursor Display;
{
	int i;

	// 먼저 커서 윗부분 삭제
	GLCD_Command(0x40, 0xB8 + (px * 2));		// X 좌표 설정
	Busy();
	GLCD_Command(0x40, 0x40 + (py * 16));		// Y 좌표 설정
	Busy();
	for(i = 1;i < 32;i += 2){
		if(arChar_State[px][py] == HIDDEN)		// HIDDEN 상태로 표시
			GLCD_Data(0x40, x_table[i]);
		else			// HIDDEN 상태가 아니면 OPEN 상태로 카드 표시
			GLCD_Data(0x40, alpha_table[arChar_xy[px][py]][i]);

		Busy();
	}

	// 먼저 커서 아래 부분 삭제?
	GLCD_Command(0x40, 0xB8 + (px*2) + 1);
	Busy();
	GLCD_Command(0x40, 0x40 + (py * 16));
	Busy();
	for(i = 0;i < 32;i += 2){
		if(arChar_State[px][py] == HIDDEN)		// HIDDEN 상태로 표시
			GLCD_Data(0x40, x_table[i]);
		else		// HIDDEN 상태가 아니면 OPEN 상태로 카드 표시
			GLCD_Data(0x40, alpha_table[arChar_xy[px][py]][i]);

		Busy();
	}

	// 현재 커서 위치에 카드와 커서 함께 윗부분 표시
	GLCD_Command(0x40, 0xB8 + (nx * 2));
	Busy();
	GLCD_Command(0x40, 0x40 + (ny * 16));
	Busy();
	for(i = 1;i < 32;i += 2){
		if(arChar_State[nx][ny] == HIDDEN)	// HIDDEN 상태이면 (사각
			GLCD_Data(0x40, cursor[0][i]);	// 커서+HIDDEN 패턴) 표시
		else{		// HIDDEN 상태가 아니면 (사각 커서 + 카드 패턴) 표시
			cursor[2][i] = cursor[1][i] |
```

```
                                        alpha_table[arChar_xy[nx][ny]][i];
                        GLCD_Data(0x40, cursor[2][i]);
                }

                Busy();
        }

        // 현재 커서 위치에 카드와 커서 함께 아래 부분 표시
        GLCD_Command(0x40, 0xB8 + (nx*2) + 1);
        Busy();
        GLCD_Command(0x40, 0x40 + (ny*16));
        Busy();
        for(i=0;i<32;i+=2){
                if(arChar_State[nx][ny] == HIDDEN)        // HIDDEN 상태이면 (사각
                        GLCD_Data(0x40, cursor[0][i]);  // 커서+HIDDEN 패턴) 표시
                else{           // HIDDEN 상태가 아니면 (사각 커서 + 카드 패턴) 표시
                        cursor[2][i] = cursor[1][i] |
                                        alpha_table[arChar_xy[nx][ny]][i];
                        GLCD_Data(0x40, cursor[2][i]);
                }

                Busy();
        }
}

// 카드 표시
void DisplayCard(void)
{
        int i, j, k;

        GLCD_clear();       // GLCD 클리어
        Busy();

        for(i = 0;i < 4;i++){
                for(j = 0;j < 4;j++){
                        // 카드 상단 표시
                        GLCD_Command(0x40, 0xB8 + (i * 2)); // 수직, 페이지 번호
                        Busy();
                        GLCD_Command(0x40, 0x40 + (j * 16));  // 수평좌표
                        Busy();
                        for(k = 1;k < 32;k += 2){
                                GLCD_Data(0x40, alpha_table[arChar_xy[i][j]][k]);
                                Busy();
                        }
```

```
                        // 카드 하단 표시
                        GLCD_Command(0x40, 0xB8 + (i * 2) + 1);
                        Busy();
                        GLCD_Command(0x40, 0x40 + (j * 16));
                        Busy();
                        for(k = 0;k < 32;k += 2){
                                GLCD_Data(0x40, alpha_table[arChar_xy[i][j]][k]);
                                Busy();
                        }
                }
        }

        delay_ms(2);

        WallDisplay();          // 화면 우측 가장자리 표시
        Busy();
        LifeDisplay();          // 남은 시행 횟수 화면 우측에 하트 패턴으로 표시
        Busy();
        TimeDisplay();          // 화면 우측에 경과 시간 표시

        nx = 0;                 // 커서 초기 X 좌표
        ny = 0;                 // 커서 초기 Y 좌표
}

// 화면 우측 가장자리 표시
void WallDisplay(void)
{
        int i, j;
        int str_Time[4] = {0x54, 0x69, 0x6d, 0x65};             // Time
        int str_Life[4] = {0x4c, 0x69, 0x66, 0x65};             // Life

        // 위쪽 외곽선 표시
        for(i = 0;i < 4;i++){
                // 상단 표시
                GLCD_Command(0x80, 0xB8);
                Busy();
                GLCD_Command(0x80, 0x40 + (i * 16));
                Busy();

                for(j = 1;j < 32;j += 2){
                        if(i == 0) GLCD_Data(0x80, wall_table[0][j]);           // 좌상
                        else if(i == 3) GLCD_Data(0x80, wall_table[2][j]);      // 우상
                        else GLCD_Data(0x80, wall_table[1][j]);                 // 중간
                        Busy();
                }
```

```
        // 하단 표시
        GLCD_Command(0x80, 0xB8 + 1);
        Busy();
        GLCD_Command(0x80, 0x40 + (i * 16));
        Busy();
        for(j = 0;j < 32;j += 2){
                if(i == 0) GLCD_Data(0x80, wall_table[0][j]);          // 좌상
                else if(i == 3) GLCD_Data(0x80, wall_table[2][j]);     // 우상
                else GLCD_Data(0x80, wall_table[1][j]);                // 중간
                Busy();
        }
}

// 우측 외곽선 표시
for(i=1;i<4;i++){
        GLCD_Command(0x80, 0xB8 + (i * 2));
        Busy();
        GLCD_Command(0x80, 0x40 + (3 * 16));
        Busy();
        for(j = 1;j < 32;j += 2){
                if(i == 3) GLCD_Data(0x80, wall_table[4][j]);          // 우하
                else GLCD_Data(0x80, wall_table[3][j]);                // 우측
                Busy();
        }

        GLCD_Command(0x80, 0xB8 + (i * 2) + 1);
        Busy();
        GLCD_Command(0x80, 0x40 + (3 * 16));
        Busy();
        for(j = 0;j < 32;j += 2){
                if(i == 3) GLCD_Data(0x80, wall_table[4][j]);          // 우하
                else GLCD_Data(0x80, wall_table[3][j]);                // 우측
                Busy();
        }
}

// 아래 외곽선 표시
for(i = 2;i >= 0;i--){
        // 상단 표시
        GLCD_Command(0x80, 0xB8 + 6);
        Busy();
        GLCD_Command(0x80, 0x40 + (i * 16));
        Busy();
```

```
        for(j = 1;j < 32;j += 2){
            if(i == 0) GLCD_Data(0x80, wall_table[6][j]);          // 좌하
            else GLCD_Data(0x80, wall_table[5][j]);                // 아래 패턴
            Busy();
        }

        // 하단 표시
        GLCD_Command(0x80, 0xB8 + 7);
        Busy();
        GLCD_Command(0x80, 0x40 + (i * 16));
        Busy();
        for(j = 0;j < 32;j += 2){
            if(i == 0) GLCD_Data(0x80, wall_table[6][j]);          // 좌하
            else GLCD_Data(0x80, wall_table[5][j]);                // 아래 패턴
            Busy();
        }
    }

    // 좌측 외곽선 표시
    for(i = 1;i < 3;i++){
        // 상단 표시
        GLCD_Command(0x80, 0xB8 + (i * 2));
        Busy();
        GLCD_Command(0x80, 0x40);
        Busy();
        for(j = 1;j < 32;j += 2){
            GLCD_Data(0x80, wall_table[7][j]);
            Busy();
        }

        // 하단 표시
        GLCD_Command(0x80, 0xB8 + (i * 2) + 1);
        Busy();
        GLCD_Command(0x80, 0x40);
        Busy();
        for(j = 0;j < 32;j += 2){
            GLCD_Data(0x80, wall_table[7][j]);                     // 좌측 패턴
            Busy();
        }
    }

    // "Life" 문자열 표시
    for(i = 0;i < 4;i++){
        GLCD_Command(0x80, 0xB8 + 1);
        Busy();
```

```
			GLCD_Command(0x80, 0x40 + (i * 5) + 8);
			Busy();
			for(j = 0;j < 5;j++){
				GLCD_Data(0x80, ascii_table[str_Life[i] - 0x20][j]);
				Busy();
			}
		}

		// "Time" 문자열 표시
		for(i = 0;i < 4;i++){
			GLCD_Command(0x80, 0xB8 + 3);
			Busy();
			GLCD_Command(0x80, 0x40 + (i * 5) + 8);
			Busy();
			for(j = 0;j < 5;j++){
				GLCD_Data(0x80, ascii_table[str_Time[i] - 0x20][j]);
				Busy();
			}
		}
}

// 남은 시행 횟수 하트 패턴으로 표시
void LifeDisplay(void)
{
		int i, j, count;

		// led 값으로 부터 남은 시행 횟수 계산
		switch(led){
			case 0x00: // Life 8;
				count = 8;
				break;
			case 0x01: // Life 7;
				count = 7;
				break;
			case 0x03: // Life 6;
				count = 6;
				break;
			case 0x07: // Life 5;
				count = 5;
				break;
			case 0x0f: // Life 4;
				count = 4;
				break;
			case 0x1f: // Life 3;
				count = 3;
```

```
                break;
            case 0x3f: // Life 2;
                count = 2;
                break;
            case 0x7f: // Life 1;
                count = 1;
                break;
            case 0xff: // Life 0;
                count = 0;
                break;
            default:
                break;
        }

        // count 만큼 하트 패턴 표시
        GLCD_Command(0x80, 0xB8 + 2);
        Busy();
        for(i = 0;i < count;i++){
            GLCD_Command(0x80, 0x40 + (i * 6) + 8);
            Busy();
            for(j = 0;j < 5;j++){
                GLCD_Data(0x80, heart[j]);
                Busy();
            }
        }

        // (8- count) 만큼 공백 표시
        for(i = count;i < 8;i++){
            GLCD_Command(0x80, 0x40 + (i * 6) + 8);
            Busy();
            for(j = 0;j < 5;j++){
                GLCD_Data(0x80, 0x00);
                Busy();
            }
        }
}

// 경과 시간 표시
void TimeDisplay(void) // Display Time on GLCD;
{
        int i, j;

        for(i = 0;i < 5;i++){
            GLCD_Command(0x80, 0xB8 + 4);
            Busy();
```

```
            GLCD_Command(0x80, 0x40 + (i*6) + 8);
            Busy();
            for(j = 0;j < 5;j++){
                if(i < 2) GLCD_Data(0x80, ascii_table[N[3-i]+0x10][j]);
                else if(i > 2) GLCD_Data(0x80, ascii_table[N[4-i]+0x10][j]);
                else GLCD_Data(0x80, ascii_table[0x1a][j]);
                Busy();
            }
        }
}

// 패턴을 맞추었을 때 "Bingo!" 문자열 표시
void Bingo(void) // Display Bingo on GLCD;
{
        int i, j;

        for(i = 0;i < 6;i++){
            GLCD_Command(0x80, 0xB8 + 5);
            Busy();
            GLCD_Command(0x80, 0x40 + (i*6) + 8);
            Busy();
            for(j = 0;j < 5;j++){
                GLCD_Data(0x80, arChar_Bingo[i][j]);
                Busy();
            }
        }
}

// 패턴을 못맞추었을 때 "Retry" 문자열 표시
void Retry(void) // Display Retry on GLCD;
{
        int i, j;

        for(i = 0;i < 6;i++){
            GLCD_Command(0x80, 0xB8 + 5);
            Busy();
            GLCD_Command(0x80, 0x40 + (i * 6) + 8);
            Busy();
            for(j = 0;j < 5;j++){
                GLCD_Data(0x80, arChar_Retry[i][j]);
                Busy();
            }
        }
}
```

```
void Erase(void) // Erase Bingo(or Retry) on GLCD;
{
	int i, j;

	for(i = 0;i < 6;i++){
		GLCD_Command(0x80, 0xB8 + 5);
		Busy();
		GLCD_Command(0x80, 0x40 + (i * 6) + 8);
		Busy();
		for(j = 0;j < 5;j++){
			GLCD_Data(0x80, 0x00);
			Busy();
		}
	}
}

// 화면 갱신
void Screen(void)
{
	int i, j, k;

	for(i = 0;i < 4;i++){
		for(j = 0;j < 4;j++){
			// 상단 표시
			GLCD_Command(0x40, 0xB8 + (i*2));
			Busy();
			GLCD_Command(0x40, 0x40 + (j*16));
			Busy();
			for(k = 1;k < 32;k += 2){
			    if(arChar_State[i][j] == HIDDEN)   // HIDDEN 상태 표시
				    GLCD_Data(0x40, x_table[k]);
			    else      // HIDDEN 상태가 아니면 카드 패턴 표시
				    GLCD_Data(0x40, alpha_table[arChar_xy[i][j]][k]);

			    Busy();
			}

			//  하단 표시
			GLCD_Command(0x40, 0xB8 + (i * 2) + 1);
			Busy();
			GLCD_Command(0x40, 0x40 + (j * 16));
			Busy();
			for(k = 0;k < 32;k += 2){
			    if(arChar_State[i][j] == HIDDEN)    // HIDDEN 상태 표시
				    GLCD_Data(0x40, x_table[k]);
```

```
                        else            // HIDDEN 상태가 아니면 카드 패턴 표시
                            GLCD_Data(0x40, alpha_table[arChar_xy[i][j]][k]);

                        Busy();
                    }
                }
        }
}

// 카드 8쌍 발생
void random(void)
{
        int i, j, k;
        int count[8];

        delay_ms(15);

        for(i = 0;i < 8;i++) count[i] = 0;            // i번째 카드 생성수 리셋
        for(i = 0;i < 4;i++){
            for(j = 0;j < 4;j++){
                    arChar_xy[i][j] = 0;      // 카드 종류 전부 0으로 리셋
            }
        }

        // 16개 카드 생성(8개 카드 2개씩 생성)
        for(i = 0;i < 4;i++){
            for(j = 0;j < 4;j++){
                do{
                k = rand() % 8;               // 카드번호 0-7 랜덤하게 발생
                    count[k]++;               // k번 카드 생성수 +1
                } while(count[k] > 2);        // k번 카드가 3번 이상 생성되었으면
                                              // 카드 번호 새로 생성
                arChar_xy[i][j] = k;          // (i, j)에 놓일 카드 번호 k 입력
                arChar_State[i][j] = HIDDEN;  // 카드상태는 HIDDEN 상태로 초기화
            }
        }
}

// GLCD 명령어 전송
void GLCD_Command(byte signal, byte command)
{
        signal &= 0xC0;
        PORTD = signal;             // RS = 0(명령어)
        PORTA = command;
        signal |= 0x20;             // E = 1
```

```
        PORTD = signal;
        signal &= 0xDF;                 // E = 0
        PORTD = signal;
        PORTD = 0x00;
}

// GLCD 데이터 전송
void GLCD_Data(byte signal, byte data)
{
        signal &= 0xC0;
        signal |= 0x10;
        PORTD = signal;                 // RS = 1(데이터)
        PORTA = data;
        signal |= 0x20;                 // E = 1;
        PORTD = signal;
        signal &= 0xDF;                 // E = 0;
        PORTD = signal;
        PORTD = 0x00;
}

// GLCD 화면 클리어
void GLCD_clear(void)
{
        byte x, y;
        int i, j;

        delay_ms(15);

        x = 0xB8;
        y = 0x40;
        for(i = 0;i < 8;i++){
                GLCD_Command(0xC0, x);      // 좌우세그먼트 드라이버 X좌표(수직) 설정
                Busy();
                GLCD_Command(0xC0, y);      // 좌우세그먼트 드라이버 Y좌표(수평) 설정
                Busy();
                for(j = 0;j < 64;j++){
                        GLCD_Data(0xC0, 0x00);          // 선택된 위치 클리어
                        Busy();
                }
                x++;
        }
}

// GLCD 초기설정
void GLCD_init(void)
```

```
{
        delay_ms(15);

        DDRA = 0xff;                // 포트 A 출력 설정
        DDRD = 0xff;                // 포트 D 출력 설정

        PORTD = 0x00;
        GLCD_Command(0xC0, 0x3F);           // DISPLAY ON
        Busy();
        GLCD_Command(0xC0, 0xC0);           // Set Display start line
        Busy();
        GLCD_clear();                       // Clear
}

// 6x8 패턴의 문자 출력을 위한 좌표 지정
// x : 수직 좌표 (0 - 8),  y : 수평 좌표(0- 19)
void GLCD_xy(byte x, byte y)
{
        x_c = x;
        y_c = y;

        GLCD_Command(0xC0, 0xB8 + x_c);
        Busy(); Busy();
        if(y_c < 10)                // 세그먼트 드라이버 1(좌측) 선택
                GLCD_Command(0x40, 0x40 + (y_c * 6) + 4 );
        else                        // 세그먼트 드라이버 2(우측) 선택
                GLCD_Command(0x80, 0x40 + (y_c - 10) * 6 );
        Busy(); Busy();
}

// 한 문자 표시
void GLCD_character(byte character)
{
        byte i, signal;

        if(y_c < 10) signal = 0x40;     // 세그먼트 드라이버 1(좌측) 선택
        else signal = 0x80;             // 세그먼트 드라이버 2(우측) 선택

        for(i = 0;i < 5;i++){
                GLCD_Data(signal, ascii_table[character - 0x20][i]);
                Busy();
        }
        GLCD_Data(signal, 0x00);        // 글자 사이에 간격을 위한 한 라인 공백 출력.
        Busy();
}
```

```
// 문자열 표시
void GLCD_String(byte x, byte y, char flash string[])
{
        char flash *pStr;

        GLCD_xy(x, y);              // (x, y) 위치 이동

        pStr = string;
        do{
                // 수평좌표가 10이면 세그먼트 드라이버2의 0좌표 지정
                if(y_c == 10) GLCD_Command(0x80, 0x40);

                Busy();
                GLCD_character(*pStr);
                y_c++;
                pStr++;
        } while(*pStr);
}

// 14us 딜레이
void Busy(void)
{
        delay_us(14);
}

// 타이머/카운터0 오버플로우 인터럽트 처리 함수(16ms마다 7-세그먼트에 시간 표시)
interrupt [TIM0_OVF] void timer_int0(void)
{
        // 초 1자리
        PORTF = 0b11100000;
        PORTB = PORTF = 0b11100000;
        PORTB = seg_pat[N[0]];
        delay_ms(1);

        // 초 10자리
        PORTF = 0b11010000;
        PORTB = seg_pat[N[1]];
        delay_ms(1);

        // 분 1자리
        PORTF = 0b10110000;
        PORTB = seg_pat[N[2]];
        delay_ms(1);
```

```
        // 분 10자리
        PORTF = 0b01110000;
        PORTB = seg_pat[N[3]];
        delay_ms(1);
        PORTF = 0b11110000;
}

// 타이머/카운터1 오버플로우 인터럽트 처리 함수(1초 마다 발생하여 시간 증가)
interrupt [TIM1_OVF] void timer_int1(void) // 1초마다 발생
{
        num++;                          // 1초 증가

        N[3] = (num / 60) / 10;         // 분 10자리
        N[2] = (num / 60) % 10;         // 분 1자리
        N[1] = (num % 60) / 10;         // 초 10자리
        N[0] = (num % 60) % 10;         // 초 1자리
        TCNT1 = 49911;

        TimeDisplay();                              // 1초마다 GLCD에 시간을 표시
}
```

Chapter 03

Dot Matrix LED 응용

3.1 Dot Matrix LED

[사진 3-1] LED Dot Matrix 외관(SMM-51616)

(1) 사양

16 x 16, 3color(적, 녹, 주황)

(2) 커넥터

[표 3-1] 커넥터 핀 사양

핀 번호	기 능
1(RED)	R-LED 값(1 : On, 0 :Off)
2(GREEN)	G-LED 값(1 : On, 0 :Off)
3~6(A0~A3)	라인 번호
7(/ENABLE)	Display Enable(0 : Enable, 1 : Off)
8(/LATCH)	래치 제어 0 : 데이터 입력 금지, 저장된 데이터 표시 1 : 데이터 입력과 표시
9(CLOCK)	데이터 입력 동기를 위한 클럭 신호
10(GND)	전원 0V

(3) 동작 타이밍도

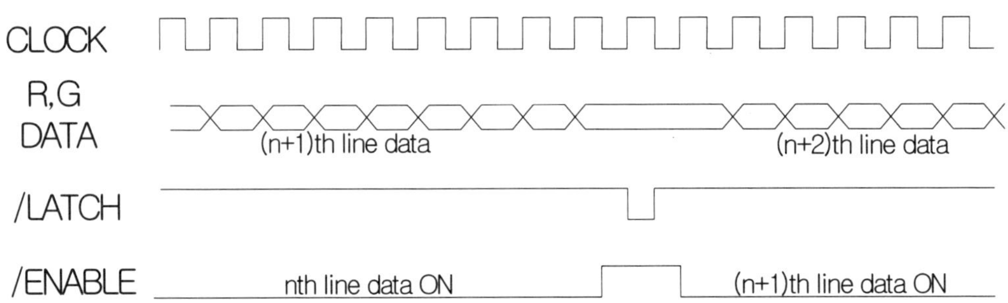

[그림 3-1] Dot Matrix LED 동작 타이밍도

드라이버 내장형 도트 매트릭스 LED 모듈에서는 행 단위로 데이터를 입력하고, 행 단위의 다이내믹 디스플레이 방식으로 LED 점등 동작을 수행한다. SMM-51616 모델은 16행×16열의 LED 구조를 가지며, 행의 주소는 행 어드레스 신호 A3-A0으로 0000-1111까지 지정한다.

각 LED 도트의 데이터는 클럭 동기식으로 입력하도록 되어 있어서 클럭 신호 CLOCK의 상승에지에서 1도트의 R Data 및 G Data를 입력한다. R Data가 1로 입력되면 해당도트의 LED는 적색으로 점등되고, G Data가 1로 입력되면 그 도트의 LED는 녹색으로 점등하며, 2개 모두 1로 입력되면 주황색으로 점등된다.

그런데, LED 데이터는 이렇게 클럭 신호에 의하여 시프트 되면서 입력되므로 1행에 해당하는 16개 도트의 LED 데이터를 모두 입력하기 위해서는 16개의 클럭이 필요하다. 데이터는 우측에서 좌측으로 시프트 되므로 가장 먼저 입력된 도트가 가장 좌측에 점등된다. 16개의 데이터가 모두 입력되고 나면 /LATCH 신호에 의하여 래치에 저장되어야 한다. 모듈을 가로 방향으로 여러 개 접속하는 경우에는 시프트레지스터가 더 길게 연장되는 것처럼 생각하면 된다. 즉, 모듈을 2개 사용하면 16x2=32개의 데이터를 1행으로 시프트하면서 입력하고, 모듈을 4개 사용하면 16x4=64개의 데이터를 1행으로 시프트하면서 입력하면 된다.

그러나, 이와 같이 (n+1)번째 행의 16개 데이터를 입력하고 있는 동안에 어드레스 A3-A0는 (n)번째 행을 가르키고 있어야 하며, 이때 모듈은 /ENABLE 신호에 의하여 (n)번째 행을 점등하고 있게 된다. 즉, 어드레스가 (n)값을 지정하여 (n)번째 행을 점등하고 있는 동안에는 (n+1)번째 행에 데이터를 입력하고 있으며, (n+1)번째 행을 점등하고 있는 동안에는 (n+2)번째 행에 데이터를 입력하고 있게 된다. 이처럼 어드레스 A3-A0이 0000-1111 범위를 1차례 디스플레이하면 1프레임(Frame)의 화면이 완성되며, 1초에 이러한 표시동작을 몇 번 반복하는지를 나타내는 것이 프레임 주파수이다. 화면이 깜빡임 없이 제대로 표시되려면 프레임 주파수는 수십 Hz이상으로 가급적 빠르게 처리해야 한다. 그런데 이러한 프레임 주파수는 거의 데이터 입력 시간에 의하여 결정되므로 1화면을 구성하는 가로 열의 수와 CLOCK 신호의 주파수가 중요한 요소가 된다.

Dot Matrix LED의 보다 자세한 내용을 알고 싶은 독자는 OHM사의 윤덕용 교수님의 <졸업작품만들기(1)>을 참조하기 바란다.

3.2 작품4 : 오목게임기

(1) 작품 개요

16×16의 Dot Marix LED를 이용하여 오목게임기를 제작한다. 스위치는 총 6개의 외부 입력 스위치를 사용한다. 스위치는 상, 하, 좌, 우의 위치 이동과 알을 놓을 위치 지정, 시작/리셋의 역할을 할 수 있도록 한다. 시작 스위치를 누르면 게임이 시작되고 중앙의 LED 1개에 주황색불이 들어온다. 외부입력 스위치를 통해 위치를 이동시켜 알을 놓으면 그 위치의 LED에 녹색불이 들어오게 되고 상대방의 순서가 된다. 상대방이 같은 방법으로 위치를 이동시킨 뒤 알을 놓으면 이번에는 LED에 적색불이 들어온다. 그리고 한 번 알이 놓인 자리는 알을 놓을 수 없게 되며, 게임 진행 중 시작 스위치를 누르게 되면 게임이 리셋되어 처음으로 돌아간다. 게임 방법은 먼저 5개의 알을 가로, 세로, 대각선의 방향 중 한 방향으로 연속해서 놓는 사람이 승리하게 되며 알을 놓을 공간이 없을시 무승부로 한다. 입력 상태나 다음에 놓을 알의 정보를 LCD를 통해 표시한다. 또한 게임에 승리하거나 무승부가 되면 LCD를 통해 메시지를 전달한다.

(2) 회로도

- KUT-128 MCU 보드, KUT-128 인터페이스 보드(1부 1장 회로도 참조)
- KUT-128 인터페이스 보드와 Dot Matrix LED 연결 회로도(포트 A, 포트 G)
- KUT-128 인터페이스 보드와 스위치 연결 회로도(포트 C)

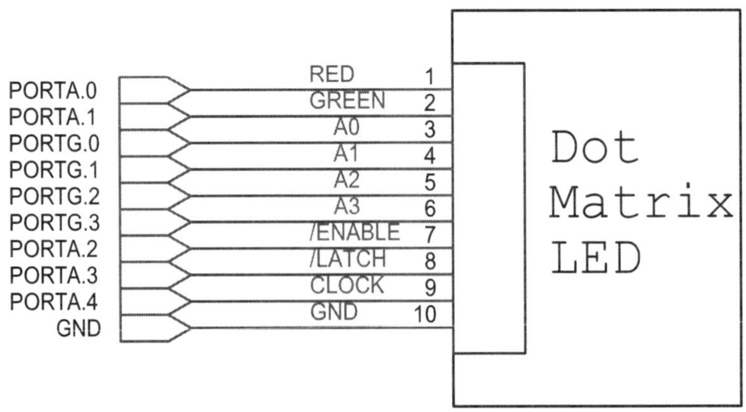

(a) KUT-128 인터페이스 보드와 Dot Matrix LED와의 연결 회로도

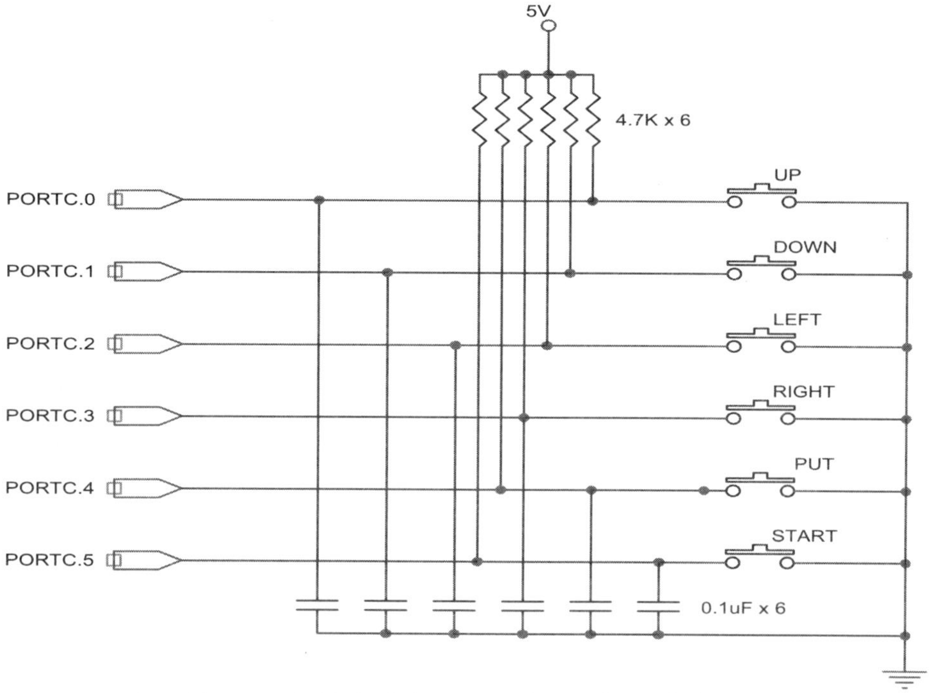

(b) KUT-128 인터페이스 보드와 스위치 연결 회로도

[그림 3-2] 회로도

(3) 주요 함수 동작 흐름도

[그림 3-3]은 작품에 사용된 주요 함수의 동작 흐름도를 보여주며, 각 함수의 기능을 요약하면 다음과 같다.

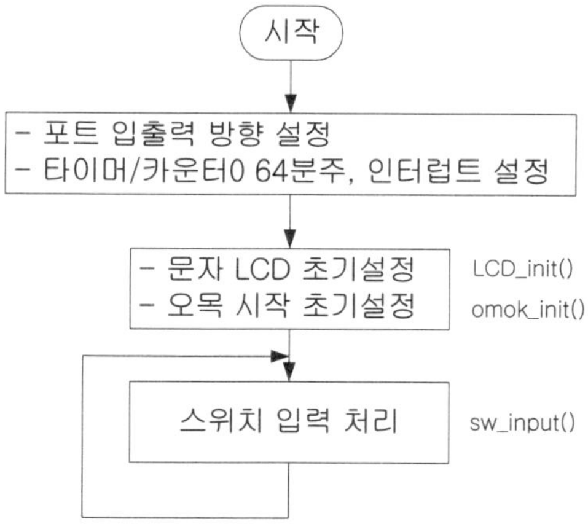

메인 함수 : main()
LCD에 대한 초기설정과 Dot Matrix LED 클리어, 오목관련 변수에 대한 초기설정을 하고, 스위치 입력에 대한 처리를 행한다.

(a) 메인함수

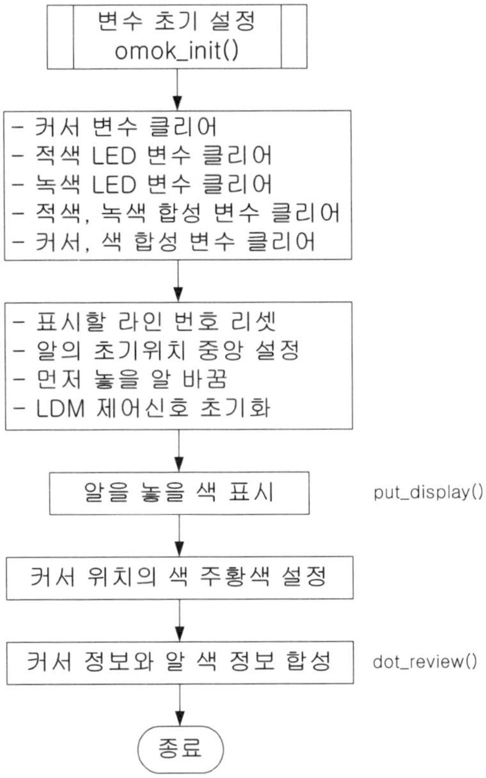

변수 초기설정 함수 : omok_init()

커서의 초기위치를 중앙위치로 하고, 알을 놓을 색을 캐릭터 LCD에 표시한다. 그리고, 커서 위치의 색을 주황색으로 설정하고, 커서 정보와 알의 색 정보를 합성한다.

(b) 변수 초기설정 함수

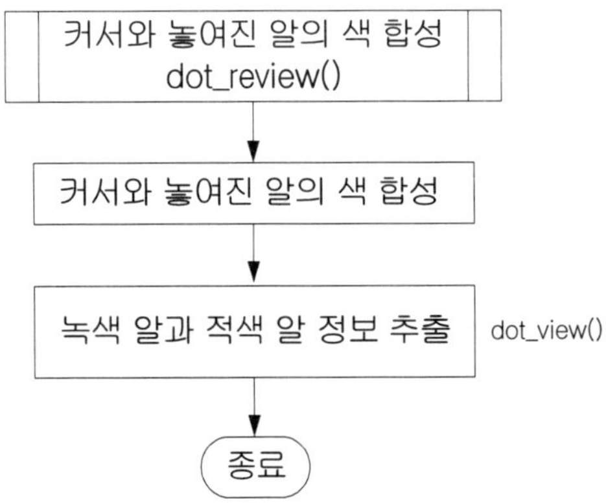

커서와 놓여진 알의 색 합성 함수 : dot_review()

커서 정보와 알이 놓여진 정보를 합성하고, 이 값을 이용하여 오목판의 모든 점에 대해 출력해야 할 적색과 녹색의 값을 추출한다.

(c) 커서와 알의 색 합성 함수

타이머/카운터0 인터럽트 처리 함수 : timer0_ovf_isr()

1초 마다 Dot Matrix LED에 표시할 라인을 1증가시키고, 그 라인에 출력할 16도트값을 출력하여 표시한다.

(d) 타이머/카운터0 인터럽트 함수

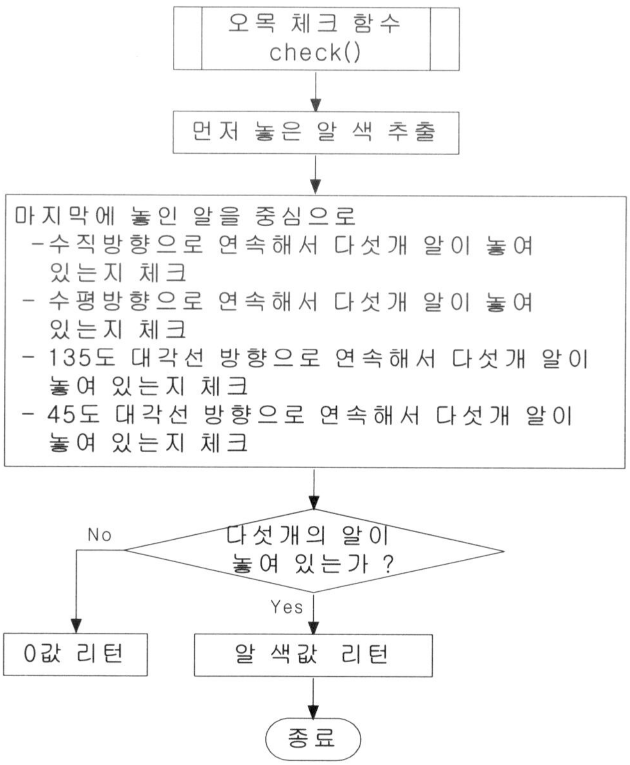

오목 체크 함수 : check()

바로 전에 놓여진 돌의 색을 추출한 후 마지막에 놓여진 알의 위치를 중심으로 수직, 수평, 45도/135도 대각선 방향으로 5개 알이 연속으로 놓여져 있는지 체크한다. 다섯 개의 알이 연속적으로 놓여져 있으면 알의 색을 리턴시키고, 그렇지 않은 경우에는 0의 값을 리턴시킨다.

(e) 오목 체크 함수

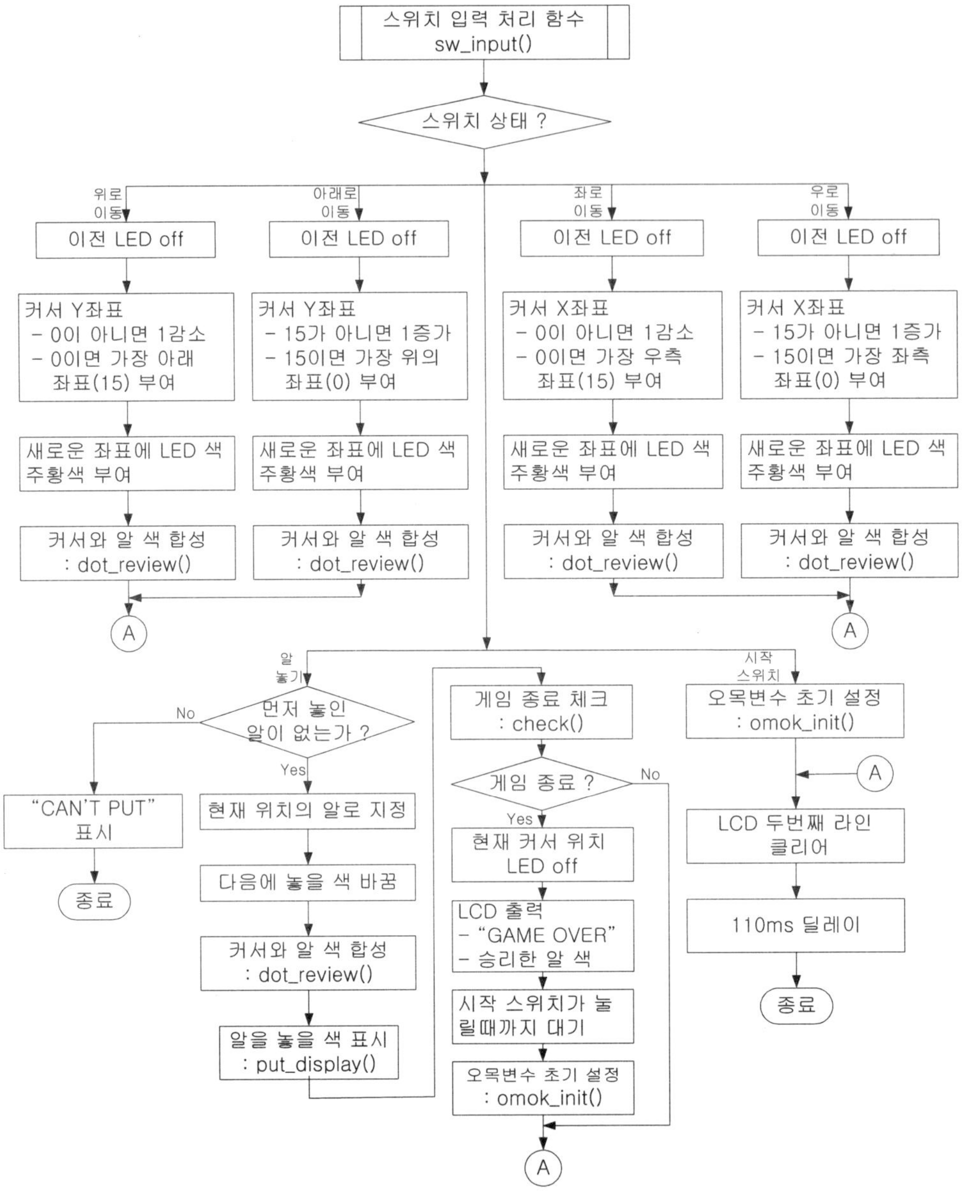

스위치 입력 처리 함수 : sw_input()
상하좌우 이동 스위치가 눌려진 경우에는 눌려진 스위치에 따라 커서의 좌표를 갱신하고 새로운 커서 좌표의 LED색을 주황색으로 출력 표시한다. 알 놓기 스위치가 눌려진 경우에는 먼저 놓여진 알이 있는지 조사하고, 알이 놓여져 있지 않은 경우에는 현재 알의 색을 그 위치의 값으로 설정한다. 그리고, 다음에 놓을 알의 색을 바꾸고 캐릭터 LCD에 출력 표시하고, 오목상태가 되었는지 체크한 후 게임 종료 여부를 판정한다. 게임이 종료되는 경우에는 승리한 알의 색을 LCD에 표시하고 새로운 오목경기를 시작하도록 한다. 현재 위치에 이미 알이 놓여진 경우에는 알을 놓을 수 없다는 메시지를 LCD에 출력한다.

(f) 스위치 입력 처리함수

[그림 3-3] 주요 함수 동작 흐름도

(4) 작품 동작 사진

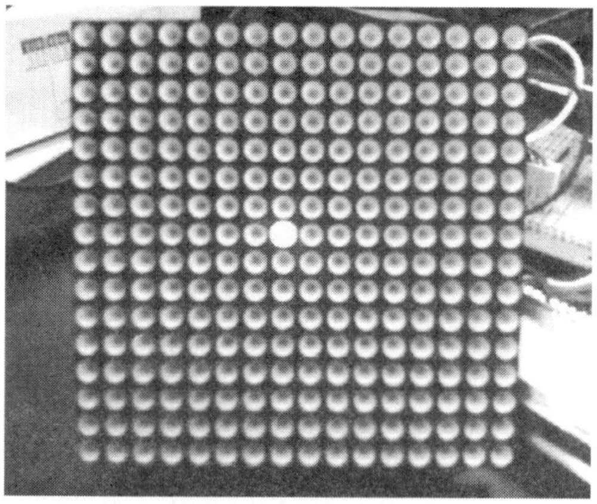

(a) 시작시 초기 위치 LED 점등

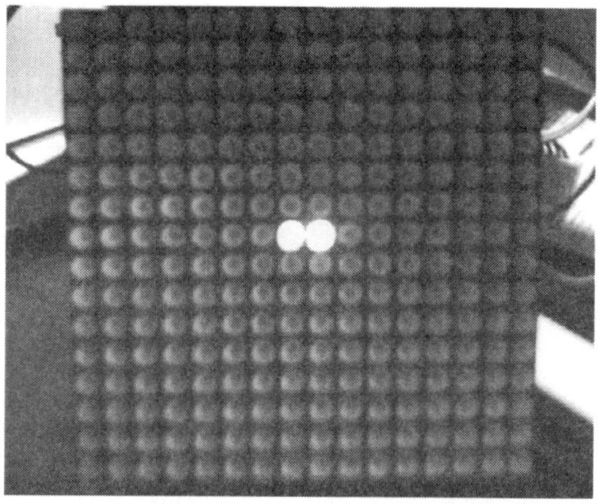

(b) 알을 놓고 다음 위치로 이동

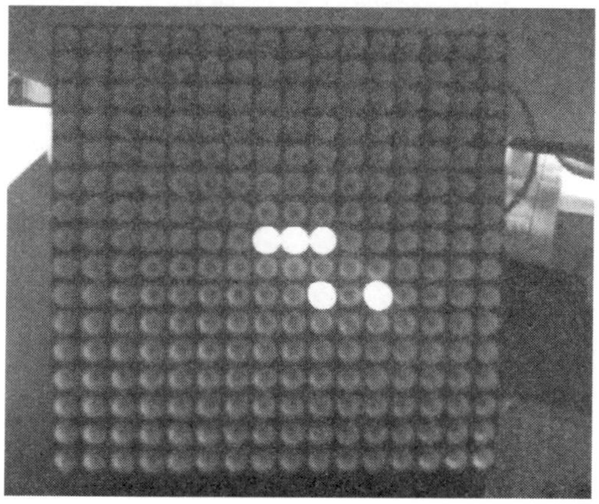

(c) 번갈아가면서 알을 놓기

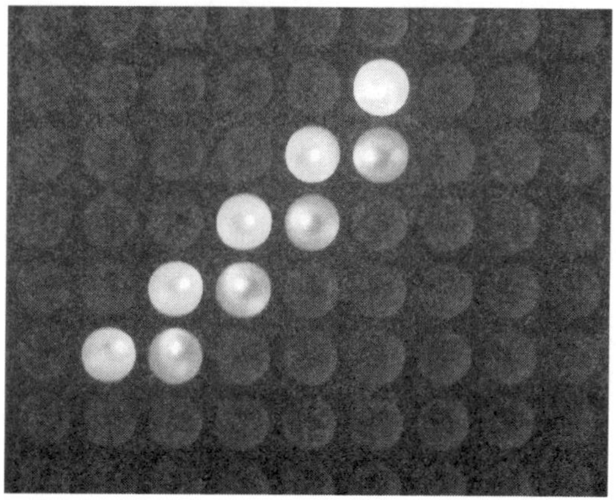

(d) 녹색 알 승리(이후 이동 불가)

[사진 3-2] Dot Matrix LED 출력 사진

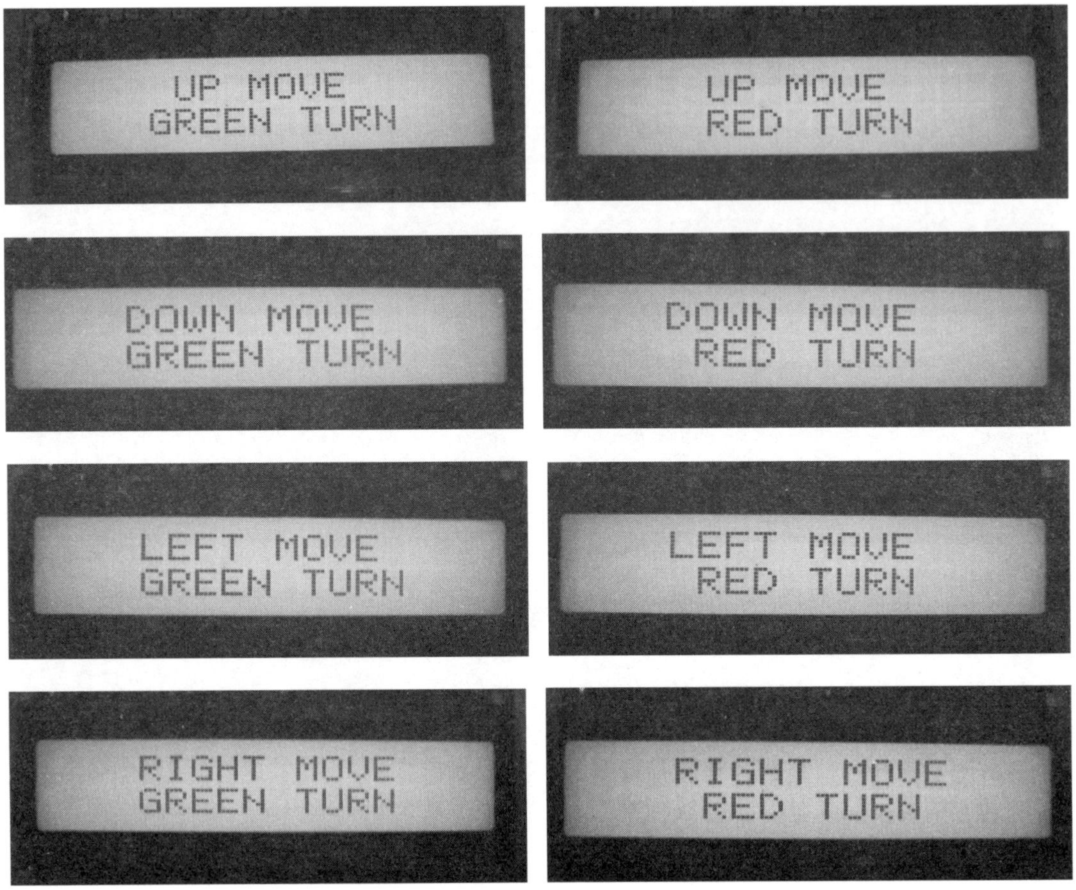

[사진 3-3] 캐릭터 LCD 메시지 출력 사진(위치 이동시)

[사진 3-4] 캐릭터 LCD 메시지 출력 사진(승패 판정시)

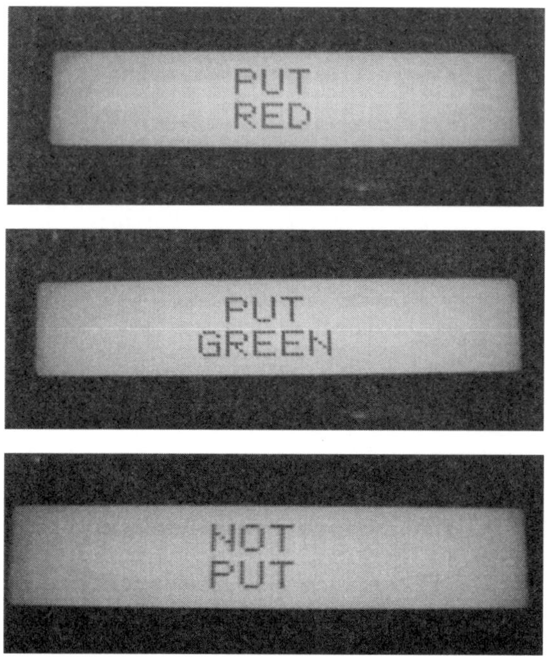

[사진 3-5] 캐릭터 LCD 메시지 출력 사진(알을 놓을 때)

(5) 소스 프로그램

```
// 오목 프로그램 dot_ldm2.c
// 김민호
//

#include   <mega128.h>
#include   <delay.h>
#include   "LCD.c"              // LCD 구동프로그램(P.92~94 참조)

#define  SIZE    16                         // 오목판(LDM) 사이즈

#define  LINE_ADDR       PORTG              // Line Address
#define  RED             PORTA.0            // Red LED Data
#define  GREEN           PORTA.1            // Green LED Data
#define  ENABLE          PORTA.2            // Output Enable
#define  LATCH           PORTA.3            // Latch
#define  CLOCK           PORTA.4            // Clock

#define  UP_SW   PINC.0                     // Up 이동 스위치
#define  DOWN_SW         PINC.1             // Down 이동 스위치
#define  LEFT_SW         PINC.2             // Left 이동 스위치
#define  RIGHT_SW        PINC.3             // Right 이동 스위치
#define  PUT_SW PINC.4                      // Put 스위치
#define  START_SW        PINC.5             // Start 스위치

// 사용 변수
int     dot_i = 0;                 // 타이머 오버플로우(1ms) 인터럽트 함수에서
                                   // 다음에 표시할 라인 번호
int     sw_x, sw_y;                // x, y좌표 초기위치
char    sw_mal;                    // 이번에 놓일 알 색 결정
char    mal0 = 1;                  // 선수로 놓을 알의 색(1 : RED, 2 = GREEN)

char    dot_map[SIZE][SIZE];       // 적색알과 백색알의 놓여진 상태 저장
char    dot_red[SIZE][SIZE];       // LDM 제어신호에서  사용할 R성분
char    dot_green[SIZE][SIZE];     // LDM 제어신호에서  사용할 G성분
char    dot_cursor[SIZE][SIZE];    // 다음에 놓을 알의 위치를 정하기 위해 사용
char    dot_total[SIZE][SIZE];     // map 정보 + cursor 정보

// 함수
void    dot_view(int, int, int);   // total 정보 (map 정보 + cursor 정보)로
                                   // 부터 RED 성분과 GEEEN  성분 분리
void    dot_review(void);          // 커서 정보와 map 정보를 합성
void    omok_init(void);           // 오목 시작을 위한 초기설정
```

```
void     sw_input(void);                // 스위치 입력 처리
void     put_display(void);             // 이번에 놓을 알의 색 표시
unsigned char check();                  // 마지막에 놓여진 점을 중심으로 게임 종료 조사
void     put_display(void);             // 알을 놓을 순번 표시

void main(void)
{
        DDRA = 0x1F;                    // PORTA 출력 설정(LDM  제어핀)
        DDRG = 0x1F;                    // PORTG 출력설정(LDM 어드레스 A0-A3)
        DDRD = 0xFF;                    // PORTD 출력 설정  LCD
        DDRC = 0x00;                    // PORTC 입력 설정 (스위치)

        PORTA = 0b00001100;             // Enable High
        PORTG = 0x0F;                   // A0-A3 = 1111
        PORTA = 0b00001000;             // Enable Low

        ASSR = 0x00;                    // 타이머/카운터0 타이머 모드
        TCCR0 = 0x04;                   // 일반모드, 프리스케일 = CK/64
        TCNT0 = 0x00;                   // 타이머/카운터0 레지스터 초기값
        TIMSK = 0x01;                   // TOIE0 = 1, 타이머/카운터0 인터럽트 인에이블
        SREG = 0x80;                    // 전역 인터럽트 인에이블 비트 I 셋

        LCD_init();                     // LCD 초기설정

        omok_init();                    // 오목 시작을 위한 초기설정

        while(1) sw_input();            // 스위치 입력 체크
}

// LDM 및 오목 관련 변수 초기 설정
void omok_init(void)
{
        int      i, j;

        // 오목판 클리어
        for(j = 0;j < SIZE;j++){
                for(i = 0;i < SIZE;i++){
                        dot_total[j][i] = 0;
                        dot_cursor[j][i] = 0;
                        dot_green[j][i] = 0;
                        dot_red[j][i] = 0;
                        dot_map[j][i] = 0;
                }
        }
```

```
        dot_i = 0;                      // 타이머 인터럽트 함수에서 표시할 라인 초기 번호
        sw_y = 7;                       // 알의 초기 위치
        sw_x = 7;                       // 알의 초기 위치

        if(mal0 == 1) mal0 = 2;         // 먼저 놓을 알 바꿈
        else mal0 = 1;

        sw_mal = mal0;                  // 이번에 놓을 알의 색

        LINE_ADDR = 0;                  // 표시할 라인 초기 어드레스 = 0
        RED = 0;                        // Red LED off
        GREEN = 0;                      // Green LED off
        LATCH = 1;                      // Latch high
        ENABLE = 0;                     // Output Enable low
        CLOCK = 0;                      // Clock low

        Command(ALLCLR);                // LCD 클리어
        put_display();                  // 이번에 놓을 알의 색 표시

        dot_cursor[sw_y][sw_x] = 3;     // 초기 시작위치에 주황색 표시
        dot_review();                   // 커서 정보와 map 정보 합성
}

//  total 정보 (map 정보 + cursor 정보)로 부터 RED 성분과 GEEEN  성분 분리
void dot_view(int lx, int ly, int ch_data)
{
        if(ch_data == 0){          // led표시 없음
                dot_red[ly][lx] = 0;
                dot_green[ly][lx] = 0;
        }
        else if(ch_data == 1){  // red led 표시
                dot_red[ly][lx] = 1;
                dot_green[ly][lx] = 0;
        }
        else if(ch_data == 2){ // green led 표시
                dot_green[ly][lx] = 1;
                dot_red[ly][lx] = 0;
        }
        else if(ch_data == 3){  // orange led 표시
                dot_green[ly][lx] = 1;
                dot_red[ly][lx] = 1;
        }
}

// 커서 정보와 알이 놓여진 map 정보를 합성
```

```
void dot_review()
{
        int     x, y;

        // dot_cursor와 dot_map을 or연산하여 dot_total의 배열에 저장
        for(y = 0;y < SIZE;y++){
                for(x = 0;x < SIZE;x++){
                        dot_total[y][x] = dot_cursor[y][x] | dot_map[y][x];
                        dot_view(x, y, dot_total[y][x]);
                }
        }
}

// 5목 체크, 리턴값이 0이면 계속진행, 5목 완성이면 그 알 값 리턴
unsigned char check()
{
        int     tx, ty, t_dol;
        int     p, q, cnt;

        tx = sw_x;                      // 알이 놓인 위치의 x축 좌표를 t_x에 저장
        ty = sw_y;                      // 알이 놓인 위치의 y축 좌표를 t_y에 저장

        // 먼저 놓인 알의 색 추출
        if(sw_mal == 1) t_dol = 2;
        else t_dol = 1;

        // 알을 놓은 위치에서 세로로 같은 색의 알이 5개 연속 놓였는지 체크
        // 현재 놓인 알의 아래쪽 조사
        cnt = 1;
        q = ty - 1;
        while(1){
                if(q < 0) break;
                if(dot_map[q][tx] == t_dol) {
                        cnt++;
                        q--;
                }
                else break;
        }

        // 현재 놓인 알의 아래쪽 조사
        q = ty + 1;
        while(1){
                if(q >= SIZE) break;
                if(dot_map[q][tx] == t_dol) {
                        cnt++;
```

```
                q++;
            }
            else break;
    }
    if(cnt == 5)   return t_dol;

    // 알을 놓은 위치에서 가로로 같은 색의 알이 5개 연속 놓였는지 체크
    // 현재 놓인 알의 왼쪽 조사
    cnt = 1;
    p = tx - 1;
    while(1){
            if(p < 0) break;
            if(dot_map[ty][p] == t_dol) {
                cnt++;
                p--;
            }
            else break;
    }

    // 현재 놓인 알의 오른쪽 조사
    p = tx + 1;
    while(1){
            if(p >= SIZE) break;
            if(dot_map[ty][p] == t_dol) {
                cnt++;
                p++;
            }
            else break;
    }
    if(cnt == 5)   return t_dol;

    // 알을 놓은 위치에서 대각선으로 같은 색의 알이 5개 연속 놓였는지 체크
    // 현재 놓인 알의 좌측 아래쪽 조사
    cnt = 1;
    p = tx - 1;
    q = ty + 1;
    while(1){
            if(p < 0 || q >= SIZE) break;
            if(dot_map[q][p] == t_dol) {
                cnt++;
                p--;
                q++;
            }
            else break;
    }
```

```
// 현재 놓인 알의 우측 위쪽 조사
p = tx + 1;
q = ty - 1;
while(1){
        if(p >= SIZE || q < 0) break;
        if(dot_map[q][p] == t_dol) {
                cnt++;
                p++;
                q--;
        }
        else break;
}
if(cnt == 5)  return t_dol;


// 알을 놓은 위치에서 대각선으로 같은 색의 알이 5개 연속 놓였는지 체크
        // 현재 놓인 알의 좌측 위쪽 조사
cnt = 1;
p = tx - 1;
q = ty - 1;
while(1){
        if(p < 0 || q < 0) break;
        if(dot_map[q][p] == t_dol) {
                cnt++;
                p--;
                q--;
        }
        else break;
}

// 현재 놓인 알의 우측 아래쪽 조사
p = tx + 1;
q = ty + 1;
while(1){
        if(p >= SIZE || q >= SIZE) break;
        if(dot_map[q][p] == t_dol) {
                cnt++;
                p++;
                q++;
        }
        else break;
}
if(cnt == 5)  return t_dol;
else return 0;                                  // 오목 아님
```

```
}

// 스위치 입력 처리
void sw_input()  //키 입력 함수
{
        char end_mal = 0;

        if(UP_SW == 0){    // 위로 이동 스위치
                dot_cursor[sw_y][sw_x] = 0;      // 이전 위치 led off
                if(sw_y != 0)sw_y--;             // 알을 위로 이동
                else sw_y = 15;                  // 알을 가장 아래로 이동

                dot_cursor[sw_y][sw_x] = 3;      // 이동한 위치 주황색 led on
                dot_review();
        }
        else if(DOWN_SW == 0){      // 아래 이동 스위치
                dot_cursor[sw_y][sw_x] = 0;      // 이전 위치 led off
                sw_y++;                          // 알을 아래로 이동
                if(sw_y >= SIZE)sw_y = 0;        // 알을 가장 위로 이동

                dot_cursor[sw_y][sw_x] = 3;        // 이동한 위치 주황색 led on
                dot_review();
        }
        else if(LEFT_SW == 0){                   // 왼쪽 이동 스위치
                dot_cursor[sw_y][sw_x] = 0;      // 이전 위치 led off
                if(sw_x != 0)sw_x--;             // 알을 왼쪽으로 이동
                else sw_x = 15;                  // 알을 가장 오른쪽으로 이동

                dot_cursor[sw_y][sw_x] = 3;      // 이동한 위치 주황색 led on
                dot_review();                    // 커서 + 맵 합성
        }
        else if(RIGHT_SW == 0){      // 오른쪽 이동 스위치
                dot_cursor[sw_y][sw_x] = 0;      // 이전 위치 led off
                sw_x++;                          // 알을 오른쪽으로 이동
                if(sw_x >= SIZE)sw_x = 0;        // 알을 가장 왼쪽으로 이동

                dot_cursor[sw_y][sw_x] = 3;      // 이동한 위치 주황색 led on
                dot_review();
        }
        else if(PUT_SW == 0){                    // 그 자리에 놓기 스위치
                if(dot_map[sw_y][sw_x] == 0){                // 선택된 위치에 알이 없으면
                        dot_map[sw_y][sw_x] = sw_mal;   // 알의 색깔 지정
                        if(sw_mal == 2) sw_mal = 1;     // 다음 놓을 알 Red로 지정
                        else sw_mal = 2;                // 다음 놓을 알 green으로 지정
```

```
                dot_review();
                put_display();
            }
            else {                  // 놓을 수 없음을 두 번째 라인에 출력
                Command(LINE2);
                LCD_String1("    CAN'T PUT    ");
                return;
            }

            end_mal = check();              // 게임종료 체크

            if(end_mal != 0){           // 게임 종료 ?
                dot_cursor[sw_y][sw_x] = 0;         // 이전 위치 led off
                dot_review();

                Command(ALLCLR);
                LCD_String1("    GAME OVER      ");  // 첫번째 라인에 출력

                // 이긴 알 색 두 번째 라인에 표시
                Command(LINE2);
                if(end_mal == 1) LCD_String1("    RED WIN       ");
                else LCD_String1("    GREEN WIN     ");


                while(START_SW);          // SW1이 눌려질 때까지 대기

                omok_init();
            }
        }
        else if(START_SW == 0) omok_init();                 // SW1을 입력 받았을 때
        else return;

        Command(LINE2);
        LCD_String1("                 ");                    // 두번째 라인 클리어

        delay_ms(110);
}

// 알을 놓을 순서 표시
void put_display(void)
{
        Command(ALLCLR);
        if(sw_mal == 2) LCD_String1("       GREEN       ");
        else LCD_String1("        RED        ");
}
```

```
// (256 - 0) * 64 / 16 us = 1.024ms
interrupt [TIM0_OVF] void timer0_ovf_isr(void)
{
        unsigned int di = 0;

        dot_i++;

        if(dot_i >= SIZE)dot_i = 0;

        for(di = 0;di < SIZE;di++){
                RED = dot_red[dot_i][di];                 // Red_data;
                GREEN = dot_green[dot_i][di];             // Green_data;
                CLOCK = 1;  //dot clock
                delay_us(1);
                CLOCK = 0;
                delay_us(1);
        }

        delay_us(1);
        ENABLE = 1;                          // Output Enable
        LATCH = 0;
        delay_us(1);
        LATCH = 1;

        LINE_ADDR = dot_i;

        delay_us(1);
        ENABLE = 0;
}
```

Chapter 04

서보 모터 응용

4.1 RC 서보 모터

RC 서보 모터는 주어진 신호에 의해서 일정한 각을 유지하거나 일정한 위치를 유지하는 모터로서 일반적으로 무선 조정 비행기나 자동차에 많이 사용되는 모터이다. 최근에는 2족 로봇 등 다관절 로봇 제작에 많이 이용되고 있다. RC 서보 모터는 서보 신호에 의해 특정한 각도를 유지하며, 서보신호는 PWM신호로서 일정한 주기의 펄스폭으로 입력된다. RC 서보모터는 일반적인 DC모터나 스텝모터와는 달리 회전각에 제한이 있으며, 보통 180도 정도의 회전범위를 갖는다. [사진 4-1]은 RC 서보 모터의 외형을 보여주며, 외부에서 공급해 주는 신호는 [그림 4-1]과 같이 단지 3개뿐이며, 전원선을 제외한 하나의 PWM신호에 의해 제어된다.

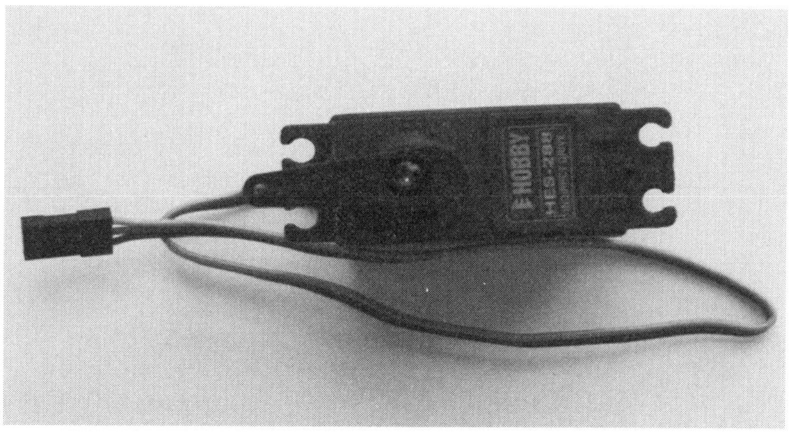

[사진 4-1] RC 서보 모터 외형

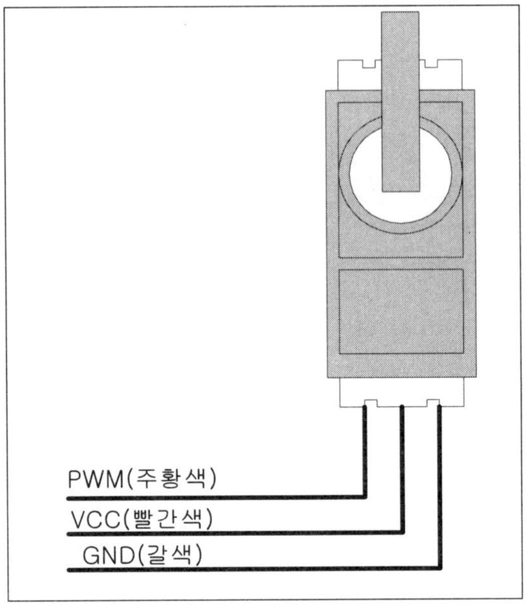

[그림 4-1] RC 서보 모터의 신호선

[표 4-1]은 서보 모터 HS-288의 사양을 보여준다. 여기서, 속도 <0.2sec/60도>는 서보 모터를 60도 회전시키는데 걸리는 시간이 0.2초 걸린다는 것을 나타낸다.

[표 4-1] RC 서보 모터 HS-288 사양

HS-288 사양
· 토크 : 2.5kg/cm
· 속도 : 0.2sec/60도
· 크기 : 41 x 20 x 35 mm (길이 x 두께 x 높이)
· 중량 : 42g
· 동작전압 : 4 ~ 6V

RC 서보 모터는 [그림 4-2]와 같이 일정한 폭을 갖는 펄스에 의해 각도가 제어된다. 즉,

- 0.7ms의 신호를 인가하면 오른쪽(+90도) 각을 유지
- 1.5ms의 신호를 인가하면 중심(0도)각을 유지
- 2.3ms의 신호를 인가하면 왼쪽(-90도) 각을 유지

하게 된다.

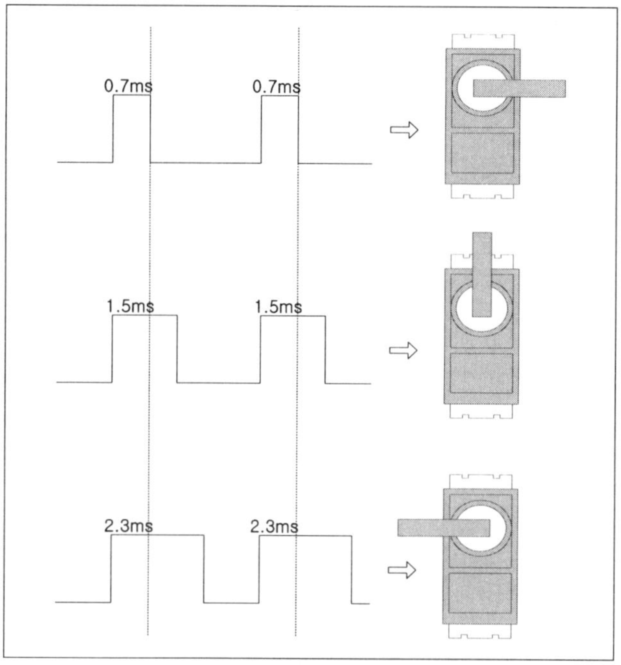

[그림 4-2] RC 서보 모터 제어 방법

RC 서보 모터가 현재의 각을 유지하기 위해서는 일정한 주기로 신호를 반복해서 인가해야 하며, 10ms~20ms의 주기로 서보 모터에 PWM 신호를 인가한다.

[그림 4-2]에 나타난 각도 이외의 각에 대해서는 0.7ms~2.3ms의 신호를 발생시키면 원하는 각도를 유지할 수 있다. 펄스폭에 대한 서보 모터의 회전각은 절대적이지는 않지만, 대부분의 서보 모터는 약간의 오차를 가지고 동작한다.

RC 서보 모터의 토크는 클수록 힘이 좋지만, 그만큼 속도는 떨어지게 된다. 내부 기어비에 의해 이 두 가지 요소는 양립하며, 속도가 빠르면 토크가 약하고 토크를 좋게 하면 속도가 느려진다.

4.2 스텝 모터

(1) 스텝 모터 구동법

일반적으로, 직류 모터에서는 회전각이나 회전속도를 제어하기 위해 엔코더 또는 포텐셜 미터를 사용하여 피이드백 제어를 할 필요가 있다. 그러나, 스텝 모터는 모터에 부여되는 펄스신호에 의해 회전각도와 속도를 쉽게 제어할 수 있으며, 마이크로프로세서와의 접속이 용이하기 때문에 많이 이용되고 있다.

스텝 모터의 구동방식에는 유니폴라 구동방식과 바이폴라 구동방식이 있다. 유니폴라 구동방식에서는 [그림 4-3]에서와 같이 코일의 센터 탭을 중심으로 한쪽에만 전류를 흘리는 방식으로, CT-A를 중심으로 A 또는 $\overline{A}$에만 전류를 흐르게 하고, 또한 CT-B를 중심으로 B 또는 $\overline{B}$에만 전류를 흐르게 하는 방식이다. [그림 4-4]는 유니폴라 방식에서의 코일에 전류를 가해주는 여러 여자방식을 보여준다.

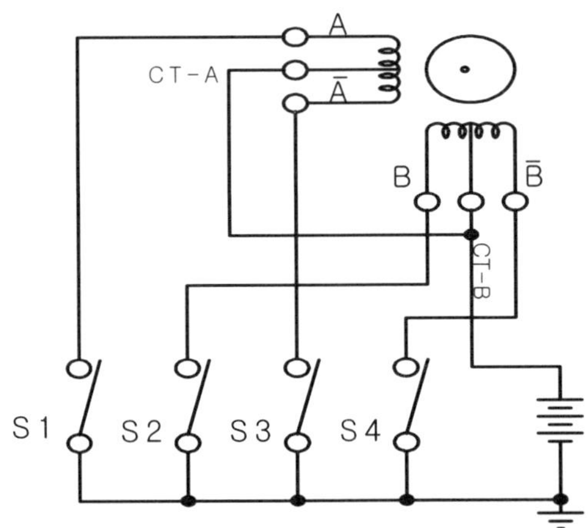

[그림 4-3] 스텝 모터 유니폴라 구동방식

유니폴라 1상 여자방식은 [그림 4-4]의 (a)에서와 같이 코일의 1개의 상에만 전류를 순차적으로 흐르게 하는 방식으로, 소비전력이 작지만 감쇄진동이 크고 동작이 불안정해지기 쉽다. 2상 여자방식은 [그림 4-4]의 (b)에서와 같이 2개의 상에 동시에 전류를 흐르게 하는 방식으로, 1상에 비해 2배의 전류가 흐른다. 이에 따라, 회전력이 커지며, 감쇄진동이 적어 넓은 주파수 범위에서 사용할 수 있다. 1-2상 여자방식은 [그림 4-4]의 (c)에서와 같이 2상 여자방식과 1상 여자방식이 반복되는 방식으로, 소비전력은 1상 여자방식의 1.5

배이지만 회전력은 2상 여자방식과 같아진다. 그리고, 1개의 펄스당 회전하는 회전각이 1상 및 2상 여자방식에 비해 1/2이 된다.

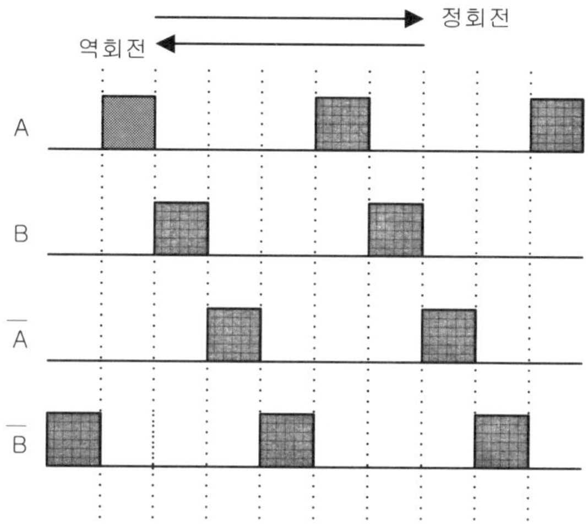

(a) 1상 여자 방식

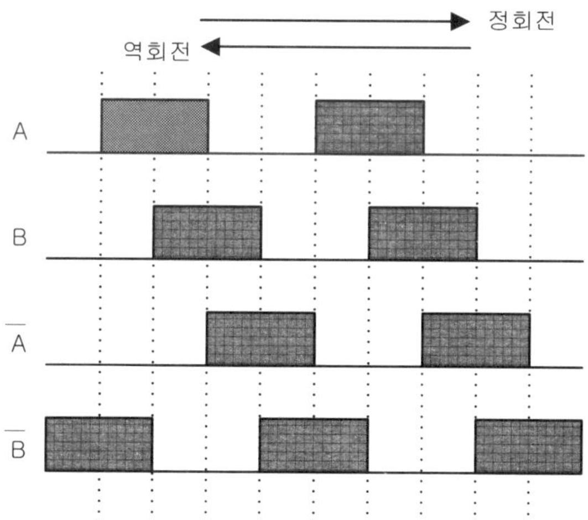

(b) 2상 여자방식

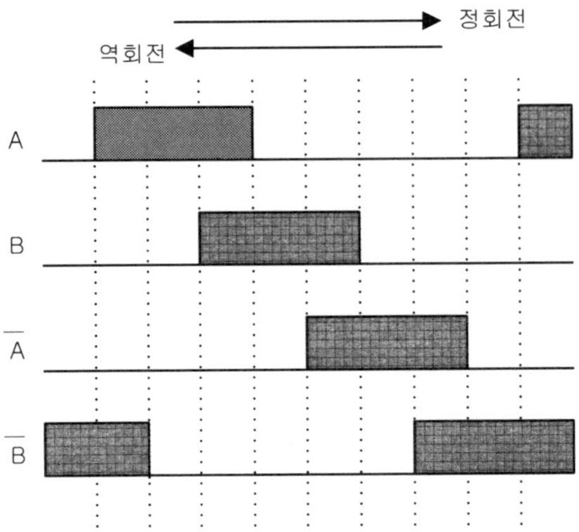

(c) 1-2상 여자방식

[그림 4-4] 스텝 모터 여자방식

스텝 모터 구동회로는 [그림 4-5]와 같이 구성되며, 펄스분배회로는 모터의 제어 여자방식에 맞추어 펄스를 발생하는 회로로서, 마이크로프로세서나 전용 IC를 이용하여 구성한다. 전력증폭회로는 펄스분배회로로부터 출력되는 신호에 따라 모터에 전류를 공급하기 위한 회로로서, 전력용 트랜지스터나 전용 IC를 이용하여 구성한다.

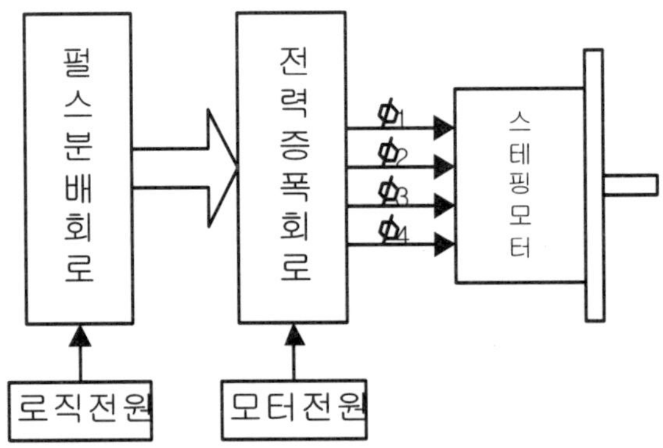

[그림 4-5] 스텝 모터 구동회로 구성도

(2) 스텝 모터 구동회로

■ 트랜지스터를 이용한 구동회로

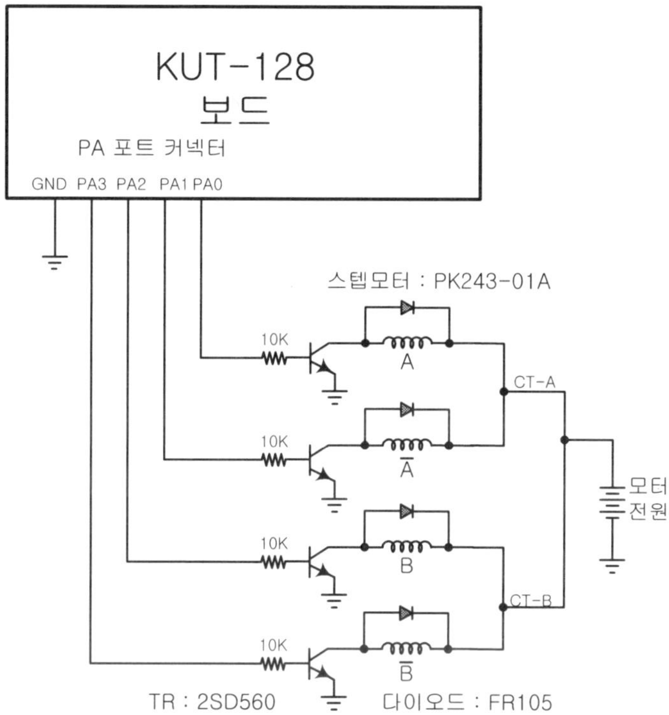

[그림 4-6] 트랜지스터를 이용한 스텝 모터 구동회로

[그림 4-6]은 다링톤 TR 2SD560 4개를 이용한 구동회로를 보여주며, 소프트웨어적으로 스텝 모터의 각 상의 펄스를 순차적으로 입력해야 한다. 따라서, 1상 구동의 경우에는 A -> B -> $\overline{A}$ -> $\overline{B}$의 순으로 1상씩 TR이 ON 되게끔 구동회로에 펄스를 출력하면 되므로 [표 4-2]와 같이 PA 포트를 통해 출력하면 된다.

[표 4-2] 1상 구동의 경우 PA포트 출력값

펄스번호	PA3($\overline{B}$)	PA2(B)	PA1($\overline{A}$)	PA0(A)	PA값(상위4비트 0)	정방향	역방향
1	0	0	0	1	0x01	↓	↑
2	0	1	0	0	0x04	↓	↑
3	0	0	1	0	0X02	↓	↑
4	1	0	0	0	0x08	↓	↑

그리고, 2상 구동의 경우에는 $\overline{B}$A -> AB -> B$\overline{A}$ -> $\overline{A}$ $\overline{B}$의 순으로 2상씩 TR이 ON 되게끔 구동회로에 펄스를 출력하면 되므로 [표 4-3]과 같이 PA 포트를 통해 출력하면 된다.

[표 4-3] 2상 구동의 경우 PA포트 출력값

펄스번호	PA3($\overline{B}$)	PA2(B)	PA1($\overline{A}$)	PA0(A)	PA값(상위4비트 0)	정방향	역방향
1	1	0	0	1	0x09	↓	↑
2	0	1	0	1	0x05	↓	↑
3	0	1	1	0	0X06	↓	↑
4	1	0	1	0	0x0A	↓	↑

마지막으로, 1-2상 구동의 경우에는 1상과 2상 구동방식을 순차적으로 적용하면 되므로, $\overline{B}$A -> A -> AB -> B -> B$\overline{A}$-> $\overline{A}$ -> $\overline{A}$ $\overline{B}$ -> $\overline{B}$의 순으로 TR이 ON 되게끔 구동회로에 펄스를 출력하면 되며, PA 포트를 통해 출력할 값은 [표 4-4]와 같아진다.

[표 4-4] 1-2상 구동의 경우 PA포트 출력값

펄스번호	PA3($\overline{B}$)	PA2(B)	PA1($\overline{A}$)	PA0(A)	PA값(상위4비트 0)	정방향	역방향
1	1	0	0	1	0x09	↓	↑
2	0	0	0	1	0x01	↓	↑
3	0	1	0	1	0X05	↓	↑
4	0	1	0	0	0x04	↓	↑
5	0	1	1	0	0x06	↓	↑
6	0	0	1	0	0x02	↓	↑
7	1	0	1	0	0x0A	↓	↑
8	1	0	0	0	0x08	↓	↑

■ 전용 IC를 이용한 구동회로

[그림 4-7]은 MOSFET를 탑재한 스텝 모터 유니폴러 구동용 IC SLA7024를 이용한 스텝 모터 구동회로를 보여주며, SLA7024는 [표 4-5]와 같은 정격을 갖는다. [그림 4-7]에서 SLA7024의 INA는 A, $\overline{\text{INA}}$는 $\overline{\text{A}}$, INB는 B, $\overline{\text{INB}}$는 $\overline{\text{B}}$와 같은 의미를 가진다. 따라서, 이 회로를 이용하여 스텝 모터를 구동하는 방법은 [그림 4-6]의 트랜지스터를 이용한 경우와 같다.

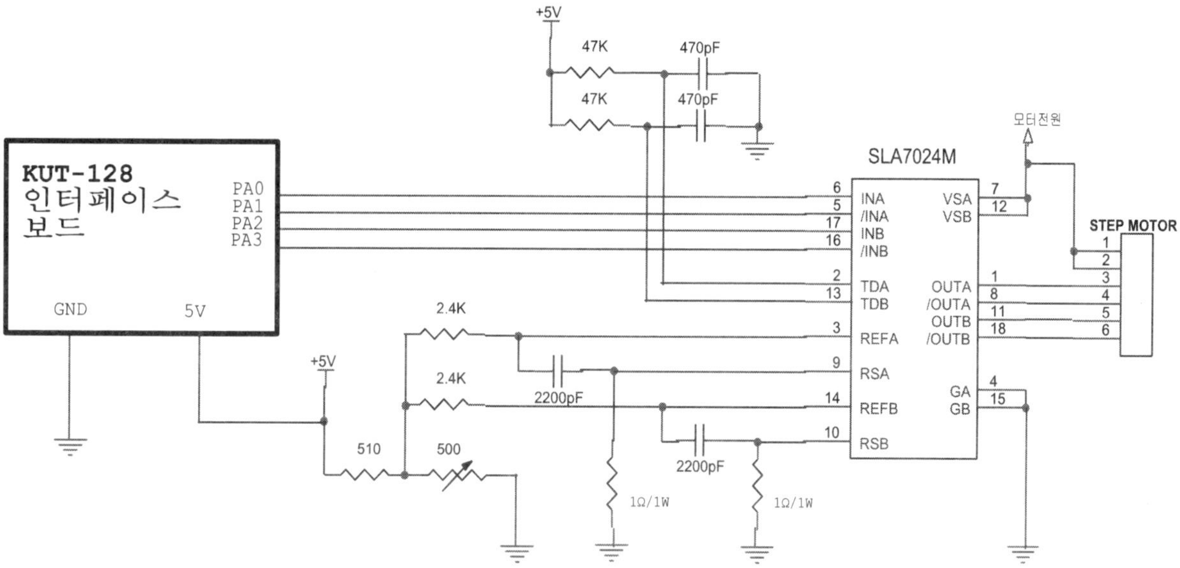

[그림 4-7] 전용 IC를 이용한 스텝 모터 구동회로

[표 4-5] 스텝모터 구동용 IC SLA7024 절대최대 정격

절대최대 정격 / 품 명	모터전원 전 압	FET출력 내 압	콘트롤 전원전압 (VSA, VSB)	출력전류
SLA7024M	46V	100V	46V	1.5A
SLA7026M				3.0A
SLA7027M				0.6A

4.3 작품5 : RC 서보 모터를 이용한 청기백기 게임기

(1) 동작개요

두 개의 RC 서보 모터를 [그림 4-8]과 같이 이용하여 왼쪽 모터는 청기를, 오른쪽 모터는 백기를 제어하도록 하며, LCD에 표시되는 명령에 따라 4개의 스위치를 이용하여 게임을 수행하는 작품을 제작한다.

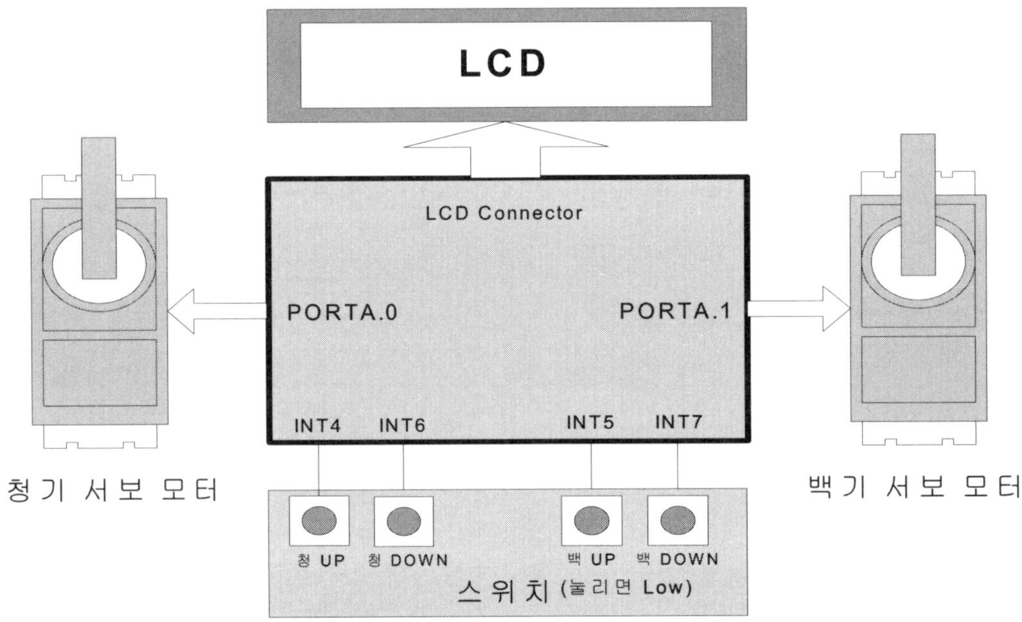

[그림 4-8] KUT51의 서보 모터 커넥터

- LCD에 표시되는 명령

Blue Flag UP! : 청기 올려	White Flag UP! : 백기 올려
Blue Flag DOWN! : 청기 내려	White Flag DOWN! : 백기 내려

(2) 동작 방법

① 위의 명령을 랜덤하게 LCD에 출력한다.
② 해당되는 스위치를 누르면 청기와 백기를 담당하는 서보 모터가 깃발을 올리거나 내린다.
③ 게임이 진행될 때마다 속도는 조금씩 빨라진다.
④ 잘못된 조작을 하게 되면 속도는 많이 빨라지고, 출력포트에 연결된 LED에 오류 회수가 표시된다.
⑤ 오류 회수가 8번이면 게임이 종료되고 LCD에 종료 메시지가 출력된다.
⑥ 게임이 종료되면 2초 후에 다시 시작 한다.

(3) 하드웨어 구성

- KUT-128 MCU 보드, KUT-128 인터페이스 보드,
  캐릭터 LCD(회로도 1부 1장 참조)

- 2개의 RC 서보 모터 인터페이스 보드의 연결
  · 청기 RC 서보 모터 PWM 제어선 : PORTA.0
  · 백기 RC 서보 모터 PWM 제어선 : PORTA.1

- 스위치 입력 : KUT-128 인터페이스 보드상의 4개 스위치를 사용하고,
  외부 인터럽트 4-7을 이용한다.

(4) 주요 함수 동작 흐름도

[그림 4-9]는 작품에 사용된 주요 함수의 동작 흐름도를 보여주며, 각 함수의 기능을 요약하면 다음과 같다.

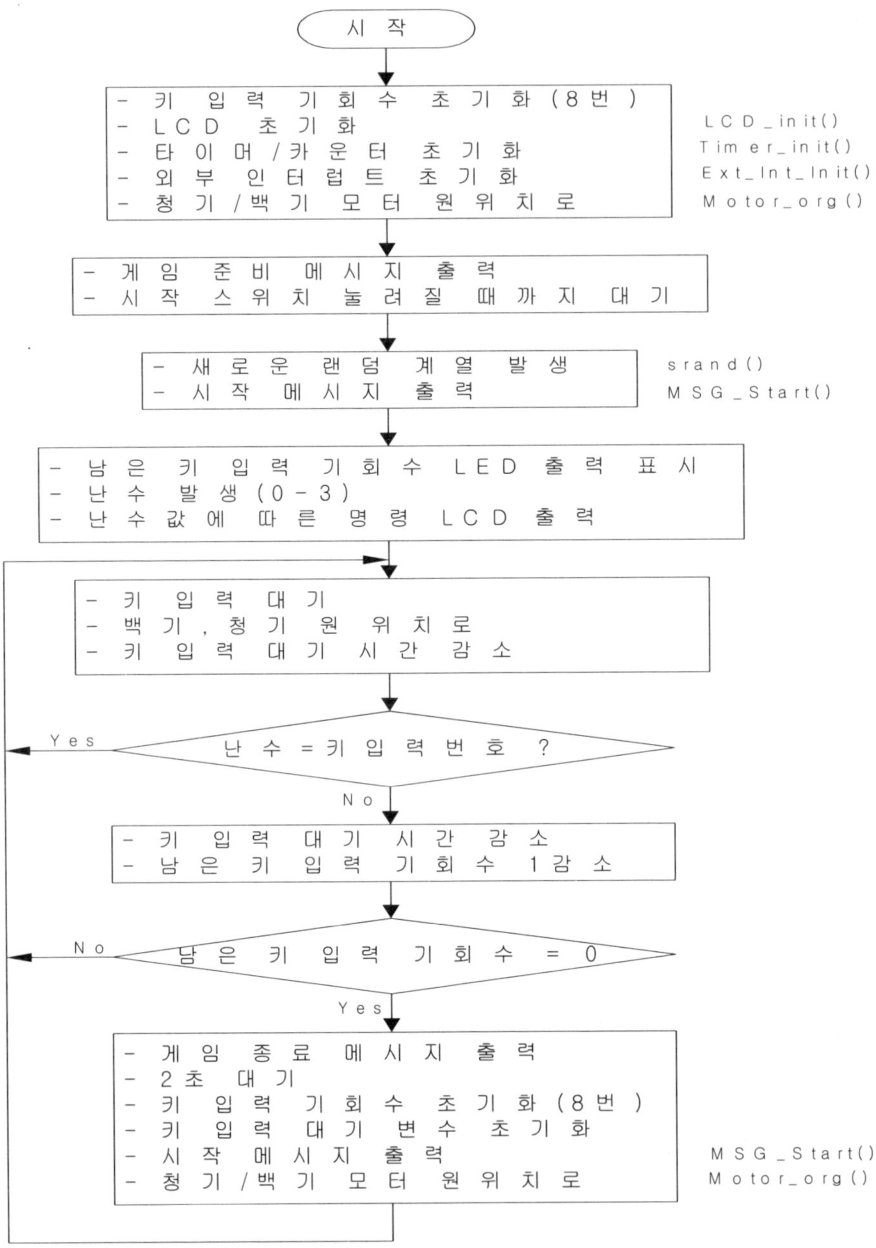

메인 함수 : main()
LCD, 타이머/카운터, 외부 인터럽트, RC 서보모터에 대한 초기설정을 한다. 새로운 랜덤계열의 수를 발생하도록 타이머/카운터0의 값을 이용하여 <stdlib.h>에 정의되어 있는 srand()함수가 실행되며, 0~3의 난수를 발생하여 LCD에 명령을 출력한다. 그리고, 입력된 스위치에 대해 제대로 눌려졌는지 확인하고 이에 대한 처리를 수행한다.

(a) 메인 함수

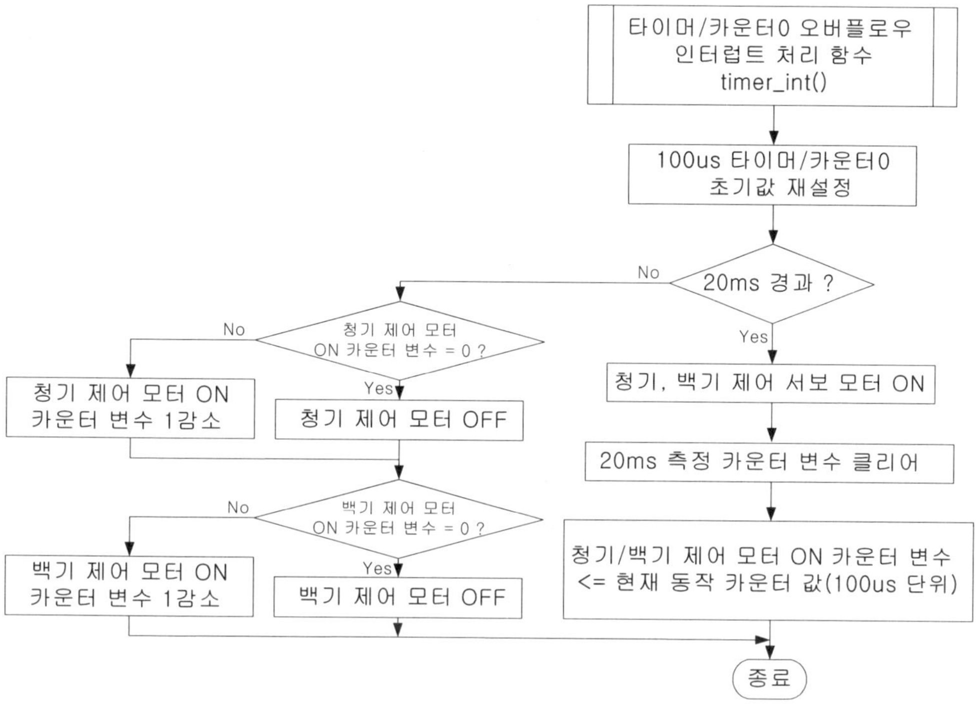

타이머/카운터 인터럽트 처리 함수 : timer_int0()
100us 인터럽트 주기가 발생하도록 타이머/카운터0에 대해 초기값을 재설정하고, 20ms 측정을 위한 카운터 변수를 1증가시킨다. 그리고, 20ms가 경과되었으면 청기/백기의 서보모터를 on시키고 20ms 측정변수를 리셋시킨다. 20ms가 아직 경과되지 않았으면 20ms 측정변수를 이용하여 청기와 백기의 on시간이 경과되었는지 조사하여 서보모터를 off시킬지 결정한다.

(b) 타이머/카운터0 인터럽트 처리 함수

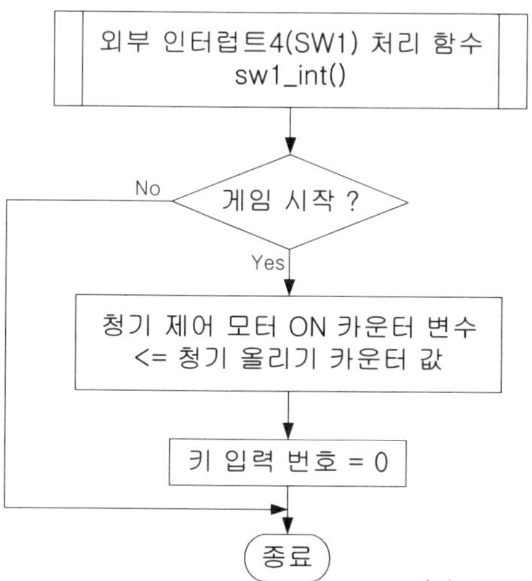

외부 인터럽트4 처리 함수 : sw1_int()
청기 서보모터 on 카운터 변수(100us 단위)를 청기 올리기 카운터 값으로 설정하고 스위치(키) 입력 번호를 0을 설정한다.

(c) SW1 입력 처리 함수

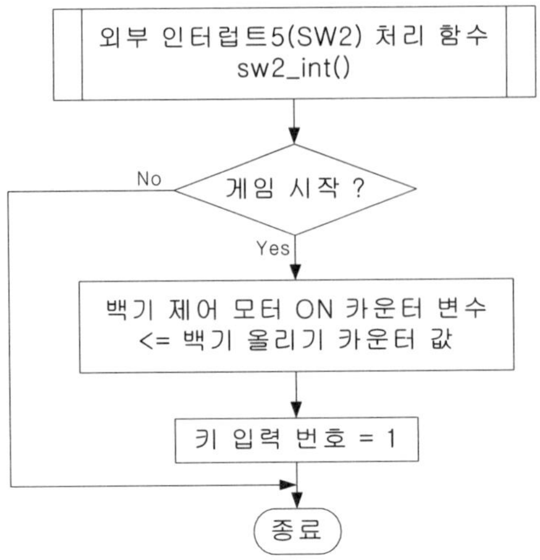

외부 인터럽트5 처리 함수 : sw2_int()
백기 서보모터 on 카운터 변수(100us 단위)를 백기 올리기 카운터 값으로 설정하고 스위치(키) 입력 번호를 1을 설정한다.

(d) SW2 입력 처리 함수

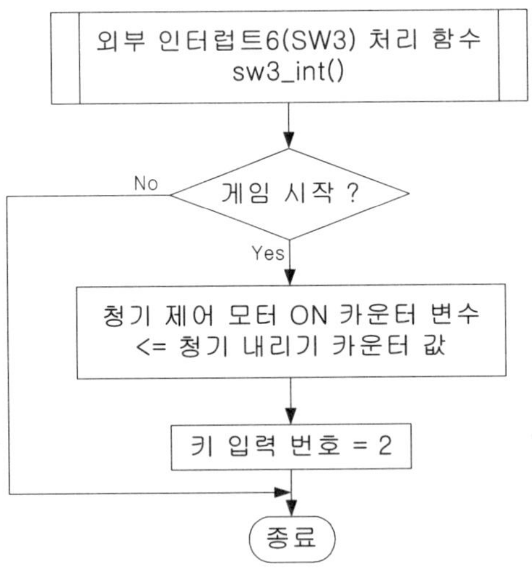

외부 인터럽트6 처리 함수 : sw3_int()
청기 서보모터 on 카운터 변수(100us 단위)를 청기 내리기 카운터 값으로 설정하고 스위치(키) 입력 번호를 2를 설정한다.

(e) SW3 입력 처리 함수

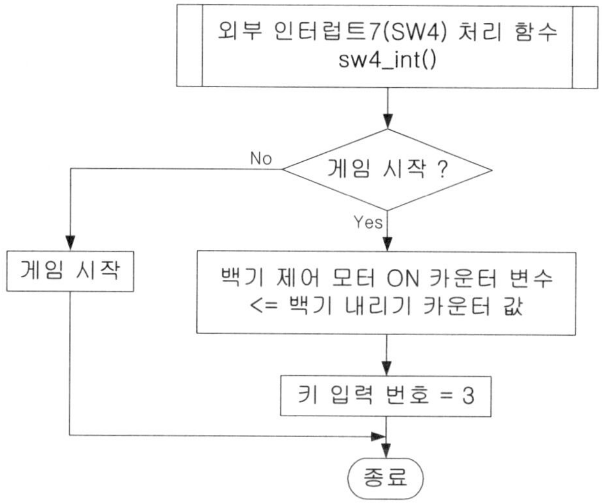

외부 인터럽트7 처리 함수 : sw4_int()
백기 서보모터 on 카운터 변수(100us 단위)를 백기 내리기 카운터 값으로 설정하고 스위치(키) 입력 변호를 3을 설정한다.

(f) SW4 입력 처리 함수

[그림 4-9] 주요 함수 동작 흐름도

(5) 작품 사진

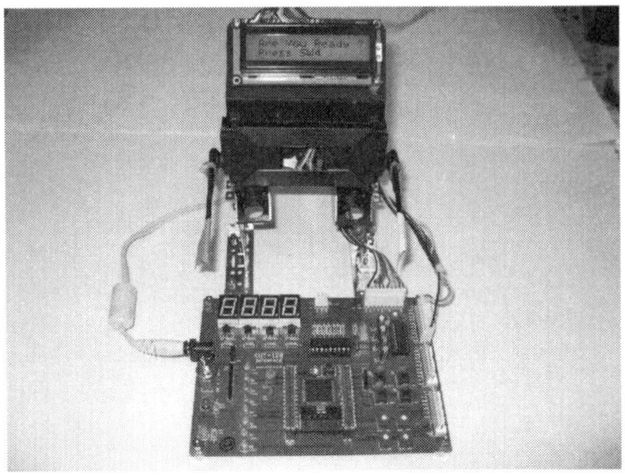

(a) 작품사진

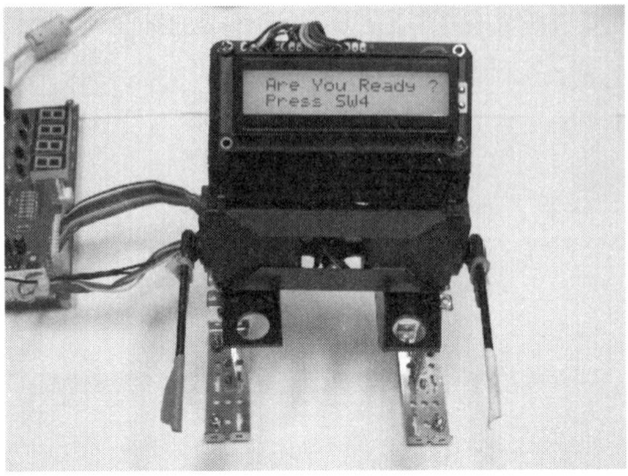

(b) 초기 화면

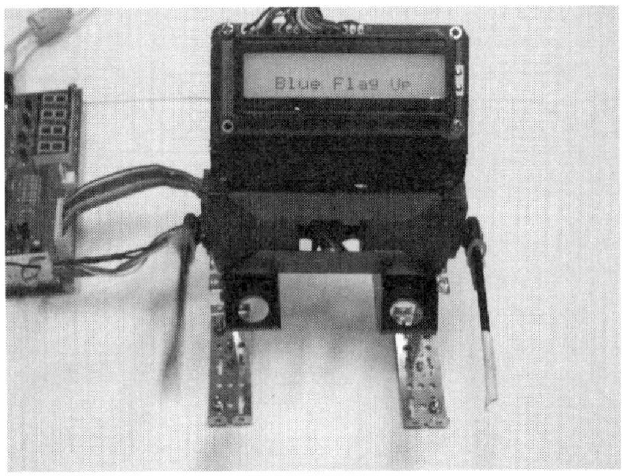

(c) "청기 올려"

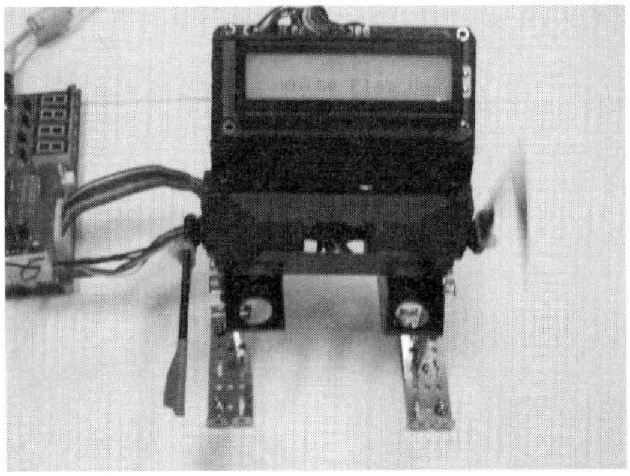

"백기 올려"

[사진 4-2] 작품 동작 사진

(6) 소스 프로그램

```
// 청기백기 게임 : RB_FLAG.C

#include        <mega128.h>
#include        <delay.h>
#include        <stdio.h>
#include        <stdlib.h>

// LCD 관련 심볼
#define         FUNCSET         0x28        // Function set
#define         ENTMODE         0X06        // Entry Mode Set
#define         ALLCLR          0x01        // All Clear
#define         DISPON          0x0C        // Display On
#define         LINE2           0xC0        // 2nd Line Move
#define         HOME            0x02        // Cursor Home
#define         CURON           0x0F        // Cursor On

// 서보 모터 관련
#define         WF_UP           23          // 백기 올리기
#define         WF_DN           6           // 백기 내리기
#define         WF_DM           14          // 백기 원 위치
#define         BF_UP           6           // 청기 올리기
#define         BF_DN           23          // 청기 내리기
#define         BF_DM           14          // 청기 원 위치
#define         RM1             PORTA.0     // 청기 제어 서보 모터 포트
#define         RM2             PORTA.1     // 백기 제어 서보 모터 포트

// LCD 관련 함수
void    LCD_init(void);                     // LCD 초기화
void    LCD_String1(char flash *);          // 정의되어 있는 문자열 출력함수
void    LCD_String2(char *);                // 생성되는 문자열 출력함수
void    Busy(void);                         // LCD 딜레이 함수
void    Command(unsigned char);             // LCD 커맨드 출력함수
void    Data(unsigned char);                // LCD 표시 데이터 출력함수

void    Timer_init(void);           // 타이머/카운터0 100us 인터럽트 주기 설정
void    Ext_Int_Init(void);         // 외부 인터럽트 4-7 설정
void    MSG_Start(void);            // 시작 메시지 LCD출력
void    Motor_org(void);            // 모터 시작 상태로

unsigned char rm1, rmb1, rm2, rmb2, cnt=0, key, st = 0;
char CMD[4][17] = {"  Blue Flag Up  ",          // 청기 올려
                   "  White Flag Up ",          // 백기 올려
```

```
            " Blue Flag Down ",         // 청기 내려
            " White Flag Down"};        // 백기 내려

void main(void)
{
    char led = 0xFF;
    int sel, i, speed = 30000;

    LCD_init();                     // LCD 초기화
    Timer_init();                   // 타이머 초기화
    DDRC = 0xFF;                    // 포트 C 출력 설정
    Ext_Int_Init();                 // 외부 인터럽트4-7 설정
    SREG = 0x80;                    // Global Interrupt Enable

    Motor_org();                    // 모터 초기상태로

    // 게임 준비 메시지 출력
    LCD_String1(" Are You Ready ?");
    Command(LINE2);
    LCD_String1(" Press SW4 ");

    while(!st);                     // WAITING SW4 PRESS

    srand(TCNT0);                   // 새로운 랜덤계열 발생

    MSG_Start();                    // 시작 메시지 출력

    while(1){
        PORTC = ~led;                   // LED에 남은 입력 기회수 출력
        sel = rand() % 4;               // 난수 값 받기
        Command(LINE2);
        LCD_String2(CMD[sel]);          // 난수 값에 의한 명령 출력

        key = 4;
        for(i = 0; i < speed; i++){     // 키 입력을 기다리는 시간
            if(key != 4) {
                delay_ms(400);
                break;
            }
            delay_us(100);
        }
        rm1 = WF_DM;                    // 백기 원 위치
        rm2 = BF_DM;                    // 청기 원 위치

        Command(ALLCLR);                            // LCD 표시 클리어
```

```
                delay_ms(100);

                if(speed > 500) speed -= 500;           // 게임 속도 증가

                if(key != sel){                  // 난수 값과 스위치 입력 값을 비교
                        if(speed > 2000) speed -= 2000;      // 틀리면 게임 속도 증가

                        led <<= 1;                       // 남은 입력 기회수 1감소
                        if(led == 0x00){                 // 8번 오류면 게임 종료
                                // 게임 종료 메시지
                                PORTC = ~led;        // LED에 남은 입력 기회수 출력 =
                                LCD_String1("--- Game Over ---");
                                delay_ms(2000);

                                led = 0xFF;
                                speed = 30000;
                                MSG_Start();                 // 시작 메세지 출력
                                Motor_org();
                        }
                }
        }
}

void    MSG_Start(void)
{
        Command(ALLCLR);
        LCD_String1(" NEW Game Start! ");
        delay_ms(2000);
        Command(ALLCLR);
}

void   Motor_org(void)
{
        RM1 = 1;                        // 청기 서보 모터 ON
        RM2 = 1;                        // 백기 서보 모터 ON

        rm1 = WF_DM;                    // 백기 원 위치
        rm2 = BF_DM;                    // 청기 원 위치

        delay_ms(400);
}

// 타이머/카운터0 초기화
void Timer_init(void)
{
```

```
        // 타이머/카운터 0 인터럽트 주기
        // 이론치 (256-56) x 8분주 x 1/16us = 100us
        TIMSK = 0x01;                   // TOIE0 = '1';
        TCCR0 = 0x02;                   // 일반모드, 프리스케일 = CK/8
        TCNT0 = 56;                     // 타이머/카운터0 레지스터 초기값
}

void Ext_Int_Init(void)
{
        EICRB = 0b10101010;             // 외부 인터럽트 INT4-7 Enable
        EIMSK = 0b11110000;             // 외부 인터럽트 INT4-INT7 하강 에지 선택
}

// 타이머/카운터 0 인터럽트 주기
// 이론치 (256-56) x 8분주 x 1/16us = 100us, 실측치 약 100us
interrupt [TIM0_OVF] void timer_int0(void)
{
        // LED 순차 점멸

        TCNT0 = 56;                     // 타이머/카운터0 초기값 재설정
        cnt++;
        if(cnt == 200){                 // 20ms 경과 ?
                RM1 = 1;                // 청기 서보 모터 ON
                RM2 = 1;                // 백기 서보 모터 ON
                cnt = 0;
                rmb1 = rm1;             // rmb1 갱신
                rmb2 = rm2;             // rmb2 갱신
        }
        else{                           // PWM 펄스 체크
                if(rmb1 != 0) rmb1--;
                else RM1 = 0;           // 청기 서보 모터 OFF

                if(rmb2 != 0) rmb2--;
                else RM2 = 0;           // 백기 서보 모터 OFF
        }
}

// SW1 : 청기 올리기
interrupt [EXT_INT4] void sw1_in(void)
{
        if(st == 0) return;

        rm2 = BF_UP;                    // 청기 올리기
        key = 0;
}
```

```
// SW2 : 백기 올리기
interrupt [EXT_INT5] void sw2_in(void)
{
        if(st == 0) return;

        rm1 = WF_UP;                    // 백기 올리기
        key = 1;
}

// SW3 : 청기 내리기
interrupt [EXT_INT6] void sw3_in(void)
{
        if(st == 0) return;

        rm2 = BF_DN;                    // 청기 내리기
        key = 2;
}

// SW4 : 백기 내리기
interrupt [EXT_INT7] void sw4_in(void)
{
        if(st == 0) st = 1;
        else {
                rm1 = WF_DN;            // 백기 내리기
                key = 3;
        }
}

// LCD 초기화
void LCD_init(void)
{
        DDRD = 0xFF;                    // D포트를 출력으로 사용
        PORTD &= 0xFB;                  // E = 0

        delay_ms(15);
        Command(0x20);                  // 펑션 셋
        delay_ms(5);
        Command(0x20);                  // 펑션 셋
        delay_us(100);
        Command(0x20);                  // 펑션 셋
        Command(FUNCSET);               // 펑션 셋
        Command(DISPON);                // 표시 ON
        Command(ALLCLR);                // 화면 클리어
        Command(ENTMODE);               // 엔트리 모드 설정
```

```
}

//시간 지연 함수
void Busy(void)
{
        delay_ms(2);
}

// 인스트럭션 쓰기 함수
void Command(char byte)
{
        Busy();

        //데이터 상위 4비트
        PORTD = (byte&0xF0);                // 데이터
        PORTD &= 0xFE;                      // RS = 0
        PORTD &= 0xFD;                      // RW = 0
        delay_us(1);
        PORTD |= 0x04;                      // E = 1
        delay_us(1);
        PORTD &= 0xFB;                      // E = 0

        // 데이터 하위 4비트
        PORTD = ((byte<<4) & 0xF0);         // 데이터
        PORTD &= 0xFE;                      // RS = 0
        PORTD &= 0xFD;                      // RW = 0
        delay_us(1);
        PORTD |= 0x04;                      // E = 1
        delay_us(1);
        PORTD &= 0xFB;                      // E = 0
}

// 데이터 쓰기 함수
void Data(char byte)
{
        Busy();

        //데이터 상위 4비트
        PORTD = (byte&0xF0);                // 데이터
        PORTD |= 0x01;                      // RS = 1
        PORTD &= 0xFD;                      // RW = 0
        delay_us(1);
        PORTD |= 0x04;                      // E = 1
        delay_us(1);
        PORTD &= 0xFB;                      // E = 0
```

```
        // 데이터 하위 4비트
        PORTD = ((byte<<4) & 0xF0);                    // 데이터
        PORTD |= 0x01;                                 // RS = 1
        PORTD &= 0xFD;                                 // RW = 0
        delay_us(1);
        PORTD |= 0x04;                                 // E = 1
        delay_us(1);
        PORTD &= 0xFB;                                 // E = 0
}

// 정해져 있는 문자열 출력 함수
void LCD_String1(char flash str[])
{
        char flash *pStr = 0;

        pStr = str;
        while(*pStr) Data(*pStr++);
}

// 새로 생성되는 문자열 출력 함수
void LCD_String2(char str2[])
{
         while(*str2) Data(*str2++);

}
```

4.4 작품6 : 소형 러닝머신

(1) 작품개요

시중에 있는 러닝머신을 [그림 4-10]과 같이 스텝 모터, RC 서보 모터, LCD를 이용하여 소형으로 제작한다.

[그림 4-10] 러닝 머신 모델

러닝머신의 동작모드는 속도와 기울기를 가변할 수 있는 1개의 수동모드와 속도만이 자동으로 변하는 자동모드1과 속도와 기울기가 자동으로 변하는 자동모드2가 있다.

수동모드에서는 시작버튼을 누르면 설정된 경사도와 속도로 벨트가 회전을 하며, 벨트가 회전하는 도중에 스위치를 이용하여 속도와 가속도를 각각 5단계로 가감할 수 있다.

자동모드1에서는 [그림 4-11]과 같이 3분 30초 동안 속도만을 변화시키면서 러닝머신을 동작시킨다.

그리고, 자동모드2에서는 [그림 4-12]와 같이 5분 50초간 속도와 경사도가 모두 변화하면서 동작하게 된다.

러닝머신이 동작하면 세그먼트에 동작 시간이 표시되고, 자동모드로 동작시키면 시간은 리셋이 되어 0부터 시작된다. LCD에는 현재의 속도, 각도, 프로그램 모드가 표시된다.

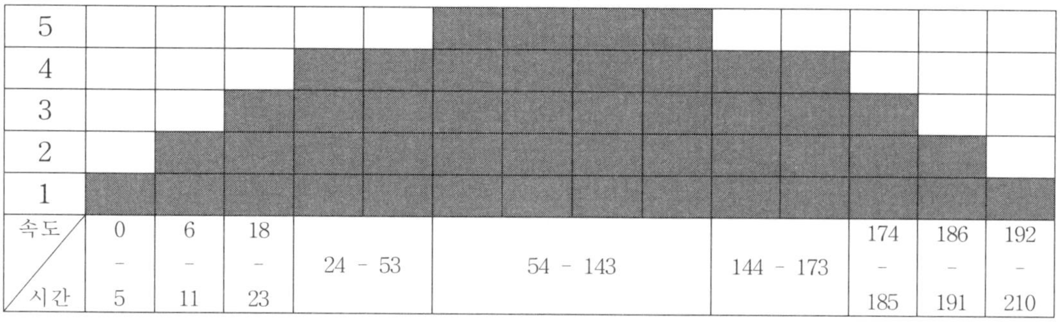

[그림 4-11] 자동모드1에서의 시간에 따른 속도 변화

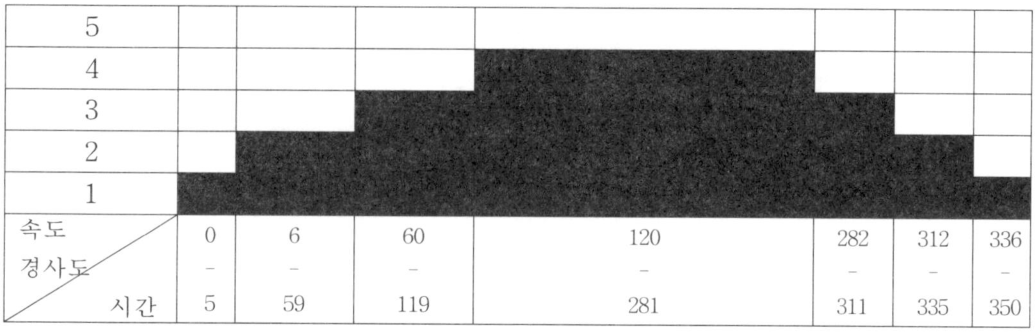

[그림 4-12] 자동모드2에서의 시간에 따른 속도/경사도 변화

(2) 하드웨어 구성

- KUT-128 MCU 보드, KUT-128 인터페이스 보드, 문자 LCD
  - ·LCD - 속도, 경사도, 모드번호 표시
  - · 세그먼트 - 작동시간
  - · 인터페이스 보드 스위치 : 모드 설정 및 속도, 기울기 가변

    스위치 1 : 시작/정지

    스위치 2 : 동작모드 선택(경사도 / 속도 / 프로그램)

    스위치 3 : 경사도/속도 증가, 프로그램 선택 확인

    스위치 4 : 경사도/속도 감소, 프로그램 선택

- 스텝모터 구동회로, RC 서보모터
  - · 서보모터 1개 - 경사도 조절
  - · 스텝모터 1개 - 속도조절

- 기타(러닝머신틀 제작) - 나무 / 포맥스 등

(3) 회로도 (스텝 모터 및 서보 모터 회로도)

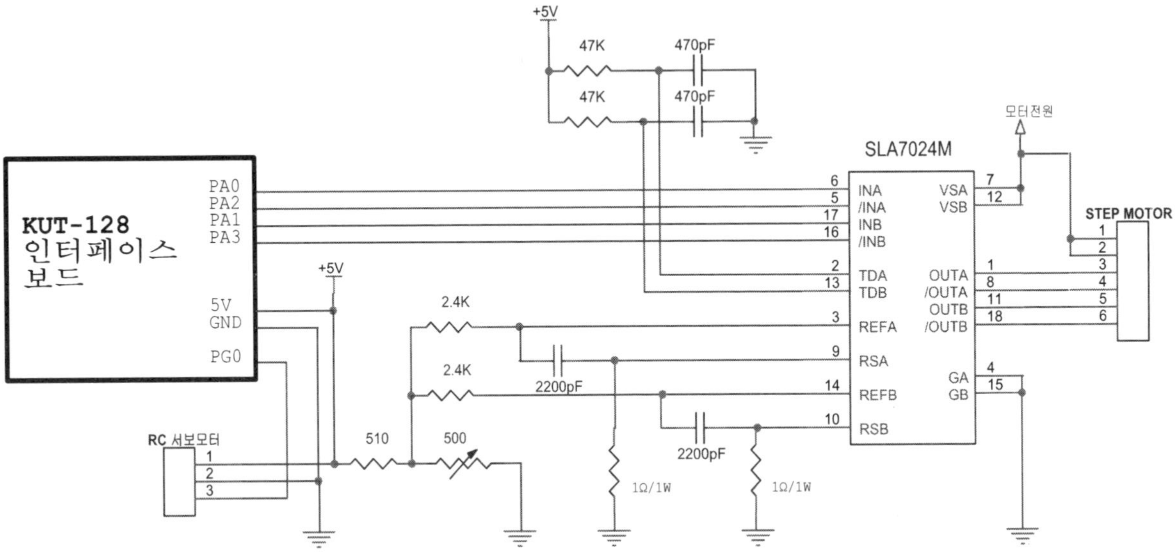

[그림 4-12] 서보모터/스텝모터 연결 회로도

(4) 작품 사진

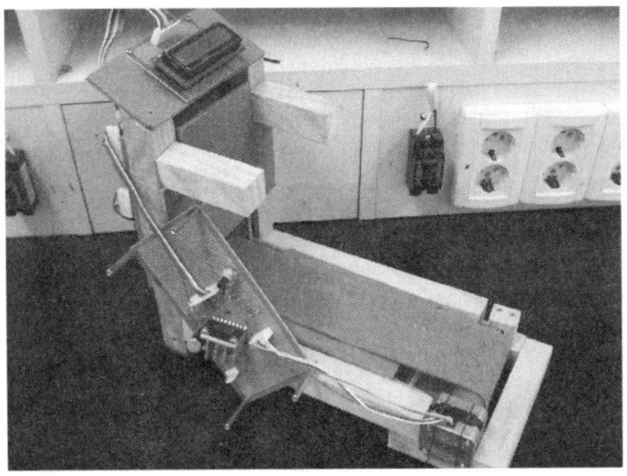

(a) 전체적인 외형1

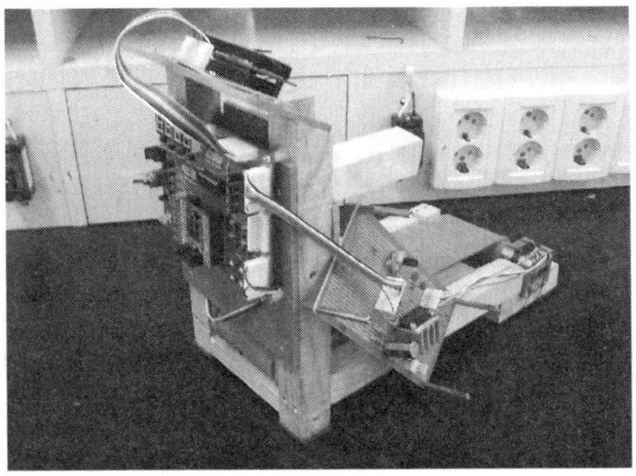

(b) 전체적인 외형2

(c) 서보모터를 이용한 경사도 조절

(d) 스텝모터를 이용한 회전

5주 : 전체적인 수정 및 보완

(e) 스텝 모터 구동회로 위치 조정

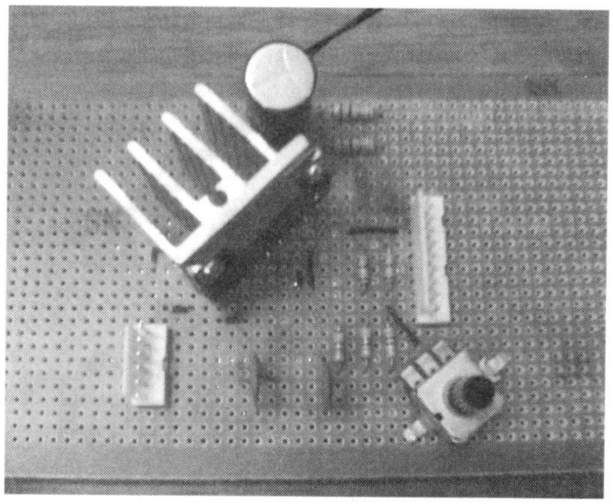

(f) 스텝 모터 구동 회로

[사진 4-3] 작품 사진

(5) 작품 동작 사진

(a) 초기 화면

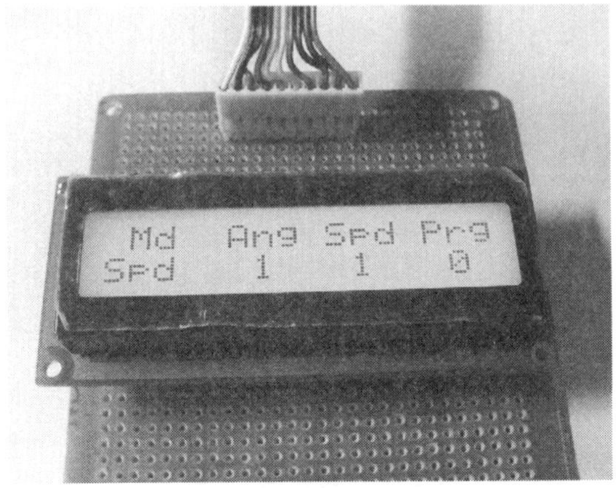

(b) 일반 조작 화면

(c) 자동모드1

(d) 자동모드2

[사진 4-4] 작품 동작 사진

(5) 주요함수 동작 흐름도

[그림 4-13]은 작품에 사용된 주요 함수의 동작 흐름도를 보여주며, 각 함수의 기능을 요약하면 다음과 같다.

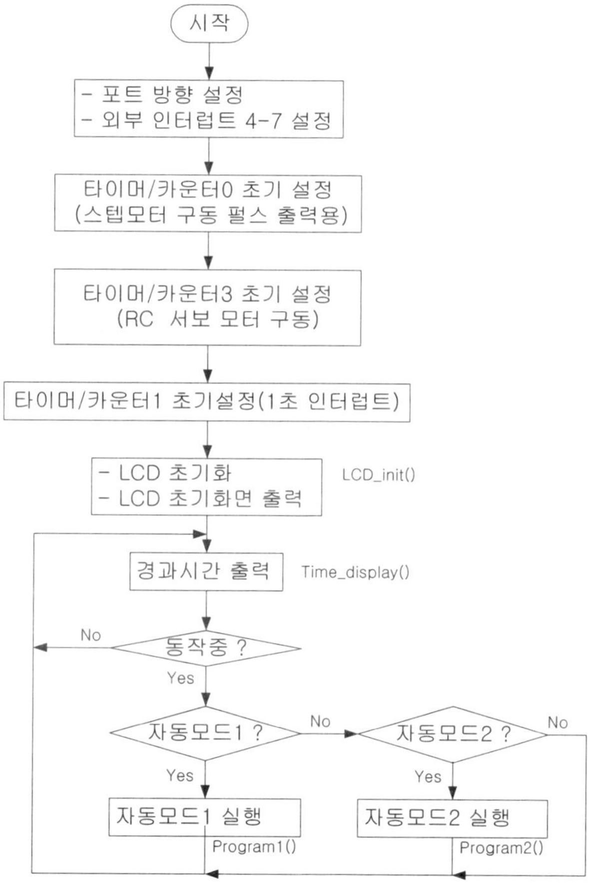

메인 함수 : main()

스위치 사용을 위해 외부 인터럽트를 초기설정하고, 스텝모터 구동을 위해 타이머/카운터0, RC 서보모터 구동을 위해 타이머/카운터3을 각각 초기설정 한다. 그리고, LCD를 초기화하여 경과시간을 출력하고, 러닝머신이 자동모드로 동작 중에 있으면 설정된 동작모드의 함수를 실행시킨다.

(a) 메인함수

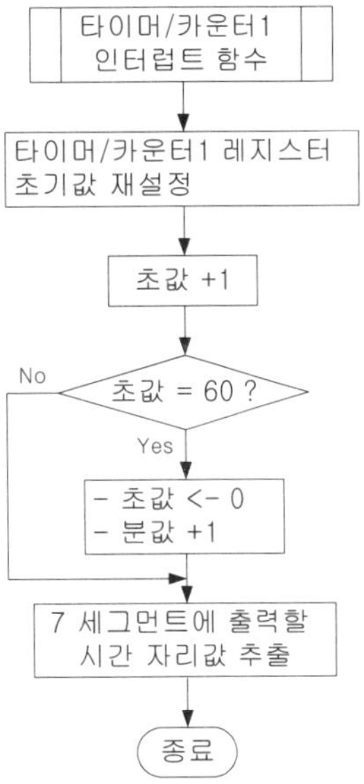

타이머/카운터1 인터럽트 처리 함수 : time1()
1초의 인터럽트 주기를 위한 초기값을 재설정하고, 경과시간을 1초 증가시켜 새로운 분과 초값을 구하여 7-세그먼트에 표시한다.

(b) 타이머/카운터1 인터럽트 함수

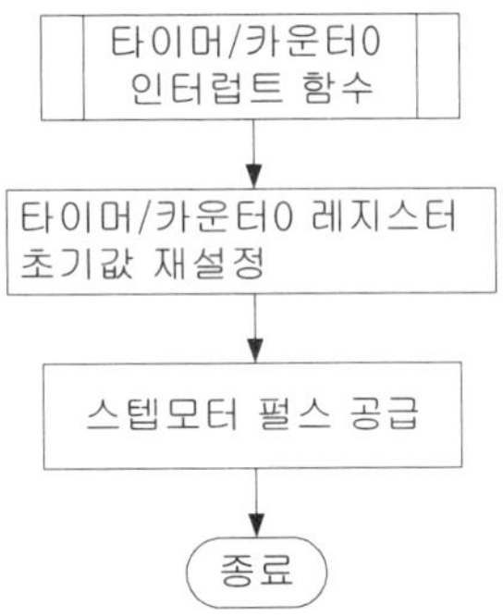

타이머/카운터0 인터럽트 처리 함수 : time0()
러닝 머신의 현재 속도에 맞는 펄스를 출력하기 위한 인터럽트 주기의 초기값을 재설정하고 스텝모터에 펄스를 하나 출력한다.

(c) 타이머/카운터0 인터럽트 함수

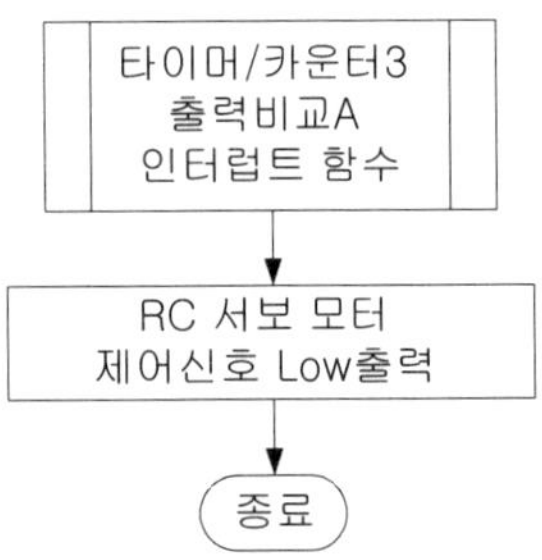

타이머/카운터3 출력비교A 인터럽트 처리 함수 : time3A()
RC 서보모터에 Low(0V)값을 출력한다.

(d) 타이머/카운터3 출력비교A 인터럽트 함수

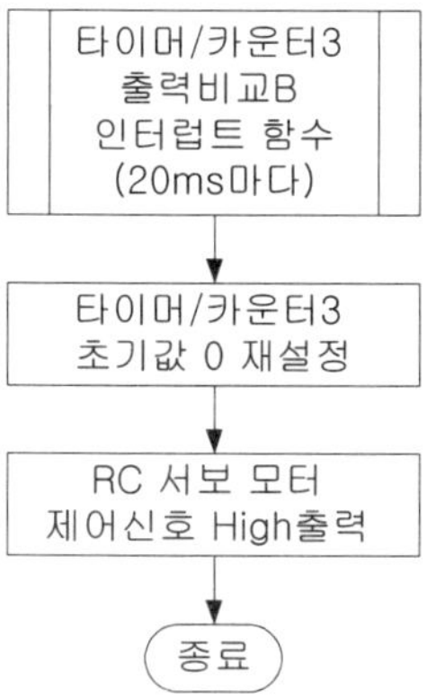

타이머/카운터3 출력비교B 인터럽트 처리 함수 : time3B()
RC 서보모터 구동을 위해 20ms마다 발생되는 인터럽트 함수로서 타이머/카운터3의 값을 0으로 초기화하고, RC 서보모터에 High(5V)의 값을 출력한다.

(d) 타이머/카운터3 출력비교B 인터럽트 함수

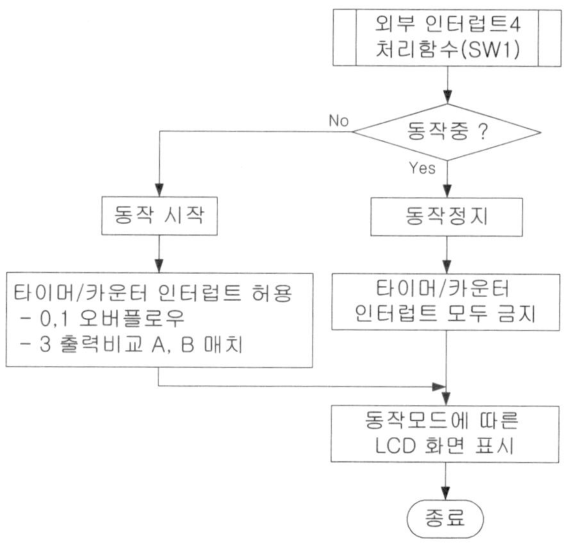

외부 인터럽트 처리 함수 : ext_int4()
스위치1에 대한 처리로서 러닝머신이 동작 중이면 정지시키고 타이머/카운터의 인터럽트를 모두 금지시킨다. 러닝머신이 동작중이 아니면 동작 모드로 설정하고 RC 서보모터나 스텝모터의 구동을 위해 타이머/카운터의 인터럽트를 인에이블 시킨다.

(f) 외부인터럽트4 함수

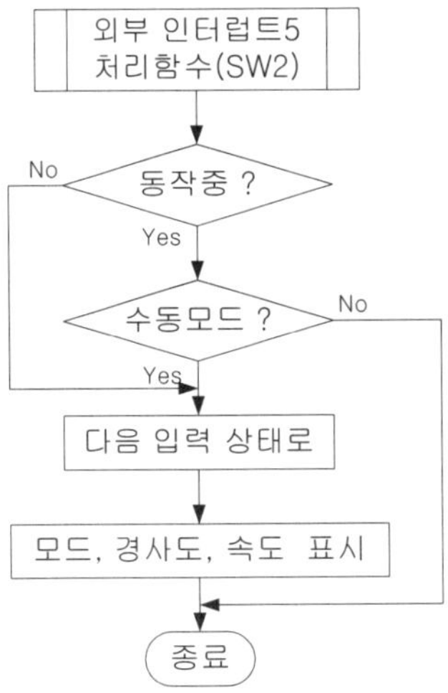

외부 인터럽트 처리 함수 : ext_int5()

스위치2에 대한 처리로서 자동모드 실행중에는 무시되며, 수동모드로 동작하거나 정지 상태에 있을 때 경사도, 속도, 모드 변경을 순차적으로 선택한다.

(g) 외부 인터럽트5 함수

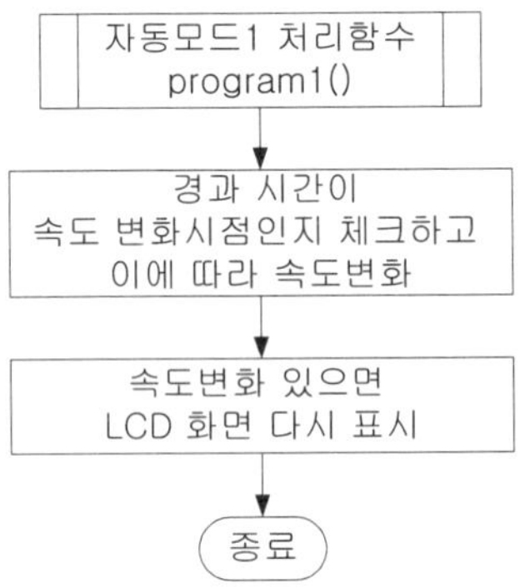

자동모드1 처리 함수 : program1()

자동모드1을 수행하는 함수로서 경과시간이 속도 변화시점인지 체크하고 이에 따라 속도를 변화시킨다. 속도 변화가 있는 경우에는 LCD 화면에 속도값을 다시 표시하고, 210초 이상 경과하면 수동모드로 한 후 정지한다.

(h) 자동모드1 처리함수

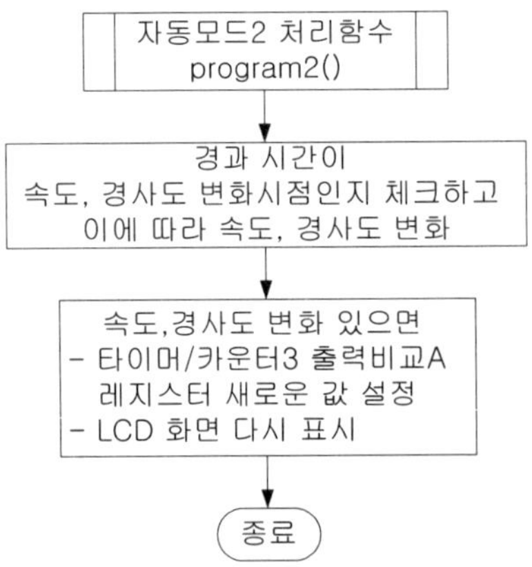

자동모드2 처리 함수 : program2()

자동모드2을 수행하는 함수로서 경과시간이 속도/경사도 변화시점인지 체크하고 이에 따라 속도/경사도를 변화시킨다. 속도/경사도 변화가 있는 경우에는 LCD 화면에 속도/경사도를 다시 표시하고, 350초 이상 경과하면 수동모드로 한 후 정지한다.

(i) 자동모드2 처리함수

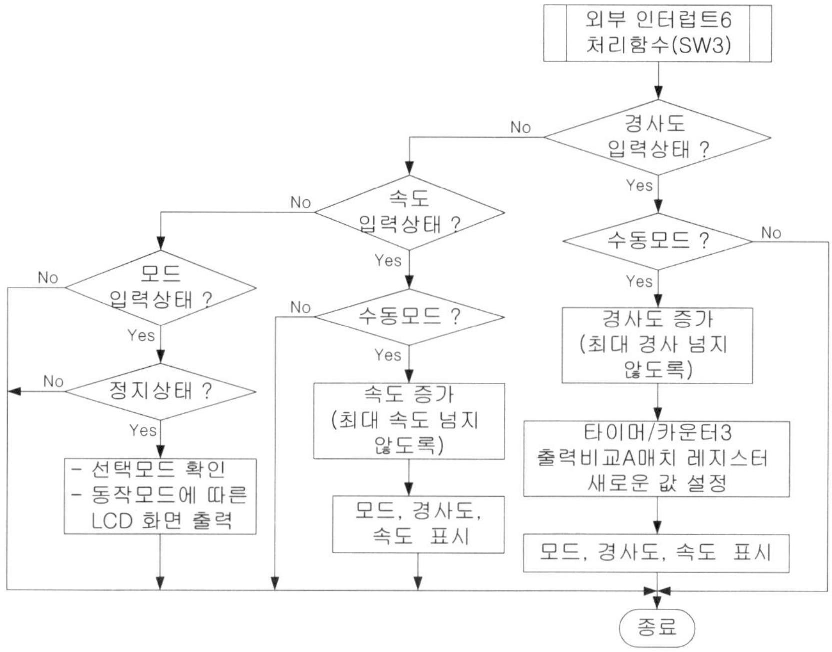

외부 인터럽트6 처리 함수 : ext_int6()
스위치3에 대한 처리로서 모드 입력 상태인 경우에는 정지상태의 경우에만 모드를 변경한다. 속도 입력 상태인 경우에는 수동모드인 경우에만 속도를 증가시킨다. 경사도 입력 상태인 경우에는 수동모드인 경우에만 경사도를 증가시키고, 타이머/카운터3 출력비교A 레지스터에 새로 설정되는 경사도에 맞는 초기값을 설정한다. 마지막으로 변경상태가 있으면 LCD 화면을 다시 표시한다.

(j) 외부 인터럽트6 함수

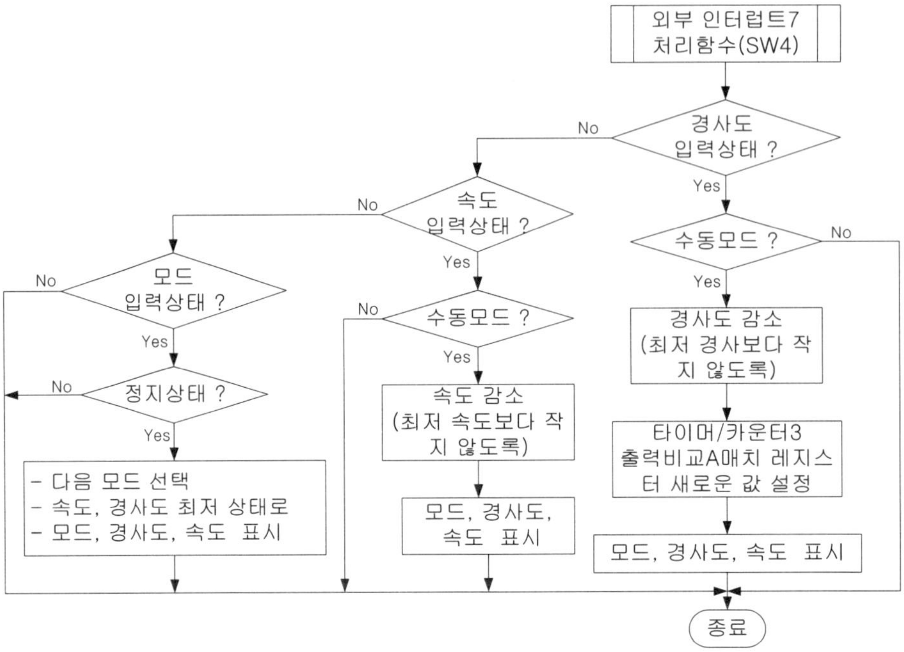

외부 인터럽트7 처리 함수 : ext_int7()
스위치4에 대한 처리로서 모드 입력 상태인 경우에는 정지상태의 경우에만 모드를 변경한다. 속도 입력 상태인 경우에는 수동모드인 경우에만 속도를 감소시킨다. 경사도 입력상태인 경우에는 수동모드인 경우에만 경사도를 감소시키고, 타이머/카운터3 출력비교A 레지스터에 새로 설정되는 경사도에 맞는 초기값을 설정한다. 마지막으로 변경상태가 있으면 LCD 화면을 다시 표시한다.

(k) 외부 인터럽트7 함수

[그림 4-13] 주요 함수 동작 흐름도(계속)

(6) 프로그램 소스

```
// 소형 러닝 머신 : mach.c
// 김길만

#include <mega128.h>
#include <stdio.h>
#include <delay.h>

#define  FUNCSET      0x28     // Function Set
#define  ENTMODE      0x06     // Entry Mode Set
#define  ALLCLR       0x01     // All Clear
#define  DISPON       0x0c     // Display On
#define  HOME         0x02     // 1st Line Move
#define  LINE2        0xC0     // 2nd Line Move

int    tot_sec = 0;            // 경과 시간 초값(계산용)
int    min = 0, sec = 0;       // 경과 시간 분값. 초값(표시용)
int    sk = 0;                 // 스텝모터에 출력할 펄스값(STEP12) 번호 (0-7)
int    fk = 0;                 // 20ms 마다 출력할 때 표시할 시간 자리번호(0-3)
int    start = 0;              // 시작/정지 변수
int    pos = 0;                // 입력값 선택(0 : 각도, 1 : 속도, 2 : 모드 선택)
int    mode = 0;               // 동작 모드 변수(0: 수동, 1: 자동모드1, 2: 자동모드2)
int    program = 0;            // 모드설정 변수(0: 수동, 1: 자동모드1, 2: 자동모드2)
int    speed = 0;              // 속도 변수
int    angle = 0;              // 경사도 변수
int    wt[4];                  // wt[3]/wt[2] : 분 10/1 자리, wt[1]/wt[0] : 초 10/1 자리
char   para_name[3][4] = {"Ang", "Spd", "Prg"};

// 7-SEGMENT ON 값, 7-세그먼트 출력 패턴값
char    seg_on[4] = {0xe0, 0xd0, 0xb0, 0x70};
char    seg_pat[10]= {0x3f, 0x06, 0x5b, 0x4f, 0x66, 0x6d, 0x7d, 0x07, 0x7f, 0x6f};

// 스텝 모터 1-2상 제어 출력 펄스값
char STEP12[8] = {0x09, 0x08, 0x0c, 0x04, 0x06, 0x02, 0x03, 0x01};

// 스텝 모터 펄스 주기 2000us, 1504us, 1000us, 700us, 512us
int    spd_val[5] = {131, 162, 193, 212, 224};

// RC 서보 모터 High 출력 기간 설정을 위한 OCR3A 값
// 640us, 1ms, 1.36ms, 1.72ms, 2.08ms
int    ang_val[5] = {160, 250, 340, 430, 520};

// 프로그램1에서의 속도변화 표시 패턴
char cg_pat[56] =
```

```
            {0x00, 0x00, 0x00, 0x00, 0x01, 0x07, 0x0F, 0x1F,
             0x00, 0x00, 0x00, 0x01, 0x1F, 0x1F, 0x1F, 0x1F,
             0x00, 0x00, 0x00, 0x1F, 0x1F, 0x1F, 0x1F, 0x1F,
             0x00, 0x00, 0x00, 0x1F, 0x1F, 0x1F, 0x1F, 0x1F,
             0x00, 0x00, 0x00, 0x1E, 0x1F, 0x1F, 0x1F, 0x1F,
             0x00, 0x00, 0x00, 0x00, 0x1E, 0x1F, 0x1F, 0x1F,
             0x00, 0x00, 0x00, 0x00, 0x00, 0x10, 0x18, 0x1C};

// LCD 관련 함수
void   LCD_init(void);                  // LCD 초기화
void   LCD_String1(char flash *);       // 문자열 출력
void   LCD_String2(char *);             // 문자열 출력
void   Busy(void);                      // 시간 지연
void   Command(unsigned char);          // 인스트럭션 쓰기
void   Data(unsigned char);             // 데이터 쓰기


void   Info_Display(void);              // 설정화면 LCD 2번째 줄 표시
void   Info_Display2(void);             // 프로그램1에서 속도변화 패턴 표시
void   Info_Display3(void);             // 프로그램1에서의 속도 표시
void   Info_Display4(void);             // 프로그램2에서의 디스플레이
void   Basic_Display(void);             // 화면을 클리어하고 경사도, 속도, 모드 표시
void   time_reset(void);                // 타이머 리셋
void   program1(void);                  // 자동모드1 수행 함수
void   program2(void);                  // 자동모드2 수행 함수
void   time_display(void);              // 경과 시간 표시

void main(void)
{
        DDRA = 0xFF;                    // 포트 A 출력( 스텝모터)
        DDRB = 0xFF;                    // 포트 B 출력(7-세그먼트)
        DDRF = 0xF0;                    // 포트 F 출력(7-세그먼트)
        DDRG = 0xFF;                    // 포트 G 출력(RC 서보모터)

         // 외부 인터럽트 4-7 인에이블?
        EIMSK = 0b11110000;                        // 외부 인터럽트 4, 5, 6, 7 인에이블
       EICRB = 0b10101010;                         // 외부 인터럽트 4, 5, 6, 7 : 하강 에지

        // 타이머/카운터0(스텝 모터 구동)
        TCCR0 = 0b00000110;                        // 타이머/카운터0 일반모드 256분주
        ASSR = 0x00;                               // 타이머
        TCNT0 = spd_val[speed];                    // 스텝 모터 속도(펄스 주기) 설정

        // 타이머/카운터3 (RC 서보 모터)
        TCCR3A = 0x00;                  // 일반모드
        TCCR3B = 0b00000011;            // 64분주
```

```
        TCNT3H = 0;                             // 타이머/카운터3 초기값
        TCNT3L = 0;

        // RC 서보모터 High 주기 설정
        OCR3AH = (ang_val[angle] & 0xff00) >> 8;    // High 주기 결정
        OCR3AL = ang_val[angle] & 0x0ff;

        // RC 서보모터 20ms 주기 설정
        OCR3BH = (5000 & 0xff00) >> 8;          // 20ms 주기 결정
        OCR3BL = 5000 & 0x0ff;

        // 타이머/카운터1 (시계용 1초)
        TCCR1A = 0x00;   // 일반모드, 1024분주
        TCCR1B =0x05;    // 1024분주
        TCNT1 = 49911;                  // 1/16us x 1024 x (65536 - 49911) = 1초 주기

        LCD_init();                             // LCD 초기화

       // LCD 초기화면 출력
       LCD_String1("    GM HEALTH       ");     // 첫번째 라인에 출력
       Command(LINE2);
       LCD_String1("RUNNING RUNNING ");         // 두번째 라인에 출력
       delay_ms(2000);

       Command(HOME);
       LCD_String1(" Md   Ang Spd Prg");
       Info_Display();

       SREG = 0x80;                    // 전역 인터럽트 인에이블 I 비트 셋

       while(1){
               time_display();                         // 경과 시간 표시
               if(start == 1){                         // 동작 중
               if(mode == 1) program1();               // 자동모드1
                       else if(mode == 2) program2();  // 자동모드2
           }
       }
}

// 스텝 모터 펄스 공급
// 펄스 주기 = 1/16us x 256 * (256 - TCNT0)
interrupt [TIM0_OVF] void time0(void)
{
       TCNT0 = spd_val[speed];         // speed 초기값 재설정

       PORTA = STEP12[sk];             // 스텝 모터 펄스 출력
```

```
        sk = (sk + 1) % 8;              // 다음 출력할 펄스 번호
}

// 타이머/카운터1 1초 설정
// 1/16us x 1024 x (65536 - 49911) = 1초 주기
interrupt [TIM1_OVF] void time1(void)
{
        TCNT1 = 49911;                  // 초기값 재설정

        sec++;                          // 초값 + 1
        tot_sec++;                      // 경과시간 + 1
        if(sec == 60){                  // 초값 = 60 ?
                sec = 0;                // 초값 <- 0
                min++;                          // 분값 + 1
                if(min == 60) min = 0;          // 분값 = 60 이면 분값 = 0
        }

        wt[0] = sec % 10;                       // 초 1자리
        wt[1] = sec / 10;                       // 초 10자리
        wt[2] = min % 10;                       // 분 1자리
        wt[3] = min / 10;                       // 분 10자리
}

// RC 서보 모터 제어 신호 High 종료
interrupt [TIM3_COMPA] void time3A(void)
{
        PORTG= 0x0;                     // RC 서보 모터 Low
}

// RC 서보 모터 20ms마다 제어 신호 High 출력
interrupt [TIM3_COMPB] void time3B(void)
{
        TCNT3L = 0;                     // 타이머/카운터3 초기값 재설정
        TCNT3H = 0;
        PORTG = 0x01;                   // RC 서보 모터 제어신호(PORTG.0) High
}

// 스위치 SW1 : 시작/정지
interrupt [EXT_INT4] void ext_int4(void)
{
        if(start == 1) {                // 동작 중 ?
                start = 0;              // 정지

                // 타이머/카운터 인터럽트 금지 -> 타이머 인터럽트 함수 호출 정지
                TIMSK = 0x0;
                ETIMSK = 0x0;
```

```
        }
        else {                              // 정지 상태
                start = 1; // 시작

                // 타이머/카운터 인터럽트 인에이블 -> 타이머 인터럽트 함수 호출 시작
                ETIMSK = 0b00011000;            // OCIE3A = 1, OCIE3B = 1
                TIMSK = TIMSK | 0b00000101;     // TOIE0= 1, TOIE1 = 1
        }

        // LCD에 모드 표시
        if(mode == 1){                          // 자동모드1
                Command(HOME);
                LCD_String1("Select Program1!");
                Command(LINE2);
                Info_Display2();
        }
        else if(mode == 2){                     // 자동모드2
                Command(HOME);
                LCD_String1("Select Program2!");
                Command(LINE2);
                Info_Display4();
        }
        else Basic_Display();                   // 수동 모드
}

void Basic_Display(void)
{
        Command(HOME);
        LCD_String1(" Md  Ang Spd Prg");
        Info_Display();
}

// 스위치 SW2 : 입력값 선택 (pos=0 경사도 / pos=1 속도 / pos=2 동작모드)
interrupt [EXT_INT5] void ext_int5(void)
{
        if(start == 1 && mode != 0) return;     // 자동모드 실행 중에는 무시

        pos = (pos + 1) % 3;                    // 다음 입력 상태로

        Basic_Display();
}

// 스위치 SW3 : 경사도 증가, 속도 증가 , 동작모드 선택 확인
interrupt [EXT_INT6] void ext_int6(void)
{
        if(pos == 0){                           // 경사도 증가
```

```
                if(mode == 0){                        // 수동모드에서만 경사도 변화 가능
                                if(angle != 4) angle = angle + 1;

                        // RC 서보 모터 High 주기 설정
                        OCR3AH = (ang_val[angle] & 0xff00) >> 8;
                        OCR3AL = ang_val[angle] & 0x0ff;

                        Info_Display();
                }
        }
        else if(pos == 1){                    // 속도 증가
                if(mode == 0){        // 수동모드에서만 속도 변화 가능
                        if(speed != 4) speed = speed + 1;
                        Info_Display();
                }
                }
        else if(pos == 2 && start == 0){              // 동작모드 확인
                time_reset();

                if(program == 1){                     // 자동모드1 선택
                        mode = 1;
                        Command(HOME);
                        LCD_String1("Select Program1!");
                        Command(LINE2);
                        Info_Display2();
                }
                else if(program == 2){                // 자동모드2 선택
                        mode = 2;
                        Command(HOME);
                        LCD_String1("Select Program2!");
                        Command(LINE2);
                        Info_Display4();
                }
                else mode = 0;                        // 수동모드
        }
}

// 스위치 SW4 : 경사도 감소, 속도감소, 동작모드 선택
interrupt [EXT_INT7] void ext_int7(void)
{
                if(pos == 0){ // 경사도 감소
                if(mode == 0){                        // 수동모드에서만 경사도 변화 가능
                        if(angle != 0) angle--;

                        // RC 서보 모터 High 주기 설정
                        OCR3AH = (ang_val[angle] & 0xff00) >> 8;
```

```
                        OCR3AL = ang_val[angle] & 0x0ff;
                        Info_Display();
                }
            }
        else if(pos == 1){ // 속도 감소
                if(mode == 0){                  // 수동모드에서만 속도 변화 가능
                        if(speed != 0) speed--;
                        Info_Display();
                }
                }
         else {                 // 프로그램 선택
                if(start == 0){                 // 정지시에만 모드 전환 가능
                program++;                      // 다음 동작모드로 전환
                        if(program > 2) program = 0;

                        // 모드 변환시 속도, 경사도는 최소값으로
                        speed = 0;
                        angle= 0;

                        Basic_Display();
                }
        }
}

// 세그먼트에 시간 표시(한번에 한 자리씩 출력)
void time_display(void)
{
        PORTF = seg_on[fk];             // fk 자리 Segment ON
        PORTB = seg_pat[wt[fk]];        // fk 자리값 패턴 출력
        fk =  (fk + 1) % 4;             // 다음에 출력할 자리 번호 갱신
        delay_ms(1);
}

// 2번째줄 각도, 속도, 모드 표시
void Info_Display(void)
{
        char Info[16];

        sprintf(Info, "%3s   %1d   %1d   %1d", para_name[pos], angle + 1, speed + 1, program);

        Command(LINE2);
        LCD_String2(Info);    // 두번째 라인에 출력
}

// 자동모드1에서의 표시
void Info_Display2(void)
```

```
{
        int         i;
        char        Info[9];

        // LCD 속도변화 패턴 등록
        for(i = 0;i < 56;i++){
                Command(0x40 + i);
                Data(cg_pat[i]);
        }

        sprintf(Info, "Spd   %1d   ", speed + 1);

        Command(LINE2);
        LCD_String2(Info);      // 두번째 라인에 출력

        // 속도변화 패턴출력
        for(i = 0;i < 7;i++) Data(i);
}

// 자동모드1에서의 디스플레이
void Info_Display3(void)
{
        char Info[9];

        sprintf(Info, "Spd   %1d   ", speed + 1); // 속도 표시

        Command(LINE2);
        LCD_String2(Info);
}

// 자동모드2에서의 디스플레이
void Info_Display4(void)
{
        char Info[16];

        // 속도, 경사도 표시
        sprintf(Info, "Speed %1d angle %1d", speed + 1, angle + 1);

        Command(LINE2);
        LCD_String2(Info);
}

//시간 리셋
void time_reset(void)
{
        int         i;
```

```
		min = 0;
		sec = 0;
		tot_sec = 0;

		for(i = 0;i < 4;i++) wt[i] = 0;			// 세그먼트 표시할 값 0000 저장
	}

	// 자동모드1 (속도만 변화)
	void program1(void)
	{
		int	chk = 0;

		if(tot_sec == 192){
			speed = 0;
			chk = 1;
		}
		else if(tot_sec == 6 || tot_sec == 186){
			speed = 1;
			chk = 1;
		}
		else if(tot_sec == 12 || tot_sec == 174){
			speed = 2;
			chk = 1;
		}
		else if(tot_sec == 24 || tot_sec == 144){
			speed = 3;
			chk = 1;
		}
		else if(tot_sec == 54 || tot_sec == 138){
			speed = 4;
			chk = 1;
		}
		// 프로그램 완료후 정지
		if(tot_sec >= 210){
			program = 0;			// 수동모드
			mode = 0;			// 수동 모드로
			 TIMSK = 0;				// 타이머/카운터 인터럽트 금지
			 ETIMSK = 0;				// 타이머/카운터 인터럽트 금지
			 Basic_Display();			// 경사도, 속도, 모드 표시
			 start = 0;				// 동작 정지
		}

		if(chk == 1) Info_Display3();
	}
```

```
// 자동모드2 (속도/경사도 변화)
void program2(void)
{
          int       chk = 0;

        // 각 시간에 따른 경사도 조절
        if(tot_sec == 336){
                    angle = 0;
                    speed = 0;
                    chk = 1;
        }
        else if(tot_sec == 6 || tot_sec == 312){
                    angle = 1;
                    speed = 1;
                    chk = 1;
        }
        else if(tot_sec == 60 || tot_sec == 282){
                    angle = 2;
                    speed = 2;
                    chk = 1;
        }
        else if(tot_sec == 120) {
                    angle = 3;
                    speed = 3;
                    chk = 1;
        }

        // RC 서보모터 High 주기 설정
        if(chk == 1){
                    OCR3AH = (ang_val[angle] & 0xff00) >> 8;
                    OCR3AL = ang_val[angle] & 0x0ff;
                    Info_Display4();
        }

        //프로그램 완료후 정지
        if(tot_sec >= 350){
                    program = 0;                // 수동모드
                    mode = 0;                   // 수동모드
                    TIMSK = 0;                  // 타이머/카운터 인터럽트 금지
                    ETIMSK = 0;                 // 타이머/카운터 인터럽트 금지
                    Basic_Display();            // 경사도, 속도, 모드 표시
                    start = 0;                  // 동작 정지
        }
}

// LCD 초기화
```

```
void LCD_init(void)
{
        DDRD = 0xFF;                  // 포트 D 출력 설정
        PORTD &= 0xFB;                // E = 0;

        delay_ms(10);
        Command(0x20);                // 펑션 셋
        delay_ms(3);
        Command(0x20);                // 펑션 셋
        delay_us(100);
        Command(0x20);                // 펑션 셋
        Command(FUNCSET);             // 펑션 셋
        Command(DISPON);              // 표시 ON
        Command(ALLCLR);              // 화면 클리어, 커서 홈
        Command(ENTMODE);             // 엔트리 모드 셋
}

// 문자열 출력 함수
void LCD_String1(char flash str[])
{
        char flash *pStr=0;

        pStr = str;
        while(*pStr) Data(*pStr++);
}

// 새로 생성되는 문자열 출력
void LCD_String2(char str[])
{
        while(*str) Data(*str++);
}

// 인스트럭션 쓰기 함수
void Command(unsigned char byte)
{
        Busy();

        // 인스트럭션 상위 바이트
        PORTD = (byte & 0xF0);              // 데이터
        PORTD &= 0xFE;                      // RS = 0;
        PORTD &= 0xFD;                      // RW = 0;
        delay_us(1);
        PORTD |= 0x04;                      // E = 1;
        delay_us(1);
        PORTD &= 0xFB;                      // E = 0;
```

```
        // 인스트럭션 하위 바이트
        PORTD = ((byte<<4) & 0xF0);             // 데이터
        PORTD &= 0xFE;                          // RS = 0;
        PORTD &= 0xFD;                          // RW = 0;
        delay_us(1);
        PORTD |= 0x04;                          // E = 1;
        delay_us(1);
        PORTD &= 0xFB;                          // E = 0;
}

//데이터 쓰기 함수
void Data(unsigned char byte)
{
        Busy();

        // 데이터 상위 바이트
        PORTD = (byte & 0xF0);                  // 데이터
        PORTD |= 0x01;                          // RS = 1;
        PORTD &= 0xFD;                          // RW = 0;
        delay_us(1);
        PORTD |= 0x04;                          // E = 1;
        delay_us(1);
        PORTD &= 0xFB;                          // E = 0;

        // 데이터 하위 바이트
        PORTD = ((byte<<4) & 0xF0);             // 데이터
        PORTD |= 0x01;                          // RS = 1;
        PORTD &= 0xFD;                          // RW = 0;
        delay_us(1);
        PORTD |= 0x04;                          // E = 1;
        delay_us(1);
        PORTD &= 0xFB;                          // E = 0;
}

// Busy Flag Check -> 일반적인 BF를 체크하는 것이 아니라
// 일정한 시간 지연을 이용한다.
void Busy(void)
{
        delay_ms(1);
}
```

Chapter 05

센서 응용

5.1 작품7 : 가습기 제어 장치

(1) 작품 개요

습도 센서를 이용하여 희망 습도를 설정하고 이에 따라 가습기를 ON/OFF 제어한다.

(2) 사용 부품 리스트 및 회로도

[표 5-1] 부품 리스트

종류	Value
CPU	KUT-128 (ATmega128)
LCD Module	LC162H2
IC	TLC555/T1
저항	10K * 4 (가변저항 1개 포함)
	1K * 2
	49.9K
	576K
	909K
TR	1815
HS1001	
CAPACITOR	104 * 3
DIODE	IN4001
SW	PUSH * 4
RELAY	5V 동작

<습도 센서 주파수 출력회로>

아래 회로도는 습도 센서 HS1001를 위한 구동회로로서 습도에 따라 IC 555의 출력핀을 통해 주파수가 다른 파형을 출력한다. 따라서, 습도를 측정하기 위해서는 회로도에서 FOUT에 출력되는 파형의 주파수를 측정하여 습도와 출력주파수의 관계를 나타내는 [표 5-2]를 이용하여 선형보간법(직선 근사식)을 이용하여 계산하면 된다.

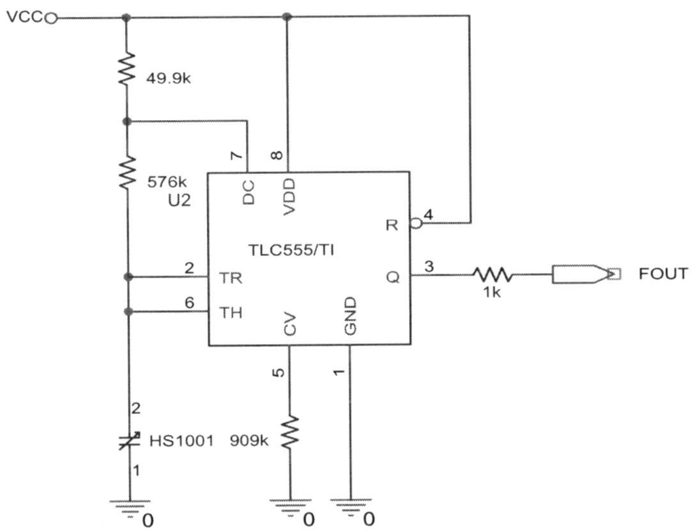

[그림 5-1] 습도 센서 구동 회로도

[표 5-2] 습도와 구동회로에서의 FOUT 출력주파수와의 관계

습도 (%)	0	10	20	30	40	50	60	70	80	90	100
출력 주파수	7351	7224	7100	6976	6853	6728	6600	6468	6330	6186	6033

예를 들어 출력주파수가 7000인 경우에는 [표 5-2]에서 습도 20%(주파수 7100)와 30%(주파수 6976)의 값을 이용하면 된다. [그림 5-2]에서 직선 AB의 식은

$$(y - 30) = \frac{(20 - 30)}{(7100 - 6976)}(x - 6976)$$

이 된다. 따라서, x에 7000을 대입하여 계산하면 습도는 28.06%가 된다.

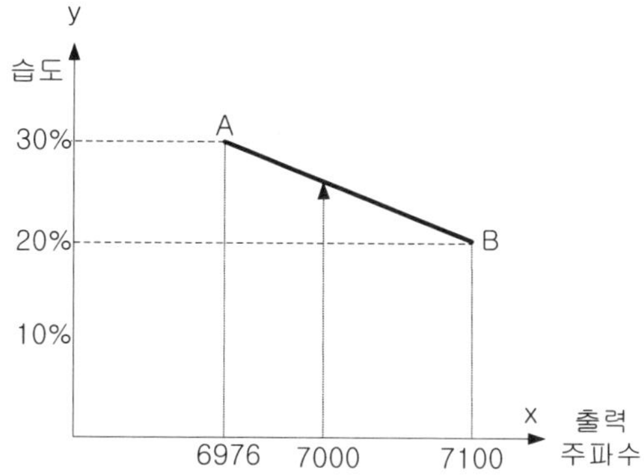

[그림 5-2] 선형 보간법에 의한 습도 계산

[그림 5-3]은 회로도를 보여주며, $\overline{\text{INT4}}$, $\overline{\text{INT5}}$, $\overline{\text{INT6}}$에 연결된 스위치의 기능은 [표 5-3]과 같다.

[표 5-3] 스위치 기능

스위치	기 능
스위치1 ($\overline{\text{INT4}}$)	희망 습도 1 증가
스위치2 ($\overline{\text{INT5}}$)	희망 습도 1 감소
스위치3 ($\overline{\text{INT6}}$)	희망 습도 10으로 설정하고 즉시 가습기 OFF

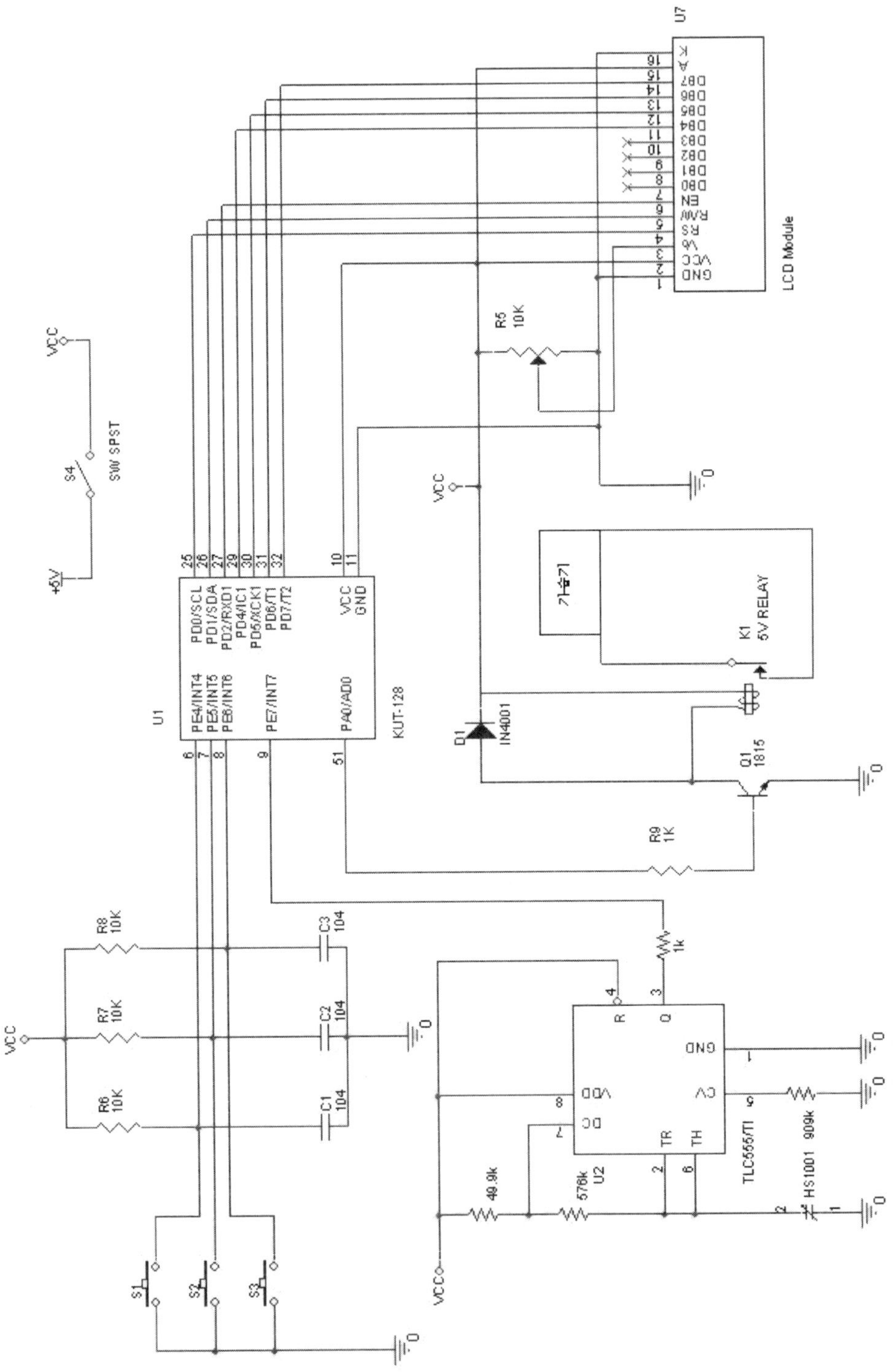

[그림 5-3] 회로도

(3) 동작 흐름도

[그림 5-4]는 작품에 사용된 주요 함수의 동작 흐름도를 보여주며, 각 함수의 기능을 요약하면 다음과 같다.

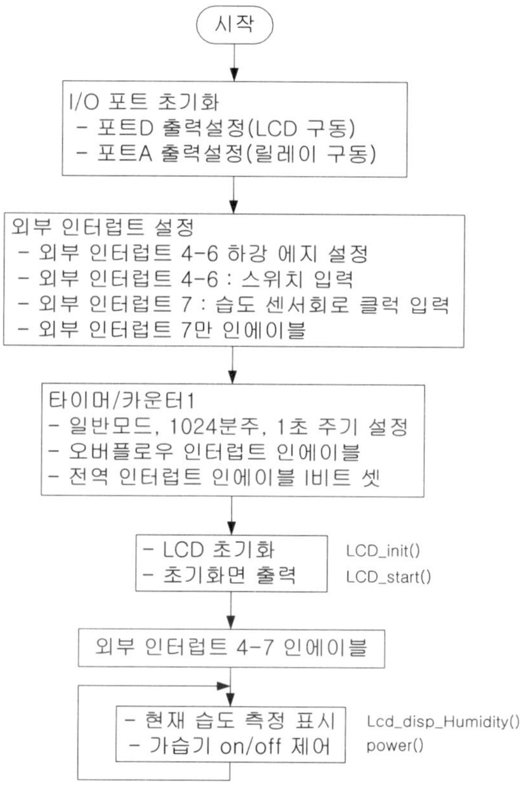

메인 함수 : main()
포트 입출력 방향, 스위치 입력처리를 위한 외부 인터럽트4-6, 습도센서의 출력클럭 처리를 위한 외부 인터럽트7에 대한 초기설정을 한다. 습도센서로부터 입력된 클럭의 수를 1초 간격으로 측정하기 위해 타이머/카운터1의 1초 인터럽트 주기를 설정하고, LCD를 초기화한 후 현재습도, 가습기의 on/off 상태를 표시한다.

(a) 메인함수

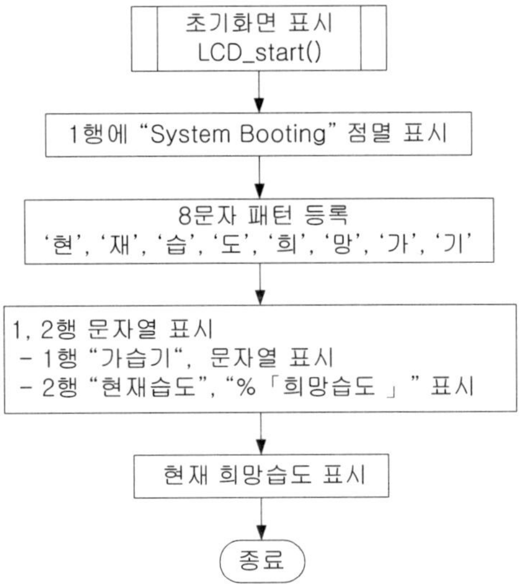

초기화면 표시 함수 : LCD_start()
LCD에 표시할 문자('현', '재', '습', '도', '희', '망', '가', '기') 패턴을 등록하고 초기화면을 표시한다.

(b) 초기화면 표시함수

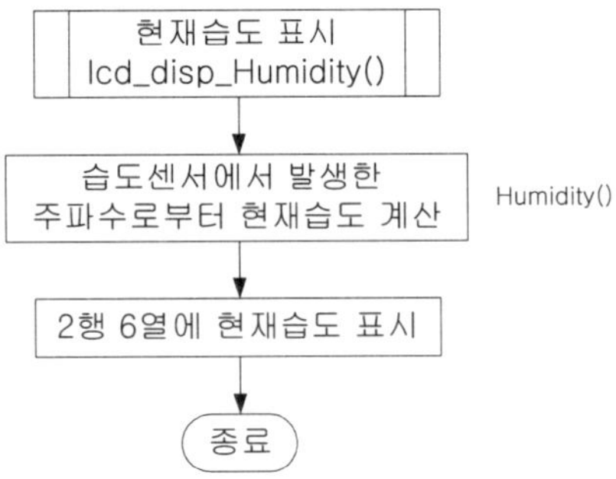

현재습도 표시 함수 : lcd_disp_Humidity()
습도센서에서 발생한 주파수로부터 현재습도를 계산하고 LCD에 표시한다.

(c) 현재습도 표시함수

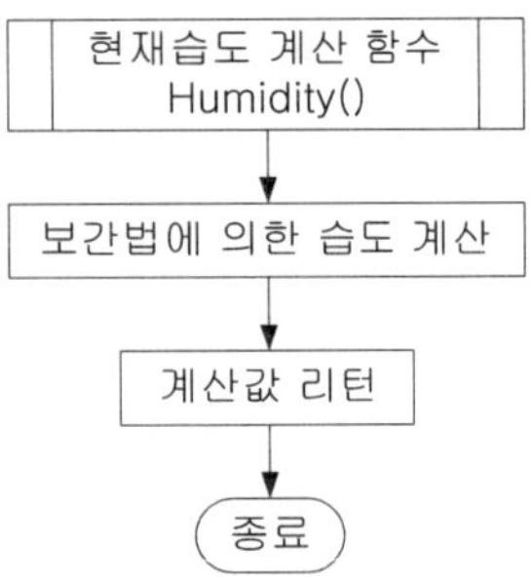

현재습도 계산 함수 : Humidity()
습도센서에서 발생한 주파수에 대해 선형보간법을 이용하여 현재습도를 계산한다.

(d) 현재습도 계산함수

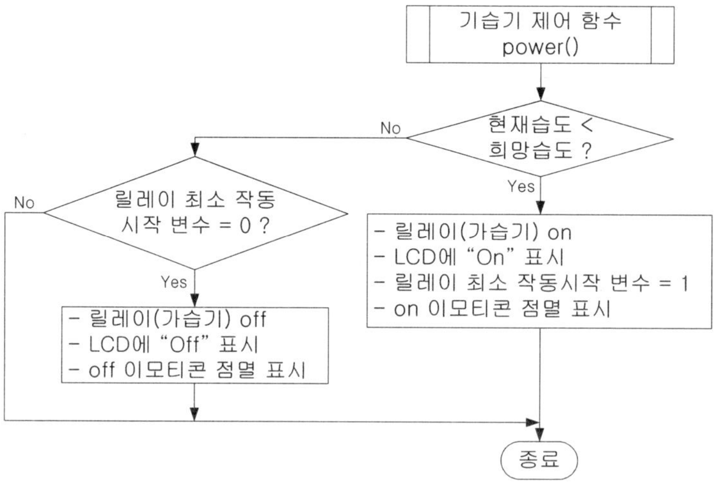

가습기 제어 함수 : power()

현재습도가 희망습도보다 작으면 가습기를 on 시키고, LCD에 가습기 on 상태를 표시한다. 현재습도가 희망습도보다 큰 경우에는 가습기를 10초 이상 on 시킨 경우에만 가습기를 off 시키고 LCD에 표시한다.

(e) 가습기 제어함수

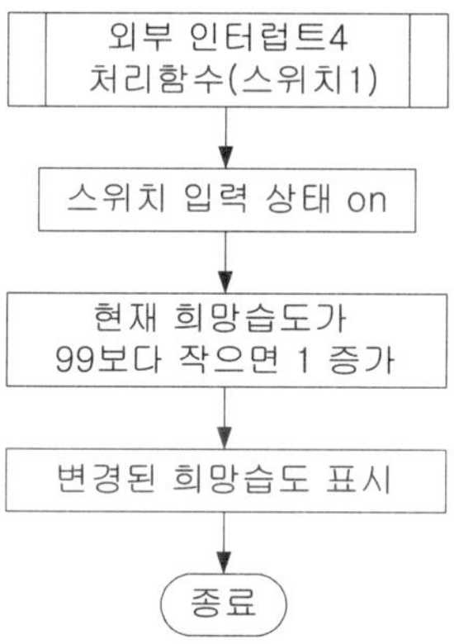

외부 인터럽트4 처리 함수 : ext_int4_isr()

스위치1에 대한 처리로서 현재의 희망습도가 99보다 작으면 1증가시키고 LCD에 표시한다. 1초 동안 스위치 입력의 영향 없이 습도센서의 출력 클럭을 카운트할 수 있도록 하기 위해 스위치 입력상태를 on 시킨다.

(f) 외부인터럽트4 처리함수

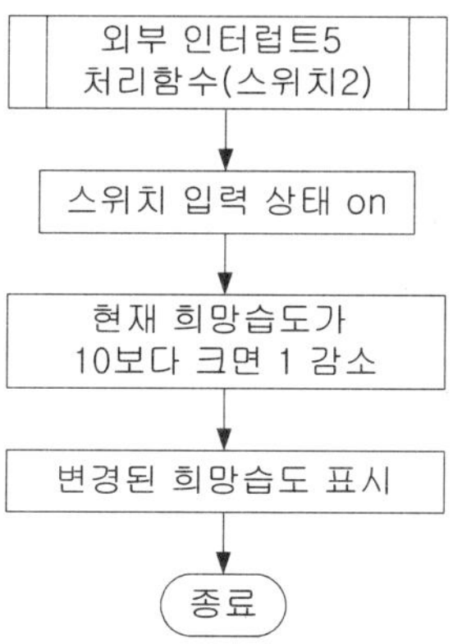

외부 인터럽트5 처리 함수 : ext_int5_isr()

스위치2에 대한 처리로서 현재의 희망습도가 10보다 크면 1감소시키고 LCD에 표시한다. 1초 동안 스위치 입력의 영향 없이 습도센서의 출력 클럭을 카운트할 수 있도록 하기 위해 스위치 입력상태를 on 시킨다.

(g) 외부인터럽트5 처리함수

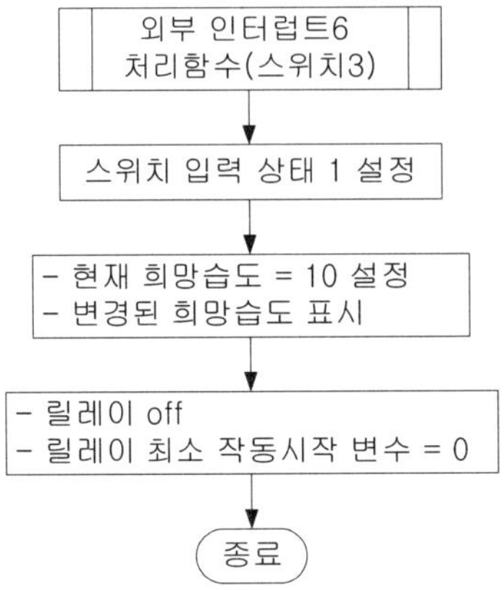

외부 인터럽트6 처리 함수 : ext_int6_isr()

스위치3에 대한 처리로서 현재의 희망습도f를 10으로 설정하고 가습기를 무조건 off 시킨다. 1초 동안 스위치 입력의 영향 없이 습도센서의 출력 클럭을 카운트할 수 있도록 하기 위해 스위치 입력상태를 on 시킨다.

(h) 외부인터럽트6 처리함수

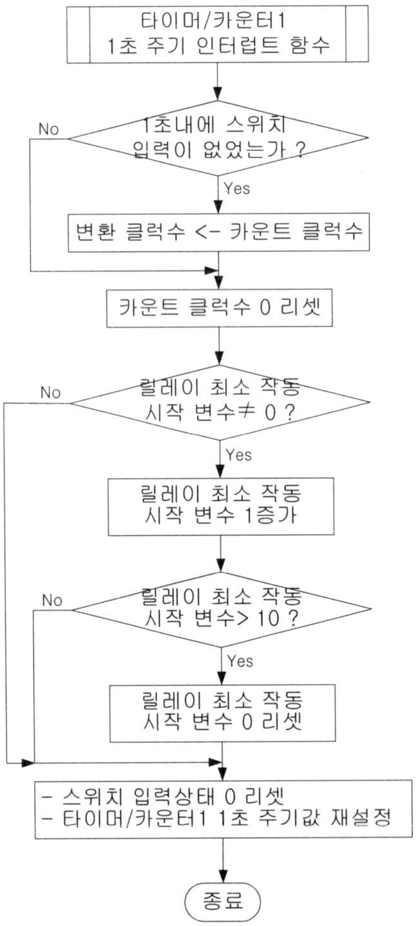

타이머/카운터1 인터럽트 함수 : timer1_ovf_isr()

1초 인터럽트 주기를 재설정하고, 1초 동안 외부 인터럽트7에 의해 카운트 된 클럭수를 습도계산에 사용되는 클럭변수에 넣어준다. 또한 가습기가 on이 된 후에 10초가 경과되었는지 체크한다.

(i) 타이머/카운터1 1초 주기 인터럽트 함수

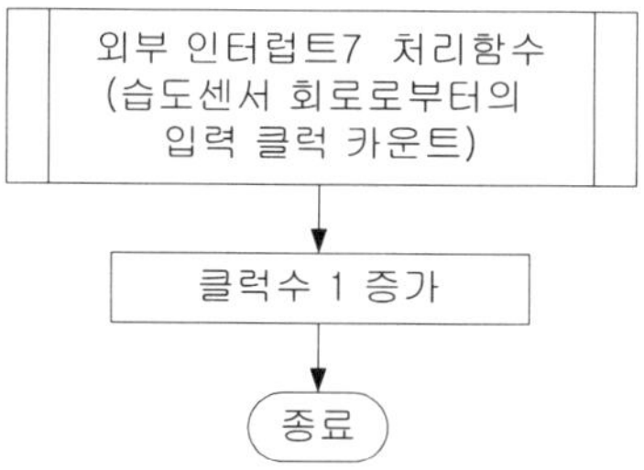

외부 인터럽트7 처리 함수 : ext_int7_isr()
습도센서로부터 입력되는 클럭수를 1증가 시킨다.

(j) 외부인터럽트7 처리함수

[그림 5-4] 주요 함수 동작 흐름도

(4) 작품 및 동작 사진

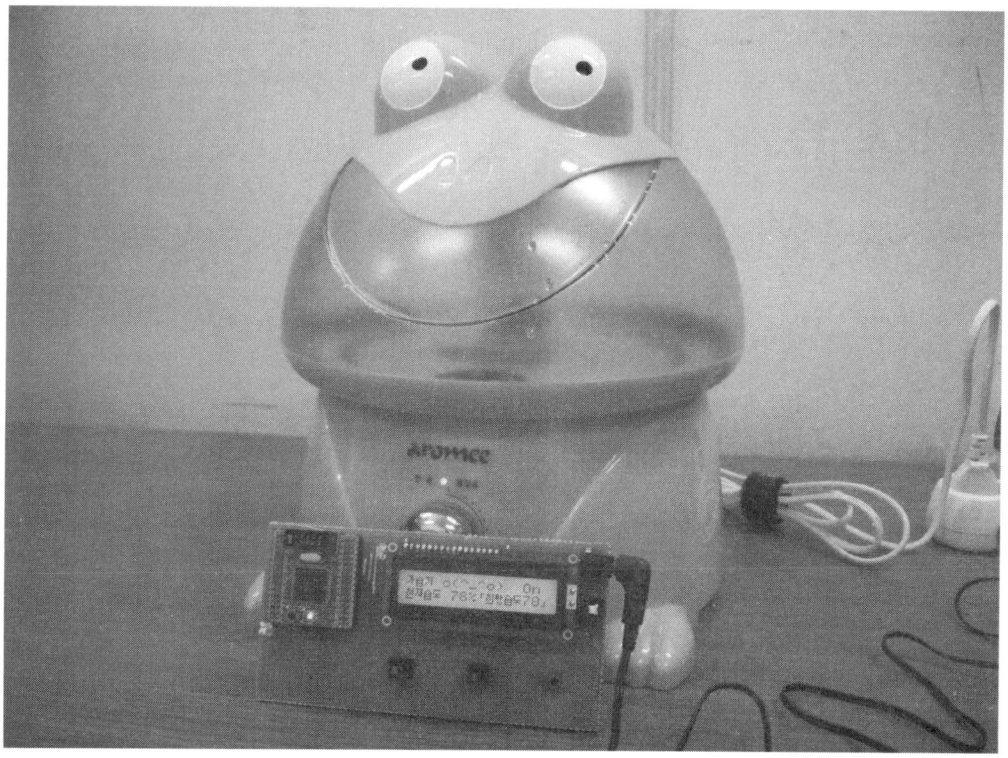

[사진 5-1] 작품 사진

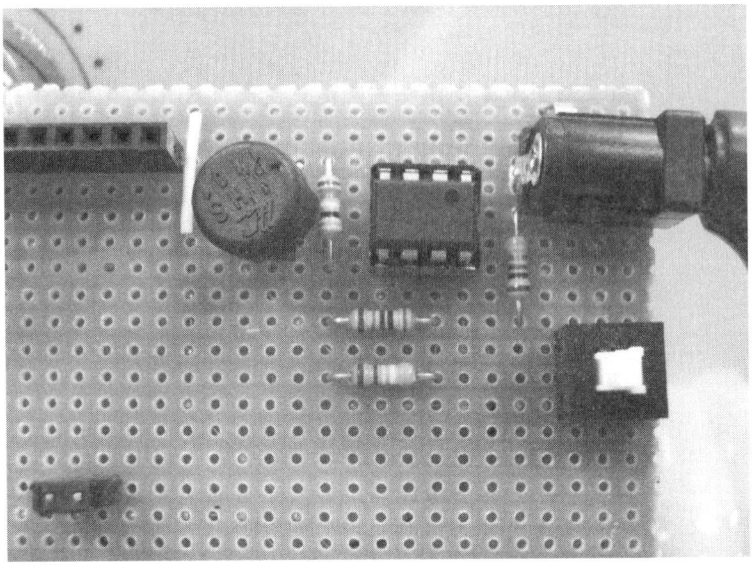

[사진 5-2] 습도 센서 HS1101

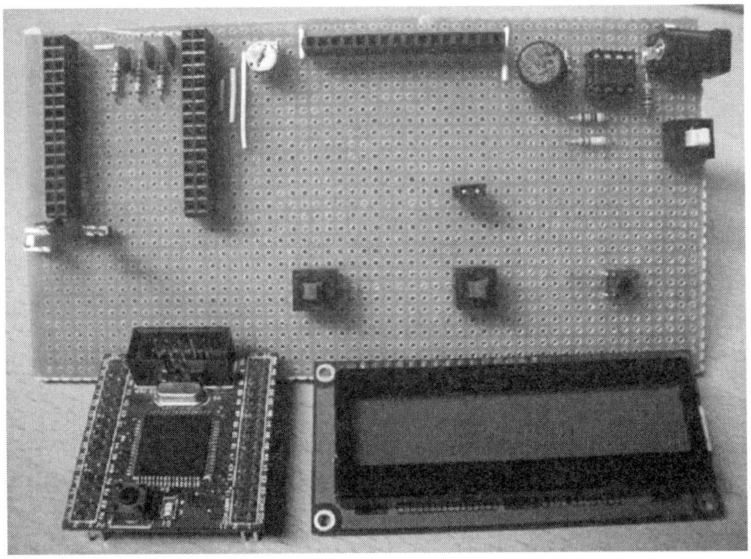

[사진 5-3] 작품 구성 부품 사진

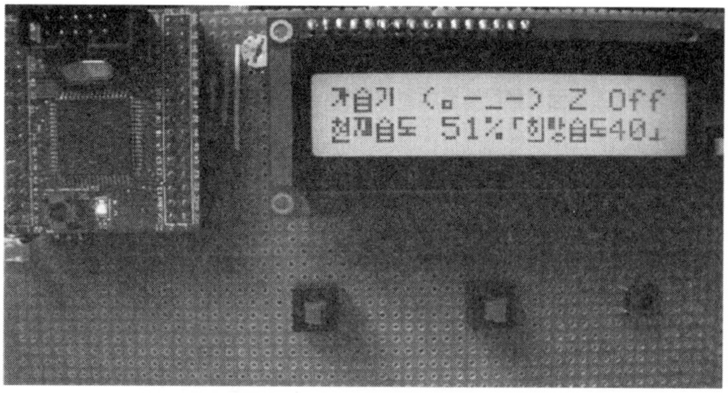

[사진 5-4] 작품 구동 사진

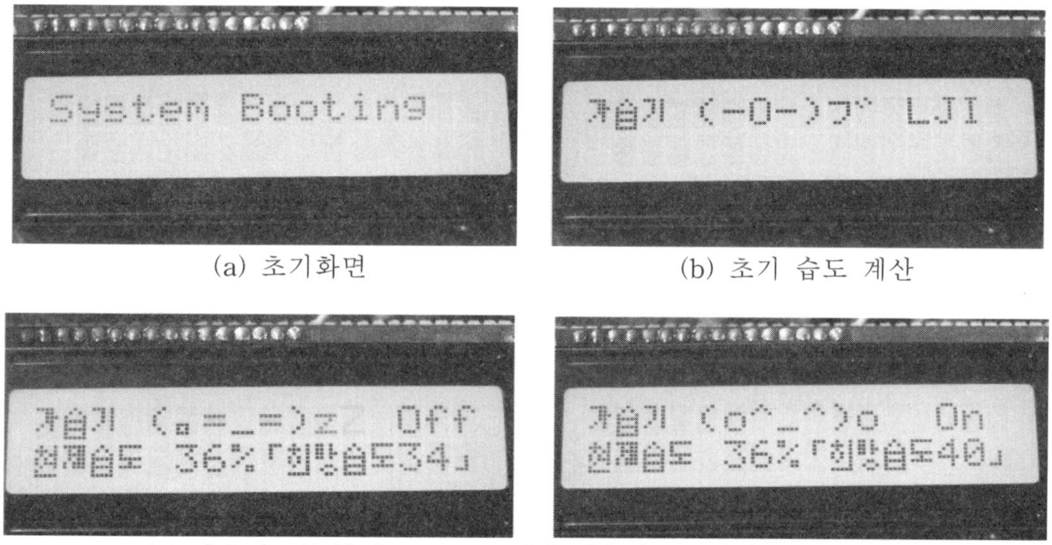

(a) 초기화면 (b) 초기 습도 계산

(c) 가습기 off 화면 (d) 가습기 on 화면

[사진 5-4] 작품 동작 사진

처음 전원을 넣으면 [사진 5-4(a)]의 화면이 나오고 [사진 5-4(b)]의 화면이 나오면서 초기 주파수를 받아서 초기 습도를 계산한다. 희망 습도는 40%로 초기화 되어 있으며, 현재 습도를 측정하여 하단부에 표시를 해주고 현재 습도보다 희망 습도가 낮으면 [사진 5-4(d)]처럼 표시가 되면서 가습기에 장착된 릴레이를 작동시킨다.

가습기가 ON 상태가 되면 최소한 10초 동안은 강제적으로 동작을 하게 되어 있다. 왜냐하면 현재 습도와 희망습도가 비슷할 때 릴레이가 수시로 ON/OFF 되는 것을 방지하기 위해서이다. (소스내의 AutoOn 으로 조정 가능)

LCD 사용자 지정 문자 8개를 사용하여 "현재습도", "희망습도", "가습기" 를 표시한다.

(6) 프로그램 소스

```
// humi.c
// 이준일

#include <mega128.h>
#include <stdio.h>
#include <delay.h>


#define RL_ON   PORTA |= 0x01;     // PORTA.0 <- 1
#define RL_OFF  PORTA &= ~0x01;    // PORTA.0 <- 0

#define FUNCSET         0x28
#define ENTMODE         0x06
#define ALLCLR          0x01
#define DISPON          0x0c
#define DISPOFF         0x08
#define LINE2           0xC0       // LCD 두번째 라인 주소
#define HOME            0x02       // LCD 첫번째 라인 주소
#define AutoOn          10         // 최소 작동 시간 설정 함수

// LCD 표시 패턴 정의
flash unsigned char cg_pat[64] =
        {0x09,0x1D,0x0B,0x15,0x17,0x09,0x10,0x1F,     // 한글 "현"
         0x1F,0x0B,0x0B,0x0B,0x17,0x17,0x00,0x00,     // 한글 "재"
         0x04,0x0A,0x11,0x1F,0x11,0x1F,0x11,0x1F,     // 한글 "습"
         0x1F,0x10,0x10,0x1F,0x04,0x1F,0x00,0x00,     // 한글 "도"
         0x09,0x1D,0x09,0x15,0x15,0x09,0x01,0x1F,     // 한글 "희"
         0x1A,0x1A,0x1B,0x1A,0x00,0x06,0x09,0x06,     // 한글 "망"
         0x1E,0x06,0x07,0x06,0x0A,0x12,0x00,0x00,     // 한글 "가"
         0x1D,0x05,0x05,0x05,0x09,0x11,0x00,0x00};    // 한글 "기"

// 디지털 습도계 관련 변수
unsigned long   count = 0;         // 습도센서의 주파수 측정 변수
unsigned long   count_end = 0;     // 습도센서의 습도를 나타내는 출력 주파수
unsigned int    Hum;               // 현재 측정 습도
unsigned int    U_Humi;            // 사용자 설정 습도

int     Imoti = 0;                 // 이모티콘 설정 함수
int     MinOn;                     // 가습기 동작 시간 변수
int     Sw_Buf = 0;                // 스위치 입력상태(입력 있었으면 1)
char    Hope[3];                   // 습도 표시하기 위한 버퍼
```

```
void  LCD_init(void);                              // LCD 초기화
void  LCD_String(char flash *);                    // LCD 문자열 출력
void  Command(unsigned char);                      // LCD 명령어 출력함수
void  Data(unsigned char);                         // LCD 데이터 출력 함수

void  LCD_start(void);                             // 초기상태 처리 및 표시 함수
void lcd_disp_Humidity (unsigned long);            // 주파수 -> 습도 변환 및 표시
unsigned int Humidity (long, long, long , long);   // 습도 계산 함수

void  Start_imoticon1(void);              // start 이모티콘 (-o-)ㄱ"   출력
void  Start_imoticon2(void);              // start 이모티콘 (-O-)ㄱ    출력
void  Off_imoticon1(void);                // off 이모티콘 (o=_=)z      출력
void  Off_imoticon2(void);                // off 이모티콘 (o-_-) Z     출력
void  On_imoticon1(void);                 // on 이모티콘  o(^_^o)      출력
void  On_imoticon2(void);                 // on 이모티콘 (o^_^)o       출력

// main  함수
void main(void)
{
      U_Humi = 40;             // 초기 설정 습도 = 40

      DDRD = 0xFF;             // LCD 출력을 위한 포트 설정
      PORTD = 0xFB;
      DDRA = 0xFF;             // 릴레이 작동을 위한 포트 설정
      PORTA = 0x00;

      EICRB = 0b10101010;      // 외부 인터럽트 4,5,6,7 사용 설정
      EIMSK = 0b10000000;      // 초기화 도중 스위치 입력 방지위한 설정

      TIMSK = 0x04;            // TOIE1 = 1;
      TCCR1A = 0x00;
      TCCR1B = 0x05;           // 일반모드, 프리스케일 = CK/1024
      TCCR1B = 0x05;           // 일반모드, 프리스케일 = CK/1024
      TCNT1 = 49911;           // 타이머/카운터1 레지스터 초기값

      SREG = 0x80;             // 전역 인터럽트 인에이블 비트 셋

      LCD_init();              // LCD 초기화
      LCD_start();             // LCD 처음 출력 화면 표시

      EIMSK = 0b11110000;      // 스위치를 초함한 INT4,5,6,7 인에이블 셋

      while(1){
            lcd_disp_Humidity (count_end);  // 습도 lcd 표시
```

```
                delay_ms (300);  // 이모티콘을 깜박이기 위한 딜레이
                power();         // 가습기 제어를 위한 비교 및 출력.
        }
}

// 초기상태 처리 및 표시 함수
void LCD_start(void)
{
        int         i;

        Command(HOME);                          // LCD 커서 초기화
        LCD_String("System Booting");

        for(i = 0;i < 3;i++){                   // LCD 깜빡이는 효과
                delay_ms(200);
                Command(DISPOFF);
                delay_ms(100);
                Command(DISPON);
        }

        for(i = 0;i < 64;i++){                  // 사용자 지정 문자 LCD모듈에 저장
                Command(0x40 + i);
                Data(cg_pat[i]);
        }

        for(i = 0;i < 7;i++){                   // 프로젝트 제목 표시
                Command(HOME);
                Data(0x06);
                Data(0x002);
                Data(0x07);
                if(Imoti == 0){
                        Start_imoticon1();
                        Imoti = 1;
                }
                else {
                Start_imoticon2();
                Imoti = 0;
                }
                LCD_String(" LJI");
                delay_ms(300);
        }

        // 2행에 문자열 "현재습도" 표시
        Command(LINE2);
        Data(0x00);
```

```
        Data(0x01);
        Data(0x02);
        Data(0x03);

        // 2행 8열에  "%┌희망습도┘" 표시
        Command(0xc7);
        Data(0x25);                        // '%'
        Data(0xA2);                        // '┌'
        Data(0x04);                        // '희'
        Data(0x05);                        // '망'
        Data(0x02);                        // '습'
        Data(0x03);                        // '도'
        sprintf(Hope, "%d", U_Humi);       // 희망습도를 문자열 배열로 변환
        Data(Hope[0]);                     // 희망습도 10자리 출력
        Data(Hope[1]);                     // 희망습도 1자리 출력
        Data(0xA3);                        // '┘'
}

// 주파수 -> 습도 변환 및 표시
void lcd_disp_Humidity (unsigned long cnt)
{
        char        Num[3];

        if ((cnt <= 7351) && (cnt > 7224)) {        // 습도 = 0 ~ 10 사이 일때
                Hum = Humidity (7351 , 7224 , 0 , cnt);
        }
        else if ((cnt <= 7224) && (cnt > 7100)) {  // 습도 = 10 ~ 20 사이 일때
                Hum = Humidity (7224 , 7100 , 10 , cnt);
        }
        else if ((cnt <= 7100) && (cnt > 6976)) {  // 습도 = 20 ~ 30 사이 일때
                Hum = Humidity (7100 , 6976 , 20 , cnt);
        }
        else if ((cnt <= 6976) && (cnt > 6853)) {  // 습도 = 30 ~ 40 사이 일때
                Hum = Humidity (6976 , 6853 , 30 , cnt);
        }
        else if ((cnt <= 6853) && (cnt > 6728)) {  // 습도 = 40 ~ 50 사이 일때
                Hum = Humidity (6853 , 6728 , 40 , cnt);
        }
        else if ((cnt <= 6728) && (cnt > 6600)) {  // 습도 = 50 ~ 60 사이 일때
                Hum = Humidity (6728 , 6600 , 50 , cnt);
        }
        else if ((cnt <= 6600) && (cnt > 6468)) {  // 습도 = 60 ~ 70 사이 일때
                Hum = Humidity (6600 , 6468 , 60 , cnt);
        }
        else if ((cnt <= 6468) && (cnt > 6330)) {  // 습도 = 70 ~ 80 사이 일때
```

```
			Hum = Humidity (6468 , 6330 , 70 , cnt);
		}
		else if ((cnt <= 6330) && (cnt > 6186)) {  // 습도 = 80 ~ 90 사이 일때
			Hum = Humidity (6330 , 6186 , 80 , cnt);
		}
		else if ((cnt <= 6186) && (cnt > 6033)) {  // 습도 = 90 ~ 100 사이 일때
			Hum = Humidity (6186 , 6033 , 90  , cnt);
		}
		else if (cnt <= 6033) Hum=0;

		sprintf(Num, "%d", Hum);		// int 형 변수를 문자열로 바꾸어 Num에 저장
		Command(0xC5);			// 2행 6열로 커서 이동
		Data(Num[0]);			// 현재습도 10자리 출력
		Data(Num[1]);			// 현재습도 1자리 출력
}

// 주파수로 현재 습도를 구하는 함수
unsigned Humidity (long x1 , long x2 , long y1 , long x)
{
		long	y;

		// 현재 습도 = 하한선 +
		// (10 * (측정 주파수 - 하한 주파수)) / (상한 주파수와 하한 주파수 차이)

		y = y1 + (10 * (x - x1)) / (x2-x1);

		return y;
}

// 가습기 제어 함수
void power(void)
{
		if (Hum < U_Humi){			// 현재 습도 < 설정 습도 이면
			RL_ON;			// A0 포트로 "1" 출력 -> 릴레이 작동
			Command(0x83);		// 이모티콘 출력 부분

			// 움직이는 이모티콘을 위한 부분
			if(Imoti == 0){
				On_imoticon1();
				Imoti = 1;
			}
			else {
				On_imoticon2();
				Imoti = 0;
			}
```

```
                LCD_String(" On ");
                MinOn = 1;                  // 최소 작동 시간 기능 작동 시작
        }
        else if (MinOn == 0){ // (현재 습도 >= 설정 습도) && 최소 작동 시간 충족하면
                RL_OFF;                     // A0 포트로 "0" 출력 -> 릴레이 정지
                Command(0x83);

                if(Imoti == 0){             // 움직이는 이모티콘을 위한 부분
                        Off_imoticon1();
                        Imoti = 1;
                }
                else {
                        Off_imoticon2();
                        Imoti = 0;
                }
                LCD_String(" Off");
        }
}

// start 이모티콘1
void Start_imoticon1(void)          // start 이모티콘 " (-O-)ㄱ"" 출력
{
        Data(0x20);                 // 스페이스 ' '
        Data(0x28);                 // '('
        Data(0xB0);                 // '-'
        Data(0x4F);                 // 'O'
        Data(0xB0);                 // '-'
        Data(0x29);                 // ')'
        Data(0xCC);                 // 'ㄱ'
        Data(0xDE);                 // '"'
}

// start 이모티콘2
void Start_imoticon2(void)          // off 이모티콘 " (-o-)ㄱ " 출력
{
        Data(0x20);                 // 스페이스 ' '
        Data(0x28);                 // '('
        Data(0xB0);                 // '-'
        Data(0x6F);                 // 'o'
        Data(0xB0);                 // '-'
        Data(0x29);                 // ')'
        Data(0xCC);                 // 'ㄱ'
        Data(0x20);                 // 스페이스 ' '
```

```
}

// off 이모티콘1
void Off_imoticon1(void)        // off 이모티콘 " (o=_=)z "     출력
{
            Data(0x20);                 // 스페이스 ' '
            Data(0x28);                 // '('
            Data(0xA1);                 // 'o'
            Data(0x3D);                 // '='
            Data(0x5F);                 // '_'
            Data(0x3D);                 // '='
            Data(0x29);                 // ')'
            Data(0x7A);                 // 'z'
            Data(0x20);                 // 스페이스 ' '
 }

// off 이모티콘2
void Off_imoticon2(void)        // off 이모티콘 " (o-_-) Z"     출력
{
            Data(0x20);                 // 스페이스 ' '
            Data(0x28);                 // '('
            Data(0xA1);                 // 'o'
            Data(0xB0);                 // '-'
            Data(0x5F);                 // '_'
            Data(0xB0);                 // '-'
            Data(0x29);                 // ')'
            Data(0x20);                 // 스페이스 ' '
            Data(0x5A);                 // 'Z'
}

// on 이모티콘1
void On_imoticon1(void)         // on 이모티콘  " o(^_^o) "     출력
{
            Data(0x20);                 // 스페이스 ' '
            Data(0x6F);                 // 'o'
            Data(0x28);                 // '('
            Data(0x5E);                 // '^'
            Data(0x5F);                 // '_'
            Data(0x5E);                 // '^'
            Data(0x6F);                 // 'o'
            Data(0x29);                 // ')'
            Data(0x20);                 // 스페이스 ' '
}

// on 이모티콘2
```

```
void On_imoticon2(void)          // on 이모티콘 " (o^_^)o "    출력
{
        Data(0x20);                 // 스페이스 ' '
        Data(0x28);                 // '('
        Data(0x6F);                 // 'o'
        Data(0x5E);                 // '^'
        Data(0x5F);                 // '_'
        Data(0x5E);                 // '^'
        Data(0x29);                 // ')'
        Data(0x6F);                 // 'o'
        Data(0x20);                 // 스페이스 ' '
}

// 스위치 1번 (희망 습도 +1, 최대 희망 습도 = 99 )
interrupt [EXT_INT4] void ext_int4_isr(void)
{
      Sw_Buf++;          // 스위치 입력시 딜레이로 인한 오류 방지 위한 스위치 변수
      if(U_Humi<99) U_Humi++;         // 희망 습도 +1

      Command(0xcd);                  // 커서 2행 14열
      sprintf(Hope, "%d", U_Humi);    // 변경된 희망 습도 출력
      Data(Hope[0]);                  // 희망습도 10자리 출력
      Data(Hope[1]);                  // 희망습도 1자리 출력
      Data(0xA3);                     // '┘'
}

// 스위치 2번 (희망습도 -1, 최소 희망 습도 = 10 )
interrupt [EXT_INT5] void ext_int5_isr(void)
{
      Sw_Buf++;          // 스위치 입력시 딜레이로 인한 오류 방지 위한 스위치 변수
      if(U_Humi > 10) U_Humi--;       // 희망 습도 -1

      Command(0xcd);                  // 커서 2행 14열
      sprintf(Hope, "%d", U_Humi);    // 변경된 희망 습도 출력
      Data(Hope[0]);                  // 희망습도 10자리 출력
      Data(Hope[1]);                  // 희망습도 1자리 출력
      Data(0xA3);                     // '┘'
}

// 스위치 3번 (희망습도 = 10, 즉시 가습기 동작 정지)
interrupt [EXT_INT6] void ext_int6_isr(void)
{
      Sw_Buf++;      // 스위치 입력시 딜레이로 인한 오류 방지 위한 스위치 버프
      U_Humi = 10;                    // 희망 습도 = 10
```

```
        Command(0xcd);
        sprintf(Hope, "%d", U_Humi);              // 변경된 희망 습도 출력
        Data(Hope[0]);                            // 희망습도 10자리 출력
        Data(Hope[1]);                            // 희망습도 1자리 출력
        Data(0xA3);                               // '┘'

        RL_OFF;                     // 포트 A0 로 "0"출력 -> 릴레이 정지
        MinOn = 0;                  // 최소 동작 시간 기능 정지
  }

// INT7로 주파주를 받는 함수
interrupt [EXT_INT7] void ext_int7_isr(void)
{
        count ++; // 하나의 펄스가 들어 왔으므로 + 1 한다.
}

// 내부 타이머 카운터로 1초마다 INT7 로 들어온 신호를 합하여 주파수를 측정
// (65536 - 49911) * 1024분주 * 1/16us = 1s
interrupt [TIM1_OVF] void timer1_ovf_isr(void)
{
        if(Sw_Buf == 0)     // 방금 스위치가 눌려지지 않았으면 새로운 주파수 설정
                count_end = count;  // 습도변환주파수 <- 측정주파수

        count = 0;                  // 측정 주파수 리셋
        if(MinOn != 0){             // 최소 동작 시간을 위한 함수
                MinOn++;
                if(MinOn > AutoOn) MinOn = 0;
        }
        Sw_Buf = 0;                 // 스위치 입력 여부 리셋
        TCNT1 = 49911;              // 타이머/카운터1 레지스터 초기값
}

// LCD 초기화
void LCD_init(void)
{
        DDRD = 0xFF;                // 포트 D 출력 설정
        PORTD &= 0xFB;              // E = 0;

        delay_ms(15);
        Command(0x20);              // 펑션 셋
        delay_ms(5);
        Command(0x20);              // 펑션 셋
        delay_us(100);
        Command(0x20);              // 펑션 셋
        Command(FUNCSET);           // 펑션 셋
```

```
        Command(DISPON);            // 표시 ON
        Command(ALLCLR);            // 화면 클리어
        Command(ENTMODE);           // 엔트리 모드 설정
}

// 문자열 출력 함수
void LCD_String(char flash str[])
{
        char flash *pStr=0;

        pStr = str;
        while(*pStr) Data(*pStr++);
}

// 인스트럭션 쓰기 함수
void Command(unsigned char byte)
{
        delay_ms(2);

        // 인스트럭션 상위 바이트
        PORTD = (byte & 0xF0);                  // 데이터
        PORTD &= 0xFE;                          // RS = 0;
        PORTD &= 0xFD;                          // RW = 0;
        delay_us(1);
        PORTD |= 0x04;                          // E = 1;
        delay_us(1);
        PORTD &= 0xFB;                          // E = 0;

        // 인스트럭션 하위 바이트
         PORTD = ((byte<<4) & 0xF0);            // 데이터
        PORTD &= 0xFE;                          // RS = 0;
        PORTD &= 0xFD;                          // RW = 0;
        delay_us(1);
        PORTD |= 0x04;                          // E = 1;
        delay_us(1);
        PORTD &= 0xFB;                          // E = 0;
}

// 데이터 쓰기 함수
void Data(unsigned char byte)
{
        delay_ms(2);

        // 데이터 상위 바이트
        PORTD = (byte & 0xF0);                  // 데이터
```

```
        PORTD |= 0x01;                      // RS = 1;
        PORTD &= 0xFD;                      // RW = 0;
        delay_us(1);
        PORTD |= 0x04;                      // E = 1;
        delay_us(1);
        PORTD &= 0xFB;                      // E = 0;

        // 데이터 하위 바이트
        PORTD = ((byte<<4) & 0xF0);         // 데이터
        PORTD |= 0x01;                      // RS = 1;
        PORTD &= 0xFD;                      // RW = 0;
        delay_us(1);
        PORTD |= 0x04;                      // E = 1;
        delay_us(1);
        PORTD &= 0xFB;                      // E = 0;
}
```

5.2 초음파 센서

(1) 초음파 센서

사람이 들을 수 있는 음파는 약 20Hz-20kHz 범위의 주파수를 가진다. 이 범위보다 더 높은 주파수의 음파를 초음파라 한다. 이렇게 높은 주파수를 가진 음파는 낮은 주파수의 음파보다 에너지를 많이 가지고 있어서 더 멀리까지 전달되며 감쇠가 더 적은 물리적 성질을 가진다. 따라서 이 성질을 이용해서 수심을 재는 초음파 측정기, 어군 탐지기 등을 만든다던지 물체의 유무나 물체까지의 거리를 측정하는 계측기를 만들 수 있는 것이다.

(2) 초음파 센서 모듈 SRF04

SRF04는 40KHz의 주파수로 모듈화 된 초음파 센서로서, [사진 5-5]와 같은같은 구조와 [표 5-4]와 같은 특징을 가지고 있다.

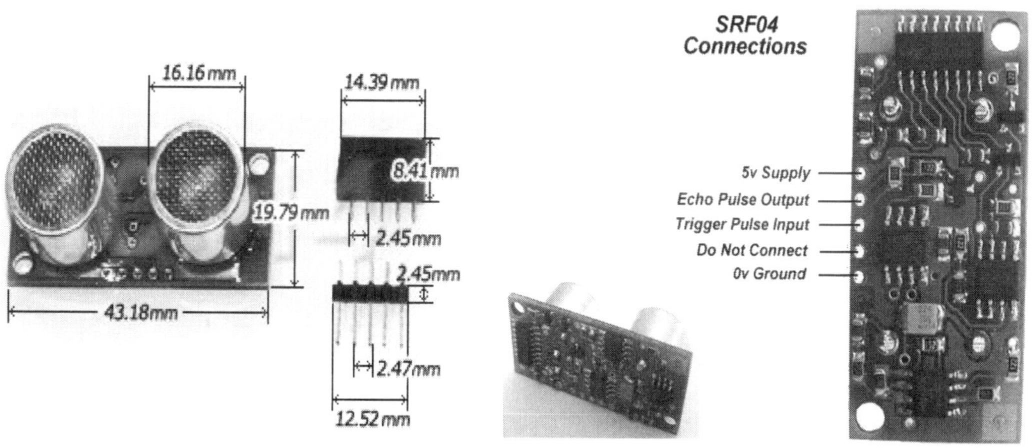

[사진 5-5] SRF-04 초음파 센서 모듈

[표 5-4] SRF-04 특징

- Voltage – 5 v
- Current – 30 mA Typ. 50mA Max.
- Frequency – 40 kHz
- Max Range - 3 m
- Min Range - 3 cm
- Sensitivity - Detect 3 cm diameter broom handle at > 2 m
- Input Trigger – 10 uS Min. TTL level pulse
- Echo Pulse - Positive TTL level signal, width proportional to range.
- Small Size – (1.7 in x .8 in x .7 in height) 43 mm x 20 mm x 17 mm height

[그림 5-5]는 SRF-04 초음파 센서 모듈의 회로도를 보여준다.

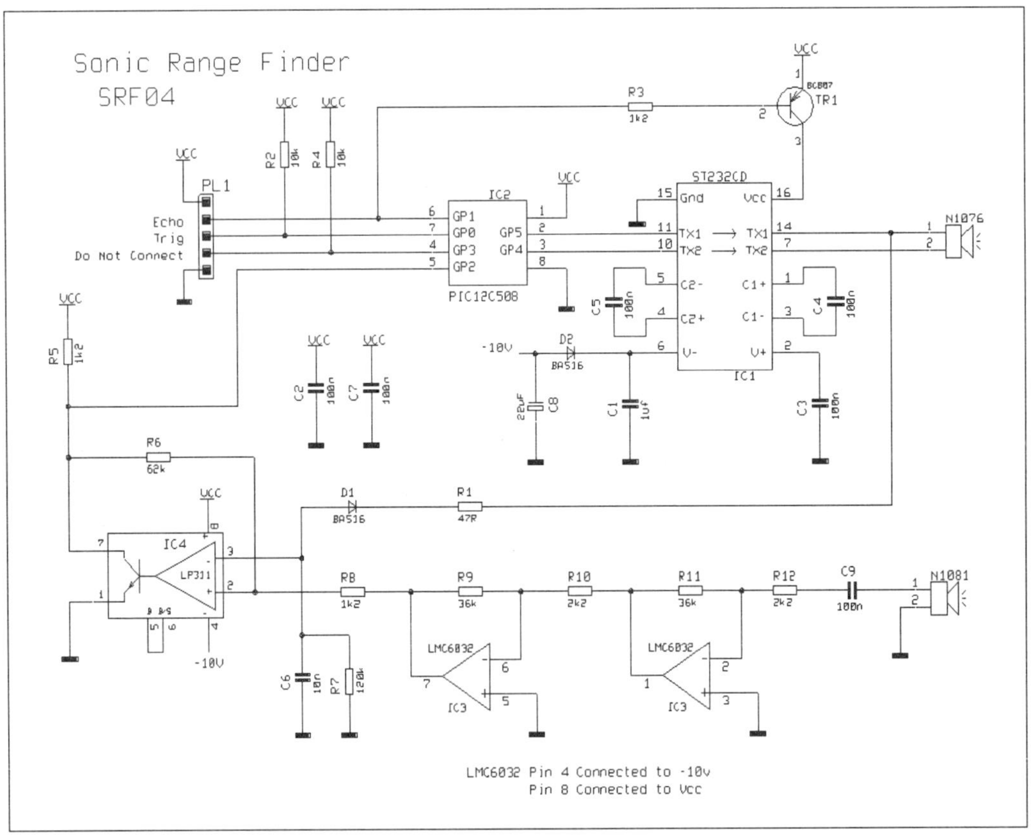

[그림 5-5] SRF-04 초음파 센서 모듈 회로도

[그림 5-6]은 SRF-04 초음파 센서 모듈의 동작 타이밍도를 보여준다. 그림에서와 같이 최소 10us 이상의 트리거 신호를 주면 모듈에서 8사이클의 초음파가 발사되며, 발사된 초음파는 물체에 반사되어 수신기 센서에 감지된다. 트리거 신호가 입력되면 모듈 출력 신호가 H레벨로 되고 물체가 감지되면 L레벨로 된다. 이를 이용하여 모듈에서 출력된 H레벨로 유지된 시간을 측정해 거리로 환산한다.

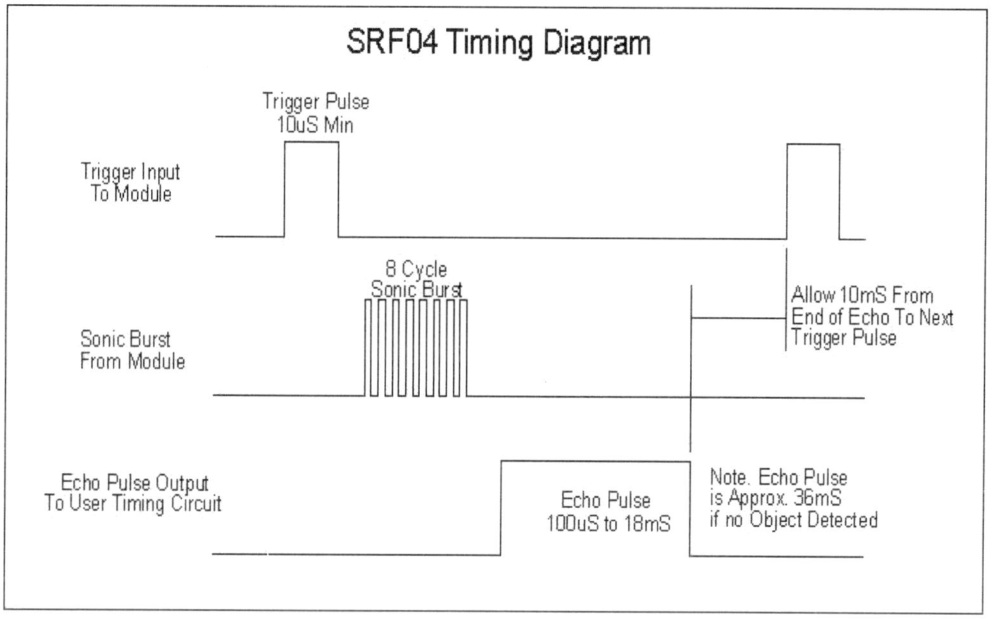

[그림 5-6] SRF-04 동작 타이밍도

(3) 특정 원리 및 동작 설명

초음파 센서의 송신측에서 짧은 시간에 펄스를 출력한다. 그 신호가 물체까지 도달해서 반사되어 돌아오며, 되돌아온 신호를 수신기의 초음파 센서에서 검출한다. 송출된 신호는 음속 Vs의 속도로 전진하기 때문에 송·수신에 걸리는 시간과 거리의 관계는 다음과 같아진다.

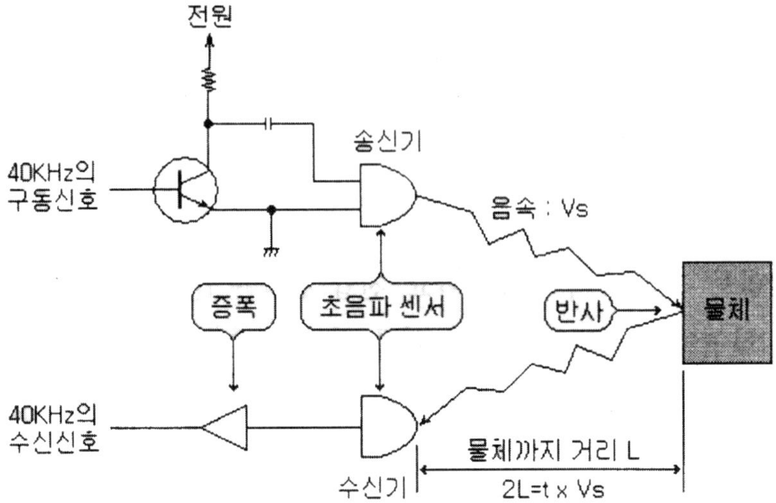

[그림 5-7] 초음파 거리 측정 원리

$$2L = tV_s$$

t : 신호가 되돌아 올 때까지 걸리는 시간[s]
L : 물체와의 거리[m],
Vs : 음속[m/s]

여기서,

$$Vs = 331.5 + 0.607\,T \text{ [m/s]} \qquad (\text{T : 온도})$$

$$\therefore\ L = t(331.5 + 0.607\,T)/2 \text{ [m]}$$

5.3 작품8 : 초음파 센서 이용하여 거리 구하기

(1) 동작 개요

앞에 놓여진 물체까지의 거리를 측정하여 실시간으로 7-Segment에 표시한다.

(2) 하드웨어

- KUT-128 MCU 보드, KUT-128 인터페이스 보드
  (회로도 1부 1장 참조)
- SRF-04 초음파 센서 모듈
- KUT-128 인터페이스 보드의 LCD 커넥터와 초음파 센서 연결

LCD 커넥터	SRF-04 모듈
2. VCC	1. VCC
5. PD1(/INT1)	2. ECH0
4. PD0	3. TRIGGER
NC	4. NC
1. GND	5. GND

- 거리 출력
  KUT-128 인터페이스 보드 7-Segment

[사진 5-6] 작품 사진

(3) 주요 함수 동작 흐름도

이 작품에서 사용한 거리 측정 알고리즘은 다음과 같다.

340[m/sec]의 초음파가 거리 1cm 물체에 도달하는데 걸리는 시간은 약 29.41us가 되며, 초음파가 1cm 떨어진 물체까지 도달한 후 반사되어 되돌아오기까지 걸리는 시간은 29.4us의 2배인 58.82us가 된다.

따라서, 초음파을 발사하기 전에 미리 거리값을 0으로 클리어하고, 초음파가 발사된 후에는 타이머/카운터를 이용하여 58.82us마다 거리값을 1씩 증가시켜 나가면 된다. 그리고, 반사파가 되돌아 온 시점에서 타이머/카운터의 동작을 정지시키고 거리값을 저장하여 표시장치에 출력하면 된다. [그림 5-8]은 이를 구현하기 위한 동작 흐름도를 보여준다.

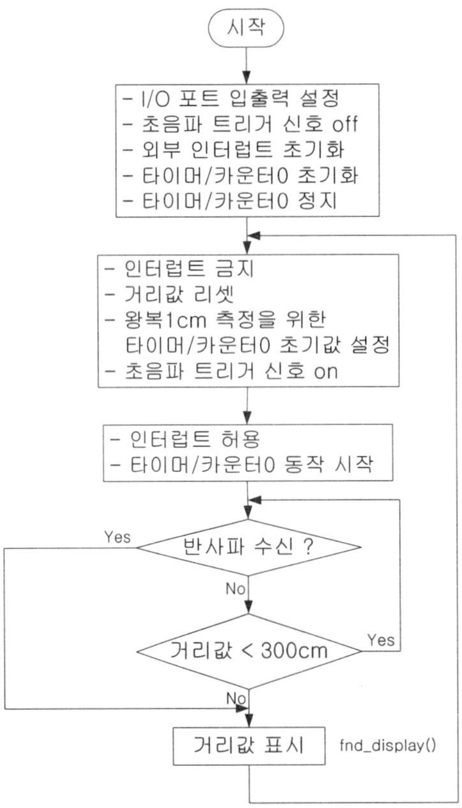

메인 함수 : main()
초음파 센서 모듈에 트리거 신호를 입력하기 위한 포트의 출력설정, 반사파를 수신하여 외부 인터럽트를 발생시키기 위한 인터럽트 설정을 한다. 또한 타이머/카운터0에 대해서는 초음파가 왕복 1cm 이동할 때마다 인터럽트를 발생시키도록 초기설정을 한다. 그리고, 초음파 모듈에 트리거 신호를 출력하고, 거리값을 리셋한 후 인터럽트를 인에이블시켜 반사파가 수신될 때까지 거리를 구하여 7-세그먼트에 출력 표시한다. 거리가 3m 이상인 경우에는 3m로 표시한다.

(a) 메인 함수

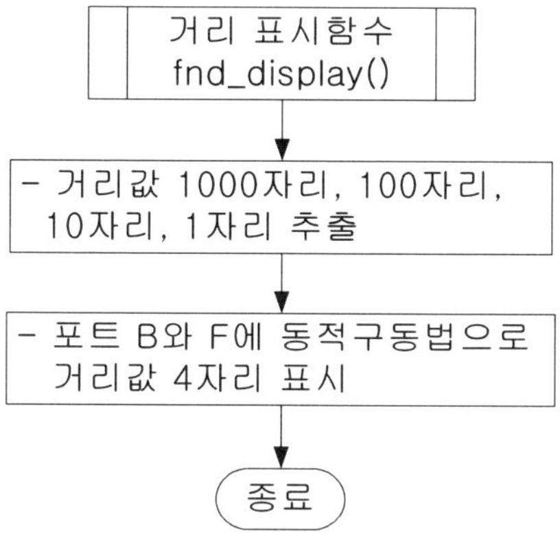

거리 표시 함수 : fnd_display()

구해진 거리값에 대해 100자리, 10자리, 1자리를 추출하여 cm 단위의 거리값을 7-세그먼트에 출력 표시한다.

(b) 거리 표시함수

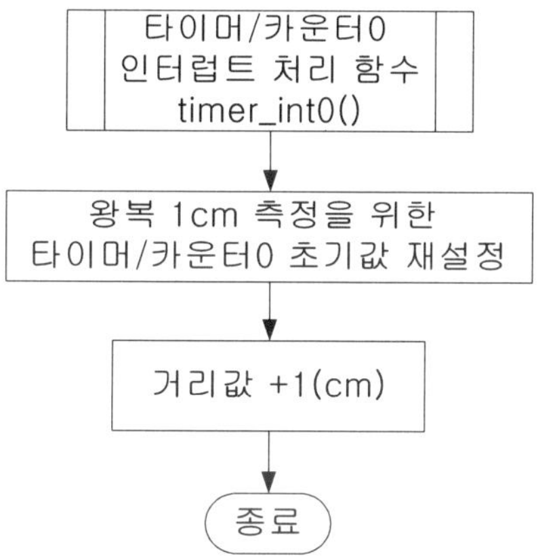

타이머/카운터0 인터럽트 함수 : time_int0()

왕복 1cm 측정을 위한 타이머/카운터0의 초기값을 재설정하고, 현재의 거리값을 1증가시킨다.

(c) 타이머/카운터0 인터럽트 함수

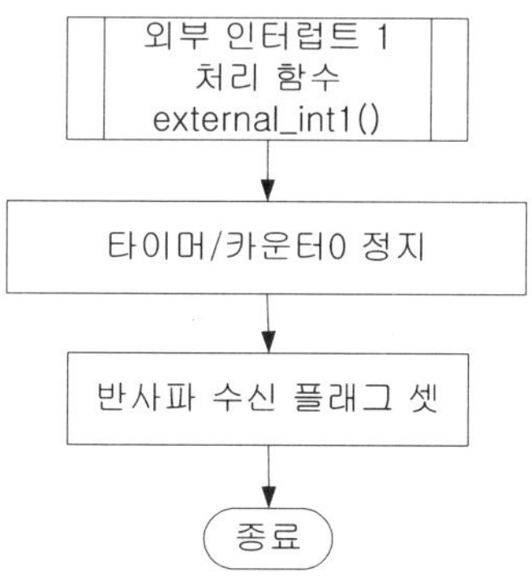

외부 인터럽트1 처리 함수 : external_int1()

반사파를 수신했을 때 처리하는 함수로서 타이머/카운터0을 정지시키고, 반사파 수신 플래그를 셋 시킨다.

(d) 외부 인터럽트1 처리 함수

(4) 소스 프로그램

```
// 파일명 : ultra.c
// SRF04 초음파 센서 이용 거리 검출 프로그램
// PD0 : Trigger Input, PD1(INT1) : Echo Output(High -> Low)

#include <mega128.h>
#include <delay.h>

#define TRIGGER          PORTD.0

int      distance, catch;
void     fnd_display();

// 10진수에 대한 7-Segment 출력 패턴
char seg_pat[10]= {0x3f, 0x06, 0x5b, 0x4f, 0x66, 0x6d, 0x7d, 0x07, 0x7f, 0x6f};

void main(void)
{
        // 포트 초기화
        DDRB = 0xFF;                    // B 포트 출력(7-Segment LED a,b,c,d,e,f,g 제어)
        DDRF = 0x0F0;                   // F 포트 상위 4비트 출력(7-Segment ON/OFF 제어)
        DDRD = 0b00000001;// D 포트 입력(PD0 출력, PD1 입력 : 외부인터럽트1)

        TRIGGER = 0;                    // PD0(Trigger Input) <-  0

        // 인터럽트 초기화
        EIMSK = 0b00000010;             // 외부 인터럽트1 인에이블(PD1 핀)
        EICRA = 0b00001000;             // 인터럽트 1 센스제어 : 하강 에지

        // 인터럽트 초기화
        TIMSK = 0x01;                   // TOIE0 = '1'
        TCCR0 = 0x0;                    // 타이머0 정지?
        while(1){
                SREG = 0x0;             // 전역 인터럽트 인에이블 비트 I 리셋.
                EIFR = 0xff;            // 외부 인터럽트 플래그 리셋
                TIFR = 0xff;            // 타이머/카운터 인터럽트 플래그 리셋
                ASSR = 0x0;             // 타이머/카운터0 타이머 동작

                distance = 0;           // 거리값 리셋
                TCNT0 = 139;            // 타이머/카운터0 초기값설정(1cm 측정시간)

                TRIGGER = 1;            // PD0(Trigger Input) <-  1
                delay_ms(1);
```

```
			TRIGGER = 0;		// PD0(Trigger Input) <-  0

			SREG = 0x80;		// 전역 인터럽트 인에이블 비트 I 셋.
			TCCR0 = 0x02;		// 일반모드, 프리스케일 = 8분주, 타이머 런

			catch = 0;		// 반사파 수신 여부
			while(1){
				if(catch == 1) break;			// 반사파 수신 ?
				else if(distance >= 300) break;		// 3m 이상이면 탈출
			}
			fnd_display();		// 7-Segment에 거리값 표시
		}
}

// 7-Segment 표시부
void fnd_display()
{
		int i, N1000, N100, N10, N1, buf=0;

		N1000 = distance / 1000;	// 1000자리 추출
		buf = distance % 1000;

		N100 = buf / 100;		// 100자리 추출
		buf = buf % 100;

		N10 = buf / 10;			// 10자리 추출
		N1 = buf % 10;			// 1자리 추출

		for(i=0; i<100; i++) {
			PORTF = 0b11100000;		// 7-Segment SEG1 ON (PF4=0)
			PORTB = seg_pat[N1];		// 1자리 표시
			delay_us(500);
			PORTF = 0b11110000;

			PORTF = 0b11010000;		// 7-Segment SEG2 ON (PF5=0)
			PORTB = seg_pat[N10];		// 10자리 표시
			delay_us(500);
			PORTF = 0b11110000;

			PORTF = 0b10110000;		// 7-Segment SEG3 ON  (PF6=0)
			PORTB = seg_pat[N100];		// 100자리 표시
			delay_us(500);
			PORTF = 0b11110000;

			PORTF = 0b01110000;		// 7-Segment SEG4 ON (PF7=0)
```

```
                PORTB = seg_pat[N1000];        // 1000자리 표시
                delay_us(500);
                PORTF = 0b11110000;
        }
}

// 타이머/카운터 오버플로우 0 서비스 루틴
// 음속 340m/sec  --> 29.41us / 1cm  --> 58.82us/왕복1cm
// 인터럽트 발생 주기 1/16 * 8 * (256 - 139) us = 58.5 us
interrupt [TIM0_OVF] void timer_int0(void)
{
        TCNT0 = 139;                    // 타이머/카운터0 레지스터 초기값
        distance++;                     // 거리값 +1 증가
}

// 외부 인터럽트 요구 1 서비스 루틴
interrupt [EXT_INT1] void external_int1(void)
{
        TCCR0 = 0x0;                    // 타이머0 정지
        catch = 1;                      // 반사파 수신
}
```

5.4 작품9 : 초음파 센서를 이용한 신장측정기

(1) 작품 개요

ATmega128과 초음파 센서를 이용하여 신장을 측정한다. 음파는 공기를 매질로 전파되므로 온도의 영향을 받는다. 따라서 정밀한 값을 추출하기 위해 온도센서를 장착하였다. 초음파 센서는 SRF04, 온도 센서는 LM35DZ를 사용하였다.

(2) 동작 설명

ATmega128을 이용하여 10us의 신호를 주게 되면 SRF04에서 초음파를 발진한다. 10us의 신호는 인터럽트를 사용하여 측정시에만 발생하게 한다. 물체에 반사되어 수신된 신호를 감지하여 인터럽트를 발생시킨다. 인터럽트가 발생하면 타이머/카운터가 시작되어 수신받은 신호를 카운트 하여 시간을 측정, 거리 계산을 한다. 온도센서는 측정된 온도를 ATmega128의 A/D변환기를 이용하여 입력 받아 초음파를 이용한 거리계산을 정밀하게 보정해준다. 측정 결과는 LCD 창에 출력한다.

(3) 온도센서(LM35DZ)

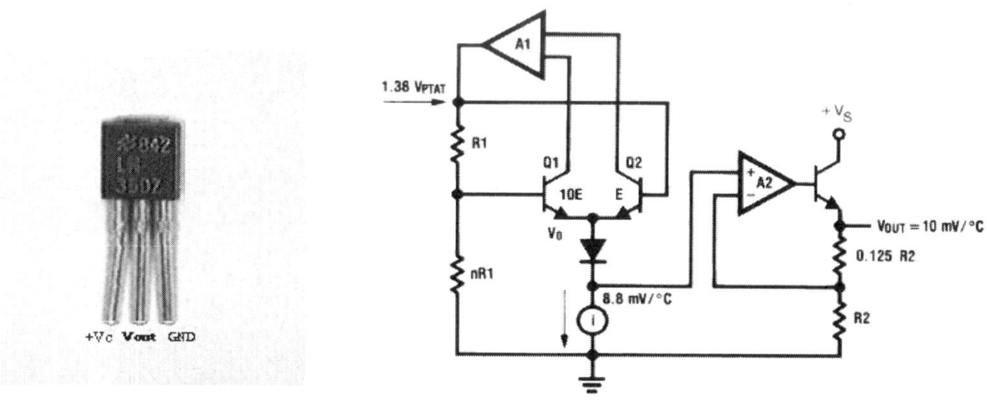

[그림 5-9] 온도 센서 LM35DZ

반도체 온도센서 LM35DZ는 섭씨 0도일때 0.00V에서 시작하여 1도당 10mV씩 증가한다. 그러므로 섭씨 0~100도에 대하여 0.00~1.00V의 범위에서 전압을 출력한다. ATmega128의 AD컨버터는 단극성 입력으로 사용할 때 AREF 단자에 +5V의 기준전압을 입력하면 0~+5V의 아날로그 입력을 AD 변환할 수 있다. AD컨버터의 분해능은

5V/1024 = 4.88mV 정도가 되는데 이를 온도로 환산해보면 분해능이 0.488도가 되어 정밀도가 매우 낮아진다. 따라서, AD 컨버터의 분해능을 높이려면, 0~100도에 대하여 0.00~1.00V 범위로 출력되는 센서의 전압을 AD 컨버터가 차동입력을 사용할 때 내부적으로 10배의 증폭을 하는 기능을 이용한다. 온도센서의 출력 신호를 ADC1 단자에 10배의 이득을 가지는 +차동입력으로 연결하고, ADC0 단자를 -차동단자로 사용한다(접지).

이렇게 하면, AD 컨버터의 차동입력 동작에서는 0~+5V 또는 0~-5V를 각각 9비트로 표현하므로 분해능이 5/512 = 9.77mV로 되고 이를 온도로 환산하면 분해능이 0.0977도가 되어 정밀도가 매우 높아진다.

AD 컨버터의 전원전압 AVCC와 기준전압 AREF 단자에는 +5V의 전원전압을 LC필터로 안정화시켜 공급한다.

(4) 사용 부품 리스트 및 회로도

[표 5-5]는 이 작품 제작에 사용된 부품 리스트를 보여주며, [그림 5-10]은 작품 회로도를 보여준다.

[표 5-5] 사용 부품 리스트

부품명	수량	비고
ATmega128MCU	1	
SRF04	1	초음파센서
LM35DZ	1	온도센서
DC9V건전지	1	
7805레귤레이터	1	5V 전압강하용
Capacitor	5	0.1uF
Capacitor	1	0.03uF
Inductor	1	6.8nH
Toggle Switch	1	
Push Switch	1	
저항	1	330 Ω
저항	1	10k Ω
가변저항	1	10k Ω
LED	1	
LCD	1	16x2라인
베터리 홀더	1	
만능기판	1	
커넥터	1개-1쌍-1개-1개	10Pin-3Pin-4Pin-5Pin
버스선	30cm	
기판 받침대	4쌍	

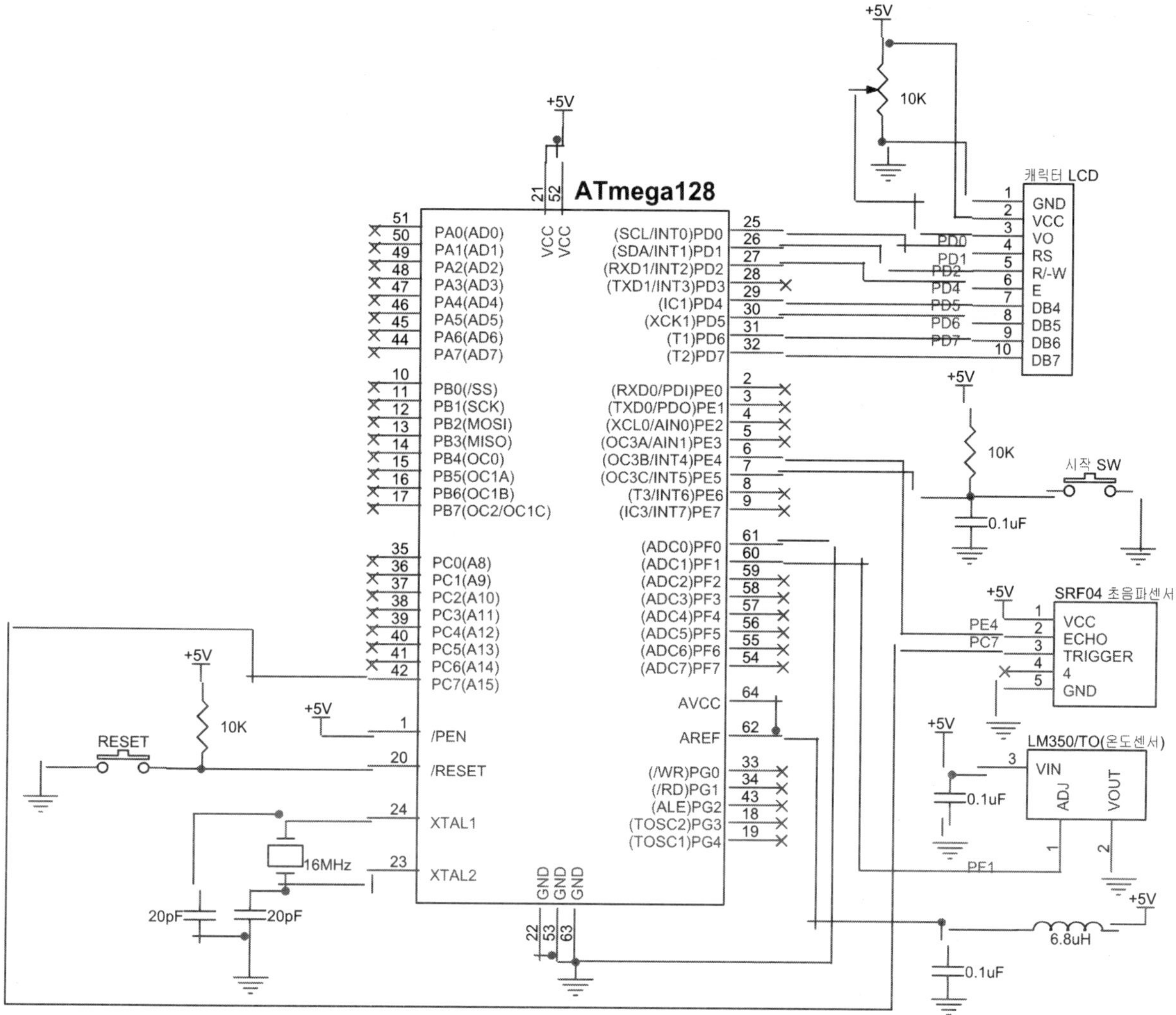
+5V
10K
캐릭터 LCD
GND
VCC
VO
RS
R/-W
E
DB4
DB5
DB6
DB7
PD0
PD1
PD2
PD4
PD5
PD6
PD7
ATmega128
VCC
PA0(AD0)
PA1(AD1)
PA2(AD2)
PA3(AD3)
PA4(AD4)
PA5(AD5)
PA6(AD6)
PA7(AD7)
PB0(/SS)
PB1(SCK)
PB2(MOSI)
PB3(MISO)
PB4(OC0)
PB5(OC1A)
PB6(OC1B)
PB7(OC2/OC1C)
PC0(A8)
PC1(A9)
PC2(A10)
PC3(A11)
PC4(A12)
PC5(A13)
PC6(A14)
PC7(A15)
/PEN
/RESET
XTAL1
XTAL2
GND
(SCL/INT0)PD0
(SDA/INT1)PD1
(RXD1/INT2)PD2
(TXD1/INT3)PD3
(IC1)PD4
(XCK1)PD5
(T1)PD6
(T2)PD7
(RXD0/PDI)PE0
(TXD0/PDO)PE1
(XCL0/AIN0)PE2
(OC3A/AIN1)PE3
(OC3B/INT4)PE4
(OC3C/INT5)PE5
(T3/INT6)PE6
(IC3/INT7)PE7
(ADC0)PF0
(ADC1)PF1
(ADC2)PF2
(ADC3)PF3
(ADC4)PF4
(ADC5)PF5
(ADC6)PF6
(ADC7)PF7
AVCC
AREF
(/WR)PG0
(/RD)PG1
(ALE)PG2
(TOSC2)PG3
(TOSC1)PG4
시작 SW
0.1uF
SRF04 초음파센서
PE4
PC7
ECHO
TRIGGER
LM350/TO(온도센서)
VIN
ADJ
VOUT
PF1
6.8uH
RESET
16MHz
20pF

[그림 5-10] 회로도

(5) 주요 함수 동작 흐름도

[그림 5-11]은 작품에 사용된 주요 함수의 동작 흐름도를 보여주며, 각 함수의 기능을 요약하면 다음과 같다.

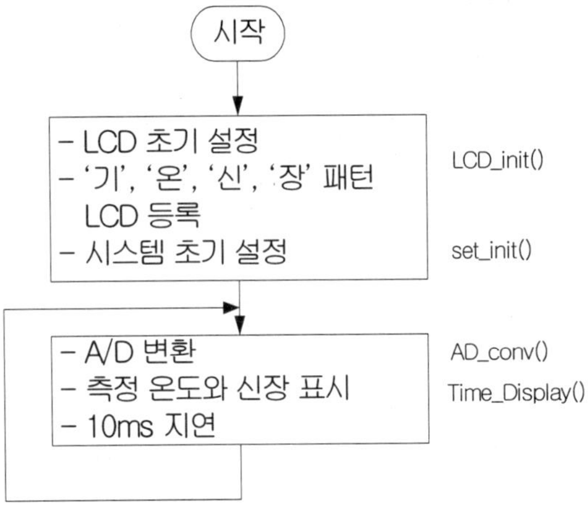

메인 함수 : main()

LCD의 초기설정과 문자('기', '온', '신', '장') 패턴을 등록한다. 그리고, 이 작품에 사용되는 I/O 포트, A/D 변환, 타이머/카운터 , 외부 인터럽트에 대한 초기설정을 행한다. A/D 변환값을 읽어 온도와 측정된 신장을 표시하고 이를 반복 실행한다.

(a) 메인 함수

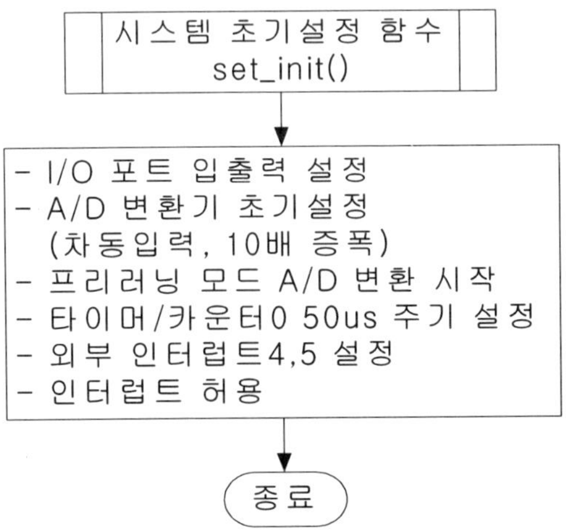

시스템 초기설정 함수 : set_init()

I/O 포트에 대한 입출력 설정과 A/D 변환에 대해 10배 증폭, 차동입력, 프리러닝 모드를 설정한다. 그리고, 신장 측정시 시간 측정을 위해 타이머/카운터0에 대해 50us의 인터럽트 주기를 설정한다. 또한 초음파의 반사파를 검출하기 위해 외부 인터럽트0을 논리적 변화 트리거 모드로 설정하고, 측정 시작 스위치 입력처리를 위해 외부 인터럽트5를 하강에지로 설정한다.

(b) 시스템 초기설정 함수

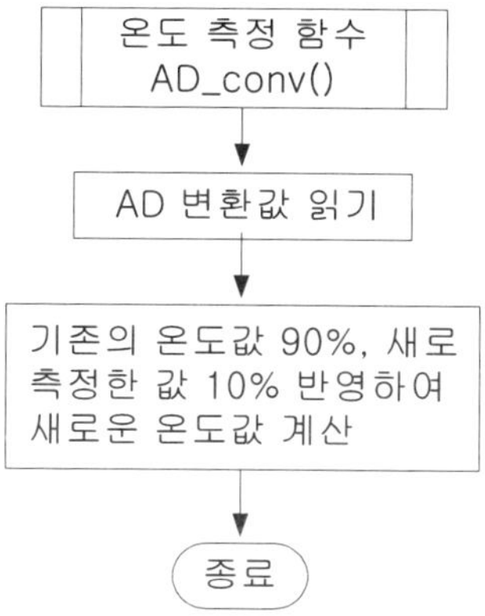

온도 측정 함수 : AD_conv()

기존의 온도값을 90%, A/D 변환한 값을 10% 반영하여 새로운 온도값을 계산한다.

(c) 온도 측정 함수

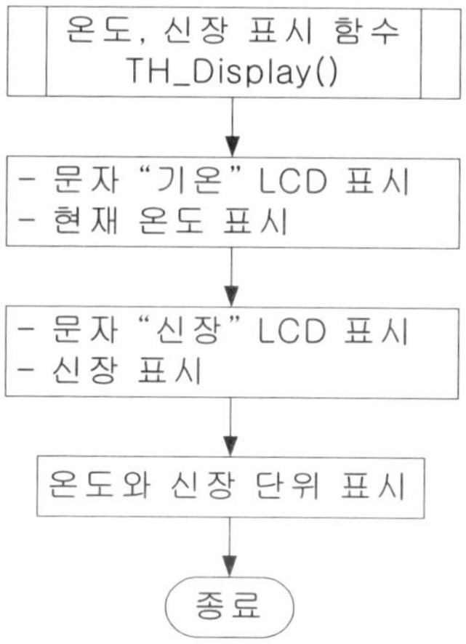

온도, 신장 표시 함수 : TH_Display()

LCD 1행에 "기온" 문자와 현재 온도를 표시하고, 2행에 "신장"문자와 측정한 신장을 표시한다.

(d) 온도, 신장 표시 함수

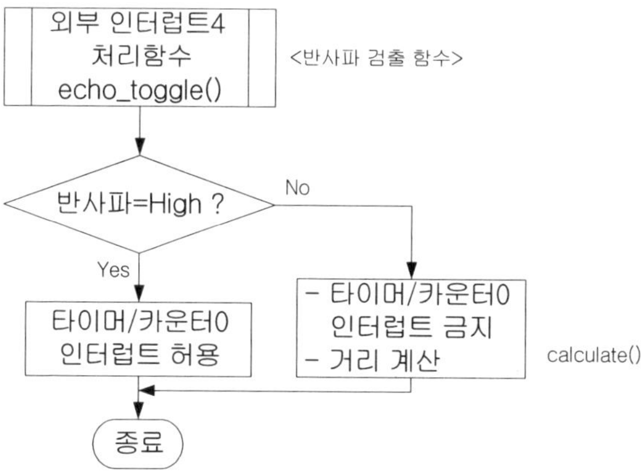

외부 인터럽트4 처리함수 : echo_toggle()

반사파가 High이면 타이머/카운터0의 인터럽트를 인에이블 시켜 반사파가 Low가 될 때까지의 시간을 측정할 수 있게 한다. 반사파가 Low이면 타이머/카운터0의 인터럽트를 금지시키고 신장(거리)을 계산한다.

(e) 반사파 검출 함수

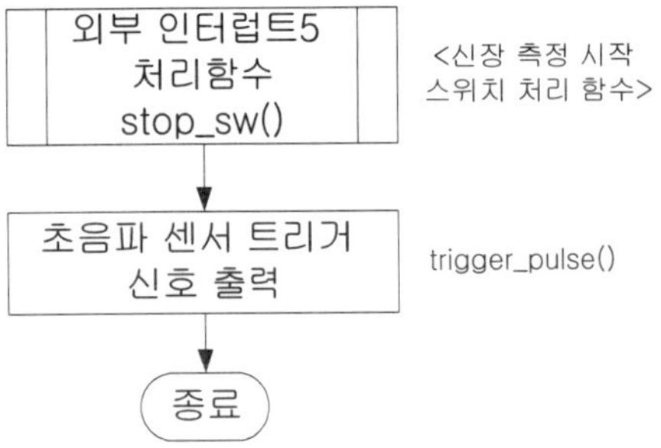

외부 인터럽트5 처리함수 : stop_sw()
신장 측정 시작 스위치 처리 함수로서, 초음파 센서에 트리거 신호를 출력한다.

(f) 신장 측정 시작 함수

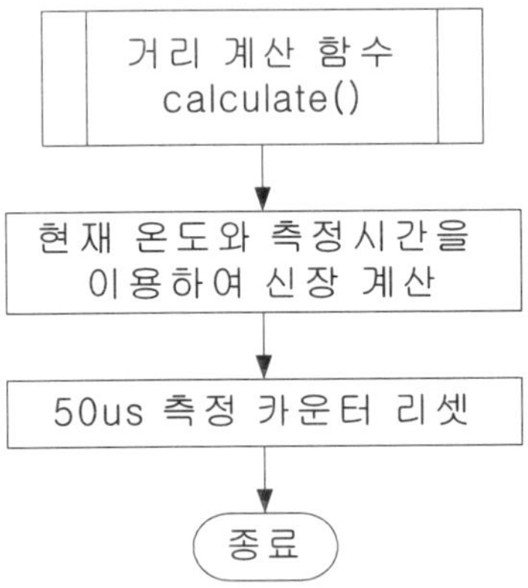

거리 계산 함수 : calculate()
현재 온도와 측정시간을 이용하여 신장을 계산하고, 50us 단위의 측정 카운터를 리셋한다.

(g) 거리 계산 함수

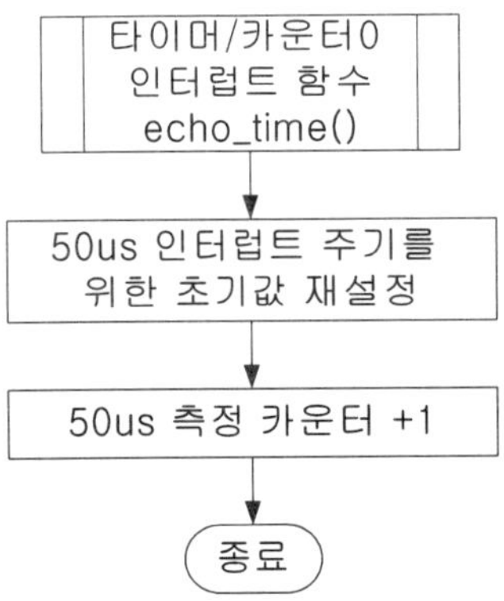

타이머/카운터0 인터럽트 함수 : echo_time()
50us 인터럽트 주기를 위한 초기값을 재설정하고 50us 측정 카운터를 1증가 시킨다.

(h) 타이머/카운터0 인터럽트 함수

[그림 5-11] 주요 함수 동작 흐름도

(6) 작품 사진

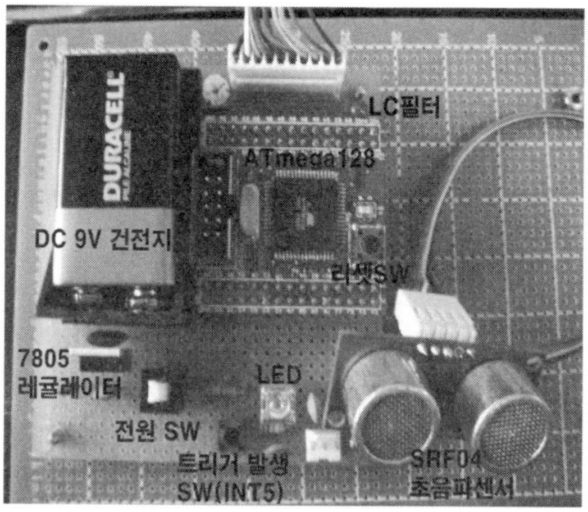

(a) 외형 1

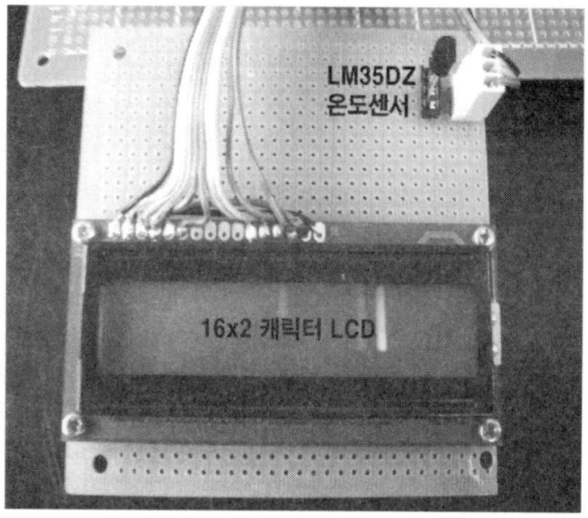

(b) 외형 2

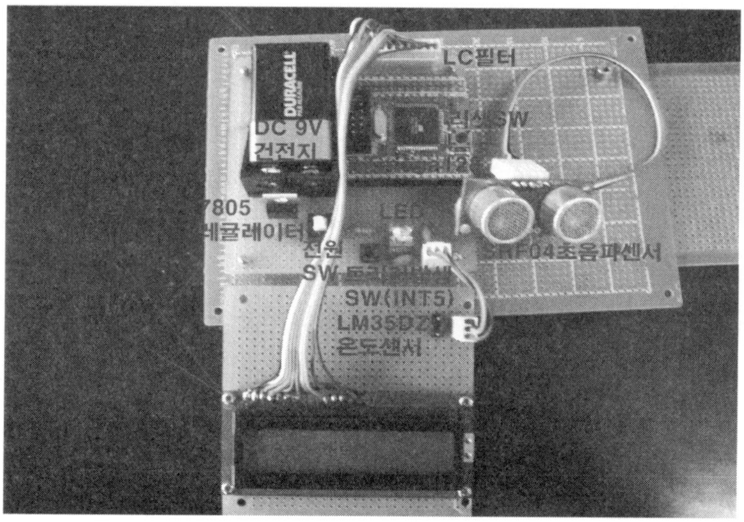

(c) 전체 외형

[사진 5-7] 작품 사진

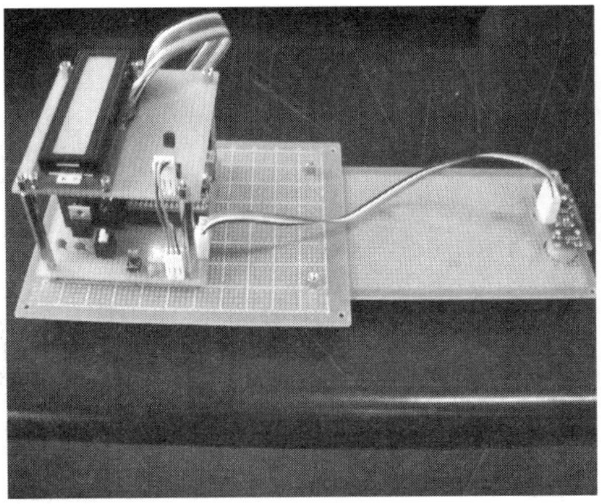

(a) 전체 외형(측면)

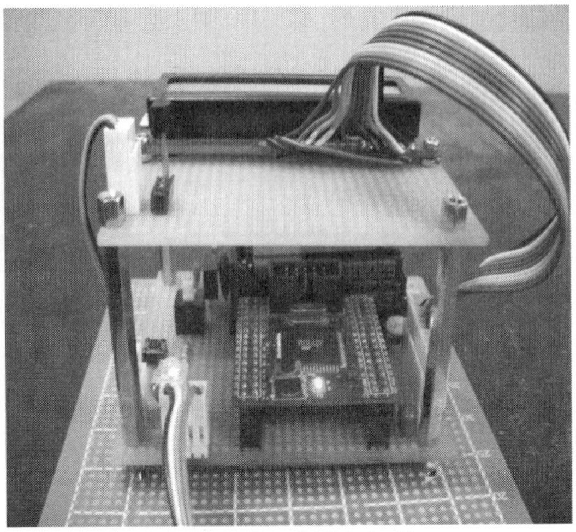

(b) 전체 외형(정면)

(c) 전체 외형(측면)

(d) 전체 외형(측면)

[사진 5-7] 작품 사진

(7) 작품 동작 사진

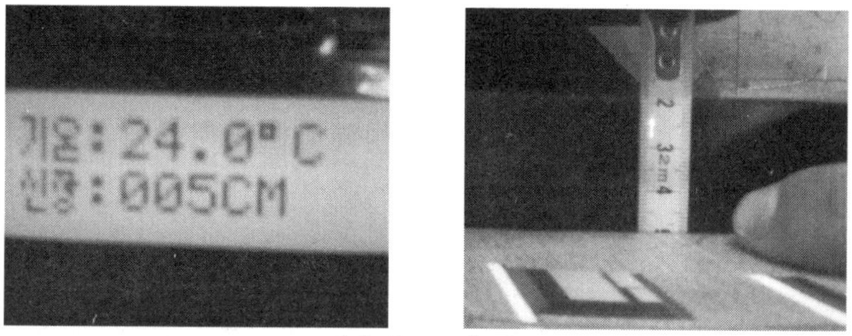

(a) 5cm 측정

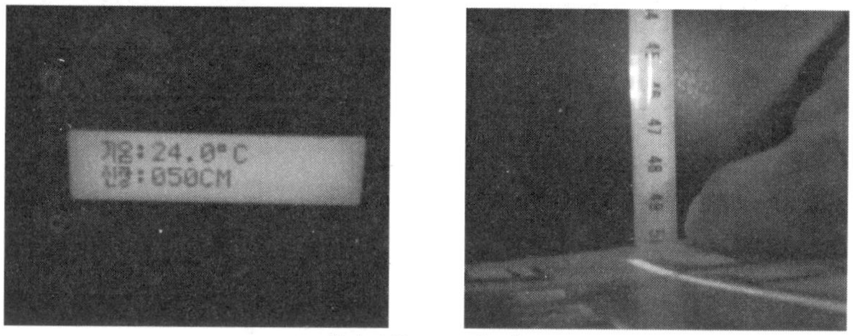

(b) 50cm 측정

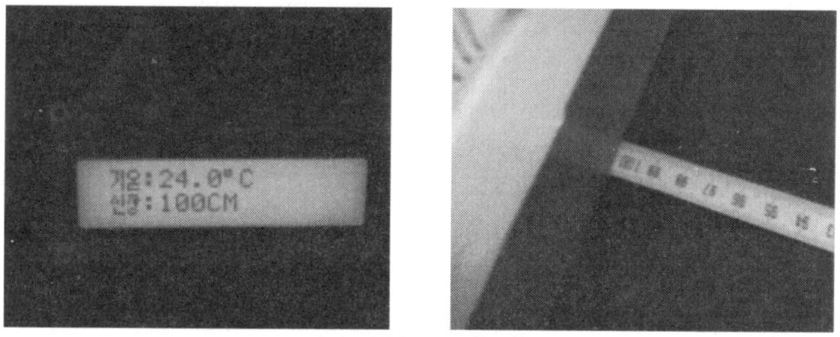

(c) 100cm 측정

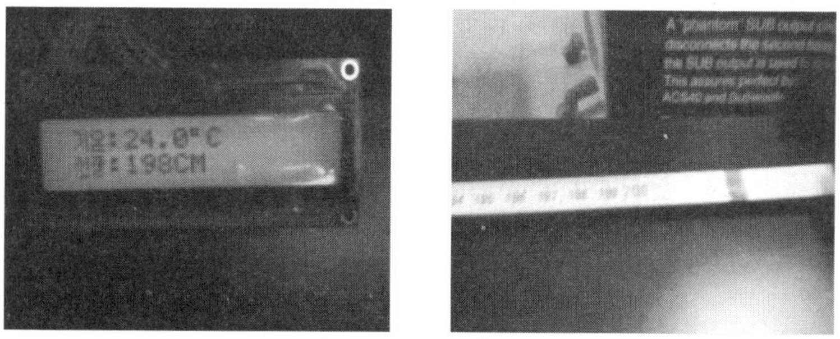

(d) 200cm 측정

[사진 5-8] 거리 측정 사진

(a) 신장 165cm 측정 결과

(b) 신장 181cm 측정 결과

[사진 5-9] 신장 측정 사진

(8) 프로그램 노트

```
// 신장측정 프로그램 : height.c
// 유동열

#include   <mega128.h>
#include   <delay.h>
#include   <stdio.h>

#define  FUNCSET      0x28          // Function Set
#define  ENTMODE      0x06          // Entry Mode Set
#define  ALLCLR       0x01          // All Clear
#define  DISPON       0x0c          // Display On
#define  HOME         0x02          // Cursor Home
#define  LINE2        0xC0          // 2nd Line Move
#define  CURON        0x0F          // Cursor On

// 문자열 패턴 등록
flash unsigned char cg_pat[32] =
            {0x1D, 0x05, 0x05, 0x05, 0x05, 0x09, 0x11, 0x01,        // '기'
             0x0E, 0x11, 0x11, 0x0E, 0x04, 0x1F, 0x10, 0x1F,        // '온'
             0x09, 0x09, 0x15, 0x15, 0x01, 0x08, 0x08, 0x0F,        // '신'
             0x1E, 0x0A, 0x17, 0x16, 0x02, 0x0C, 0x12, 0x0C};       // '장'

// LCD 함수
void LCD_init(void);
void LCD_String(char flash str[]);
void LCD_String1(char str[]);
void Busy(void);
void Command(unsigned char);
void Data(unsigned char);

// 온도 및 신장 측정 함수
void TH_Display(void);                 // 온도, 신장 표시
void AD_conv(void);                    // 온도 A/D 변환
void trigger_pulse();                  // 트리거 펄스 출력
void calculate();                      // 거리 계산 함수
void set_init();                       // I/O 포트, 타이머/카운터, A/D 변환 초기설정

typedef unsigned char BYTE;

unsigned int    AD;             // 현재 측정 온도
unsigned int    result;         // 이전 온도
unsigned int    temperature;    // 현재 측정 온도와 이전 온도로부터 얻어진 현재 온도
```

```
char    toggle1 = 0;                    // 초음파 반사파 수신 상태
int     cnt = 0;                        // 50us 타이머/카운터 인터럽트 걸린 횟수
int     dis1 = 0;                       // 측정 거리값
int     N100=0,N10=0,N1=0,buf=0;

void main(void)
{
        int          i;

        LCD_init();                     // 텍스트 LCD 모듈 초기화

        // '기', '온', '신', '장' 패턴 LCD 등록
        for(i = 0;i < 32;i++){
                Command(0x40 + i);      // C.G.RAM 어드레스 설정
                Data(cg_pat[i]);        // C.G.RAM 패턴 저장
        }

        set_init();                     // 초기설정

        while(1) {
                AD_conv();              // AD 변환
                TH_Display();           // 측정 온도와 신장 표시
                delay_ms(10);
        }
}

// 초기 설정
void set_init()
{
        DDRC = 0b11111111;              // 포트C 출력 설정(PC7 : 트리거 펄스 출력)
        DDRE = 0b00000010;              // 포트E 입력 설정(PE4 : 에코 입력)
        DDRF = 0xF0;                    // PF4-PF7 출력, PF0-PF3 입력(ADC0, ADC1)
        delay_ms(50);                   // wait for system stabilization

        // A/D 변환 설정
        ADMUX = 0x09;                   // AREF 단자전압 이용,
                                        // ADC1 +차동 ADC0 -차동 입력, 10배증폭
        ADCSRA = 0xE7;                  // ADC enable, 프리런닝모드, 125kHz
        delay_ms(20);

        //타이머카운터 설정, 1/16us*8분주 *(256-156) = 50us
        TIMSK = 0b00000000;             // 인터럽트 일단 정지
        TCCR0 = 0b00000010;             // clk/8 분주
        TCNT0 = 156;                    // 타이머 카운터 레지스터 초기값

        //외부 인터럽트 설정
```

```
        EIMSK = 0b00110000;            // 외부 인터럽트4,5 인에이블
        EICRB = 0b00001001;            // 외부 인터럽트 5 하강에지
                                       // 외부 인터럽트 4 : 논리적 변화가 있을 때
        SREG = 0b10000000;             // 전역 인터럽트 인터럽트 비트 I셋
}

// 트리거 펄스 출력
void trigger_pulse()
{
        PORTC.7 = 1;                   // 트리거 펄스 High
        delay_us(10);                  // 10us 지연
        PORTC.7 = 0;                   // 트리거 펄스 Low
}

// 현재 온도와 신장 표시
void TH_Display(void)
{
        char distance_buf[16];

        Command(HOME);                 // LCD의 첫번째 라인에 온도 표시
        LCD_String(" ");
        Data(0x00);                            // '기'
        Data(0x01);                            // '온'
        Data(0b00111010);                      // ':'
        Data('0'+(temperature/10));            // 십 자리 표시
        Data('0'+((temperature%10)/1));        // 일 자리 표시
        Data(0b00101110);                      // '.'
        Data('0');                             // 소수 첫자리 0 표시
        Data(0b11011111);                      // '°' 표시
        Data(0b01000011);                      // '#' 표시

        Command(LINE2);                        // LCD의 두번째 신장 표시
        LCD_String1(distance_buf);
        Data(0b00100000);                      // SPACE
        Data(0x02);                            // '신'
        Data(0x03);                            // '장'
        Data(0b00111010);                      // ':'

        N100 = dis1/100;                       // 백자리 계산
        buf = dis1%100;

        N10 = buf/10;                          // 십 자리 계산
        N1 = buf%10;                           // 일 자리 계산

        Data('0'+N100);                // 백 자리 표시
        Data('0'+N10);                 // 십 자리 표시
```

```
        Data('0'+N1);                   // 일 자리 표시
        Data(0b01000011);               // 'C'
        Data(0b01001101);               // 'M'
}

// AD 변환 실행
void AD_conv(void)
{
        AD = (int)ADCL + ((int)ADCH << 8);        // AD 변환값 읽기

        // 데이터 흔들림 방지 - A/D 변환 결과를
        // 현재의 누적값 90%, 새로 읽은 변환결과 10% 반영 */
        result = (result * 9 + AD) / 10;
        temperature = result * 50 / 512;          // 512 : result = 50 : 온도
}

// 에코 신호 High, Low 검출
interrupt[EXT_INT4] void echo_toggle (void)
{
        if(toggle1 == 0){                         // 에코신호 High
                TIMSK = 0b00000001;               // 타이머/카운터0 인터럽트 인에이블
                toggle1 = 1;
        }
        else {                                    // 에코신호 Low
                TIMSK = 0b00000000;               // 타이머 카운터0 인터럽트 금지
                toggle1 = 0;
                calculate();                      // 거리 계산
        }
}

// 신장 측정 시작 스위치 처리 함수
interrupt [EXT_INT5] void stop_sw (void)
{
        trigger_pulse(); // 트리거 출력
}

// 거리 계산
void calculate()
{
        // 계산식 - cm 단위
        dis1 = ((331.5 + (0.6 * temperature)) * 100) * (50 * 0.000001) * cnt ;
        dis1 = dis1 / 2;                // 거리 = 왕복거리 / 2
        cnt = 0;                        // 타이머/카운터0 50us 인터럽트 걸린 횟수 리셋
}

// (1/16)us * 8분주 * (256-156) = 50us
```

```
interrupt[TIM0_OVF] void echo_time(void)
{
        TCNT0 = 156;                    // 타이머 카운터0 레지스터 50us 주기 재설정
        cnt++;                          // 인터럽트 걸린회수 +1
}

// LCD 초기화
void LCD_init(void)
{
        DDRD = 0xFF;                    // 포트 D 출력 설정
        PORTD &= 0xFB;                  // E = 0;

        delay_ms(15);
        Command(0x20);                  // 펑션 셋
        delay_ms(5);
        Command(0x20);                  // 펑션 셋
        delay_us(100);
        Command(0x20);                  // 펑션 셋
        Command(FUNCSET);               // 펑션 셋
        Command(DISPON);                // 디스플레이 on
        Command(ALLCLR);                // 클리어
        Command(ENTMODE);               // 엔트리 모드 설정
}

// 문자열 LCD 출력 함수(만들어지는 문자열)
void LCD_String1(char str[])
{
        while(*str) Data(*str++);
}

// 문자열 LCD 출력 함수(고정된 문자열)
void LCD_String(char flash str[])
{
        char flash *pStr=0;

        pStr = str;
        while(*pStr) Data(*pStr++);
}

// 인스트럭션 쓰기 함수
void Command(unsigned char byte)
{
        Busy();

        // 인스트럭션 상위 바이트
        PORTD = (byte & 0xF0);                  // 데이터
```

```
        PORTD &= 0xFE;                          // RS = 0;
        PORTD &= 0xFD;                          // RW = 0;
        delay_us(1);
        PORTD |= 0x04;                          // E = 1;
        delay_us(1);
        PORTD &= 0xFB;                          // E = 0;

        // 인스트럭션 하위 바이트
        PORTD = ((byte<<4) & 0xF0);             // 데이터
        PORTD &= 0xFE;                          // RS = 0;
        PORTD &= 0xFD;                          // RW = 0;
        delay_us(1);
        PORTD |= 0x04;                          // E = 1;
        delay_us(1);
        PORTD &= 0xFB;                          // E = 0;
}

//데이터 쓰기 함수
void Data(unsigned char byte)
{
        Busy();

        // 데이터 상위 바이트
        PORTD = (byte & 0xF0);                  // 데이터
        PORTD |= 0x01;                          // RS = 1;
        PORTD &= 0xFD;                          // RW = 0;
        delay_us(1);
        PORTD |= 0x04;                          // E = 1;
        delay_us(1);
        PORTD &= 0xFB;                          // E = 0;

        // 데이터 하위 바이트
        PORTD = ((byte<<4) & 0xF0);             // 데이터
        PORTD |= 0x01;                          // RS = 1;
        PORTD &= 0xFD;                          // RW = 0;
        delay_us(1);
        PORTD |= 0x04;                          // E = 1;
        delay_us(1);
        PORTD &= 0xFB;                          // E = 0;
}

// Busy Flag Check -> 일반적인 BF를 체크하는 것이 아니라
// 일정한 시간 지연을 이용한다.
void Busy(void)
{
                delay_ms(2);
}
```

Chapter 06

기타

6.1 작품10 : 건반과 자동연주 기능을 갖는 연주기

2옥타브까지 연주가 가능한 건반기능과 함께 자동 연주기능을 가지며, 다음과 같은 기능을 갖는 연주기를 제작한다.

- 건반 모드, 자동연주(6곡) 설정 기능(2옥타브)
- 음 출력과 함께 음 높낮이 LED 표시 기능
- 스피커 소리 조절 기능
- 곡 재생 속도 제어 기능(자동 모드)
- LCD 노래 제목 좌 쉬프트 표시 기능(자동연주)

(1) 기본 원리 및 배경 지식

음악은 기본적으로 음의 높이(음계, 음정, tone), 음의 길이(박자, beat), 음의 강약, 음의 색깔 등으로 구성된다. 음의 높이는 스피커를 구동하는 신호의 주파수와 관계되어 주파수가 높으면 고음이 되고 주파수가 낮으면 저음이 된다. 음의 길이는 음표(note)와 쉼표(rest)로 구분 되는데 이는 각 음계에 해당하는 신호 발생시간의 길고 짧음에 비례한다. 또한, 음의 강약은 신호 파형의 진폭에 의해 결정되고, 음의 색깔은 신호 파형에 고조파 성분 포함 정도나 진폭의 변화(envelope)에 의해 결정된다.

MCU는 디지털 신호만을 직접 처리할 수 있기 때문에 음의 높이나 음의 길이를 변화시키는 것은 가능하지만, 음의 강약 또는 음의 색깔을 변화시키는 것은 D/A 컨버터나 Op-Amp와 같은 별도의 복잡한 회로가 필요하다. 따라서 여기서는 MCU에 내장된 타이머/카운터의 기능을 이용하여 음의 높이와 음의 길이를 가변함으로써 건반과 자동연주 기능을 갖는 연주기를 제작한다.

"도레미파솔라시도"의 음을 만들기 위해서는 그 음에 해당되는 주파수를 만들어야 하며, 음과 주파수의 관계는 [표 6-1]과 같다.

[표 6-1] 음과 주파수의 관계

음계 \ 옥타브	1	2	3	4	5	6	7	8
C(도)	32.7032	65.4064	130.8128	261.6256	523.2511	1046.502	2093.005	4180.009
C#	34.6478	69.2957	138.5913	277.1826	554.3653	1108.731	2217.461	4434.922
D(레)	36.7081	73.4162	146.8324	293.6648	587.3295	1174.659	2349.318	4698.636
D#	38.8909	77.7817	155.5635	311.1270	622.2540	1244.508	2489.016	4978.032
E(미)	41.2034	82.4069	164.8138	329.6276	659.255	1318.510	2637.020	5274.041
F(파)	43.6535	87.3071	174.6141	349.2282	698.4565	1396.913	2793.826	5587.652
F#	46.2493	92.4986	184.9972	369.9944	739.9888	1479.978	2959.955	5919.911
G(솔)	48.9994	97.9989	195.9977	391.9954	783.9909	1567.982	3135.963	6271.927
G#	51.9130	103.8262	207.6523	415.3047	830.6094	1661.219	3322.438	6644.875
A(라)	55.0000	110.0000	220.0000	440.0000	880.0000	1760.000	3520.000	7040.000
A#	58.2705	116.5409	233.0819	466.1638	932.3275	1864.655	3729.310	7458.620
B(시)	61.7354	123.4708	246.9417	493.8833	987.7666	1975.533	3951.066	7902.133

여기서, 4옥타브와 5옥타브의 음에 대해 주기를 각각 구해보면 다음과 같다.

4옥타브								
음계	도	레	미	파	솔	라	시	도
Hz	261.63	293.66	329.63	349.23	391.99	440.00	493.88	523.25

'도'일때 : 1/261.63 = 0.003822s, (나누기2 = 1912 usec)
'레'일때 : 1/293.66 = 0.003405s, (나누기2 = 1703 usec)
'미'일때 : 1/329.63 = 0.003034s, (나누기2 = 1517 usec)
'파'일때 : 1/349.32 = 0.002863s, (나누기2 = 1432 usec)
'솔'일때 : 1/391.99 = 0.002551s, (나누기2 = 1276 usec)
'라'일때 : 1/440.00 = 0.002273s, (나누기2 = 1136 usec)
'시'일때 : 1/493.88 = 0.002025s, (나누기2 = 1012 usec)
'도'일때 : 1/523.25 = 0.001911s, (나누기2 = 956 usec)

5옥타브								
음계	**도**	**레**	**미**	**파**	**솔**	**라**	**시**	**도**
Hz	523.26	587.32	659.26	698.46	783.98	880.00	987.76	1046.5

'도'일때 : 1/523.26 = 0.001911s, (나누기2 = 956 usec)
'레'일때 : 1/587.32 = 0.001703s, (나누기2 = 851 usec)
'미'일때 : 1/659.26 = 0.001517s, (나누기2 = 758 usec)
'파'일때 : 1/698.46 = 0.001431s, (나누기2 = 716 usec)
'솔'일때 : 1/783.98 = 0.001276s, (나누기2 = 638 usec)
'라'일때 : 1/880.00 = 0.001136s, (나누기2 = 568 usec)
'시'일때 : 1/987.76 = 0.001012s, (나누기2 = 506 usec)
'도'일때 : 1/1046.5 = 0.000955s, (나누기2 = 478 usec)

4옥타브의 '도'는 261.63hz의 주파수를 가지며, 주기를 구해보면

1/261.33 = 0.003822s = 3822us

가 된다. 이 주기를 갖는 파형을 만들기 위해 듀티(duty)비가 50%인 구형파를 발생하도록 하면 High와 Low의 값을 갖는 시간은 주기를 2로 나눈 1911us가 된다. 이 작품에서는 어느 음을 만들기 위해 정확한 주파수를 구현하기보다는 각 음의 주기의 1/2에 해당하는 시간을 단순하게 카운터값으로 이용하여 시간을 지연시킴으로써 파형을 발생하는 간이 함수를 이용하였다.

4. 5옥타브의 음에 해당하는 High(Low) 시간값(카운터값)

```
#define OCT4_DO 1912
#define OCT4_RE 1702
#define OCT4_MI  1516
#define OCT4_PA 1432
#define OCT4_SO 1278
#define OCT4_RA 1136
#define OCT4_SI  1004

#define OCT5_DO 956
#define OCT5_RE 851
#define OCT5_MI  758
#define OCT5_PA 716
#define OCT5_SO 639
#define OCT5_RA 568
#define OCT5_SI  507

#define OCT6_DO 477
```

(2) 하드웨어 구성

- KUT-128 MCU 보드, 캐릭터 LCD
- 건반 스위치 및 LED 음 표시, 음 출력 회로(포트A, 포트C, 포트G 연결)
- KUT-128 인터페이스 보드 스위치 4개(외부 인터럽트4-7) 이용

  스위치1 : 모드 전환(건반/자동연주)

  스위치2 : 자동연주시 다음곡 선택

  스위치3 : 연주속도 빠르게

  스위치4 : 연주속도 느리게

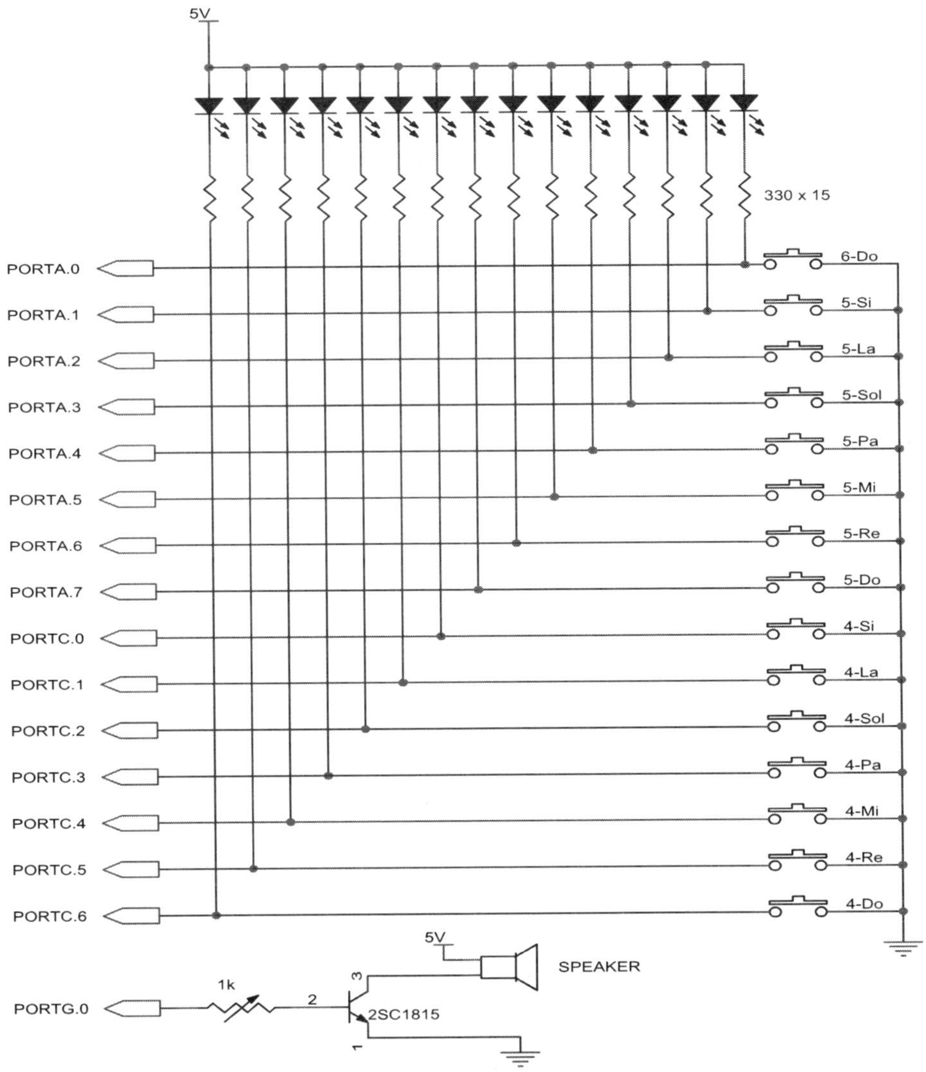

[그림 6-1] 회로도

(3) 작품 및 동작 사진

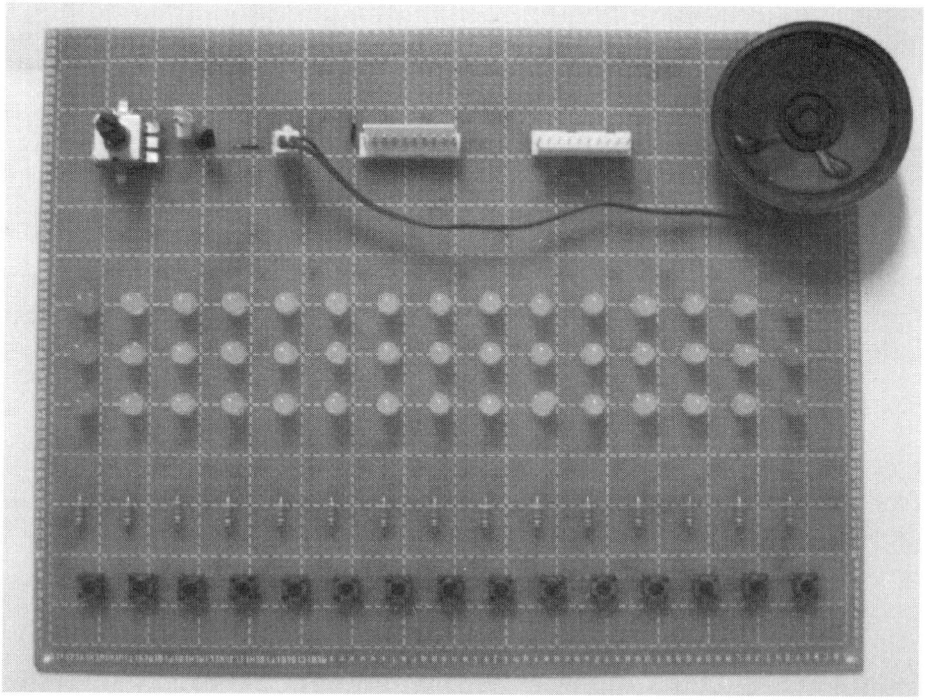

[사진 6-1] 추가 회로

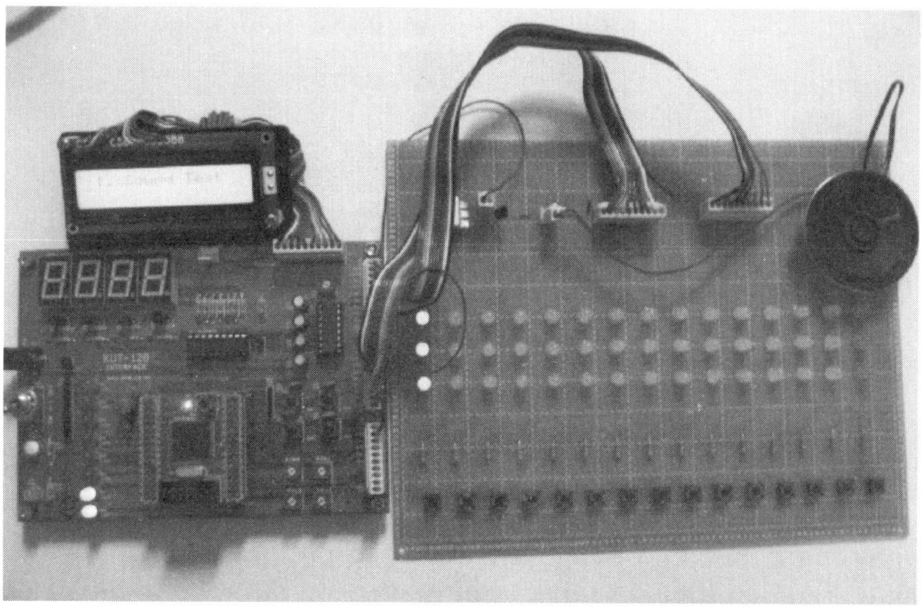

[사진 6-2] 전체 작품 사진

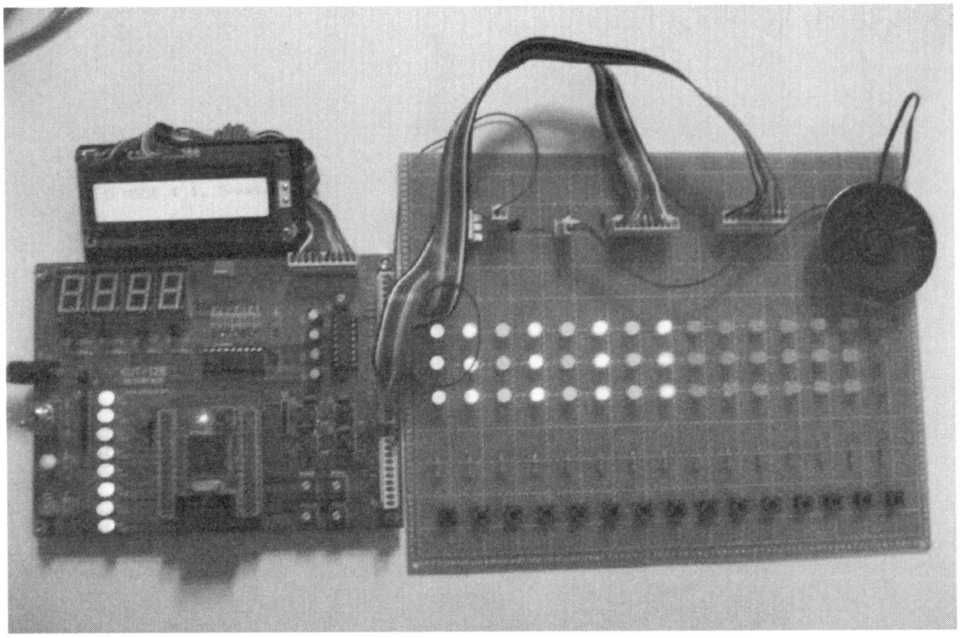

[사진 6-3] 자동 연주

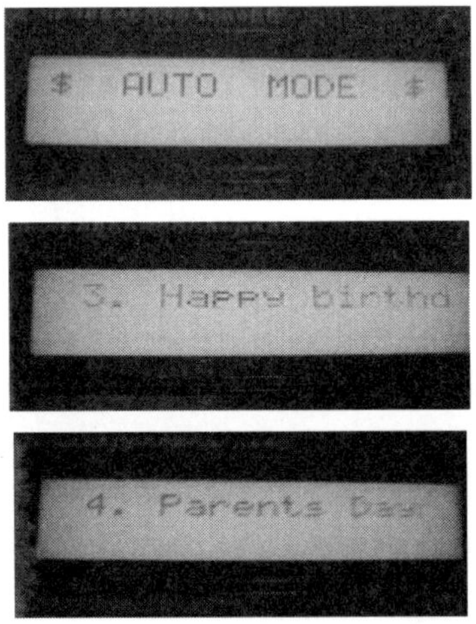

[사진 6-4] LCD 메시지 표시

(4) 건반 기능

4옥타브와 5옥타브 "도레미파솔라시도레미파솔라시도" 의 스위치를 누르면 음을 출력하는 기능을 구현한다.

스위치는 앞의 회로도에서와 같이 포트A와 포트C에 연결되어 있으며, 스위치를 누르게 되면 스위치에 연결된 LED도 함께 on이 되어 표시된다.

음은 스위치가 눌려져 있는 동안만 출력되며, 스위치를 떼면 음의 출력도 정지한다. 음 출력함수는 다음과 같이 출력음 주기의 1/2에 해당하는 값을 이 함수에 주어 이 값만큼 '1'과 '0'을 출력하여, 음의 정확한 주파수 파형을 출력하기보다는 상대적으로 음의 주기에 따라 출력음에 차이가 나도록 하는 방법을 사용하였다.

```
// 건반모드 음 출력함수(tone : 출력음 주기의 1/2 값)
void sound(int tone)
{
        int         buf;

        time_data = 1;
        while(time_data){
                PORTG = 0x01;           // 1 출력(스피커 on)
                buf = tone;
                while(buf--);

                PORTG = 0x00;           // 0 출력(스피커 off)
                buf = tone;
                while(buf--);
        }
        delay_us(1);            // 음과 음 사이에 구분을 줌
}
```

```
// 건반 테스트 프로그램
// key_in.c

#include        <mega128.h>
#include        <delay.h>

#define OCT4_DO         1912
#define OCT4_RE         1702
#define OCT4_MI         1516
#define OCT4_PA         1432
#define OCT4_SO         1278
```

```
#define OCT4_RA          1136
#define OCT4_SI          1004

#define OCT5_DO          956
#define OCT5_RE          851
#define OCT5_MI          758
#define OCT5_PA          716
#define OCT5_SO          639
#define OCT5_RA          568
#define OCT5_SI          507
#define OCT6_DO          477

int     time_data;

void Input_mode(void);              // 건반 스위치 처리 함수 ?
void sound(int tone);               // 사운드 출력 함수
void Timer_Interrupt_setup(void);   // 타이머/카운터0 초기설정

void main(void)
{
        DDRA = 0x0;                 // 포트 A 입력 설정(PA7:2도...PA0:3도)
        DDRC = 0x0;                 // 포트 C 입력 설정(PC6:2도...PC0:2시)
        DDRG = 0x01;                // 포트 G출력 설정(PG0 : 스피커 on/off)
        PORTG = 0x0;                // 스피커 off

        Timer_Interrupt_setup();

        while(1) Input_mode();

}

// 건반모드 - 스위치 입력처리 함수
void Input_mode(void)
{
        int     key, key2, tone_data;

        key = PINC & 0b01111111;    // 포트 C 상태 입력
        key2 = PINA & 0b11111111;   // 포트 A 상태 입력

        if(key != 0b01111111){                  // 포트 C 연결 스위치 on : 4도 - 4시
                if(key == 0b00111111) tone_data = OCT4_DO;       // 4도
                else if(key == 0b01011111) tone_data = OCT4_RE;  // 4레
                else if(key == 0b01101111) tone_data = OCT4_MI;  // 4미
                else if(key == 0b01110111) tone_data = OCT4_PA;  // 4파
                else if(key == 0b01111011) tone_data = OCT4_SO;  // 4솔
```

```
            else if(key == 0b01111101) tone_data = OCT4_RA;     // 4라
            else tone_data = OCT4_SI;                            // 4시

            sound(tone_data);
        }
        else if(key2 != 0b11111111){   // 포트 A 연결 스위치 on : 5도 - 6도
            if(key2 == 0b01111111) tone_data = OCT5_DO;         // 5도
            else if(key2 == 0b10111111) tone_data = OCT5_RE;    // 5레
            else if(key2 == 0b11011111) tone_data = OCT5_MI;    // 5미
            else if(key2 == 0b11101111) tone_data = OCT5_PA;    // 5파
            else if(key2 == 0b11110111) tone_data = OCT5_SO;    // 5솔
            else if(key2 == 0b11111011) tone_data = OCT5_RA;    // 5라
            else if(key2 == 0b11111101) tone_data = OCT5_SI;    // 5시
            else tone_data = OCT6_DO;                            // 6도

            sound(tone_data);
        }
}

// 건반모드 음 출력함수
void sound(int tone)
{
        int         buf;

        time_data = 1;
        while(time_data){
                PORTG = 0x01;
                buf = tone;
                while(buf--);

                PORTG = 0x00;
                buf = tone;
                while(buf--);
        }
        delay_us(1);            // 음과 음 사이에 구분을 줌
}

// 타이머/카운터0 초기설정
void Timer_Interrupt_setup(void)
{
        TCCR0 = 0x07;                       // 타이머 설정
        TCNT0 = 0x40;                       // 연주속도 = 중간속도
        TIMSK = 0x01;                       // TOIE0=1(타이머/카운터0 오버플로우)
        SREG = 0x80;                        // 전역 인터럽트 인에이블 I비트 셋
}
```

```
// 중간속도의 음출력을 위한 초기값 재설정
interrupt [TIM0_OVF] void timer(void)
{
        TCNT0 = 0x40;

        time_data--;
}
```

(5) 자동 연주기

자동 연주기는 연주하려고 하는 곡의 음계와 이에 해당하는 음의 길이를 미리 저장하고, 이를 순차적으로 출력하도록 하였다. 음을 출력하는 함수는 다음과 같이 앞의 건반 모드의 음 출력함수와 비슷하지만, 자동 연주에서는 음의 길이가 반영되어야 한다. 따라서, 아래 프로그램에서 time_data에 음의 길이에 해당하는 값을 다음과 같이 부여하여 연주하도록 하였다.

```
while(time_data){       // 음길이
                        PORTG = 0x01;
                        buf = tone_data;
                        while(buf--);

                        PORTG = 0x00;
                        buf = tone_data;
                        while(buf--);
}
```

음의 길이	time_data 값
2분 음표	64
4분 음표	32
8분 음표	16
16분 음표	8

[그림 6-2] 어머님 은혜 악보

```
// 자동연주 테스트 프로그램
// autoplay.c
#include        <mega128.h>
#include        <delay.h>

#define OCT4_DO         1912
#define OCT4_RE         1702
#define OCT4_MI         1516
#define OCT4_PA         1432
#define OCT4_SO         1278
#define OCT4_RA         1136
#define OCT4_SI         1004

#define OCT5_DO         956
#define OCT5_RE         851
#define OCT5_MI         758
#define OCT5_PA         716
#define OCT5_SO         639
#define OCT5_RA         568
#define OCT5_SI         507
#define OCT6_DO         477

int tone_table[60] = {
        //어머님 은혜 56개
        OCT5_MI, OCT5_PA, OCT5_SO, OCT6_DO,
        OCT6_DO, OCT5_SI, OCT5_RA, OCT5_SO,
        OCT5_RA, OCT5_SO, OCT5_SO, OCT5_PA, OCT5_MI, OCT5_RE,

        OCT5_MI, OCT5_PA, OCT5_SO, OCT6_DO,
        OCT6_DO, OCT5_SI, OCT5_RA, OCT5_SO,
        OCT5_RA, OCT5_SO, OCT5_PA, OCT5_MI, OCT5_RE, OCT5_DO,
        OCT5_RE, OCT5_RE, OCT5_SO, OCT5_PA,
        OCT5_MI, OCT5_RE, OCT5_DO, OCT5_RE,
        OCT5_MI, OCT5_MI, OCT5_PA, OCT5_SO, OCT5_RA, OCT5_SO,

        OCT6_DO, OCT6_DO, OCT5_SI, OCT5_RA,
        OCT5_SO, OCT5_RA, OCT5_SO, OCT5_MI,
        OCT5_RA, OCT5_RA, OCT5_SO, OCT5_RA, OCT5_SI, OCT6_DO};

int time_table[60] = {
                // 어머님 은혜 56개
                32, 16, 32, 16,
                16, 16, 16, 48,
                32, 16, 16, 16, 16, 96,
```

```
                32, 16, 32, 16,
                16, 16, 16, 48,
                32, 16, 16, 16, 16, 96,

                32, 16, 32, 16,
                16, 16, 16, 48,
                32, 16, 16, 16, 16, 96,

                32, 16, 32, 16,
                16, 16, 16, 48,
                32, 16, 16, 16, 16, 96};

int     tone_data, time_data;           // 주파수, 음길이 변수

void    Timer_Interrupt_setup(void);    // 타이머/카운터0 초기설정
void Auto_mode(void);

void main(void)
{
        DDRA = 0xFF;                    // 포트 A 출력 설정(PA7:2도...PA0:3도)
        DDRC = 0xFF;                    // 포트 C 출력 설정(PC6:2도...PC0:2시)
        DDRG = 0x01;                    // 포트 G 출력 설정(PG0 : 스피커 on/off)
        PORTG = 0x0;                    // 스피커 off

        Timer_Interrupt_setup();
        while(1){
                Auto_mode();
                delay_ms(2000);
        }
}

void Auto_mode(void)
{
        int     i, buf = 0;

        for(i = 0;i < 60;i++){
                delay_ms(25);           // 음과 음사이의 약간의 딜레이

                tone_data = tone_table[i];
                time_data = time_table[i];

                while(time_data){
                        PORTG = 0x01;
                        buf = tone_data;
                        while(buf--);
```

```
                        PORTG = 0x00;
                        buf = tone_data;
                        while(buf--);
                }
        }
}

// 타이머/카운터0 초기설정
void Timer_Interrupt_setup(void)
{
        TCCR0 = 0x07;               // 타이머 설정
        TCNT0 = 0x40;               // 연주속도 = 중간속도
        TIMSK = 0x01;               // TOIE0=1(타이머/카운터0 오버플로우)
        SREG = 0x80;                // 전역 인터럽트 인에이블 I비트 셋
}

interrupt [TIM0_OVF] void timer(void)
{
        TCNT0 = 0x40;

        time_data--;
}
```

(6) 건반, 자동연주, 재생속도 제어 기능을 갖는 전체 프로그램

[그림 6-3]은 작품에 사용된 주요 함수의 동작 흐름도를 보여주며, 각 함수의 기능을 요약하면 다음과 같다.

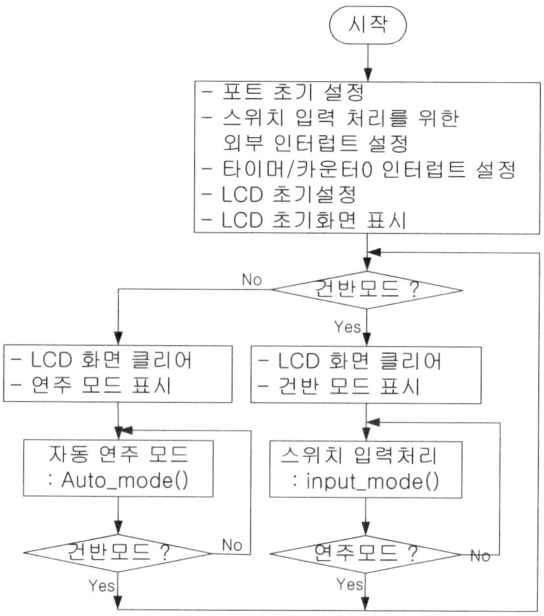

메인 함수 : main()
I/O 포트에 대한 초기설정과, 외부 인터럽트, 타이머/카운터0에 대해 인터럽트를 설정한다. 그리고, LCD를 초기화하고 초기화면을 표시한다. 건반모드의 경우에는 스위치 입력처리를 수행하고, 연주모드의 경우에는 등록된 6곡을 차례로 자동연주한다.

(a) 메인 함수

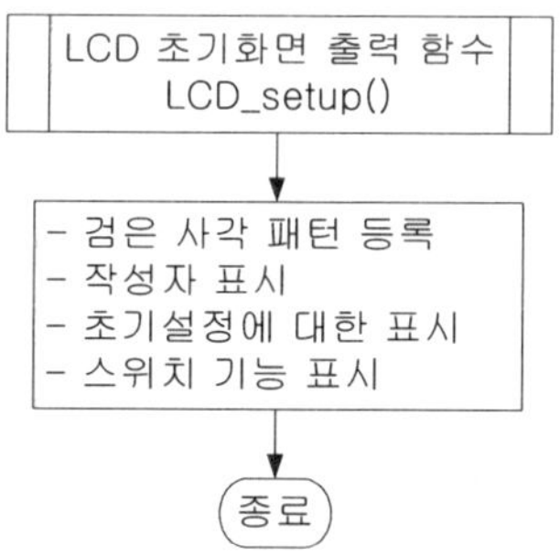

LCD 초기화면 출력 함수 : LCD_setup()
검은 사각 패턴을 등록하고, 작성자 표시와 함께 스위치 기능을 표시한다.

(b) LCD 초기화면 출력 함수

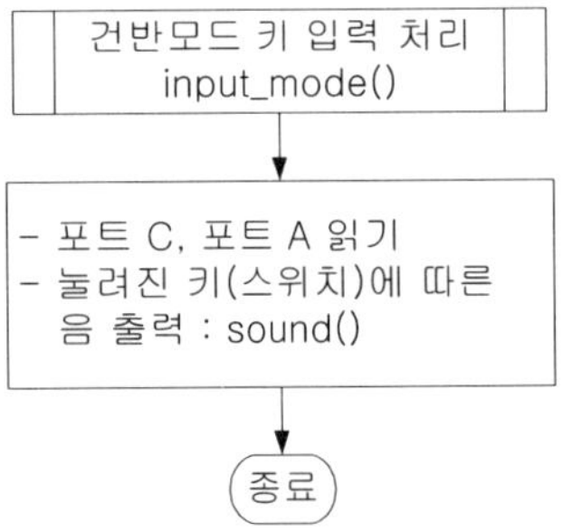

건반모드 입력처리 함수 : input_mode()

건반 키(스위치)가 연결된 포트 A와 포트 C를 읽어 눌려진 키에 대한 음을 출력한다.

(c) 건반모드 키 입력 처리 함수

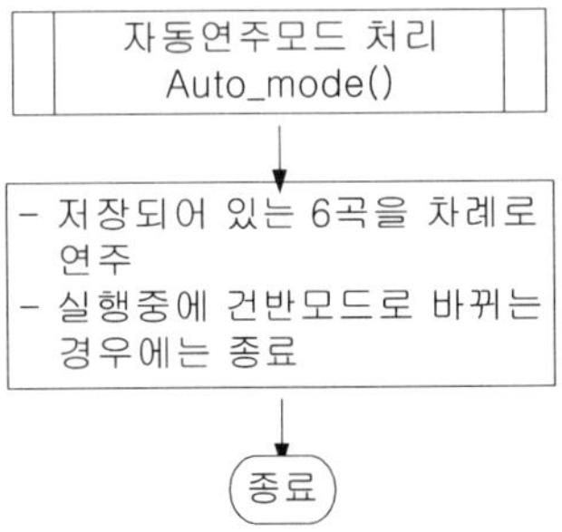

자동연주모드 처리 함수 : Auto_mode()

저장되어 있는 6곡을 차례로 연주하며, 실행 중에 건반모드로 바뀌는 경우에는 종료하고 메인함수로 돌아간다.

(d) 자동연주모드 처리 함수

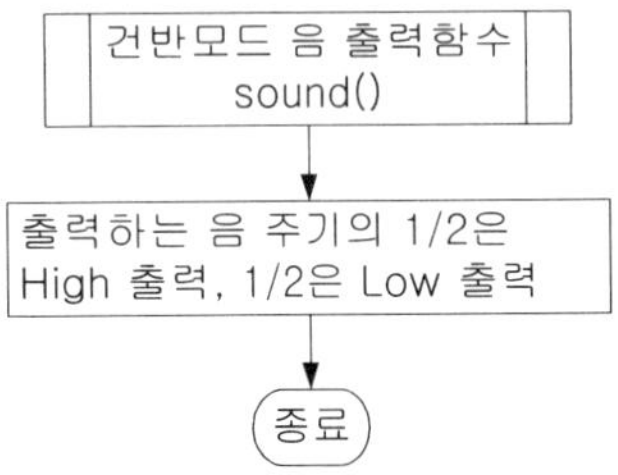

건반모드 음 출력 함수 : sound()

눌려진 건반 키에 해당하는 음 주기의 1/2은 High(5V)를 출력하고, 1/2은 Low(0V)를 출력한다.

(e) 건반모드 음 출력함수

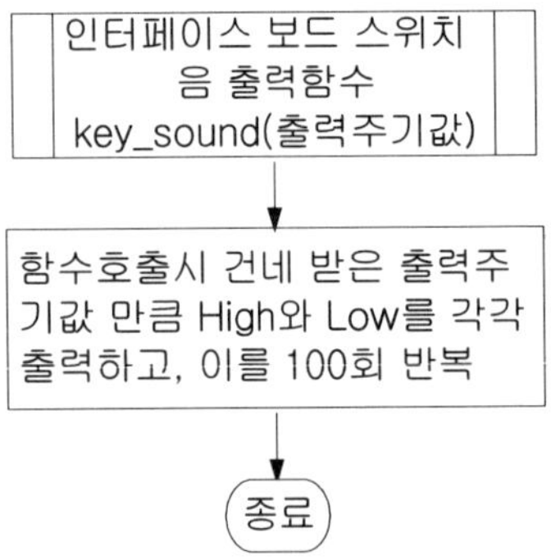

인터페이스 보드 스위치 음 출력 함수 : key_sound()

인터페이스 보드의 /INT4-/INT7에 연결되어 있는 4개의 스위치가 눌려질 때 음을 내기 위한 함수이며, 스위치별로 다른 주기값을 건네 각각 다른 소리를 출력하도록 한다.

(f) 인터페이스 보드 스위치 음 출력함수

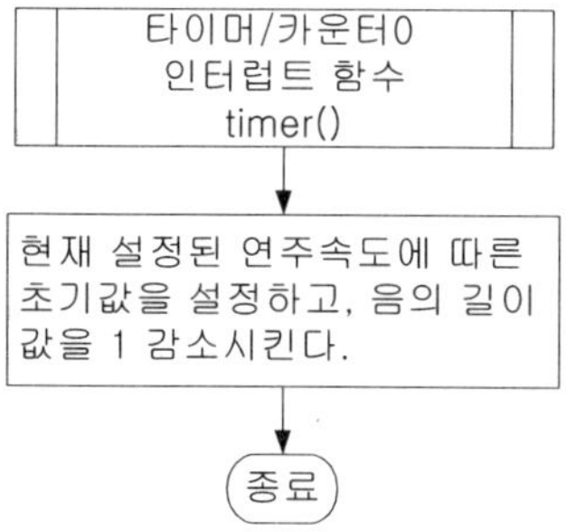

타이머/카운터0 인터럽트 함수 : timer()
현재 설정된 연주속도에 따른 초기값을 설정하고, 음의 길이를 나타내는 변수값을 1감소시킨다.

(g) 타이머/카운터0 인터럽트 함수

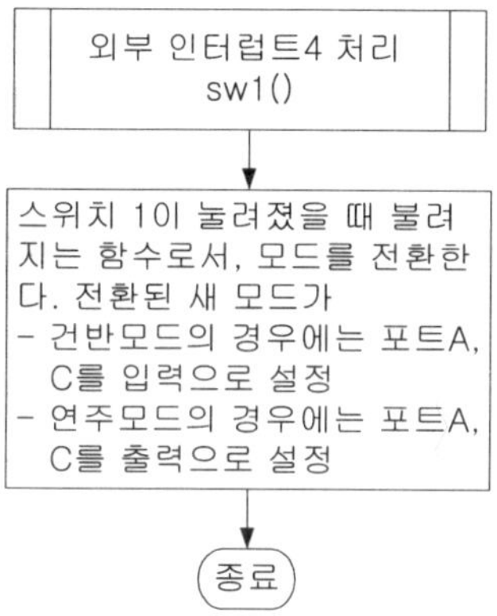

외부 인터럽트4 처리 함수 : sw1()
인터페이스 보드의 스위치1이 눌려질 때 실행되는 함수로서, 모드를 전환한다. 바뀌는 모드에 따라 포트A와 포트C의 입출력방향을 다시 설정한다.

(h) 외부 인터럽트4 처리함수

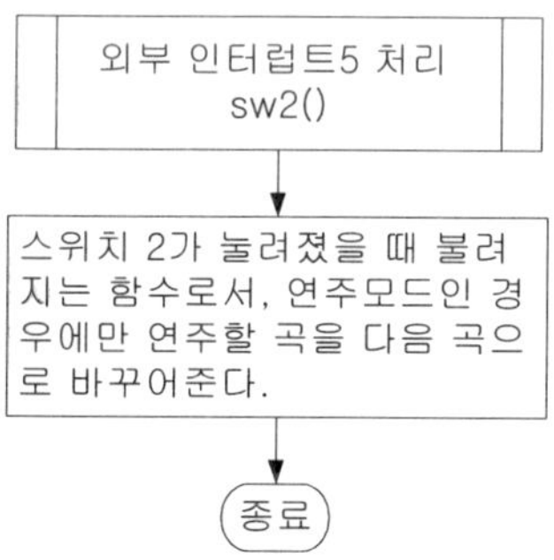

외부 인터럽트5 처리 함수 : sw2()
인터페이스 보드의 스위치2가 눌려질 때 실행되는 함수로서, 연주모드인 경우에만 연주할 곡을 다음 곡으로 바꾸어준다.

(i) 외부 인터럽트5 처리함수

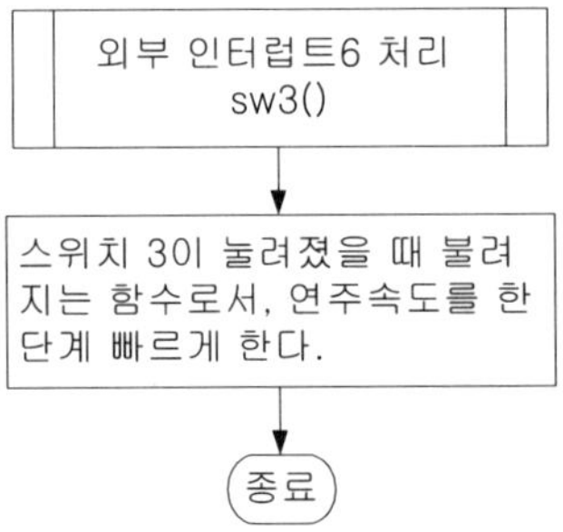

외부 인터럽트6 처리 함수 : sw3()
인터페이스 보드의 스위치3이 눌려질 때 실행되는 함수로서, 연주속도를 한 단계 빠르게 한다.

(j) 외부 인터럽트6 처리함수

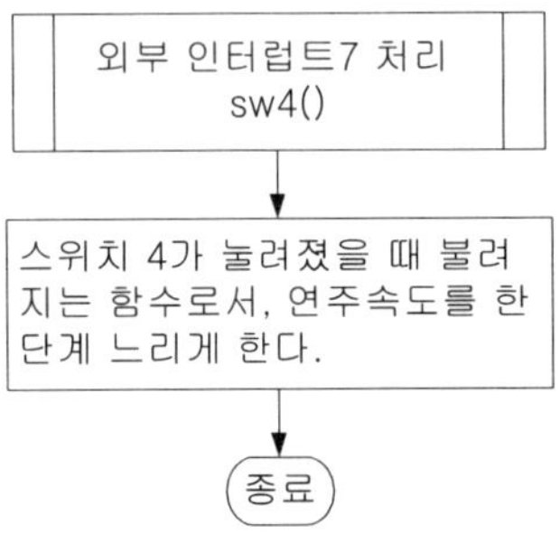

외부 인터럽트7 처리 함수 : sw4()
인터페이스 보드의 스위치4가 눌려질 때 실행되는 함수로서, 연주속도를 한 단계 느리게 한다.

(k) 외부 인터럽트7 처리함수

<헤더 파일 : frequency.h>

```
// frequency.h

#define OCT4_DO         1912
#define OCT4_RE         1702
#define OCT4_MI         1516
#define OCT4_PA         1432
#define OCT4_SO         1278
#define OCT4_RA         1136
#define OCT4_SI         1004


#define OCT5_DO         956
#define OCT5_RE         851
#define OCT5_MI         758
#define OCT5_PA         716
#define OCT5_SO         639
#define OCT5_RA         568
#define OCT5_SI         507


#define OCT6_DO         477
```

<헤더 파일 : music.h>

```
// music.h

int tone_table[300] = {
        // 도레미파솔리시도(테스트)  32개
        OCT4_DO, OCT4_RE, OCT4_MI, OCT4_PA, OCT4_SO, OCT4_RA,
        OCT4_SI, OCT5_DO,
        OCT5_DO, OCT4_SI, OCT4_RA, OCT4_SO, OCT4_PA, OCT4_MI,
        OCT4_RE, OCT4_DO,
        OCT5_DO, OCT5_RE, OCT5_MI, OCT5_PA, OCT5_SO, OCT5_RA,
        OCT5_SI, OCT6_DO,
        OCT6_DO, OCT5_SI, OCT5_RA, OCT5_SO, OCT5_PA, OCT5_MI,
        OCT5_RE, OCT5_DO,

        // 구급차 소리(삐보삐뽀)                36개
        OCT6_DO, OCT5_DO, OCT6_DO, OCT5_DO, OCT6_DO, OCT5_DO,
        OCT6_DO, OCT5_DO, OCT6_DO, OCT5_DO, OCT6_DO, OCT5_DO,
        OCT6_DO, OCT5_DO, OCT6_DO, OCT5_DO, OCT6_DO, OCT5_DO,
        OCT6_DO, OCT5_DO, OCT6_DO, OCT5_DO, OCT6_DO, OCT5_DO,
        OCT6_DO, OCT5_DO, OCT6_DO, OCT5_DO, OCT6_DO, OCT5_DO,
        OCT6_DO, OCT5_DO, OCT6_DO, OCT5_DO, OCT6_DO, OCT5_DO,

        // 생일축하노래  28개
        OCT4_SO, OCT4_SO, OCT4_RA, OCT4_SO, OCT5_DO, OCT5_DO, OCT4_SI,
        OCT4_SO, OCT4_SO, OCT4_RA, OCT4_SO, OCT5_RE, OCT5_RE, OCT5_DO,
        OCT4_SO, OCT4_SO, OCT5_SO, OCT5_MI, OCT5_DO, OCT4_SI, OCT4_RA,
        OCT5_PA, OCT5_PA, OCT5_MI, OCT5_DO, OCT5_RE, OCT5_RE, OCT5_DO,

        //어머님 은혜 56개
        OCT5_MI, OCT5_PA, OCT5_SO, OCT6_DO,
        OCT6_DO, OCT5_SI, OCT5_RA, OCT5_SO,
        OCT5_RA, OCT5_SO, OCT5_SO, OCT5_PA, OCT5_MI, OCT5_RE,

        OCT5_MI, OCT5_PA, OCT5_SO, OCT6_DO,
        OCT6_DO, OCT5_SI, OCT5_RA, OCT5_SO,
        OCT5_RA, OCT5_SO, OCT5_PA, OCT5_MI, OCT5_RE, OCT5_DO,
        OCT5_RE, OCT5_RE, OCT5_SO, OCT5_PA,
        OCT5_MI, OCT5_RE, OCT5_DO, OCT5_RE,
        OCT5_MI, OCT5_MI, OCT5_PA, OCT5_SO, OCT5_RA, OCT5_SO,

        OCT6_DO, OCT6_DO, OCT5_SI, OCT5_RA,
        OCT5_SO, OCT5_RA, OCT5_SO, OCT5_MI,
        OCT5_RA, OCT5_RA, OCT5_SO, OCT5_RA, OCT5_SI, OCT6_DO,
```

```
 // 스승의 은혜 81
  OCT4_RA, OCT5_MI, OCT5_MI,
 OCT5_PA, OCT5_MI, OCT5_RE, OCT5_DO, OCT4_RA,
 OCT4_SO, OCT5_DO, OCT4_SI, OCT5_DO, OCT5_RE,

 OCT4_RA, OCT5_MI, OCT5_MI,
 OCT5_PA, OCT5_MI, OCT5_RE, OCT5_DO, OCT4_RA,
 OCT4_SI, OCT5_DO, OCT5_RE, OCT5_MI, OCT5_DO,

 OCT5_DO, OCT4_SI, OCT4_RA, OCT4_RA,
 OCT4_RA, OCT5_DO, OCT5_PA, OCT5_RA, OCT5_SO,
 OCT5_PA, OCT4_RA, OCT4_RA, OCT4_SI, OCT5_DO, OCT5_RE,

 OCT4_RA, OCT5_SO, OCT5_MI,
 OCT5_RE, OCT5_MI, OCT5_PA, OCT5_MI, OCT5_RE, OCT5_DO,
 OCT4_RA, OCT4_SO, OCT4_SI, OCT5_RE, OCT5_DO,

 OCT5_MI, OCT5_PA, OCT5_SO,
 OCT5_MI, OCT5_PA, OCT5_SO, OCT5_DO,
 OCT5_RE, OCT4_RA, OCT5_PA, OCT5_MI, OCT5_RE,

 OCT5_MI, OCT5_SO,
 OCT5_MI, OCT5_MI, OCT5_MI, OCT5_RA,
 OCT5_SO, OCT5_PA, OCT5_MI, OCT5_RE,
 OCT4_RA, OCT5_RE, OCT5_MI, OCT5_DO,


 // 당신은 사랑받기 위해 태어난 사람  60개
 OCT5_DO, OCT5_RE, OCT5_MI, OCT5_SO, OCT5_SO, OCT5_SO,
 OCT5_PA, OCT5_MI, OCT5_PA, OCT5_MI, OCT5_RE, OCT5_DO,
 OCT4_SI, OCT5_DO,
 OCT4_RA, OCT4_SI, OCT5_DO, OCT5_DO, OCT5_DO, OCT5_PA,
 OCT5_MI, OCT5_MI,
  OCT5_DO, OCT5_DO, OCT5_DO, OCT5_MI, OCT5_RE, OCT5_RE,
 OCT5_DO, OCT5_RE,
 OCT5_DO, OCT5_RE, OCT5_MI, OCT5_SO, OCT5_SO, OCT5_SO,
 OCT5_PA, OCT5_MI, OCT5_PA,
  OCT5_MI, OCT5_RE, OCT5_DO, OCT4_SI, OCT5_DO,
  OCT4_RA, OCT4_SI, OCT5_DO, OCT5_DO, OCT5_DO, OCT5_PA,
 OCT5_MI, OCT5_MI,
  OCT5_DO, OCT5_DO, OCT5_DO, OCT5_MI, OCT5_RE, OCT5_DO,
 OCT4_SI, OCT5_DO
};
```

```
int time_table[300] = {

                //도레미파솔라시도(테스트) 32개
                64, 64, 64, 64, 64, 64, 64, 64,
                64, 64, 64, 64, 64, 64, 64, 64,
                64, 64, 64, 64, 64, 64, 64, 64,
                64, 64, 64, 64, 64, 64, 64, 64,

                //구급차 36개
                32, 32, 32, 32, 32, 32,
                32, 32, 32, 32, 32, 32,
                32, 32, 32, 32, 32, 32,
                32, 32, 32, 32, 32, 32,
                32, 32, 32, 32, 32, 32,
                32, 32, 32, 32, 32, 32,

                //생일축하노래 28개
                16, 16, 32, 32, 16, 16, 64,
                16, 16, 32, 32, 16, 16, 64,
                16, 16, 32, 32, 32, 32, 32,
                16, 16, 32, 32, 16, 16, 64,


                // 어머님 은혜 56개
                32, 16, 32, 16,
                16, 16, 16, 48,
                32, 16, 16, 16, 16, 96,

                32, 16, 32, 16,
                16, 16, 16, 48,
                32, 16, 16, 16, 16, 96,

                32, 16, 32, 16,
                16, 16, 16, 48,
                32, 16, 16, 16, 16, 96,

                32, 16, 32, 16,
                16, 16, 16, 48,
                32, 16, 16, 16, 16, 96,

                // 스승의 은혜 81개
                32, 32, 32,
                16, 16, 16, 16, 32,
```

```
        32, 32, 16, 16, 96,

        32, 48, 16,
        16, 16, 16, 16, 32,
        16, 16, 32, 32, 96,

        24, 8, 48, 16,
        16, 16, 24, 8, 32,
        24, 8, 32, 16, 16, 96,

        32, 48, 16,
        16, 16, 16, 8, 8, 32,
        48, 16, 16, 16, 96,

        24, 8, 64,
        11, 11, 10, 64,
        48, 16, 16, 16, 96,

        32, 64,
        11, 11, 11, 64,
        11, 11, 10, 24, 8, 24, 8, 96,

        // 당신은 사랑받기 위해 태어난 사람
        16, 16, 64, 16, 16, 32, 32, 32, 32,
        32, 32, 32, 16, 48,
        16, 16, 16, 32, 32, 16, 16, 48,
        16, 16, 16, 32, 32, 32, 32, 80,

        16, 16, 64, 16, 16, 32, 32, 32, 32,
        32, 32, 32, 16, 48,
        16, 16, 16, 32, 32, 16, 16, 48,
        16, 16, 16, 32, 32, 32, 32, 80

};
```

<소스 프로그램 : music.c>

```
// 건반/자동연주 프로그램 : music.c
// 황지현

#include        <mega128.h>
#include        <delay.h>
#include        "frequency.h"
#include        "music1.h"

#define FUNCSET 0x28            // Function Set
#define ENTMODE0x06             // Entry Mode Set
#define ALLCLR  0x01            // All Clear
#define DISPON  0x0C            // Display On
#define LINE2   0xC0            // 2nd Line Move
#define LSHIFT  0x18            // Display Left Shift
#define RSHIFT  0x1C            // Display Right Shift
#define HOME    0x02            // Cursor Home
#define DISPOFF 0x08            // Display Off

void LCD_init(void);                        // LCD 초기화 함수
void LCD_String(char flash *);              // 문자열 출력 함수
void Busy(void);                            // 인스트럭션 쓰기 함수
void Command(unsigned char);                // 데이터 쓰기 함수
void Data(unsigned char);                   // 일정 시간 지연 함수


void sound(int tone);                       // 사운드 출력 함수
void key_sound(int fre);                    // 스위치 사운드 출력 함수
void Port_setup(void);                      // 포트 초기화 함수
void External_Interrupt_setup(void);        // 외부 인터럽트 설정
void Timer_Interrupt_setup(void);           // 타이머/카운터 설정
void LCD_setup(void);                       // LCD 출력 함수
void Auto_mode(void);                       // 자동 모드 함수
void Input_mode(void);                      // 사용자 정의 함수

int play_no;                                // 자동모드에서 연주할 곡 번호
int mode = 0;                               // 모드 번호(0 : 건반모드, 1 : 자동연주모드)
int tone_data, time_data;                   // 주파수, 음길이 변수
int spd = 4;                                // 재생 속도 변수

flash char name[8] = {0x1F, 0x1F, 0x1F, 0x1F, 0x1F, 0x1F, 0x1F, 0x1F};
```

```
flash char play_name[6][45] = {"  $ AUTO MODE $ 1. Sound Test",
                               "  $ AUTO MODE $ 2. Ambulance Sound",
                               "  $ AUTO MODE $ 3. Happy birthday to you",
                               "  $ AUTO MODE $ 4. Parents Day",
                               "  $ AUTO MODE $ 5. Favor of Teacher",
                               "$AUTO MODE$ 6.You were born to be loved"};

int play_st[7] = {0, 32, 68, 96, 152, 233, 300};
char spd_val[9]= {0x00, 0x10, 0x20, 0x30, 0x40, 0x50, 0x60, 0x75, 0x90};

void main(void)
{
        Port_setup();                           // 포트 초기 설정
        External_Interrupt_setup();             // 스위치 입력을 위한 외부 인터럽트 설정
        Timer_Interrupt_setup();                // 타이머/카운터0 인터럽트 설정
        LCD_init();                             // LCD 초기설정
        LCD_setup();                            // LCD 초기화면 표시

        while(1)    {
                if(mode == 0){                  // 건반모드
                        Command(ALLCLR);
                        LCD_String("$ Key-In MODE $");// 두번째 라인에 출력

                        while(1){
                                Input_mode();
                                if(mode == 1) break;            // 자동 연주 모드
                        }
                }
                else {
                        Command(ALLCLR);
                        LCD_String("$  AUTO  MODE  $");         // 두번째 라인에 출력

                        while(1){
                                Auto_mode();
                                if(mode == 0) break;            // 건반모드
                        }
                }
        }
}

// 포트 초기설정
void Port_setup(void)
{
        DDRA = 0x0;                             // 포트 A 입력 설정(PA7:2도...PA0:3도)
        DDRC = 0x0;                             // 포트 C 입력 설정(PC6:2도...PC0:2시)
```

```
        DDRG = 0x01;                        // 포트 G출력 설정(PG0 : 스피커 on/off)
        PORTG = 0x0;                        // 스피커 off
}

// 외부 인터럽트 초기설정
void External_Interrupt_setup(void)
{
        EIMSK = 0b11110000;                 // 외부 인터럽트 4-7 인에이블
        EICRB = 0b10101010;                 // 외부 인터럽트 하강에지
}

// 타이머/카운터0 인터럽트 초기설정
void Timer_Interrupt_setup(void)
{
        TCCR0 = 0x07;                       // 타이머 설정
        TCNT0 = 0x40;                       // 연주속도 = 중간속도
        TIMSK = 0x01;                       // TOIE0=1(타이머/카운터0 오버플로우)
        SREG = 0x80;                        // 전역 인터럽트 인에이블 I비트 셋
}

// LCD 초기화면 출력
void LCD_setup(void)
{
        int     m, delay = 350;

        // 감은 사각형 패턴 등록
        for(m = 0; m < 8; m++){
                Command(0x40 + m);
                Data(name[m]);
        }

        Command(HOME);                      // 홈위치
        Data(0x00);                         // 검은 사각형(■) 출력
        delay_ms(1000);
        Command(0x14);                      // 커서 이동
        delay_ms(500);
        LCD_String("by HJH ");              // 작성자 표시
        delay_ms(500);
        Data(0x00);                         //  검은 사각형 출력
        delay_ms(500);

        for(m = 0;m < 26; m++){
                if( ((m >=6) && (m <= 11)) || ((m >= 18) && (m <= 20)) ){
                        Command(LSHIFT);    // 화면 왼쪽 1칸 이동
                        delay_ms(300);
```

```
		}
		else if((m >= 12) && (m <= 17)){
			Command(RSHIFT);	// 화면 오른쪽 1칸 이동
			delay_ms(300);
		}
		else if((m >=21) && (m <= 25)){
			delay_ms(300);
			Command(DISPOFF);	// 화면 표시 off
			delay_ms(300);
			Command(DISPON);	// 화면 표시 on
		}
		else{
			Command(RSHIFT);	// 화면 오른쪽 1칸 이동
			delay_ms(500);
		}
	}

	Command(ALLCLR);
	LCD_String("     LOADING     ");		// 첫번째 라인에 출력

	Command(LINE2);
	for(m = 0;m < 16; m++){			// Loading 상태 표시
		Data('.');

		delay_ms(delay);
		Command(DISPOFF);
		delay_ms(delay);
		Command(DISPON);

		delay = delay - 20;
	}

	Command(ALLCLR);
	LCD_String("ELECTRONIC ORGAN");		// 첫번째 라인에 출력
	Command(LINE2);
	LCD_String("     STATRT     ");		// 두번째 라인에 출력
	delay_ms(2000);

	Command(ALLCLR);
	LCD_String("START IS        ");		// 첫번째 라인에 출력
	Command(LINE2);
	LCD_String("   NORMAL MODE ");		// 두번째 라인에 출력
	delay_ms(2000);

	Command(ALLCLR);
```

```
        LCD_String("MODE CHANGE: SW1");         // 첫번째 라인에 출력
        Command(LINE2);
        LCD_String("NEXT MUSIC : SW2");         // 두번째 라인에 출력
        delay_ms(2000);

        Command(ALLCLR);
        LCD_String("Speed UP    : SW3");        // 첫번째 라인에 출력
        Command(LINE2);
        LCD_String("Speed Down : SW4");         // 두번째 라인에 출력
        delay_ms(2000);
}

// 건반모드 - 스위치 입력처리 함수
void Input_mode(void)
{
        int         key, key2;

        key = PINC & 0b01111111;                // 포트 C 상태 입력
        key2 = PINA & 0b11111111;               // 포트 A 상태 입력

        if(key != 0b01111111){          // 포트 C 연결 스위치 on : 4도 - 4시
                if(key == 0b00111111) tone_data = OCT4_DO;              // 4도
                else if(key == 0b01011111) tone_data = OCT4_RE;         // 4레
                else if(key == 0b01101111) tone_data = OCT4_MI;         // 4미
                else if(key == 0b01110111) tone_data = OCT4_PA;         // 4파
                else if(key == 0b01111011) tone_data = OCT4_SO;         // 4솔
                else if(key == 0b01111101) tone_data = OCT4_RA;         // 4라
                else tone_data = OCT4_SI;                               // 4시

                sound(tone_data);
        }
        else if(key2 != 0b11111111){
                if(key2 == 0b01111111) tone_data = OCT5_DO;             // 5도
                else if(key2 == 0xBF) tone_data = OCT5_RE;              // 5레
                else if(key2 == 0xDF) tone_data = OCT5_MI;              // 5미
                else if(key2 == 0xEF) tone_data = OCT5_PA;              // 5파
                else if(key2 == 0xF7) tone_data = OCT5_SO;              // 5솔
                else if(key2 == 0xFB) tone_data = OCT5_RA;              // 5라
                else if(key2 == 0xFD) tone_data = OCT5_SI;              // 5시
                else tone_data = OCT6_DO;                               // 5도

                sound(tone_data);
        }
}
```

```
// 자동연주모드
void Auto_mode(void)
{
        int         i, buf = 0, cnt;

        PORTC = 0xAA;   // 포트 C 연결 LED on
        PORTA = 0xAA;   // 포트 A 연결 LED on

        delay_ms(2000);
        play_no = 0;
        while(play_no < 6){
                Command(ALLCLR);
                LCD_String(play_name[play_no]);

                cnt = play_no;
                for(i = play_st[play_no];i < play_st[play_no + 1];i++){
                        Command(LSHIFT);


                        if(tone_table[i] > OCT5_DO && tone_table[i] <= OCT4_DO){
                                PORTA = 0xFF;

                                if(tone_table[i] == OCT4_DO) PORTC = 0x3F;
                                else if(tone_table[i] == OCT4_RE) PORTC = 0x1F;
                                else if(tone_table[i] == OCT4_MI) PORTC = 0x0F;
                                else if(tone_table[i] == OCT4_PA) PORTC = 0x07;
                                else if(tone_table[i] == OCT4_SO) PORTC = 0x03;
                                else if(tone_table[i] == OCT4_RA) PORTC = 0x01;
                                else PORTC = 0x00;
                        }
                        else {
                                PORTC = 0x00;

                                if(tone_table[i] == OCT5_DO) PORTA = 0x7F;
                                else if(tone_table[i] == OCT5_RE) PORTA = 0x3F;
                                else if(tone_table[i] == OCT5_MI) PORTA = 0x1F;
                                else if(tone_table[i] == OCT5_PA) PORTA = 0x0F;
                                else if(tone_table[i] == OCT5_SO) PORTA = 0x07;
                                else if(tone_table[i] == OCT5_RA) PORTA = 0x03;
                                else if(tone_table[i] == OCT5_SI) PORTA = 0x01;
                                else PORTA = 0x00;
                        }

                        delay_ms(25);
```

```
                        tone_data = tone_table[i];
                        time_data = time_table[i];

                        if(mode == 0){
                                PORTC = 0xFF;
                                PORTA = 0xFF;
                                return;
                        }

                        while(time_data){
                                PORTG = 0x01;
                                buf = tone_data;
                                while(buf--);

                                PORTG = 0x00;
                                buf = tone_data;
                                while(buf--);
                        }
                        if(play_no != cnt) break;
                }
                if(play_no == cnt) play_no++;
        }
}

// 건반모드 음 출력함수
void sound(int tone)
{
        int             buf = 0;

        time_data = 1;
        while(time_data){
                PORTG = 0x01;
                buf = tone;
                while(buf--);

                PORTG = 0x00;
                buf = tone;
                while(buf--);
        }
        delay_us(1);            // 음과 음 사이에 구분을 줌
}

// 인터럽트 스위치 누를 경우 음 출력함수
void key_sound(int fre)
{
```

```
        int         k_buf = 0, len = 0;

        len = 100;
        while(len--){
                PORTG = 0x01;
                k_buf = fre;
                while(k_buf--);

                PORTG = 0x00;
                k_buf = fre;
                while(k_buf--);
        }
}

interrupt [TIM0_OVF] void timer(void)
{
        TCNT0 = spd_val[spd];

        time_data--;
}

// 모드 변환 스위치
interrupt [EXT_INT4] void sw1(void)
{
        mode = (mode + 1) % 2;

        key_sound(956);                         // 소리 출력

        if(mode == 0){
                DDRA = 0x0;                     // 포트A 입력
                DDRC = 0x0;                     // 포트C 입력
        }
        else {
                DDRA = 0xFF;                    // 포트A 출력
                DDRC = 0xFF;                    // 포트C 출력
        }
}

// 자동연주시 다음 곡 선택
interrupt [EXT_INT5] void sw2(void)
{
        if(mode == 1){                          // 자동연주모드 ?
                play_no++;                      // 다음 곡 선택
                if(play_no == 6) play_no = 0;   // 마지막 곡 다음은 첫 곡으로
        }
```

```
}

// 연주 속도 빠르게
interrupt [EXT_INT6] void sw3(void)
{
        spd++;
        if(spd == 9) spd = 8;

        if(mode == 0) key_sound(800);
}

// 연주 속도 느리게
interrupt [EXT_INT7] void sw4(void)
{
        spd--;
        if(spd == 0) spd = 0;

        if(mode == 0) key_sound(700);
}

// LCD 초기화
void LCD_init(void)
{
        DDRD = 0xFF;                    // 포트 D 출력 설정
        PORTD &= 0xFB;                  // E = 0;

        delay_ms(1);
        Command(0x20);                  // 펑션 셋
        delay_ms(1);
        Command(0x20);                  // 펑션 셋
        delay_us(100);
        Command(0x20);                  // 펑션 셋
        Command(FUNCSET);               // 펑션 셋
        Command(DISPON);                // 표시 on
        Command(ALLCLR);                // 클리어
        Command(ENTMODE);               // 엔트리 모드 셋
}

// 고정 문자열 출력 함수
void LCD_String(char flash str[])
{
        char flash *pStr=0;

        pStr = str;
```

```
        while(*pStr) Data(*pStr++);
}

// 명령어 쓰기 함수
void Command(unsigned char byte)
{
        Busy();

        // 인스트럭션 상위 바이트
        PORTD = (byte & 0xF0);          // 데이터
        PORTD &= 0xFE;                  // RS = 0;
        PORTD &= 0xFD;                  // RW = 0;
        delay_us(1);
        PORTD |= 0x04;                  // E = 1;
        delay_us(1);
        PORTD &= 0xFB;                  // E = 0;

        // 인스트럭션 하위 바이트
        PORTD = ((byte<<4) & 0xF0);     // 데이터
        PORTD &= 0xFE;                  // RS = 0;
        PORTD &= 0xFD;                  // RW = 0;
        delay_us(1);
        PORTD |= 0x04;                  // E = 1;
        delay_us(1);
        PORTD &= 0xFB;                  // E = 0;
}

// 데이터 쓰기 함수
void Data(unsigned char byte)
{
        Busy();

        // 데이터 상위 바이트
        PORTD = (byte & 0xF0);          // 데이터
        PORTD |= 0x01;                  // RS = 1;
        PORTD &= 0xFD;                  // RW = 0;
        delay_us(1);
        PORTD |= 0x04;                  // E = 1;
        delay_us(1);
        PORTD &= 0xFB;                  // E = 0;

        // 데이터 하위 바이트
        PORTD = ((byte<<4) & 0xF0);     // 데이터
        PORTD |= 0x01;                  // RS = 1;
        PORTD &= 0xFD;                  // RW = 0;
```

```
        delay_us(1);
        PORTD |= 0x04;                          // E = 1;
        delay_us(1);
        PORTD &= 0xFB;                          // E = 0;
}

// Busy Flag Check -> 일반적인 BF를 체크하는 것이 아니라
// 일정한 시간 지연을 이용한다.
void Busy(void)
{
        delay_us(2300);
}
```

6.2 작품 11 : LED를 이용한 5×7 Dot Matrix

LED 35개를 사용하여 5x7 도트 매트릭스를 제작하고, ASCII 문자의 패턴을 정의하여 ASCII 문자를 부여하면 해당 문자가 출력 표시되도록 한다.

(1) 하드웨어 구성

- KUT-128 MCU 보드, KUT-128 인터페이스 보드
- 35개의 LED 회로 구성(포트C, 포트G)에 연결

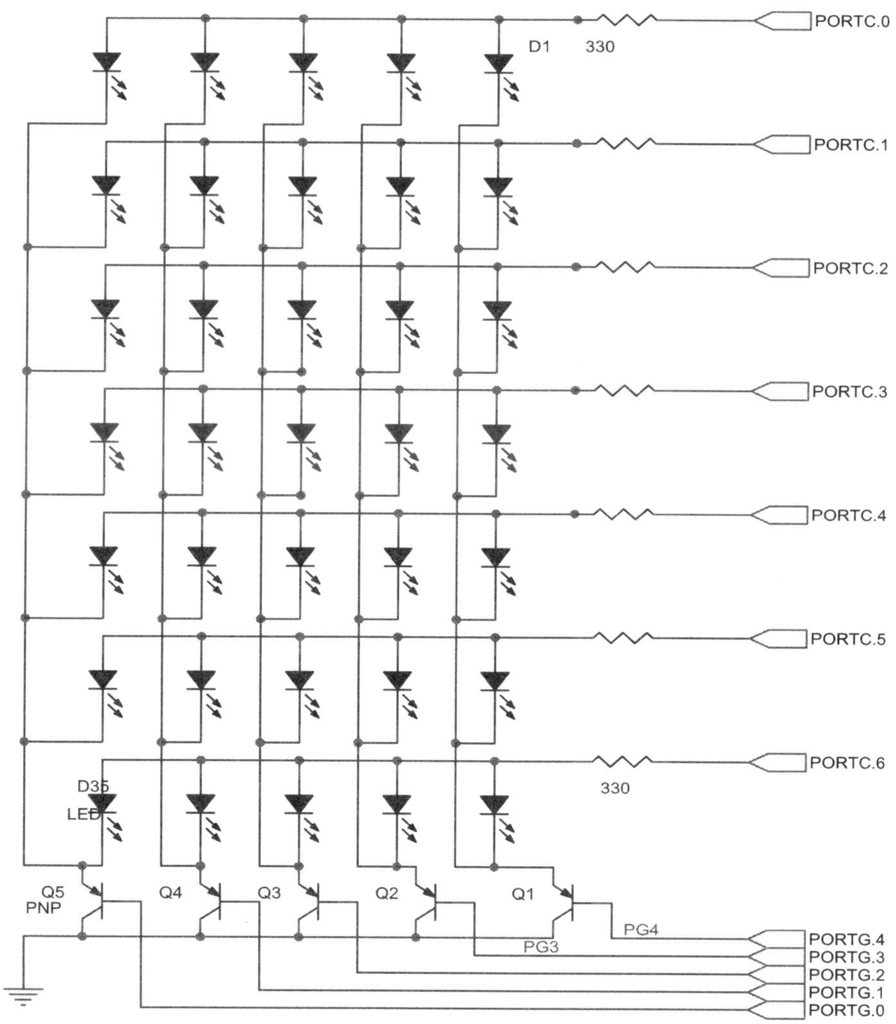

[그림 6-4] 회로도

(2) 구동 방법

도트 매트릭스는 가로 행에 5개씩, 세로 열에는 7개씩 배치되어 있으며, 다음과 같이 제어된다.

- 포트C에 출력되는 논리값이 '1'일 때 그 가로 다섯 행의 LED의 애노드에 +5V가 걸리게 된다.
- 포트G에 연결된 TR은 스위칭 역할을 하며, 회로도로부터 알 수 있듯이 NPN 트랜지스터가 연결되어 있기 때문에 포트G에 논리값'0'이 출력될 때 트랜지스터는 ON이 된다. 따라서, 포트G에 '0'이 출력되어 트랜지스터가 ON이 된 열의 LED의 캐소드가 0V에 연결된다.
- 따라서, 포트C에 '1'이 출력되는 행의 LED 중에서 포트G가 '0'이 출력되는 열의 LED가 ON이 되어 불이 들어오게 된다.
- 예를 들어, 포트C에 00010100B가 출력되고, 포트G에 00011011B가 출력되면 [그림 6-5]에서 원으로 표시된 부분의 LED만이 ON이 된다.

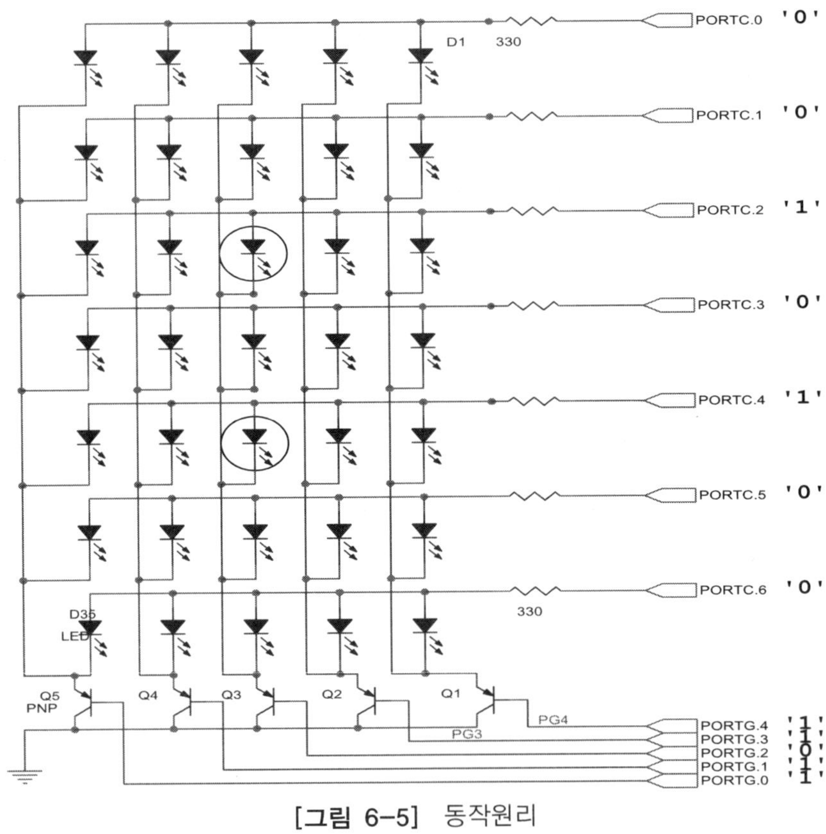

[그림 6-5] 동작원리

- 이러한 원리로 세로 열과 가로 소스원의 출력값이 빠르게 바뀌면서 타이밍을 맞추게 되면 원하는 출력 화면을 얻을 수 있게 된다.(동적구동법)

(3) 작품 사진 및 구동 사진

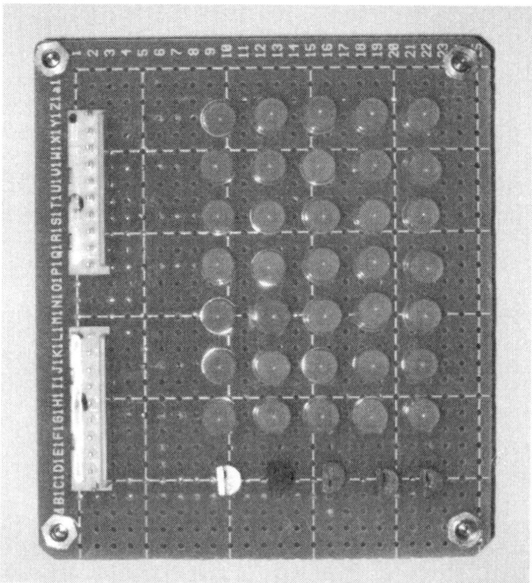

[사진 6-5] 5행×7열 LED

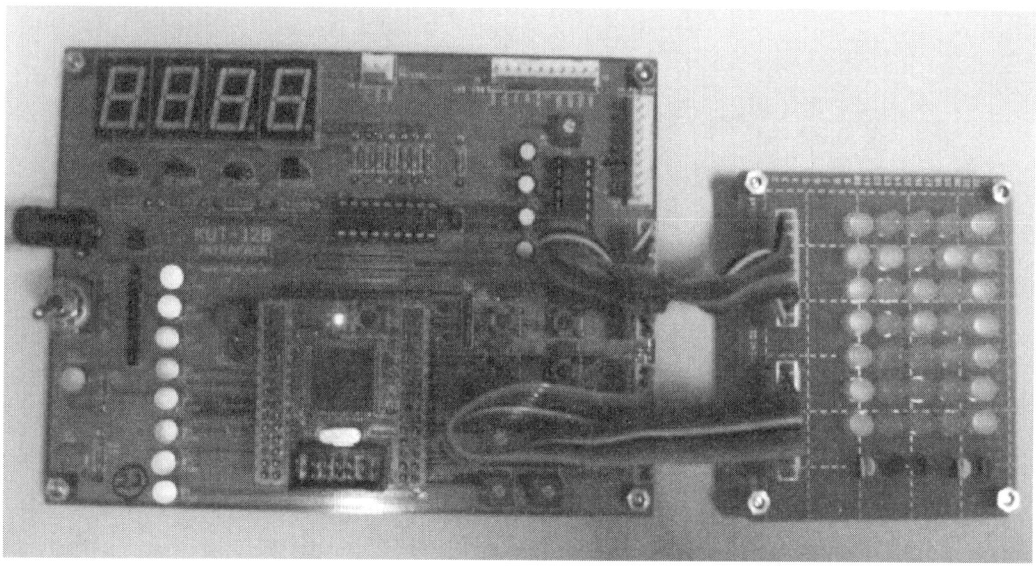

[사진 6-6] 작품 동작 사진('M' 표시)

(4) 주요 함수 동작 흐름도

[그림 6-7]은 작품에 사용된 주요 함수의 동작 흐름도를 보여주며, 각 함수의 기능을 요약하면 다음과 같다.

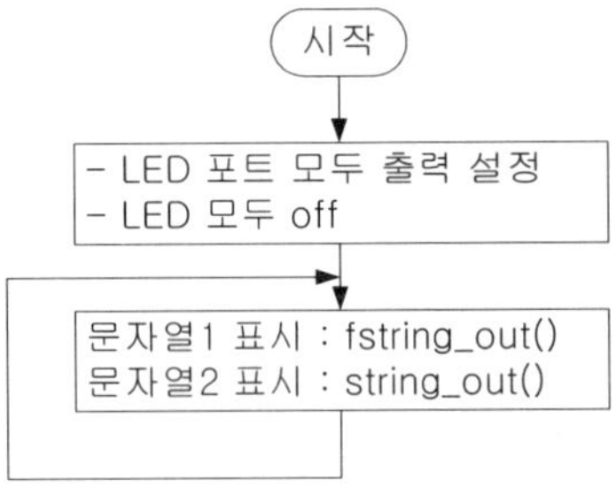

메인 함수 : main()

LED가 연결된 포트를 모두 출력으로 설정하고, LED를 모두 off 시킨다. 그리고, 두 개의 문자열을 두 개의 문자열 출력함수를 이용하여 반복해서 출력한다.

(a) 메인 함수

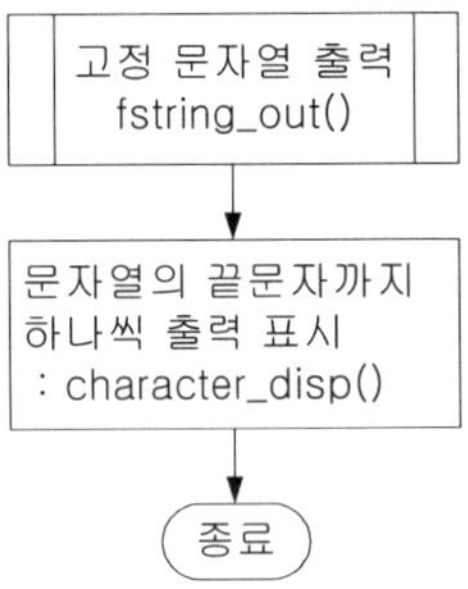

고정 문자열 출력 함수 : fstring_out()

이 함수는 프로그램 실행 중에 바뀌지 않는 문자열들을 출력하기 위한 함수로서, 건네받은 문자열을 한 문자씩 차례로 출력한다.

(b) 고정 문자열 출력 함수

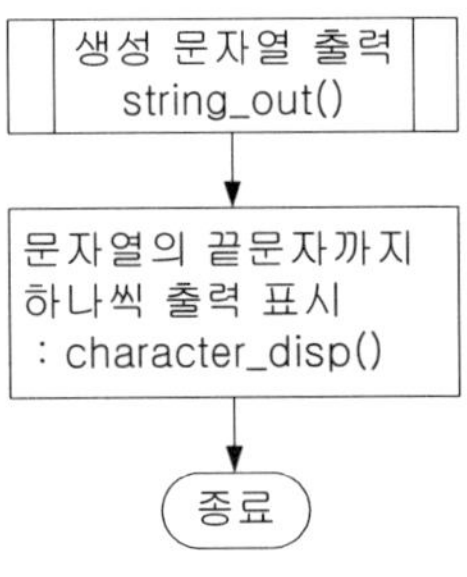

생성 문자열 출력 함수 : string_out()

이 함수는 프로그램 실행 중에 새로 생성되는 문자열들을 출력하기 위한 함수로서, 건네받은 문자열을 한 문자씩 차례로 출력한다.

(c) 생성 문자열 출력 함수

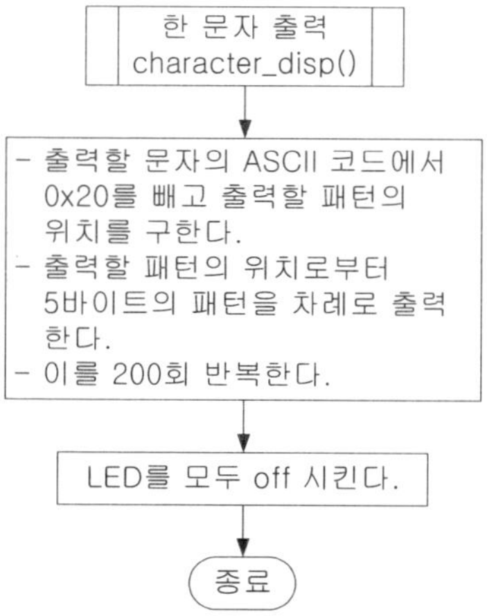

한 문자 출력 함수 : character_disp()

출력할 문자의 아스키 코드에서 0x20을 빼서 출력할 패턴이 정의되어 있는 배열의 위치를 구한 후, 5바이트의 패턴을 차례로 출력한다. 출력을 200회 반복한 후 LED를 모두 off 시킨다.

(d) 한 문자 출력 함수

[그림 6-7] 주요 함수 동작 흐름도

(5) 소스 프로그램

```
// 5×7 Dot Matrix LED : dot_led.c
// 박완순

#include <mega128.h>
#include <stdio.h>
#include <delay.h>

// 5 x 7 ASCII 문자 패턴
char flash ascii_table[96][5] = {          /* 5 x 7 ASCII character font */
        {0x00, 0x00, 0x00, 0x00, 0x00},    /* 0x20 space */
        {0x00, 0x00, 0x79, 0x00, 0x00},    /* 0x21 ! */
        {0x00, 0x70, 0x00, 0x70, 0x00},    /* 0x22 " */
        {0x14, 0x7f, 0x14, 0x7f, 0x14},    /* 0x23 # */
        {0x12, 0x2a, 0x7f, 0x2a, 0x24},    /* 0x24 $ */
        {0x62, 0x64, 0x08, 0x13, 0x23},    /* 0x25 % */
        {0x36, 0x49, 0x55, 0x22, 0x05},    /* 0x26 & */
        {0x00, 0x50, 0x60, 0x00, 0x00},    /* 0x27 ' */
        {0x00, 0x1c, 0x22, 0x41, 0x00},    /* 0x28 ( */
        {0x00, 0x41, 0x22, 0x1c, 0x00},    /* 0x29 ) */
        {0x14, 0x08, 0x3e, 0x08, 0x14},    /* 0x2a * */
        {0x08, 0x08, 0x3e, 0x08, 0x08},    /* 0x2b + */
        {0x00, 0x05, 0x06, 0x00, 0x00},    /* 0x2c , */
        {0x08, 0x08, 0x08, 0x08, 0x08},    /* 0x2d - */
        {0x00, 0x03, 0x03, 0x00, 0x00},    /* 0x2e . */
        {0x02, 0x04, 0x08, 0x10, 0x20},    /* 0x2f / */
        {0x3e, 0x45, 0x49, 0x51, 0x3e},    /* 0x30 0 */
        {0x00, 0x21, 0x7f, 0x01, 0x00},    /* 0x31 1 */
        {0x21, 0x43, 0x45, 0x49, 0x31},    /* 0x32 2 */
        {0x42, 0x41, 0x51, 0x69, 0x46},    /* 0x33 3 */
        {0x0c, 0x14, 0x24, 0x7f, 0x04},    /* 0x34 4 */
        {0x72, 0x51, 0x51, 0x51, 0x4e},    /* 0x35 5 */
        {0x1e, 0x29, 0x49, 0x49, 0x06},    /* 0x36 6 */
        {0x40, 0x47, 0x48, 0x50, 0x60},    /* 0x37 7 */
        {0x36, 0x49, 0x49, 0x49, 0x36},    /* 0x38 8 */
        {0x30, 0x49, 0x49, 0x4a, 0x3c},    /* 0x39 9 */
        {0x00, 0x36, 0x36, 0x00, 0x00},    /* 0x3a : */
        {0x00, 0x35, 0x36, 0x00, 0x00},    /* 0x3b ; */
        {0x08, 0x14, 0x22, 0x41, 0x00},    /* 0x3c < */
        {0x14, 0x14, 0x14, 0x14, 0x14},    /* 0x3d = */
        {0x00, 0x41, 0x22, 0x14, 0x08},    /* 0x3e > */
        {0x20, 0x40, 0x45, 0x48, 0x30},    /* 0x3f ? */
        {0x26, 0x49, 0x4f, 0x41, 0x3e},    /* 0x40 @ */
```

```
{0x3f, 0x44, 0x44, 0x44, 0x3f},         /* 0x41 A */
{0x7f, 0x49, 0x49, 0x49, 0x36},         /* 0x42 B */
{0x3e, 0x41, 0x41, 0x41, 0x22},         /* 0x43 C */
{0x7f, 0x41, 0x41, 0x22, 0x1c},         /* 0x44 D */
{0x7f, 0x49, 0x49, 0x49, 0x41},         /* 0x45 E */
{0x7f, 0x48, 0x48, 0x48, 0x40},         /* 0x46 F */
{0x3e, 0x41, 0x49, 0x49, 0x2f},         /* 0x47 G */
{0x7f, 0x08, 0x08, 0x08, 0x7f},         /* 0x48 H */
{0x00, 0x41, 0x7f, 0x41, 0x00},         /* 0x49 I */
{0x02, 0x01, 0x41, 0x7e, 0x40},         /* 0x4a J */
{0x7f, 0x08, 0x14, 0x22, 0x41},         /* 0x4b K */
{0x7f, 0x01, 0x01, 0x01, 0x01},         /* 0x4c L */
{0x7f, 0x20, 0x18, 0x20, 0x7f},         /* 0x4d M */
{0x7f, 0x10, 0x08, 0x04, 0x7f},         /* 0x4e N */
{0x3e, 0x41, 0x41, 0x41, 0x3e},         /* 0x4f O */
{0x7f, 0x48, 0x48, 0x48, 0x30},         /* 0x50 P */
{0x3e, 0x41, 0x45, 0x42, 0x3d},         /* 0x51 Q */
{0x7f, 0x48, 0x4c, 0x4a, 0x31},         /* 0x52 R */
{0x31, 0x49, 0x49, 0x49, 0x46},         /* 0x53 S */
{0x40, 0x40, 0x7f, 0x40, 0x40},         /* 0x54 T */
{0x7e, 0x01, 0x01, 0x01, 0x7e},         /* 0x55 U */
{0x7c, 0x02, 0x01, 0x02, 0x7c},         /* 0x56 V */
{0x7e, 0x01, 0x0e, 0x01, 0x7e},         /* 0x57 W */
{0x63, 0x14, 0x08, 0x14, 0x63},         /* 0x58 X */
{0x70, 0x08, 0x07, 0x08, 0x70},         /* 0x59 Y */
{0x43, 0x45, 0x49, 0x51, 0x61},         /* 0x5a Z */
{0x00, 0x7f, 0x41, 0x41, 0x00},         /* 0x5b [ */
{0x20, 0x10, 0x08, 0x04, 0x02},         /* 0x5c \ */
{0x00, 0x41, 0x41, 0x7f, 0x00},         /* 0x5d ] */
{0x10, 0x20, 0x40, 0x20, 0x10},         /* 0x5e ^ */
{0x01, 0x01, 0x01, 0x01, 0x01},         /* 0x5f _ */
{0x00, 0x40, 0x20, 0x10, 0x00},         /* 0x60 ` */
{0x02, 0x15, 0x15, 0x15, 0x0f},         /* 0x61 a */
{0x7f, 0x09, 0x11, 0x11, 0x0e},         /* 0x62 b */
{0x0e, 0x11, 0x11, 0x11, 0x02},         /* 0x63 c */
{0x0e, 0x11, 0x11, 0x11, 0x7f},         /* 0x64 d */
{0x0e, 0x15, 0x15, 0x15, 0x0c},         /* 0x65 e */
{0x08, 0x3f, 0x48, 0x40, 0x20},         /* 0x66 f */
{0x18, 0x25, 0x25, 0x25, 0x3e},         /* 0x67 g */
{0x7f, 0x08, 0x10, 0x10, 0x0f},         /* 0x68 h */
{0x00, 0x11, 0x5f, 0x01, 0x00},         /* 0x69 i */
{0x02, 0x01, 0x11, 0x5e, 0x00},         /* 0x6a j */
{0x7f, 0x04, 0x0a, 0x11, 0x00},         /* 0x6b k */
{0x00, 0x41, 0x7f, 0x01, 0x00},         /* 0x6c l */
{0x1f, 0x10, 0x0c, 0x10, 0x0f},         /* 0x6d m */
```

```
        {0x1f, 0x08, 0x10, 0x10, 0x0f},          /* 0x6e n */
        {0x0e, 0x11, 0x11, 0x11, 0x0e},          /* 0x6f o */
        {0x1f, 0x14, 0x14, 0x14, 0x08},          /* 0x70 p */
        {0x08, 0x14, 0x14, 0x0c, 0x1f},          /* 0x71 q */
        {0x1f, 0x08, 0x10, 0x10, 0x08},          /* 0x72 r */
        {0x09, 0x15, 0x15, 0x15, 0x02},          /* 0x73 s */
        {0x10, 0x7e, 0x11, 0x01, 0x02},          /* 0x74 t */
        {0x1e, 0x01, 0x01, 0x02, 0x1f},          /* 0x75 u */
        {0x1c, 0x02, 0x01, 0x02, 0x1c},          /* 0x76 v */
        {0x1e, 0x01, 0x06, 0x01, 0x1e},          /* 0x77 w */
        {0x11, 0x0a, 0x04, 0x0a, 0x11},          /* 0x78 x */
        {0x18, 0x05, 0x05, 0x05, 0x1e},          /* 0x79 y */
        {0x11, 0x13, 0x15, 0x19, 0x11},          /* 0x7a z */
        {0x00, 0x08, 0x36, 0x41, 0x00},          /* 0x7b { */
        {0x00, 0x00, 0x7f, 0x00, 0x00},          /* 0x7c | */
        {0x00, 0x41, 0x36, 0x08, 0x00},          /* 0x7d } */
        {0x08, 0x08, 0x2a, 0x1c, 0x08},          /* 0x7e -> */
        {0x08, 0x1c, 0x2a, 0x08, 0x08}};         /* 0x7f <- */

char col_con[5] = {0x1e, 0x1d, 0x1b, 0x17, 0x0f};  // 열 제어 출력값
char buf[30];

void    character_disp(char);                    // 한 문자 출력
void    fstring_out(char flash *);               // 고정 문자열 출력
void    string_out(char *);                      // 문자열 출력

void main(void)
{
        DDRC = 0xFF;        // C포트 출력(PG포트에 의해 선택된 열의 LED ON/OFF 제어)
        DDRG = 0xFF;        // G포트 출력(LED 세로열 ON/OFF 제어?

        PORTG = 0xff;       // LED all OFF
        PORTC = 0x00;       // 모든 TR OFF

        while(1) {
                fstring_out("ATmega128 LED DOT Matrix Display Test");
                delay_ms(1000);

                 sprintf(buf, "ATmega128 Application Board Test");
                 string_out(buf);
                 delay_ms(1000);
        }
}

// 고정된 문자열 출력
```

```
void fstring_out(char flash *pstr)
{
        while(*pstr) character_disp(*pstr++);
}

// 프로그램 수행중에 생성된 문자열 출력
void string_out(char *pstr)
{
        while(*pstr) character_disp(*pstr++);
}

// 한 문자 출력?
void character_disp(char code)
{
          char      cd;
          int       i, j;

          cd = code - 0x20;
          for(i = 0;i < 200;i++){
                    for(j = 0;j < 5;j++){
                              PORTG = col_con[j];
                              PORTC = ascii_table[cd][j];
                              delay_ms(1);
                    }
          }
          PORTG = 0xff;
          PORTC = 0x00;
}
```

부록

1. ISP 케이블(OHM사 제공, 별매품)

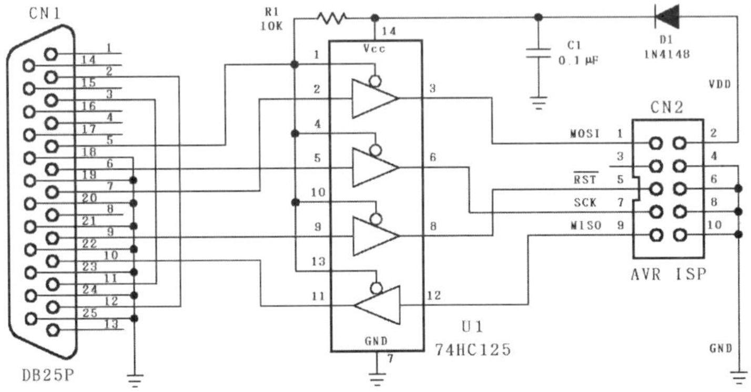

〈ISP 케이블 회로도〉

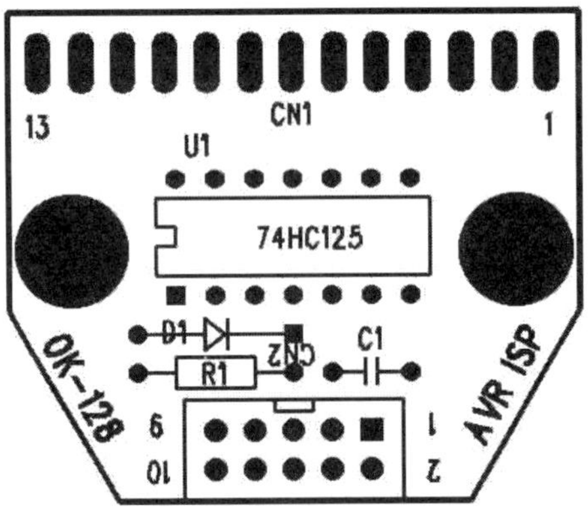

〈프린터 커넥터내 ISP PCB〉

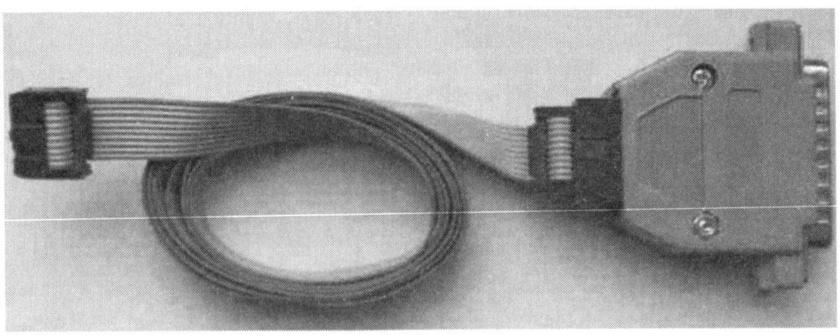

〈케이블 외형〉

2. RS-232C 시리얼 통신 케이블

기능	PC	KUT-128 KIT
RxD(PC)	2	1(TXD)
TxD(PC)	3	2(RXD)
GND	5	3(GND)
커넥터 종류	**9핀 D-SUB 암 커넥터**	**3핀 암 커넥터**

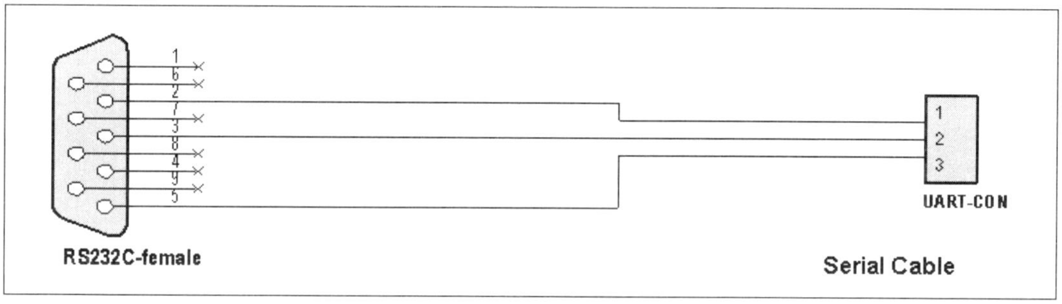

http://www.ohm.co.kr

Ohm사 · R&C사 홈페이지 안내

OHM사 홈페이지를 방문하시면 보다 많은 정보를 얻을 수 있습니다. 앞으로도 OHM사는 엔지니어들을 위한 학습교재와 최신 기술들을 보급하여 나가는데 최선을 다할 것이며 엔지니어들이 우대받는 세상이 되도록 선도하여 나가겠습니다.

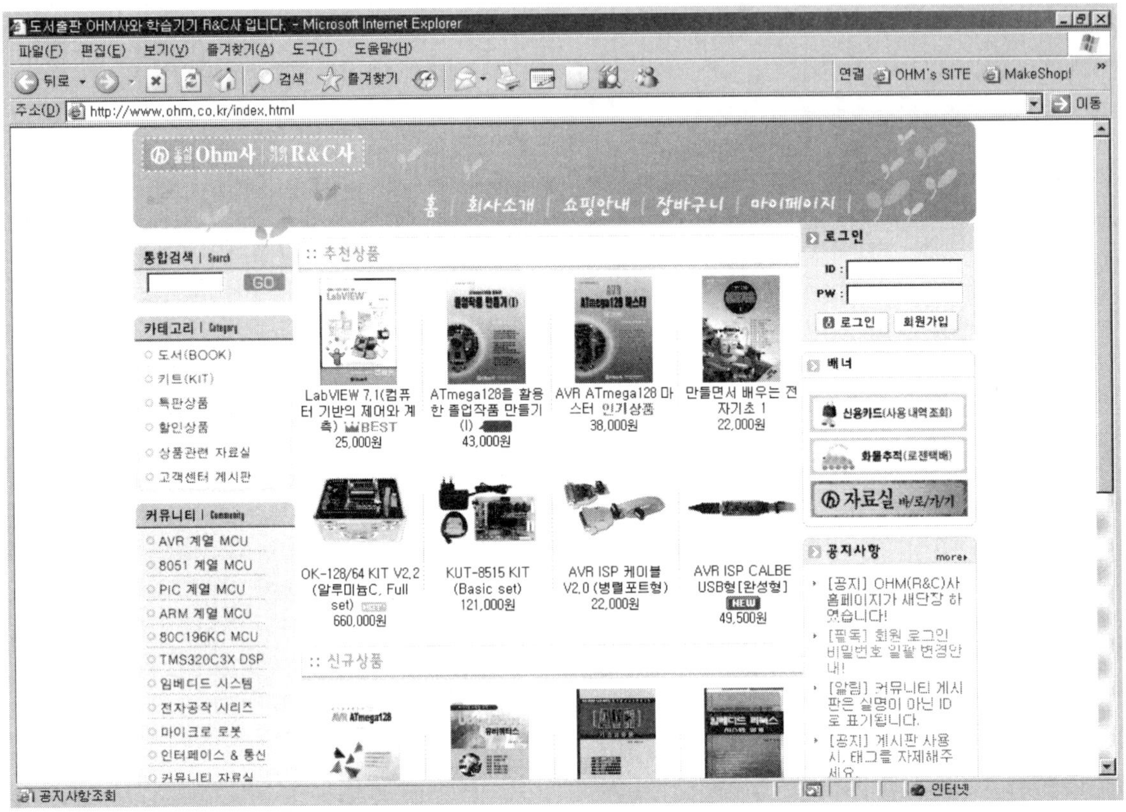

▶ 도서상품

OHM사에서 발행되는 교재를 직접 구매할 수 있으며, 상품에 따라 정해진 마일리지를 적립하여 드리고, 일정 금액이 적립되면 현금과 동일하게 사용할 수 있습니다.

▶ 키트상품

교재와 관련하여, 부설기관인 R&C사에서 교육용 키트를 제작, 그와 관련된 장비 등의 기자재를 함께 판매하고 있습니다.

▶ 특판상품

교재와 함께 그에 관련된 학습용 키트를 한데 모아 특판 상품으로 구성하여 개별 구입시보다 저렴하게 구입할 수 있도록하여 판매하고 있습니다.

▶ 할인상품

교재 및 R&C사에서 제작되는 학습용 키트상품 중 일부 품목의 할인율을 높여 매우 저렴한 가격에 판매하고 있습니다.

▶ 커뮤니티

교재 및 학습용 키트에 대한 의문점을 분야별로 세분화된 커뮤니티를 통해 저자들과 관련 분야의 전문가들에게 직접 질문하고 상담할 수 있습니다.

▶ 상품관련 자료실

교재 및 R&C사에서 제작되는 학습용 키트상품 관련 예제소스 등의 본사 상품에 관련된 자료를 열람하고 다운로드 하실 수 있습니다.

E-mail : ohm@ohm.co.kr

AVR-8515 Kit

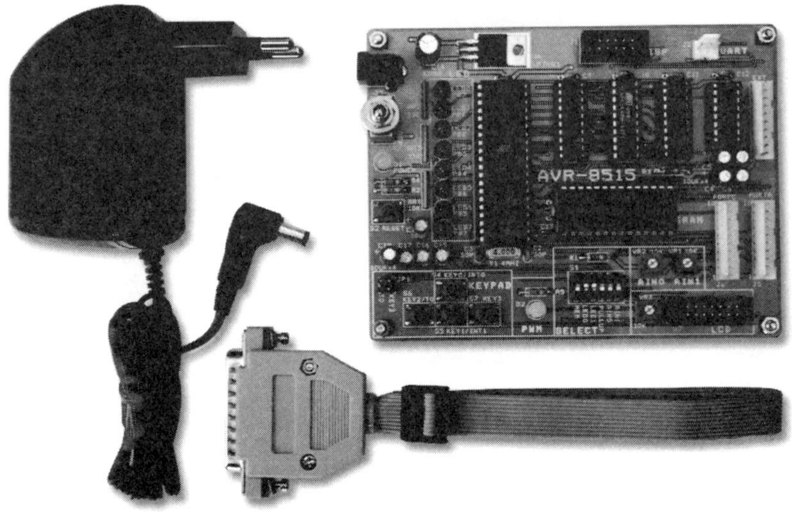

♣ 부품 SET 별도 판매

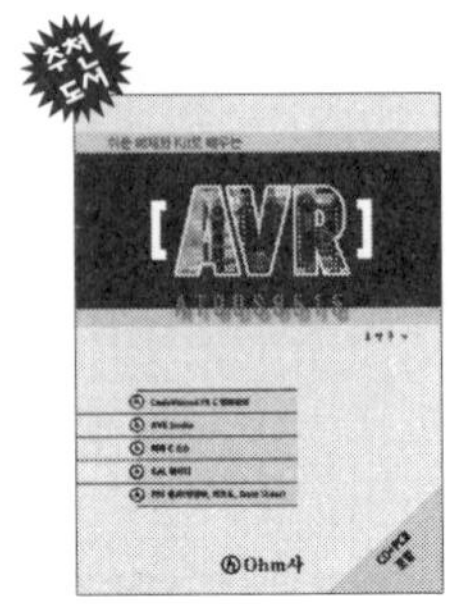

저 자 : 조영준
ISBN : 89-7101-717-1
판 형 : B5
쪽 수 : 301
가 격 : 25,000원

AVR-8515 KIT의 주요 사양

항 목	사 양	비 고
CPU	AT90S8515	4MHz 클럭 사용(8MHz 까지 가능)
메모리	RAM : 32K 바이트	선택적 사용
내장 주변장치	B 포트 : LED×8	선택적 사용
	D 포트 : LED×4	인터럽트와 연동 사용
	PWM	LED로 확인
	아날로그 입력	가변저항 이용
	직렬 포트 : RS232C	MAX232 내장
외부 인터럽트	RAM : 32K 바이트	스위치 입력
디스플레이	LCD : 16 문자 × 2줄	C 포트에 연결
전원	+9V ~ +12V 외부 전원 사용	아답터 잭, 5V 정전압 회로 내장
외부 인터페이스	ISP 케이블	프로그래밍용(PC의 프린터 포트에 연결)
PCB 외형	132×102mm 2층 에폭시 기판	

ATMEL사의 AVR 8 비트 RISC 프로세서인 AT90S8515의 기본적인 하드웨어 구조와 프로그래밍 연습을 해볼 수 있는 **쉽고 간단하며, 저렴한** Training KIT이다. 가장 기본적인 기능을 익히고 실험하는데 필요한 최소한의 하드웨어로 구성되어 초보자가 익히고 실험하기에 적합하다.

ISP 케이블과 CodeVisionAVR C 컴파일러를 이용하여 사용자가 작성한 프로그램을 PC로 다운로드하여 즉시 실험해 볼 수 있기 때문에 롬라이터와 같은 별도의 장비가 필요하지 않으며, 기본적인 사양만으로 설계되어 학생들이나 AVR을 익히려는 일반인이 사용하기 적합한 저가형 KIT이다.

KUT-51 Kit

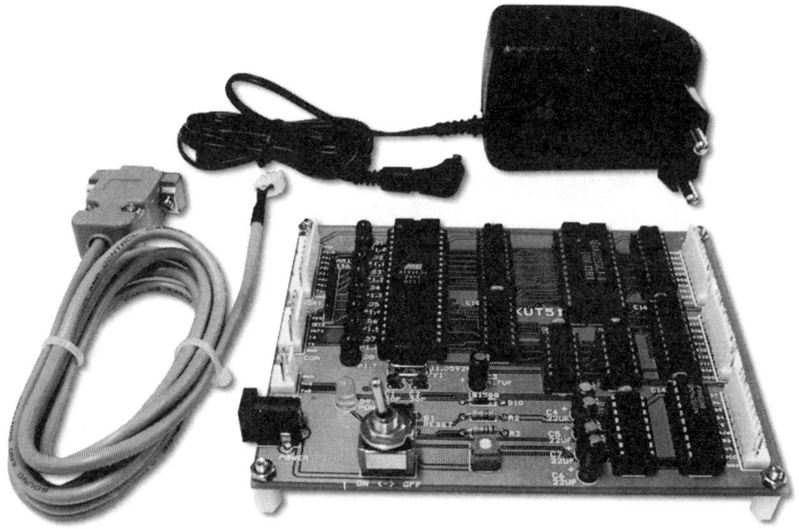

♣ 부품 SET 별도 판매

저 자 : 신동욱, 조영준
ISBN : 89-7101-718-X
판 형 : B5
쪽 수 : 382
가 격 : 28,000원

KUT-51 KIT의 주요 사양

항 목	사 양	비 고
CPU	AT89C51(ATMEL)	11.0592MHz 클럭 사용
메모리	FLASH : 4K 바이트	AT89C51에 내장
	RAM : 32K 바이트	프로그램 & 데이터 메모리로 사용
내장 주변장치	P1 포트 : LED×8	커넥터를 통해 외부와 연결 가능
	직렬 포트 : RS232C	MAX232 내장
디스플레이	LCD : 16문자 ×2줄	외부 커넥터에 연결
확장 커넥터	입력 : 8 비트	래치에 의한 입력
	출력 : 8 비트	래치에 의한 출력
	LCD : 8 비트	래치에 의한 출력 – 4비트 제어
	P1 포트 : 8 비트	P1 포트의 입출력 사용
	인터럽트 신호 : 4 비트	INTn, Tn 신호
	총 36비트	
전원	+5V의 외부 전원 사용	아답터 잭, 5V 정전압 아답터 사용
프로그래밍	직렬 포트에 의한 다운로딩	모니터 프로그램 내장
PCB 외형	127×101mm 2층 에폭시 기판	

Intel의 MCS51과 100% 호환되는 ATMEL의 AT89C51을 사용한 **KUT51 Training KIT**는 8051을 배우고 익힐 수 있는 최소한의 기능을 내장하고 있다. 간단하게 구성되었기 때문에 가격이 저렴하고 크기가 작아 좁은 공간에서도 쉽게 사용할 수 있으며, 응용 실험을 할 수 있도록 외부 커넥터를 내장하여 사용자가 직접 구성한 외부 기기나 책의 응용예제에 사용된 보드 등을 제작 연결하여 실험해 볼 수 있도록 되어 있다. 또한, **AT89C51 내부의 플래시 메모리에 모니터 프로그램을 내장하고 있어서 별도의 롬라이터가 필요 없이 시리얼 포트를 통해서 프로그램을 다운로드하여 실행시켜 볼 수 있는 장점**이 있다.
KEIL-C 컴파일러 평가판을 사용하여 C언어와 어셈블러로 플그램을 연습할 수 있다.

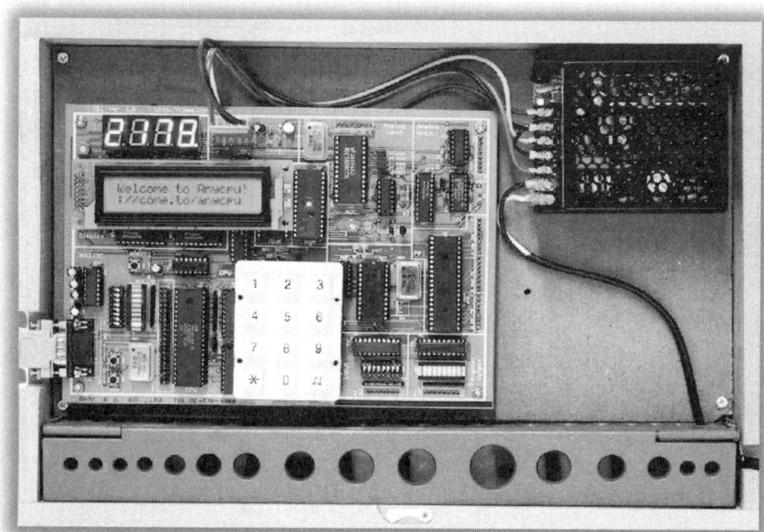

♣ PCB 별도 판매

추천 도서

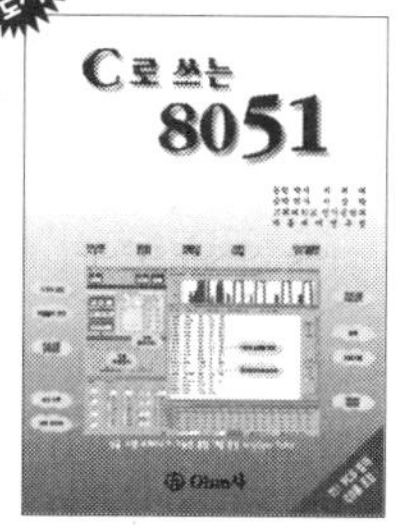

저 자 : 박귀태, 이상락
ISBN : 89-7101-713-9
판 형 : B5
쪽 수 : 650
가 격 : 25,000원

T-51 KIT의 주요 사양

항 목	사 양	비 고
CPU	8051/8052 겸용 80C251 지원	11.0592MHz 15배 성능 향상
메모리	ROM : 32K 바이트 RAM : 32K 바이트	27C256, 플래시 사용 가능 62256
내장 주변장치	P1 포트 : LED×8, 스위치×8 직렬 포트 : RS232C 타이머/카운터 : 16비트×2	 MAX232 내장 입력 스위치 내장
외부 인터럽트	2채널	입력 스위치 내장
디지털 입출력 포트	디지털 입력 : 8채널, 스위치×8 내장 디지털 입력 : 8채널, LED×8 내장 PPI 8255 : 24채널 입출력	8핀 헤더 제공 8핀 헤더 제공 8핀 헤더×3 제공
디스플레이	7세그먼트 표시기 : 4자리 LCD 표시기 : 20자×2줄	숫자 표시용 80×2, 40×4 확장 가능
키패드	12키	전화기용, 64키 확장 가능
아날로그 입력 DAC	8채널 입력 입력범위 : 0~5[V] 분해능 : 8비트 변환시간 : 100usec 가변저항, Cds, 온도센서, DAC 루프백 내장	ADC0809 OpAmp 버퍼 내장 8핀 헤더 제공 LM35DZ
아날로그 출력 DAC	1채널 출력 출력범위 : 0~5 또는 ±10V[V] 안정시간 : 150nsec 슬루레이트 : 8mA/usec	DAC0800 OpAmp 버퍼 내장 8핀 헤더
전원	−12, 0, +12, 0, 5[V]	5핀 헤더
윈도우용 소프트웨어	문제출시, 풀이제시 프로그램 컴파일 통합환경 프로그램 다운로드 트레이스, 실행 직렬통신 터미널, 그래픽 터미널	AnyCpu Tutor 제공 Keil사 제공 AnyCpu Tutor 제공 Os51.hex 제공 AnyCpu Tutor 제공

MDS-196 Kit

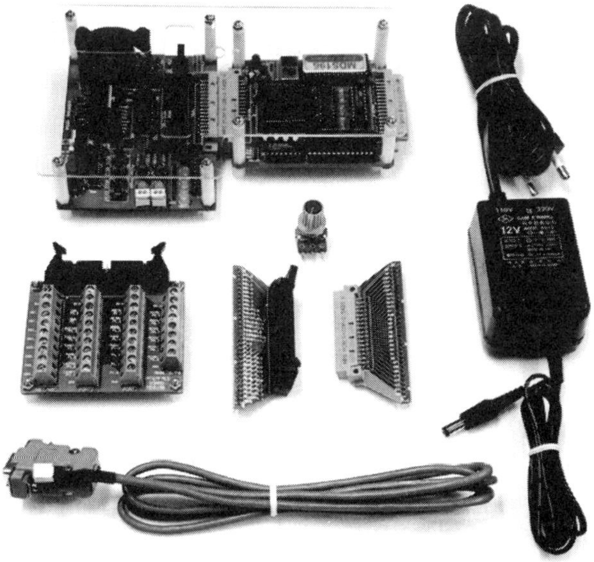

저 자 : 김대근, 정순배 외
ISBN : 89-7101-725-2
판 형 : B5
쪽 수 : 770
가 격 : 33,000원

MDS-196 KIT의 주요 사양

항 목	사 양	비 고
CPU	N80C196KC20(20MHz)	
ROM	27C256-15(32 KB)	
RAM	62256-7(32 KB) (80C196KC에 내장된 488바이트는 별도)	
프로그램의 입력 및 실행	1. IBM PC의 직렬 포트를 사용하는 방법 2. 키트에 ROM을 삽입하여 사용하는 방법	
I/O	1. 기본 입출력 기판 (1) 출력 장치-LCD 모듈 (2) 입력 장치-키패드 2. 응용 보드 (1) 소형 DC 모터 제어 회로 (2) 스텝 모터 구동 회로 (3) AD 변환기 - 광센서 - 온도센서 - 가변저항 3. 다양한 시스템 응용을 위한 입출력 인터페이스 보드	 16문자×2줄 LCD 사용 16진 숫자 입력 스위치 16개 제어 입력 스위치 3개 PWM을 이용한 속도 제어 고속 출력(HSO)를 이용한 구동회로 고속 입력(HSI) 기능을 이용 포토 TR과 적외선 LED 사용 CdS 광센서 사용 외부 확장용 전원 회로 포함
전원	+12V(외부 입력 전압), +5V(정전압 회로 내장)	+12V는 모터 제어에 사용

TMS-31 Kit

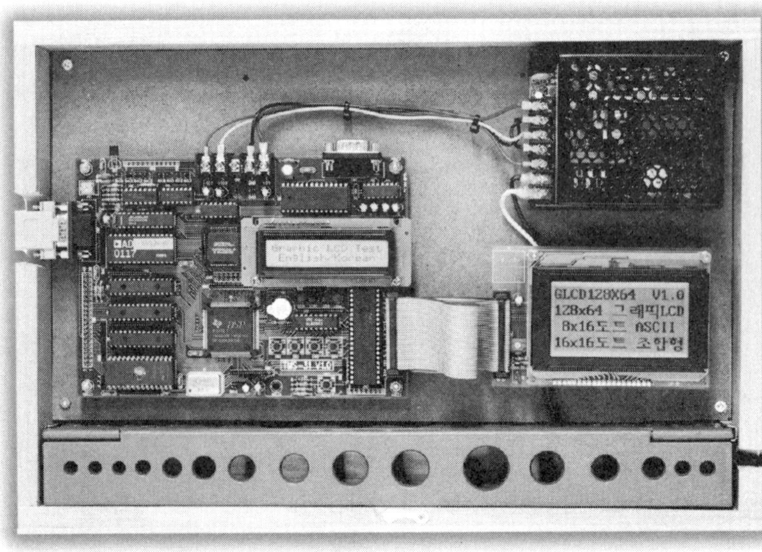

♣ 중간형 별도 판매
PCB+CPU+EPLD

저 자 : 윤덕용
ISBN : 89-7101-750-3
판 형 : B5
쪽 수 : 636
가 격 : 30,000원

TMS-31 KIT의 주요 사양

항 목	사 양	비 고
DSP	TMS320C31PQL-40 (40MHz)	40MHz 수정발진 모듈사용
ROM	27C256(32 KB) 또는 27C512(64KB)	PCB 진단 및 각종 응용 프로그램
RAM	68257-15(32 KB)×4개= 32K 워드 (TMS320C31에 내장된 2K 워드는 별도)	사용자의 프로그램 및 데이터용
프로그램의 입력 및 실행	1. XDS-510 에뮬레이터를 사용하는 방법 2. 내장 ROM을 사용하는 방법 3. IBM PC의 프린터포트를 사용하는 방법	1. 에뮬레이터용 콘넥터 내장 2. 예제가 포함된 27C256 기본 제공 3. 프린터포트용의 케이블 기본 제공
A/D 컨버터	12비트 MAX122 1개 (5MHz, 2.6μs) 8채널 아날로그 스위치 (1) 4개 채널은 콘넥터로 아날로그 입력 (2) 반고정 저항에 의한 −5V~+5V 입력 (3) 온도센서 LM35DZ 입력 (4) 2개 채널은 D/A 컨버터의 출력을 입력	1. 아날로그 입력 범위는 −5V~+5V 2. 아날로그 출력 범위는 −5V~+5V 3. 내장된 D/A 컨버터의 출력을 A/D 컨버터 에 입력함으로써 외부에 별도의 함수발생기 를 사용하지 않고 신호처리 실험이 가능
D/A 컨버터	12비트 AD664 (4채널 전압 출력) (1) 4개 채널 모두 콘넥터로 외부출력 (2) 2개 채널은 A/D 컨버터에 입력 가능	
기타 I/O	1. 시스템 확장용 콘넥터 2. 8255A 1개 내장 (1) 16자×2행 LCD 모듈 (backlight 가능) (2) buzzer (3) 4개의 상태표시용 LED (4) 4개의 입력키 (5) 8255A를 통한 외부 입출력 콘넥터 3. 8251A 및 MAX232 내장 외부와 RS-232C 직렬통신 4. 직류 서보모터 제어를 위한 콘넥터	
전원	+5V, ±15V (또는 ±12V)	±15V는 A/D, D/A 컨버터에서 사용
PCB	180×130mm 4층 에폭시 기판	

구입문의 : 학습기기 R&C사 / 도서출판 Ohm사 ✆ 02) 776-4868-9

TMS-32 Kit

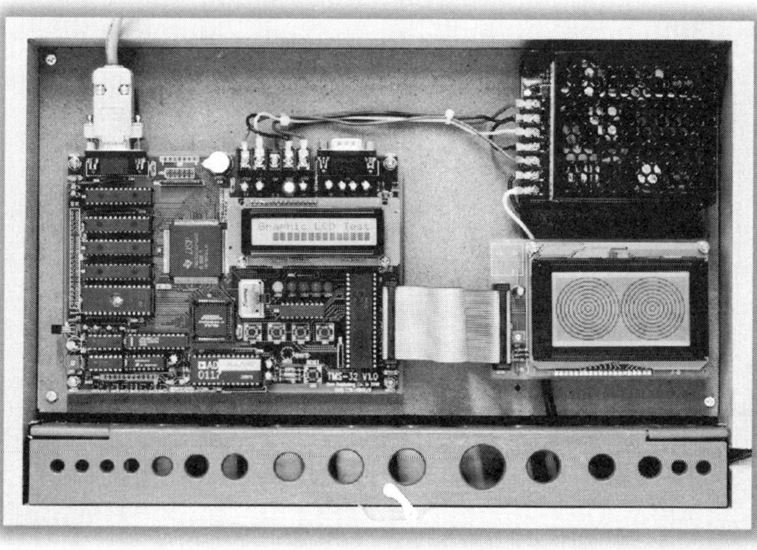

♣ 중간형 별도 판매
PCB+CPU+EPLD

추천도서

저 자 : 윤덕용
ISBN : 89-7101-751-1
판 형 : B5
쪽 수 : 768
가 격 : 33,000원

TMS-32 KIT의 주요 사양

항 목	사 양	비 고
DSP	TMS320C32PCM50 (50MHz) 기본사양 TMS320C32PCM40 (40MHz)도 사용가능	50MHz 수정발진 모듈사용 40MHz 수정발진 모듈사용
ROM	27C512-15(64KB)	PCB 진단 및 각종 응용 프로그램
RAM	KM68257-15(32 KB)×4개= 32K 워드 (TMS320C32에 내장된 512 워드는 별도)	사용자의 프로그램 및 데이터용
프로그램의 입력 및 실행	1. IBM PC의 프린터 포트를 사용하는 방법 2. 키트에 내장된 ROM을 사용하는 방법 3. XDS510 에뮬레이터를 사용하는 방법	1. 에뮬레이터용 콘넥터 내장 2. 예제가 포함된 27C256 기본 제공 3. 프린터포트용의 케이블 기본 제공
A/D 컨버터	12비트 MAX122BCNG 1개 (5MHz, 2.6μs) 8채널 아날로그 스위치 (1) 4개 채널은 콘넥터로 아날로그 입력 (2) 내장 온도센서 LM35D 입력 (3) 내장 광센서 Cds 입력 (4) 내장 가변 저항에 의한 -5V~+5V 입력 (5) 1개 채널은 A/D 컨버터의 출력을 입력	1. 아날로그 입력 범위는 -5V~+5V 2. 아날로그 출력 범위는 -5V~+5V 3. D/A 컨버터의 출력을 A/D 컨버터에 다시 입력함으로써 외부에 별도의 함수발생기를 사용하지 않고 신호처리 실험이 가능
D/A 컨버터	12비트 AD664JN-BIP (4채널 전압 출력) (1) 4개 채널 모두 콘넥터로 외부출력 (2) 1개 채널은 A/D 컨버터에 입력 가능	4. 각종 응용 프로그램 기본 제공
기타 I/O	1. DSP가 직접 제어하는 I/O (1) +5V용 버저 (2) 1개의 동작 테스트용 LED (3) 직류 서보모터 제어를 위한 콘넥터 2. 8255A 1개 내장 (1) 16자×2행 LCD 모듈 (backlight 가능) (2) 4개의 상태표시용 LED (3) 4개의 키 입력 스위치 (4) 외부 병렬 입출력 콘넥터 3. 8251A 및 MAX232 내장 외부와 RS-232C 직렬통신 4. 시스템 I/O 확장용 콘넥터	각종 응용 프로그램 기본 제공
전원	+5V, ±15V (또는 ±12V)	±15V는 A/D, D/A 컨버터에서 사용
PCB	180×130mm 4층 에폭시 기판	

Homepage : http://www.ohm.co.kr　　E-mail : ohm@ohm.co.kr

OK-128 Kit

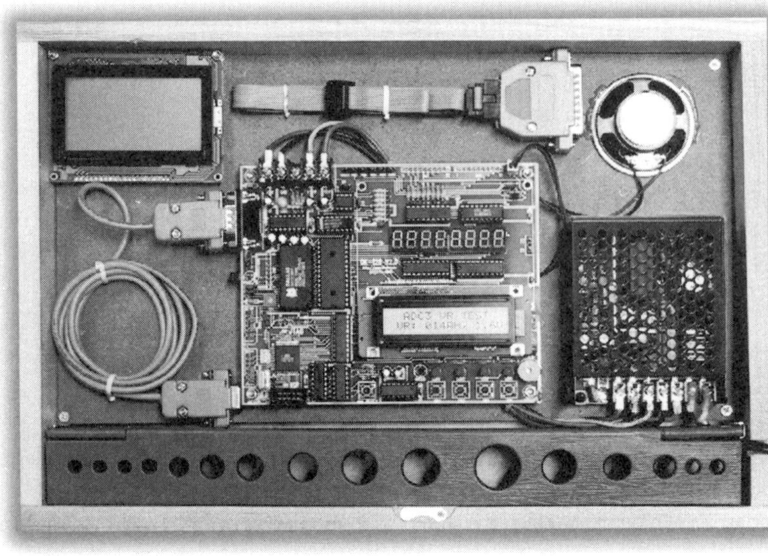

♣ PCB 별도 판매
(CPU 포함)

저 자 : 윤덕용
ISBN : 89-7101-765-1
판 형 : B5
쪽 수 : 920
가 격 : 38,000원

OK-128 KIT의 주요 사양

항 목	사 양	비 고
CPU	ATmega128-16AI(16MHz)	16MHz 수정발진자 사용
ROM	CPU에 내장된 128KB의 플래시 메모리	프로그램 저장
외부 RAM	62256-7(32 KB) (CPU에 내장된 4KB는 별도)	사용자 데이터 저장
프로그램의 입력/실행	1. JTAG ICE 에뮬레이터를 사용하는 방법 2. AVR ISP와 병렬 포트를 사용하는 방법 3. 기타 ISP와 직렬 포트를 사용하는 방법	1. 병렬포트형 AVR ISP 케이블 제공 (직렬포트형과 USB 포트형은 옵션) 2. 테스트 프로그램 기본 제공
I/O	1. CPU 프로그램용 콘넥터 (1) AVR ISP용 10핀 DIP 콘넥터(CN2) (2) JTAG ICE용 10핀 DIP 콘넥터(CN3) 2. CPU가 직접 제어하는 I/O (1) 2개의 RS-232C 직렬포트(CN4, CN5) (2) 4개의 키입력 스위치(SW1~SW4) (3) 4개의 상태표시 LED(LED1~LED4) (4) +5V용 버저 (5) 스피커 사운드 출력(CN6) (6) LM35D에 의한 온도센서(ADC1, ADC2) (7) 가변저항에 의한 전압센서(ADC3) (8) DAC0800 8비트 D/A 컨버터 (9) AT93C56 및 AT24C16 직렬 EEPROM (10) 도트 매트릭스 LED 접속(CN10) (11) 병렬 I/O 포트 확장 콘넥터(CN9) 3. 16자×2 문자 텍스트형 LCD 모듈 4. 128×64 도트 그래픽형 LCD 모듈 5. 8개의 7세그먼트 LED 6. DS12C887 배터리 백업형 리얼타임 클럭 7. 8비트 병렬출력 인터페이스(CN7) 8. 스텝모터 구동 인터페이스(CN8)	 STK200/300의 AVR ISP 표준 Atmel사의 JTAG ICE 표준 RS-232C 통신 케이블 기본 제공 A/D 입력 범위는 0V~+5V 0V~+10V, -10V~+10V 중에서 선택 화면밝기 조절 및 백라이트 기능 포함 화면밝기 조절 및 백라이트 기능 포함 ULN2803 출력
전원	+5V, ±15V (또는 ±12V도 사용 가능)	±15V는 아날로그 회로에서만 사용
PCB 외형	160×130mm 양면 에폭시 기판	

☞ 이것은 *OK-128*키트와 *OK-64*키트 겸용이므로 ATmega64-16AI를 조립하면 *OK-64*키트가 된다.

구입문의 : 학습기기 R&C사 / 도서출판 Ohm사 ✆ 02) 776-4868-9

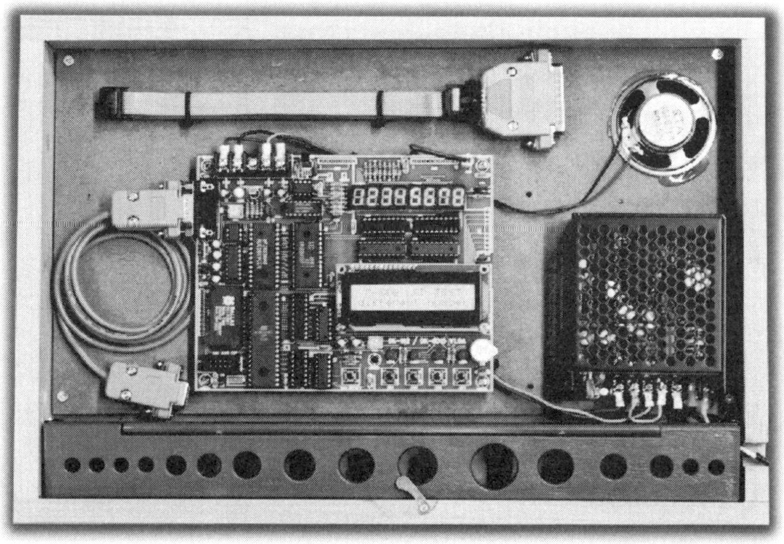

♣ PCB 별도 판매 (MPU 장착)

추천 도서

저 자 : 윤덕용
ISBN : 89-7101-759-7
판 형 : B5
쪽 수 : 726
가 격 : 32,000원

OK-162 KIT의 주요 사양

항 목	사 양	비 고
CPU	ATmega162-16PI(16MHz)	16MHz 수정발진자 사용
ROM	CPU에 내장된 16KB의 플래시 메모리	프로그램 저장
외부 RAM	62256-7(32 KB) (CPU에 내장된 1KB는 별도)	사용자 데이터 저장
프로그램의 입력/실행	1. AVR ISP와 병렬 포트를 사용하는 방법 2. 기타 ISP와 직렬 포트를 사용하는 방법 3. JTAG ICE 에뮬레이터를 사용하는 방법	1. AVR ISP 케이블 기본 제공 2. 응용 프로그램 기본 제공 (☞ JTAG 콘넥터는 사용자가 조립)
I/O	1. CPU 프로그램용 콘넥터 (1) AVR ISP용 10핀 DIP 콘넥터(CN2) (2) JTAG용 콘넥터는 사용자가 조립해야 함 2. CPU가 직접 제어하는 I/O (1) 포트 B 및 포트 D 확장 콘넥터(CN3) (2) 2개의 RS-232C 직렬포트(CN4, CN5) (3) 4개의 키입력 스위치(SW1~SW4) (4) 4개의 상태표시 LED(LED1~LED4) (5) +5V용 버저, 스피커 사운드 출력(CN6) (6) DAC0800 8비트 D/A 컨버터 (7) SPI 직렬통신에 의한 시리얼 EEPROM (8) 아날로그 비교기(J2, J3) 3. CPU 외부의 확장 I/O (1) 16자×2 문자 텍스트형 LCD 모듈 (2) 8개의 7세그먼트 LED (3) 8비트 병렬출력 인터페이스(CN7) (4) 스텝모터 구동 인터페이스(CN8) (5) DS12C887 베터리 백업형 리얼타임 클럭 (6) 8비트 8채널 A/D 컨버터 ADC0809 - 전압센서(VR1), 온도센서(LM35), 광센서(CdS) - 4채널 A/D 입력 콘넥터(CN9)	STK200/300의 AVR ISP 표준 RS-232C 통신 케이블 기본 제공 0V~+10V, -10V~+10V 중에서 선택 화면밝기 조절 및 백라이트 기능 포함 ULN2803 출력 A/D 입력 범위는 0V~+5V
전원	+5V, ±15V (또는 ±12V도 사용 가능)	±15V는 아날로그 회로에서만 사용
PCB 외형	160×130mm 양면 에폭시 기판	

☞ *OK-162* 키트는 *OK-8515* 키트와 PCB를 공통으로 사용한다.

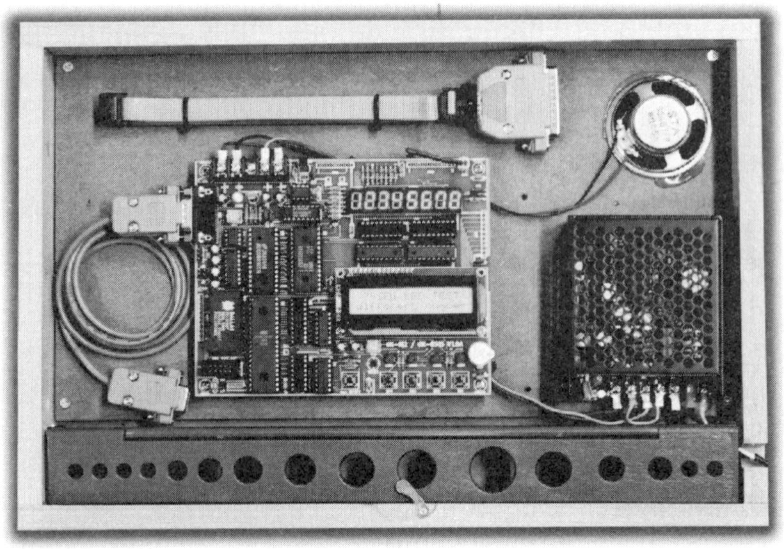

♣ PCB 별도 판매

저 자 : 윤덕용
ISBN : 89-7101-762-7
판 형 : B5
쪽 수 : 692
가 격 : 28,000원

OK-8515 KIT의 주요 사양

항 목	사 양	비 고
CPU	ATmega8515-16PI(16 MHz)	16 Mhz 수정발진자 사용
ROM	CPU에 내장된 8KB의 플래시 메모리	프로그램 저장
외부 RAM	62256-7(32 KB) (CPU에 내장된 512바이트는 별도)	사용자 데이터 저장
프로그램의 입력/실행	1. AVR ISP와 병렬 포트를 사용하는 방법 2. 기타 ISP와 직렬 포트를 사용하는 방법	1. AVR ISP 케이블 기본 제공 2. 응용 프로그램 기본 제공
I/O	1. CPU 프로그램용 콘넥터	
	AVR ISP용 10핀 DIP 콘넥터(CN2)	STK200/300의 AVR ISP 표준
	2. CPU가 직접 제어하는 I/O	
	(1) 포트 B 및 포트 D 확장 콘넥터(CN3)	
	(2) 1개의 RS-232C 직렬포트(CN4)	RS-232C 통신 케이블 기본 제공
	(3) 4개의 키입력 스위치(SW1~SW4)	
	(4) 4개의 상태표시 LED(LED1~LED4)	
	(5) +5V용 버저, 스피커 사운드 출력(CN6)	
	(6) DAC0800 8비트 D/A 컨버터	0V~+10V, -10V~+10V 중에서 선택
	(7) SPI 직렬통신에 의한 시리얼 EEPROM	
	(8) 아날로그 비교기(J2, J3)	
	3. CPU 외부의 확장 I/O	
	(1) 16X2 문자 텍스트형 LCD 모듈	화면밝기 조절 및 백라이트 기능 포함
	(2) 8개의 7세그먼트 LED	
	(3) 8비트 병렬출력 인터페이스(CN7)	
	(4) 스텝모터 구동 인터페이스(CN8)	ULN2803 출력
	(5) DS12C887 배터리 백업형 리얼타임 클럭	
	(6) 8비트 8채널 A/D 컨버터 ADC0809 -전압센서(VR1), 온도센서(LM35), 광 센서(CdS) -4채널 A/D 입력 콘넥터(CN9)	A/D 입력 범위는 0V~+5V
전원	+5V, ±15V (또는 ±12V도 사용 가능)	±15V는 아날로그 회로에서만 사용
PCB 외형	160×130mm 양면 에폭시 기판	

☞ *OK-8515* 키트는 *OK-162* 키트와 PCB를 공통으로 사용한다.

OK-89S52 Kit

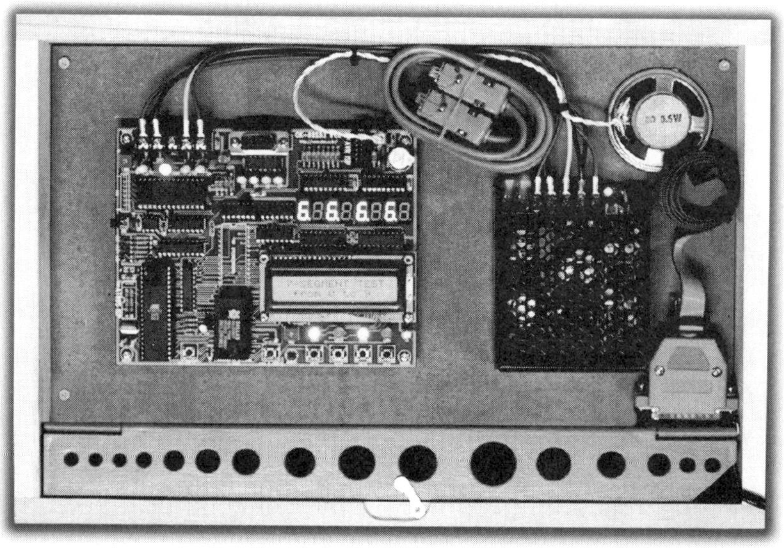

♣ PCB 및 AT89S ISP
케이블 별도 판매

저 자 : 윤덕용
ISBN : 89-7101-769-4
판 형 : B5
쪽 수 : 830
가 격 : 30,000원

OK-89S52 KIT의 주요 사양

항 목	사 양	비 고
CPU	AT89S52-24PC 또는 AT89S52-24PI (AT89S51이나 AT89S8253도 사용 가능)	24MHz 수정발진자 사용
ROM	1. CPU에 내장된 8KB의 플래시 메모리 2. 외부 확장 27C256 또는 29C256(32KB)	사용자 프로그램용
RAM	CPU에 내장된 256 바이트	스택 및 데이터 저장용
프로그램의 입력/실행	1. 병렬포트형 AT89ISP를 사용(Atmel 표준) 2. 병렬포트형 AVR ISP를 사용 3. 직렬포트형 AVR ISP를 사용 4. USB포트형 AVR ISP를 사용	1. AT89S ISP 케이블(Atmel 호환) 2. AVR-ISP Parallel 케이블(기본 제공) 3. AVR-ISP Studio/STK500 케이블 4. USB-ISP 케이블
I/O	1. CPU가 직접 제어하는 I/O (1) RS-232C 직렬통신 포트(CN4) (2) +5V용 버저 (3) 스피커 사운드 출력(CN5) (4) 4개의 키입력 (5) 스위치에 의한 사용자 인터럽트(SW2) (6) AT89S ISP 케이블 접속용 콘넥터(CN2) (7) AVR ISP 케이블 접속용 콘넥터(CN3) 2. 외부 확장 I/O (1) 16×2행 텍스트형 LCD 모듈 (2) 8글자의 7세그먼트 LED (3) 4개의 상태표시 LED (4) ADC0809 8채널 8비트 A/D 컨버터 - 전압센서, 온도센서, 조도센서 각 1개 - 4채널 아날로그 입력 콘넥터(CN6) (5) DAC0800 8비트 D/A 컨버터 (6) DS12C887 배터리 백업형 리얼타임 클럭	backlight 기능 사용 가능 A/D 입력 범위는 0V~+5V D/A 출력 범위는 0V~+10V, -10V~+10V 중에서 선택 사용
전원	+5V, ±15V (또는 ±12V도 사용 가능)	±15V는 아날로그 회로에서만 사용
PCB 외형	160×130mm 양면 에폭시 기판	

KUT-8515 Kit

AVR ATmega8515

♣ 제작용 PCB 포함

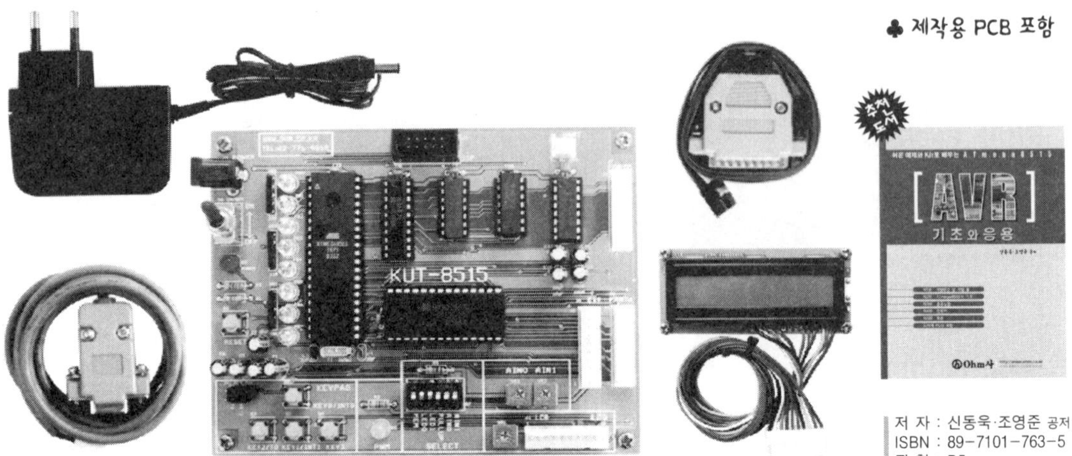

저 자 : 신동욱·조영준 공저
ISBN : 89-7101-763-5
판 형 : B5
쪽 수 : 350
가 격 : 32,000원

KUT-8515 KIT의 주요 사양

항 목	사 양	비 고
CPU	ATmega8515	16MHz 클럭 사용
메모리	RAM : 32K 바이트	선택적 사용
내장 주변장치	B 포트 : LED×8	선택적 사용
	D 포트 : 스위치×4	인터럽트와 연동 사용
	PWM 출력	LED로 확인
	아날로그 입력 비교	가변저항 이용
	2채널	스위치 입력, 외부 커넥터
전원	+5V	아답터 잭
외부 인터페이스	A 포트 커넥터	5V, PA0~PA7, GND(10핀)
	C 포트 커넥터	5V, PC0~PC7, GND(10핀)
	제어신호 커넥터	INT1 등 제어 신호 (10핀)
	RS-232C 커넥터	MAX232 내장(3핀)
	LCD 커넥터	4비트 데이터 버스 방식 (16문자×2라인 LCD 사용)
	ISP 커넥터	ISP 케이블 제작 필요 (또는 Ohm사 별매용 이용 가능)
PCB 외형	132×102mm 2층 에폭시 기판	

KUT-8515 완성 키트는 Atmel사의 AVR 8비트 RISC 프로세서인 ATmega8515의 기본적인 기능을 익히고 실험하는데 필요한 **최소한의 하드웨어로 구성된 쉽고 간단하며, 저렴한 트레이닝 키트**이다.
기존의 트레이닝 키트와는 달리 많은 주변기기를 내장하고 있지 않기 때문에 크기가 작아서 PC 옆에 놓고 사용하기에도 편리하다. 그리고 어느정도의 기본 학습이 끝나면, 단순한 교육용 키트가 아니라 독자 여러분이 제작하는 응용 시스템의 메인 CPU 보드로도 손쉽게 이용할 수가 있다. 책에서 소개된 ISP 케이블과 *CodeVisionAVR C* 컴파일러를 이용하여 사용자가 작성한 프로그램을 PC로부터 다운로드 하여 즉시 실험해 볼 수 있기 때문에 롬라이터와 같은 별도의 장비가 필요하지 않다.

구입문의 : 학습기기 R&C사 / 도서출판 Ohm사 ✆ 02) 776-4868-9

▲
KUT-128 인터페이스 보드 + MCU 보드 장착

♣ 상품 구성
Interface 보드+CPU 보드(Full Set) 판매
Interface 보드 별도 판매
MCU 보드 별도 판매

MCU 보드 ▶

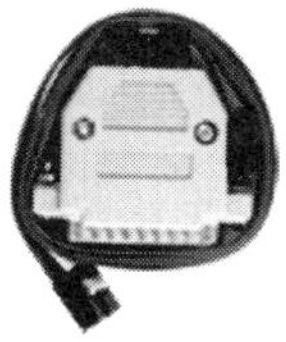

저 자 : 신동욱/오창헌 공저
ISBN : 89-7101-768-6
판 형 : B5
쪽 수 : 380
가 격 : 20,000원

KUT-128 KIT의 주요 사양

항 목	사 양	비 고
MCU	ATmega128	16MHz 클럭 사용
내장 주변장치	• 포트 B, F : 7-Segment × 4	• 동적 구동
	• 포트 C : LED × 8	• 선택적 사용
	• 포트 E : 스위치 × 4	• 인터럽트와 연동 사용
	• PWM 출력	• LED로 확인
	• 아날로그 입력 비교	• 가변 저항 이용
	• A/D변환 2 입력	• 가변저항 이용
전원	+5V	아답터 잭
외부 인터페이스	• 포트 A 커넥터	• 5V, PA0-PA7, GND(10핀)
	• 포트 C 커넥터	• 5V, PC0-PC7, GND(10핀)
	• 포트 G 커넥터	• 메모리, I/O 확장 제어신호(10핀)
	• RS-232 커넥터	• MAX232 내장(3핀)
	• LCD 커넥터	• 4비트 데이터 버스 방식 (16문자 × 2라인 LCD 사용)
	• ISP 커넥터	• ISP 케이블 제작 필요 (또는 Ohm사 별매품 이용 가능)
PCB 외형	KUT-128 MCU 보드 : 38mm × 40mm	2층 에폭시 기판
	KUT-128 인터페이스 보드 : 142mm × 104mm	2층 에폭시 기판

KUT-128 완성 보드는 Atmel사의 AVR 8비트 RISC 프로세서인 ATmega128 MCU 보드와 인터페이스 보드로 구성되며, ATmega128의 기본적인 기능을 익히고 실험하는데 필요한 최소한의 하드웨어로 구성된 **쉽고 간단하며, 저렴한 트레이닝 키트**이다. 기존의 트레이닝 키트와는 달리 많은 주변기기를 내장하고 있지 않기 때문에 크기가 작아서 PC 옆에 놓고 사용하기에도 편리하다. 그리고 어느 정도의 기본 학습이 끝나면, 단순한 교육용 키트가 아니라 독자 여러분이 제작하는 졸업작품 또는 응용 시스템의 메인 CPU 보드로도 손쉽게 이용할 수가 있다. 책에서 소개된 ISP 케이블과 *CodeVisionAVR C* 컴파일러를 이용하여 사용자가 작성한 프로그램을 PC로부터 다운로드 하여 즉시 실험해 볼 수 있기 때문에 롬라이터와 같은 별도의 장비가 필요하지 않다.

GLCD128X64

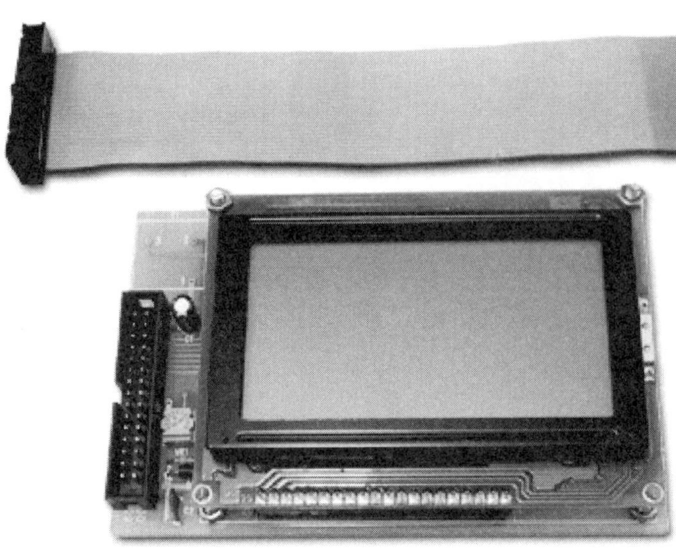

♣ PCB 포함

저 자 : 윤덕용
ISBN : 89-7101-760-0
판 형 : B5
쪽 수 : 798
가 격 : 43,000원

그래픽 LCD 확장보드의 주요 사양

항 목	사 양	비 고
해상도	128×64 도트, 단색	
사용 가능 LCD 모듈	(1) 삼성 SDI UG-13B04-SEAT5-2 (2) 현대 LCD HG12605NY-LY (3) 기타 이와 호환되는 그래픽형 LCD 모듈	EL 백라이트형 LED 백라이트형
접속 가능 키트	(1) *OK-8051* 키트 (2) *OK-196* 키트 (3) *TMS-31* 키트 (4) *TMS-32* 키트	
인터페이스 방법	(1) 82C55A를 사용하여 구동 (2) HIF3F-30PA-2.54DSA 콘넥터를 사용	
전원	키트에서 공급되는 +5V (LCD 모듈 내부에서 -10V를 만들어 사용)	30핀(전원 포함) EL 백라이트형은
PCB 외형	114×75 mm 양면 에폭시 기판	인버터 사용

그래픽형 LCD 모듈 확장보드 *GLCD128X64*는 *OK-8051* **키트**, *OK-196* **키트**, 그리고 *TMS-31 /32* **키트**에 128×64 해상도의 그래픽형 LCD 모듈을 확장하여 사용할 수 있는 제품이다.
이들 키트에는 모두 16자×2행의 텍스트형 LCD 모듈이 내장되어 있으므로 이를 사용하는데는 문제가 없으나, 이들 키트들이 그래픽형 LCD 모듈은 가지고 있지 않으므로 이를 사용하려면 외부에 추가로 확장하여야 한다.

OK-128 V3.0 Kit

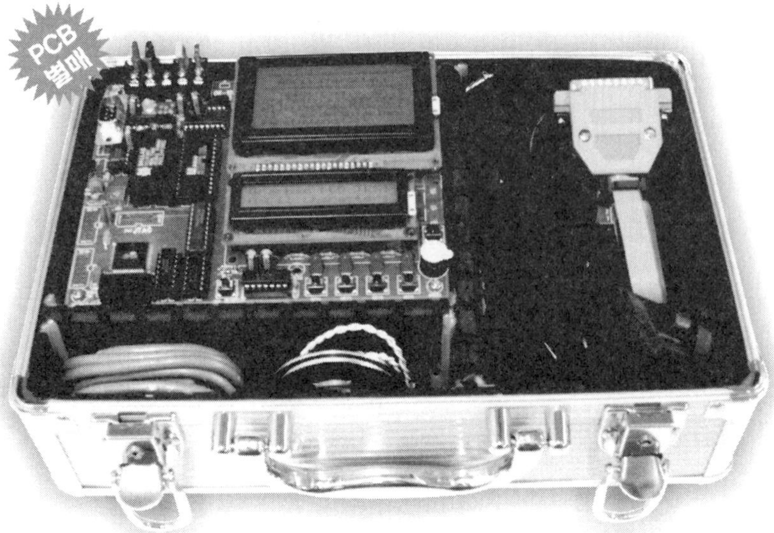

♣ PCB 별도 판매
(CPU 포함)

추천 도서

저 자 : 윤덕용
ISBN : 89-7101-771-6
판 형 : B5
쪽 수 : 1044
가 격 : 42,000원

OK-128 V3.0 KIT의 주요 사양

항 목	사 양	비 고
CPU	ATmega128-16AI/AU(16MHz)	16MHz 수정발진자 사용
ROM	CPU에 내장된 128KB의 플래시 메모리	프로그램 저장
외부 RAM	62256-7(32KB) (CPU에 내장된 4KB는 별도)	사용자 데이터 저장
프로그램의 입력/실행	1. AVR ISP 다운로드 케이블을 사용하는 방법 2. JTAG ICE 에뮬레이터를 사용하는 방법	1. 병렬포트형 AVR ISP 케이블 제공 (직렬포트형과 USB 포트형은 옵션) 2. 테스트 프로그램 기본 제공
I/O	1. CPU 프로그램용 콘넥터 (1) AVR ISP용 10핀 DIP 콘넥터(CN2) (2) JTAG ICE용 10핀 DIP 콘넥터(CN3) 2. CPU가 직접 제어하는 I/O (1) 4개의 키입력 스위치(KEY1~KEY4) (2) 4개의 상태표시 LED(LED1~LED4) (3) 외부 인터럽트 스위치(SW2) (4) +5V용 버저, 스피커 사운드 출력(CN6) (5) LM35D에 의한 온도센서(ADC1, ADC2) (6) 가변저항에 의한 전압센서(ADC3) (7) DAC0800 8비트 D/A 컨버터 (8) AT93C56 및 AT24C16 직렬 EEPROM (9) 2개의 RS-232C 직렬포트(CN4, CN5)	 STK200/300의 AVR ISP 표준 Atmel사의 JTAG ICE 표준 A/D 입력 범위는 0V~+5V 0V~+10V, -10V~+10V 중에서 선택 RS-232C 통신 케이블 기본 제공
	(10) 병렬 I/O 포트 확장 콘넥터(CN8) (11) 도트 매트릭스 LED 접속 콘넥터(CN9) 3. 16×2 문자 텍스트형 LCD 모듈 4. 128×64 도트 그래픽형 LCD 모듈 5. 8개의 7세그먼트 LED 6. DS12C887 배터리 백업형 리얼타임 클록 7. 스텝모터 구동 인터페이스 콘넥터(CN7)	 화면밝기 조절 및 백라이트 기능 포함 화면밝기 조절 및 백라이트 기능 포함 ULN2803 출력
전원	+5V, ±15V (또는 ±12V도 사용 가능)	±15V는 아날로그 회로에서만 사용
PCB 외형	160×130mm 양면 에폭시 기판	

☞ 이것은 *OK-128* 키트와 *OK-64* 키트 겸용이므로 ATmega64-16AI/AU를 조립하면 *OK-64* 키트가 된다.

구입문의 : 학습기기 R&C사 / 도서출판 Ohm사 ✆ 02) 776-4868-9

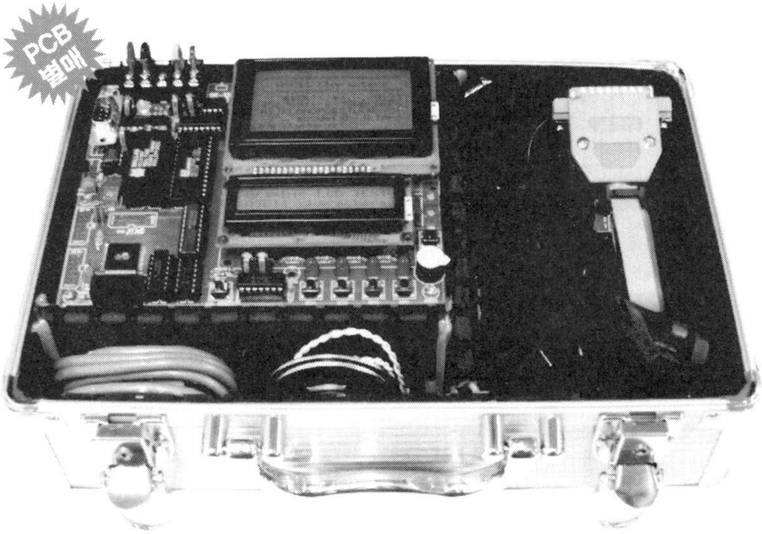

♣ 완성품 판매
SD, CF 카드 별매

저 자 : 윤덕용
ISBN : 89-7101-772-4
판 형 : B5
쪽 수 : 1092
가 격 : 43,000원

OK-1281/2561 KIT의 주요 사양

항 목	사 양	비 고
CPU	ATmega1281-16AU(16MHz) 또는 ATmega2561-16AU(16MHz)	16MHz 수정발진자 사용
ROM	CPU에 내장된 128/256KB의 플래시 메모리	프로그램 저장
외부 RAM	62256-7(32KB) (CPU에 내장된 8KB는 별도)	스택 및 사용자 데이터 저장
프로그램의 입력/실행	1. AVR ISP 다운로드 케이블을 사용하는 방법 2. JTAG ICE 에뮬레이터를 사용하는 방법	1. 병렬포트형 AVR ISP 케이블 제공 (직렬포트형과 USB 포트형은 옵션) 2. 테스트 프로그램 및 예제 기본 제공
I/O	1. CPU 프로그램용 콘넥터 (1) AVR ISP용 10핀 DIP 콘넥터(CN2) (2) JTAG ICE용 10핀 DIP 콘넥터(CN3) 2. CPU가 직접 제어하는 I/O (1) 4개의 키입력 스위치(KEY1~KEY4) (2) 4개의 상태표시 LED(LED1~LED4) (3) 외부 인터럽트 스위치(SW2) (4) +5V용 버저, 스피커 사운드 출력(CN6) (5) LM35D에 의한 온도센서(ADC1, ADC2) (6) 가변저항에 의한 전압센서(ADC3) (7) DAC0800 8비트 D/A 컨버터 (8) AT93C56 및 AT24C16 직렬 EEPROM (9) 2개의 RS-232C 직렬포트(CN4, CN5) (10) 병렬 I/O 포트 확장 콘넥터(CN8) (11) 도트 매트릭스 LED 접속 콘넥터(CN9) 3. 16×2 문자 텍스트형 LCD 모듈 4. 128×64 도트 그래픽형 LCD 모듈 5. 8개의 7세그먼트 LED 6. DS12C887 배터리 백업형 리얼타임 클록 7. 스텝모터 구동 인터페이스 콘넥터(CN7)	 STK200/300의 AVR ISP 표준 Atmel사의 JTAG ICE 표준 A/D 입력 범위는 0V~+5V 0V~+10V, -10V~+10V 중에서 선택 RS-232C 통신 케이블 기본 제공 화면밝기 조절 및 백라이트 기능 포함 화면밝기 조절 및 백라이트 기능 포함 ULN2803 출력
전원	+5V, ±15V (또는 ±12V도 사용 가능)	±15V는 아날로그 회로에서만 사용
PCB 외형	160×130mm 양면 에폭시 기판	

☞ 이것은 *OK-1281* 키트와 *OK-2561* 키트 겸용이므로 자신이 원하는 MCU 소자를 조립하면 된다.

OK-1280/2560 Kit

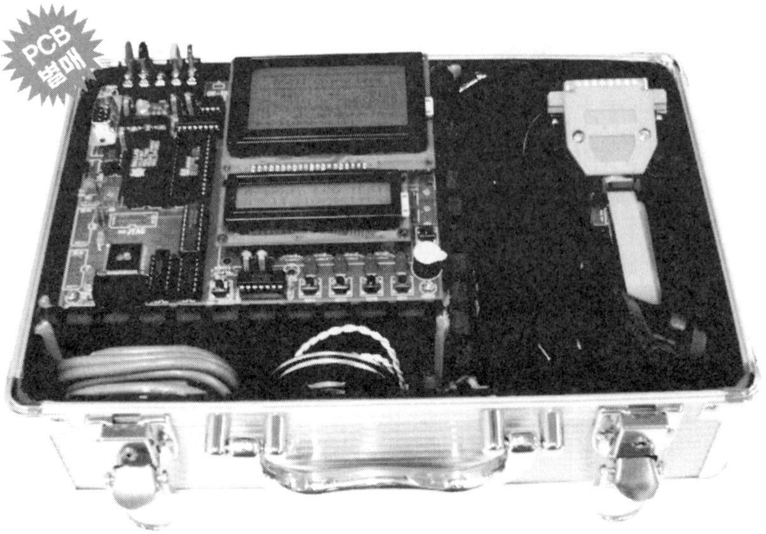

♣ PCB 별도 판매
(CPU 포함)

저 자 : 윤덕용
ISBN : 89-7101-773-2
판 형 : B5
쪽 수 : 1092
가 격 : 43,000원

OK-1280/2560 KIT의 주요 사양

항 목	사 양	비 고
CPU	ATmega1280-16AU(16MHz) 또는 ATmega2560-16AU(16MHz)	16MHz 수정발진자 사용
ROM	CPU에 내장된 128/256KB의 플래시 메모리	프로그램 저장
RAM	CPU에 내장된 8KB의 플래시 메모리	스택 및 사용자 데이터 저장
프로그램의 입력/실행	1. AVR ISP 다운로드 케이블을 사용하는 방법 2. JTAG ICE 에뮬레이터를 사용하는 방법	1. 병렬포트형 AVR ISP 케이블 제공 (직렬포트형과 USB 포트형은 옵션) 2. 테스트 프로그램 및 예제 기본 제공
I/O	1. CPU 프로그램용 콘넥터 (1) AVR ISP용 10핀 DIP 콘넥터(CN2) (2) JTAG ICE용 10핀 DIP 콘넥터(CN3) 2. CPU가 직접 제어하는 I/O (1) 4개의 키입력 스위치(KEY1~KEY4) (2) 4개의 상태표시 LED(LED1~LED4) (3) 외부 인터럽트 스위치(SW2) (4) +5V용 버저, 스피커 사운드 출력(CN6) (5) LM35D에 의한 온도센서(ADC1, ADC2) (6) 가변저항에 의한 전압센서(ADC3) (7) DAC0800 8비트 D/A 컨버터 (8) AT93C56 및 AT24C16 직렬 EEPROM (9) 2개의 RS-232C 직렬포트(CN4, CN5) (10) 병렬 I/O 포트 확장 콘넥터(CN8~CN10) (11) 16×2 문자 텍스트형 LCD 모듈 (12) 128×64 도트 그래픽형 LCD 모듈 (13) 8개의 7세그먼트 LED (14) 스텝모터 구동 인터페이스 콘넥터(CN7) 3. DS12C887 배터리 백업형 리얼타임 클록	 STK200/300의 AVR ISP 표준 Atmel사의 JTAG ICE 표준 A/D 입력 범위는 0V~+5V 0V~+10V, -10V~+10V 중에서 선택 RS-232C 통신 케이블 기본 제공 화면밝기 조절 및 백라이트 기능 포함 화면밝기 조절 및 백라이트 기능 포함 ULN2803 출력
전원	+5V, ±15V (또는 ±12V도 사용 가능)	±15V는 아날로그 회로에서만 사용
PCB 외형	160×130mm 양면 에폭시 기판	

☞ 이것은 *OK-1280* 키트와 *OK-2560* 키트 겸용이므로 자신이 원하는 MCU 소자를 조립하면 된다.

구입문의 : 학습기기 R&C사 / 도서출판 Ohm사 ✆ *02) 776-4868-9*

OK-7S256 Kit

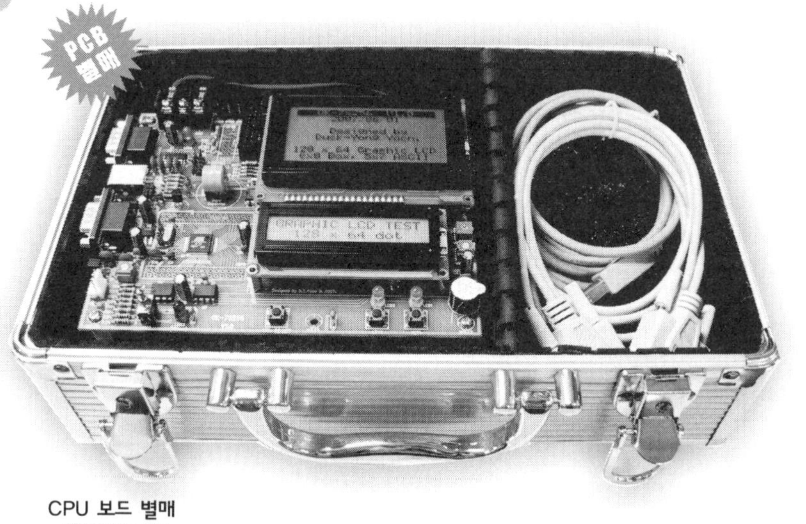

ARM 시작하기 시리즈 1
ARM7TDMI
AT91SAM7S256으로 시작하기

저 자 : 윤덕용
ISBN : 89-7101-775-9
판 형 : B5
쪽 수 : 924
가 격 : 39,000원

CPU 보드 별매

☞ CPU는 메인보드에 직접 납땜할 수도 있고, CPU보드에 납땜하여 메인보드에 장착할 수도 있다.

OK-7S256 키트의 주요 사양

항 목	사 양	비 고
CPU	AT91SAM7S256-AU-001	1.메인 보드에 직접 조립하는 방법 2.CPU 보드를 사용하는 방법(CN10~11)
ROM	CPU에 내장된 256KB(64KW)의 플래시 메모리	프로그램 및 상수 데이터 저장
RAM	CPU에 내장된 64KB의 SRAM	프로그램, 스택, 사용자 데이터 저장
프로그램의 입력/실행	1. USB포트형 다운로드 케이블을 사용하는 방법 2. 직렬포트형 다운로드 케이블을 사용하는 방법 3. JTAG 인터페이스를 사용하는 방법	1. USB A-B형 케이블 사용(기본 제공) 2. RS-232C 케이블 사용(기본 제공) 3. *OK-JTAG* 케이블 사용(선택 사양)
I/O	1. CPU 프로그램용 콘넥터	
	(1) JTAG 인터페이스용 20핀 콘넥터(CN2)	Wiggler 호환의 *OK-JTAG*을 사용
	(2) JTAG 인터페이스용 14핀 콘넥터(CN3)	Wiggler 호환의 *OK-JTAG*을 사용
	(3) USB 포트용 4핀 콘넥터(CN4)	표준 USB A-B형 케이블 사용
	(4) 직렬포트 DBUG용 9핀 콘넥터(CN5)	표준 9핀 RS-232C 케이블 사용
	2. SAM-BA Boot 프로그램을 플래시 메모리에 로드하는 장치(SW2 및 LED3)	약 10초의 동작시간 동안 LED3이 점등
	3. CPU가 직접 제어하는 I/O	
	(1) 2개의 키입력 스위치(KEY1~KEY2)	
	(2) 2개의 상태표시 LED(LED1~LED2)	
	(3) +5V용 버저, 스피커 사운드 출력(CN7)	
	(4) 16×2 문자 텍스트형 LCD 모듈	화면밝기 조절 및 백라이트 기능 포함
	(5) 128×64 도트 그래픽형 LCD 모듈	화면밝기 조절 및 백라이트 기능 포함
	(6) LM35D에 의한 온도센서(AD4)	
	(7) 가변저항에 의한 전압센서(AD5)	
	(8) 외부 A/D 입력 콘넥터(CN8, AD6~AD7)	A/D 입력 범위는 0V~+3.3V
	(9) RS-232C 직렬통신 포트(CN6)	표준 9핀 RS-232C 케이블 사용
	(10) SPI를 사용한 SD/MMC 카드 인터페이스(CN9)	
	(11) SPI를 사용한 AT93C56 직렬 EEPROM	
	(12) TWI를 사용한 DS1307 리얼타임 클록	전원 백업 기능 포함(배터리, 수퍼캡)
	(13) 3개의 테스트 포인트 TP1~TP3	각각 PWM0, PWM1, PCK1 출력
전원	+5V(키트에서 +3.3V 레귤레이터 사용)	CPU 내부에서 +1.8V 레귤레이터 사용
PCB	160×130mm 양면 에폭시 기판	

☞ *OK-7S256* 키트에는 필요하면 AT91SAM7S512/256/128/64/321을 조립하여 사용할 수도 있다.

전자공작 및 인터페이스 외

도서 및 키트는 OHM사 홈페이지 SHOP에서 구입 가능!

적외선 6족 보행로봇

♣ 부품 SET로 판매

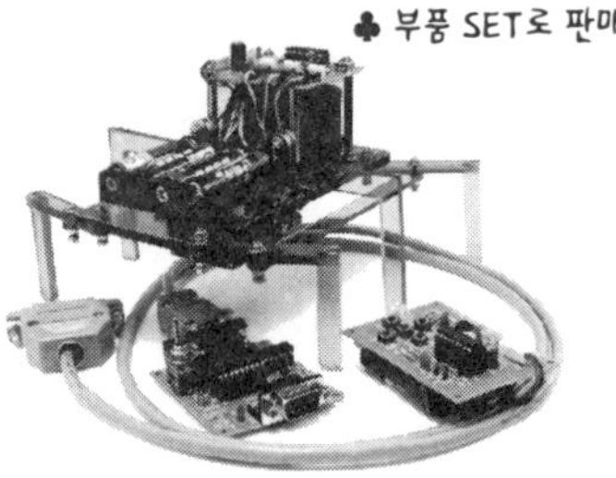

적외선 송신기로부터 전송 되어온 데이터를 판독하여 3개의 서브모터를 순차적으로 구동하여 로봇을 보행할 수 있고 프로그램에 의하여 보행 속도도 조절할 수 있다.
교재 : 적외선으로 움직이는 PIC ROBOT

적외선 주행로봇 & 라인트레이서

♣ 부품 SET로 판매

기어모터(감속비 38:1)를 채용하므로서 정밀제어가가능하고, 360도 회전이 가능하며 빠른 스피드를 낼 수 있다. 데이터의 송수신 방법은 6족 로봇과 동일
교재 : 적외선으로 움직이는 PIC ROBOT

PIC 응용 제작

♣ 부품 SET로 판매

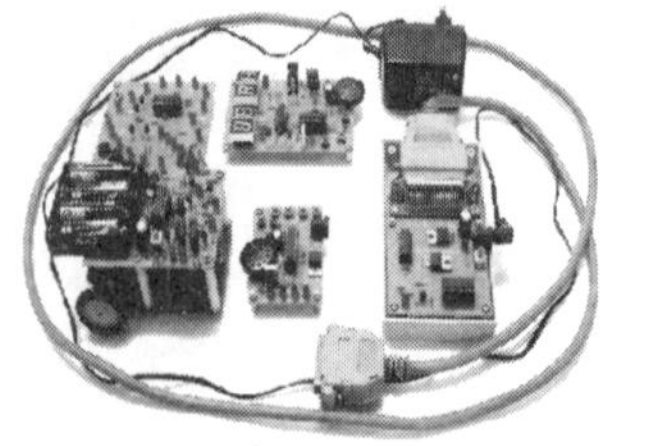

PIC프로그래머, 암호인식 초인종 하트무늬 깜빡이, 시계와 라인트레이서등의 아이템으로 구성되어 있어 마이컴 입문자들에게 유익한 실습키트임.
교재 : PIC16F84 응용 제작

침입자 경보기

♣ 부품 SET로 판매

레이저빔을 가로질러가는 사람이나 물체가 있다면 경보를 울리는 키트. 응용범위가 매우 넓은 아이템(작품 1,2키트 포함)
교재 : 기초로봇의 제작

라인트레이서

♣ 부품 SET로 판매

검정라인을 추적하여 주행 6개의 적외선 센서
패키지 구성
*센서감지와 비교. 제어회로
*로봇프레임 & 기어박스
교재 : 기초로봇의 제작

축구로봇

♣ 부품 SET로 판매

RF를 이용한 로봇 제어, 4ch. 송수신 가능
패키지 구성
* RF송수신회로 제어회로
* 로봇프레임SET & 기어모터 SET
교재 : 기초로봇의 제작

라인마우스-깨돌이

♣ 부품 SET로 판매

CPU:V25
RAM:61256
ROM:27256
모터구동부:SLA7024*2조
밧데리:SANYO 1.2 250mA 3A*10개
* CPU,모터,센서,몸체부로 구성
* 기본 프로그램이 포함

V-IO Board

완제품

♣ 부품 SET도 판매함

PC의 ISA슬롯을 이용하는 인터페이스카드로A/D, D/A컨버터를 이용한 아날로그 디지털 상호변환 신호처리와 I/O, 타이머, 카운터, 스텝모터, LCD제어등에 활용할 수 있다.
교재 : C가 미는 로보트 I, II, III

C-패러렐포트 I

완제품

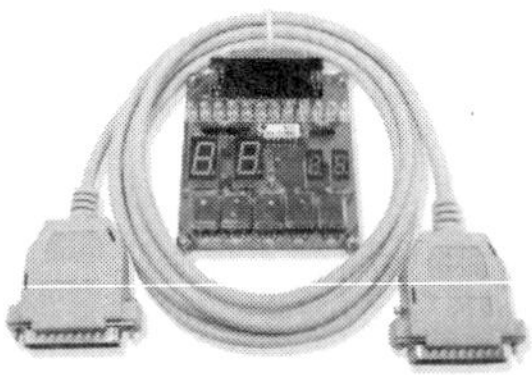

PC의 페러럴 포트를 이용하여 LED, 7Segment, 키패드 입력등의 실험을 할 수 있는 키트
교재 : C로 미는 PC자동제어응용
C로 쓰는 윈도우즈 병렬포트
VB로 미는 PC 자동제어 응용

C-패러렐포트 II

완제품

정역회전, 스피드조절, 센서의 동작을 실험해 볼 수 있는 스테핑모터 모듈
교재 : VB 로 미는 PC 제동제어 응용
그 밖의 마이컴 응용교재

AT89C Writer

완제품

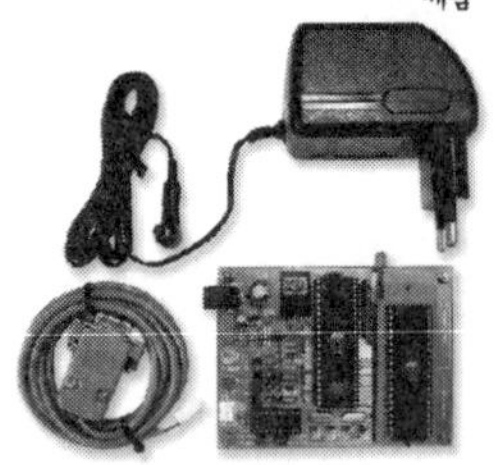

AT89C51,52 40DIP 핀 AT89C1051, 2051, 4051 20DIP 핀 지원
RS-232C serial 다운로드
TEXTOOL 장착, 라이터 전용프로그램 제공
(TEXTOOL에 장착된 89C51은 제외)

구입문의 : 학습기기 R&C사 / 도서출판 Ohm사 ✆ 02) 776-4868-9

도서 및 키트는 OHM사 홈페이지 SHOP에서 구입 가능!

AVR ISP Studio / STK500 ▪ AVR ISP Studio / AvrProg [직렬포트형]

RS-232C  ISP

AVR ISP Studio 다운로드 케이블은 퍼스널컴퓨터 측에서 어떤 통신프로그램을 사용하는지에 따라 AVR ISP Studio/STK500 모델과 AVR ISP Studio/AvrProg 모델로 나누어진다. 이것들은 동일한 하드웨어를 사용하지만 ATmega8에 장착되는 펌웨어가 서로 다르다.

(1) AVR 모델의 모든 ATmega 패밀리에 적용
(2) 별도의 장비 없이 이 케이블만으로 사용자 프로그램을 다운로드
(3) AVR Studio 프로그램과 함께 사용
(4) 초고속 다운로드
(5) 10핀 80센티 플랫 케이블 포함

AVR ISP 케이블 [USB형]

노트북 사용자에게 꼭 필요한

USB 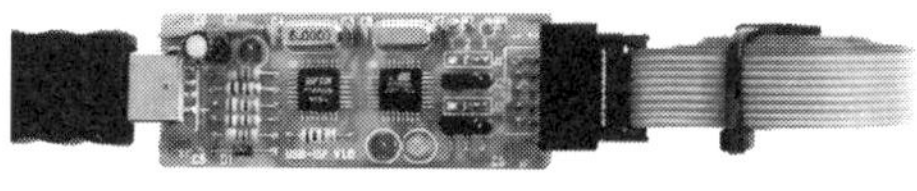 ISP

(1) AVR 모델의 모든 ATmega 패밀리에 적용
(2) 별도의 장비 없이 이 케이블만으로 사용자 프로그램을 다운로드
(3) AVR Studio 프로그램과 함께 사용
(4) 초고속 다운로드
(5) 10핀 80센티 플랫 케이블 포함

AVR ISP 케이블 [직렬포트형]

RS-232C  ISP

(1) AVR 모델의 모든 ATmega 패밀리에 적용
(2) 별도의 장비 없이 이 케이블만으로 사용자 프로그램을 다운로드
(3) PonyProg2000 프로그램과 함께 사용
(4) 병렬포트형 AVR ISP와 비슷한 다운로드 속도
(5) 10핀 80센티 플랫 케이블 포함

USB TO RS-232C 컨버터 동글

노트북 사용자에게 꼭 필요한

USB  RS-232C

(1) USB 신호를 RS-232C 신호로 변환
(2) USB 포트를 가상적인 COM3 포트로 사용
(3) 하이퍼터미널등과 같은 직렬통신 프로그램 사용
(4) 9600, 19200, 115200 등 하이퍼터미널에서 설정할 수 있는 모든 통신 포맷 사용 가능
(5) 본사의 모든 키트에서 직렬통신 또는 모니터 프로그램용으로 사용 가능

MOTOR CONTROL BOARD

이 보드는 OK-128/162/8515 키트 또는 JJ-128 키트에 접속하여 스텝모터 및 직류서보모터를 동시에 구동 또는 제어할 수 있는 I/O 확장 보드.

스텝모터 또는 직류서보모터를 동시에 구동하지 않고 하나씩만 구동한다면 8051 등의 임의 마이크로콘트롤러 키트에 적용할 수 있다.

케이블 외

도서 및 키트는 OHM사 홈페이지 SHOP에서 구입 가능!

AVR ISP 케이블 [USB형]

노트북 사용자에게 꼭 필요한

USB

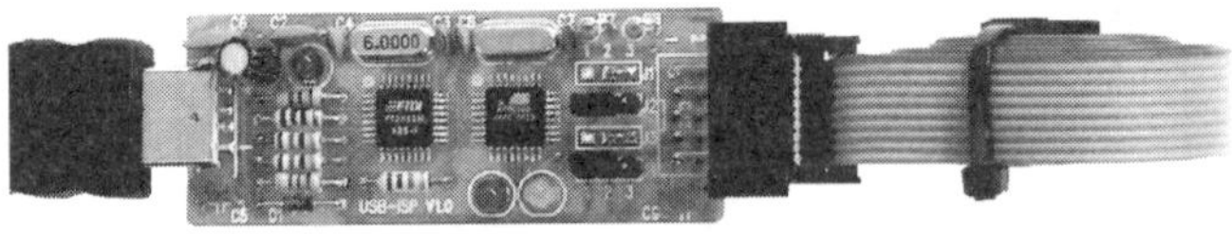

ISP

(1) AVR 모델의 모든 ATmega 패밀리에 적용
(2) 별도의 장비 없이 이 케이블만으로 사용자 프로그램을 다운로드
(3) AVR Studio 프로그램과 함께 사용
(4) 초고속 다운로드
(5) 10핀 80센티 플랫 케이블 포함

AVR ISP 케이블 [직렬포트형]

RS-232C

ISP

(1) AVR 모델의 모든 ATmega 패밀리에 적용
(2) 별도의 장비 없이 이 케이블만으로 사용자 프로그램을 다운로드
(3) PonyProg2000 프로그램과 함께 사용
(4) 병렬포트형 AVR ISP와 비슷한 다운로드 속도
(5) 10핀 80센티 플랫 케이블 포함

USB TO RS-232C 컨버터 동글

노트북 사용자에게 꼭 필요한

USB

RS-232C

(1) USB 신호를 RS-232C 신호로 변환
(2) USB 포트를 가상적인 COM3 포트로 사용
(3) 하이퍼터미널등과 같은 직렬통신 프로그램 사용
(4) 9600, 19200, 115200등 하이퍼터미널에서 설정할 수 있는 모든 통신 포맷 사용 가능
(5) 본사의 모든 키트에서 직렬통신 또는 모니터 프로그램용으로 사용 가능

MOTOR CONTROL BOARD

이 보드는 OK-128/162/8515 키트 또는 JJ-128 키트에 접속하여 스텝모터 및 직류서보모터를 동시에 구동 또는 제어할 수 있는 I/O 확장 보드.

스텝모터 또는 직류서보모터를 동시에 구동하지 않고 하나씩만 구동한다면 8051 등의 임의 마이크로콘트롤러 키트에 적용할 수 있다.

구입문의 : 학습기기 R&C사 / 도서출판 Ohm사 ✆ 02) 776-4868-9

저자 소개

신 동 욱

- 한양대학교 전자공학과 학사, 공학석사
- 일본 와세다 대학 응용물리학과 공학박사
- 한국기술교육대학교 정보기술공학부 교수

<저서>

쉬운 예제와 Kit로 배우는 8051 기초와 응용, Ohm사
쉬운 예제와 Kit로 배우는 ATmega8515 기초와 응용, Ohm사
PIC 마이컴 보드로 배우는 PIC16F874A/877A, Ohm사
기초전자실습, Ohm사
알기쉽게 배우는 AVR ATmega128, Ohm사

AVR ATmega128을 활용한 응용 실습편

졸업작품 만들기 (III) *KUT-128 보드 별매*

1판 2쇄	2009년 7월 20일
초판발행	2008년 1월 25일
저 자	신동욱 저
발 행 인	곽 종 학
발 행 처	도서출판 **Ohm사**
주 소	140-150 서울 용산구 갈월동 17번지 세기B/D
전 화	02-776-4868~9
팩 스	02-779-6757
등록번호	1975년 9월 12일 제3-3호

http://www.ohm.co.kr E-mail:ohm@ohm.co.kr

ISBN 89-7101-776-7 정가 23,000원